Bader • Steuergestaltung mit Holdinggesellschaften

Steuergestaltung mit Holdinggesellschaften

Standortvergleich steuerlicher Holdingkriterien in Europa

Von

Prof. Dr. Axel Bader
Wirtschaftsprüfer/Steuerberater
Professor für Internationale Steuerlehre
an der Ingolstadt University of Applied Sciences

unter Mitarbeit von

Katja Maier
Diplom-Betriebswirtin (FH)

Georg Ammon
Diplom-Betriebswirt (FH)

2., vollständig überarbeitete Auflage

ISBN 978-3-482-**48142**-0 – 2., vollständig überarbeitete Auflage 2007

Druck: Medienhaus Plump GmbH, Rheinbreitbach

Vorwort

Die Europäische Wirtschafts- und Währungsunion sowie die zunehmende Globalisierung haben zwischen den Staaten zu einem international offenen Wettbewerb um die besten Standortvoraussetzungen für Unternehmen geführt. Neben rechtlichen und wirtschaftlichen Kriterien sind dabei die steuerrechtlichen Rahmenbedingungen ein immer wichtigeres Kriterium für die Wahl des Unternehmensstandortes. Insbesondere international tätige Konzerne müssen wegen des zunehmend stärker werdenden Konkurrenzdrucks bei der Wahl des Standortes alle investitionsbegünstigenden und gewinnsteigernden Faktoren berücksichtigen, um wettbewerbsfähig zu bleiben.

Eine Möglichkeit zur flexiblen und kosteneffizienten Organisation von Unternehmensgruppen ist die Errichtung von Holdinggesellschaften. Sie kennzeichnen die rechtliche Struktur vieler international tätiger Unternehmensgruppen und stellen seit Jahren eine beliebte Form der Gestaltung nationaler und internationaler unternehmerischer Tätigkeit dar. Bereits seit Mitte der 80er Jahre kann deshalb von einer regelrechten "Holding-Welle" auch bei deutschen Unternehmen gesprochen werden, gilt die Holding doch als moderne und flexible Unternehmensorganisationsform. So haben sich auch viele deutsche Großkonzerne in den letzten Jahren zu Holdinggesellschaften umstrukturiert. Gerade im Zusammenhang mit der Globalisierung erlangen sie zunehmende Bedeutung im Rahmen grenzüberschreitender Unternehmenszusammenschlüsse.

Neben den betriebswirtschaftlichen Gründen dient die Holding nicht zuletzt zur (grenzüberschreitenden) **Gestaltung und Optimierung der steuerlichen Belastung** im Unternehmen. Sowohl die Entscheidung, ob eine Holding errichtet werden soll, als auch die Frage nach der konkreten Ausgestaltung einer solchen Holding – insbesondere bei der Zwischenschaltung einer Holding zwischen eine operative Konzerneinheit und die Konzernspitze – werden in hohem Maße von der Höhe der Steuerbelastung beeinflusst. Da grenzüberschreitende Unternehmen den Steuerhoheiten mehrerer Länder unterliegen und selbst in der Europäischen Union eine vollständige Harmonisierung im Bereich der Ertragsteuern noch weit entfernt scheint, ist eine umfangreiche Steuerplanung unerlässlich.

Das vorliegende Buch will dem Steuerpraktiker steuerplanerische Entscheidungshilfen liefern und grenzüberschreitende Handlungsalternativen im europäischen Bereich zeigen. Denn der Stellenwert der Besteuerung bleibt für die Standortwahl entscheidungsrelevant, solange in der Europäischen Union unterschiedliche nationale Steuerrechtsordnungen und ein zwischenstaatliches Steuergefälle existieren. Im Kernteil des Buches werden die möglichen **steu-**

erlichen Gestaltungsstrategien mit Holdinggesellschaften dargestellt. Ausgehend von einer konkreten steuerlichen Problemstellung, soll die Holdinggestaltung als Problemlösung durch eine Vielzahl von Beispielen gezeigt werden.

Der Standort einer Zwischenholding kann nach steuerpolitischen Zielen gewählt werden. Ob ein bestimmtes Land als Holdingstandort geeignet ist, hängt von den jeweiligen steuerlichen Holdingmotiven ab. In einem aktuellen **Ländervergleich** werden daher die wichtigsten **europäischen Holding-Standorte** nach einheitlichen steuerlichen Kriterien dargestellt, um dem Leser eine länderbezogene Entscheidungshilfe anzubieten.

Gedankt sei zum Schluss insbesondere meinen ehemaligen Diplomanden Frau Dipl.-Betriebswirtin Katja Maier und Herrn Dipl.-Betriebswirt Georg Ammon, deren engagierter Einsatz die Neuauflage ermöglicht hat. Mein Dank gilt auch meiner studentischen Hilfskraft Frau Christina Göbel, die bei der Manuskriptkorrektur und beim Stichwortverzeichnis mitgewirkt hat. Außerdem möchte ich mich beim NWB Verlag – hier insbesondere Herrn Stephan Gerski – für die gute Zusammenarbeit bedanken.

Bei der Anfertigung dieses Buches wurde die bis zum September 2006 veröffentlichte Literatur und Rechtssprechung berücksichtigt.

München, im Januar 2007 Prof. Dr. Axel Bader

Inhaltsverzeichnis

Abkürzungsverzeichnis

a. A.	anderer Ansicht
Abb.	Abbildung
ABl. EG	Amtsblatt der Europäischen Gemeinschaften
Abs.	Absatz
Abschn.	Abschnitt
ACT	Advanced Corporation Tax
a.F.	alte Fassung
a.G.	auf Gegenseitigkeit
AG	Aktiengesellschaft
AK	Anschaffungskosten
AktG	Aktiengesetz
Anm.	Anmerkung
AO	Abgabenordnung
ApS	Anpartsselskab (dänische GmbH)
Art.	Artikel
AStG	Außensteuergesetz
Aufl.	Auflage
Az.	Aktenzeichen
BA	Betriebsausgaben
BAO	Bundesabgabenordnung
BB	Betriebsberater
Bd.	Band
Beil.	Beilage
BetrVG	Betriebsverfassungsgesetz
BewG	Bewertungsgesetz

BFH	Bundesfinanzhof
BFuP	Betriebswirtschaftliche Forschung und Praxis (Zeitschrift)
BGBl.	Bundesgesetzblatt
BGHZ	Entscheidungen des Bundesgerichtshofs in Zivilsachen
BIFD	Bulletin for International Fiscal Documentation (Zeitschrift)
BMF	Bundesministerium der Finanzen
BR-Drucks	Drucksachen des Deutschen Bundesrates
BStBl.	Bundessteuerblatt
BT-Drucks	Drucksachen des Deutschen Bundestages
Buchst.	Buchstabe
B.V.	Besloten Vennootschap (niederländische GmbH)
bzgl.	bezüglich
bzw.	beziehungsweise
ca.	circa
CFC	Controlled Foreign Company
CHF	Schweizer Franken
Co.	Compagnie
DAI	Deutsches Anwaltsinstitut e.V.
DB	Der Betrieb (Zeitschrift)
DBA	Doppelbesteuerungsabkommen
DBW	Die Betriebswirtschaft (Zeitschrift)
ders.	derselbe
d. h.	das heißt
Diss.	Dissertation
DKK	Dänische Kronen

Dr.	Doktor
DStR	Deutsches Steuerrecht (Zeitschrift)
DStZ	Deutsche Steuerzeitung
EC	European Community
ECOFIN	EU-Finanzministerrat
EG	Europäische Gemeinschaften
EGV	EG-Vertrag
Einl.	Einleitung
EK	Eigenkapital
entspr.	entsprechend
ESt	Einkommensteuer
EStG	Einkommensteuergesetz
etc.	et cetera
ETVE	Entidad de Tenencia de Valores Etranjeras
EU	Europäische Union
EUFT	Excess Unrelieved Foreign Tax
EuGH	Gerichtshof der Europäischen Gemeinschaften
EURLUmsG	EU-Richtlinien-Umsetzungsgesetz
EuZW	Europäische Zeitschrift für Wirtschaftsrecht
e. V.	eingetragener Verein
EWG	Europäische Wirtschaftsgemeinschaft
EWR	Europäischer Wirtschaftsraum
EZB	Europäische Zentralbank
f.	folgende
ff.	fortfolgende

Fn.	Fußnote
FR	Finanzrundschau (Zeitschrift)
FRL	Fusions-Richtlinie
FS	Festschrift
GBP	britische Pfund (englische Währung)
gem.	gemäß
GewSt	Gewerbesteuer
GewStG	Gewerbesteuergesetz
GewStR	Gewerbesteuer-Richtlinien
GG	Grundgesetz
ggf.	gegebenenfalls
GmbH	Gesellschaft mit beschränkter Haftung
GmbHR	GmbH-Rundschau (Zeitschrift)
GmbH-Stb	Der GmbH-Steuerberater (Zeitschrift)
HGB	Handelsgesetzbuch
h. M.	herrschende Meinung
Hrsg.	Herausgeber
hrsg.	herausgegeben
IBFD	International Fiscal Bureau of Fiscal Documentation
ICTA	Income and Corporation Taxes Act (Großbritannien)
i. d. F.	in der Fassung
i. d. R.	in der Regel
IdW	Institut der Wirtschaftsprüfer
i. e. S.	im engeren Sinne

IFSC	International Finance Service Centre
i. H. v.	in Höhe von
Inc.	Incorporation
INF	Die Information über Steuerberater und Wirtschaftsprüfer (Zeitschrift)
InvZulG	Investitionszulagengesetz
i. S. d.	im Sinne des
i. S. v.	im Sinne von
IStR	Internationales Steuerrecht (Zeitschrift)
i. V. m.	in Verbindung mit
IWB	Internationale Wirtschafts-Briefe (Zeitschrift)
i. w. S.	im weiteren Sinne
JbFSt	Jahrbuch der Fachanwälte für Steuerrecht
Kap.	Kapitel
KapCoRiLiG	Kapitalgesellschaften- und Co-Richtlinie-Gesetz
KG	Kommanditgesellschaft
KÖSDl	Kölner Steuerdialog (Zeitschrift)
KSt	Körperschafsteuer
KStG	Körperschaftsteuergesetz
KStR	Körperschaftsteuer-Richtlinien
KWG	Kreditwesengesetz
L.I.R.	Loi sur l'Impôt sur le Revenu (Luxemburger Einkommensteuergesetz)
LIS	Ley del Impuesto sobre sociedades (spanisches KStG)

Ltd./ltd.	Limited liability company (britische GmbH)
MA	Musterabkommen
max.	maximal
m. E.	meines Erachtens
MG	Muttergesellschaft
mind.	mindestens
Mio.	Million(en)
MitbestG	Mitbestimmungsgesetz
MTRL	Mutter-Tochter-Richtlinie
m. w. N.	mit weiteren Nachweisen
n. F.	neue Fassung
NL	Niederlande
Nr.	Nummer
NV	Naamloze Vennootshap (niederländische AG)
NWB	Neue Wirtschafts-Briefe (Zeitschrift)
öBGBl.	österreichisches Bundesgesetzblatt
OECD	Organisation for Economic Cooperation and Development
öEStG	österreichisches Einkommensteuergesetz
OFD	Oberfinanzdirektion
OG	Obergrenze
OHG	Offene Handelsgesellschaft
öKStG	österreichisches Körperschaftsteuergesetz
öUmgrStG	österreichisches Umgründungssteuergesetz

PIStB	Praxis Internationale Steuerberatung (Zeitschrift)
Plc	Public limited company
Prof.	Professor
ProtErklG	Protokollerklärungsgesetz (Korb II)
PublG	Publikationsgesetz
QSt	Quellensteuer
RIW	Recht der internationalen Wirtschaft (Zeitschrift)
RL	Richtlinie
Rs.	Rechtssache
Rz.	Randziffer
S.	Seite(n)
S.A.	Socitété anonyme (französische AG)
SE	Societas Europaea (Europäische Gesellschaft)
SEEG	Gesetz über die Einführung der Europäischen Gesellschaft
SE-VO	Verordnung (EG) Nr. 2157/2001 des Rates vom 8. Oktober über das Statut der Europäischen Gesellschaft
Slg.	Sammlung
sog.	sogenannte(r, s)
SolZ	Solidaritätszuschlag
SolZG	Solidaritätszuschlaggesetz
S.p.A.	Societa' in accomandita per azioni (italienische AG)
StÄndG	Steueränderungsgesetz
StandOG	Standortsicherungsgesetz
StB	Die Steuerberatung (Zeitschrift)

Stb-Jb.	Steuerberater-Jahrbuch
StSenkG	Steuersenkungsgesetz
StuW	Studium und Wirtschaft (Zeitschrift)
StVergAbG	Steuervergünstigungsabbaugesetz
TG	Tochtergesellschaft
TLE	Tax Letter Europe, deutsche Ausgabe (Zeitschrift)
TPIR	Tax Planning International Review (Zeitschrift)
Tz.	Textziffer
u. a.	unter anderem
UK	United Kingdom (Vereinigtes Königreich von Großbritannien)
UM	Unternehmensbewertung & Management (Zeitschrift)
UmwG	Umwandlungsgesetz
UmwStG	Umwandlungsteuergesetz
UntStFG	Unternehmenssteuerfortentwicklungsgesetz
US	United States
USA	United States of America
UStG	Umsatzsteuergesetz
usw.	und so weiter
u.U.	unter Umständen
v.	von/vom
VAG	Versicherungsaufsichtsgesetz
vgl.	vergleiche
VO	Verordnung

WPg	Die Wirtschaftsprüfung (Zeitschrift)
WVB	Wet Vernootschap Belasting (niederländisches Körperschaftsteuerrecht)
z. B.	zum Beispiel
ZEW	Zentrum für Europäische Wirtschaftsforschung
ZfO	Zeitschrift für Organisation
zit.	zitiert
z. T.	zum Teil
zugl.	zugleich
zzgl.	zuzüglich

Abbildungsverzeichnis

A. Einleitung

I. Problemstellung

Unternehmen sind zunehmend international tätig. Grenzüberschreitend tätige Unternehmen unterliegen oftmals einer Vielzahl von Steuerhoheiten, wobei sich die einzelnen Gesetzgebungen mehr durch Unterschiede als durch Gemeinsamkeiten auszeichnen. Grenzüberschreitende Steuerwirkungen und Steuerplanungen rücken deshalb in den Vordergrund. Kennzeichen einer international tätigen Unternehmung ist zum einen die wirtschaftliche Tätigkeit in mehreren Staaten und zum anderen die wirtschaftliche Einheit der Unternehmung. Rechtlich selbständige Gesellschaften der internationalen Unternehmung verteilen sich auf verschiedene Länder, verfolgen aber wirtschaftlich gleichgerichtete Ziele.[1] Ein grenzüberschreitend tätiges Unternehmen, das mehrere rechtliche Einheiten in verschiedenen Ländern umfasst, hat regelmäßig einen mehrstufigen Aufbau:

---

[1] Vgl. *v. Hacht,* Steuerpolitik, 1998, S. 731 f.

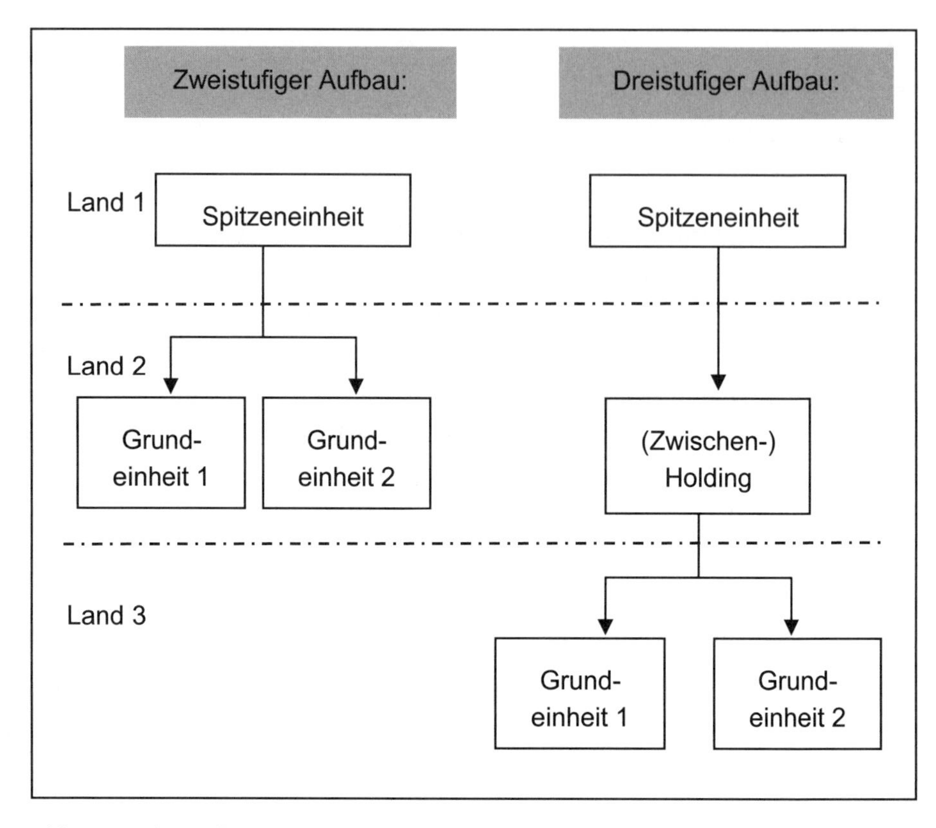

Abb. 1: Mehrstufiger Aufbau der grenzüberschreitenden Unternehmenstätigkeit

Die vorliegende Untersuchung geht davon aus, dass die Spitzeneinheit eines multinationalen Unternehmens einem bestimmten Staat zugeordnet werden kann[2], während die Grundeinheiten meist über viele Staaten verstreut sind. Die Beteiligungskette verlängert sich mit der Zahl der Zwischeneinheiten. Jeder zwischengeschaltete selbständige Rechtsträger kann hierbei Holdingfunktionen übernehmen. Eine Holdinggesellschaft – wenn sie nicht die Konzernspitze ist – fungiert in diesem Sinne immer als sogenannte Zwischenholding. Die Zwischenschaltung einer Holding bedeutet, dass sie anstelle der Spitzeneinheit die Beteiligungen an den Grundeinheiten hält. Diese Zwi-

---

2 Bei Weiterentwicklung der multinationalen zu einer "transnationalen Unternehmung" gibt es dagegen praktisch keine Muttergesellschaft in einem bestimmten Staat mehr; die Konzernspitze domiziliert hier z. B. als Holding in einem untergeordneten Kleinstaat, vgl. *Wacker*, Lexikon, 1994c, S. 728, m.w.N.

schenholding dient in der internationalen Unternehmung oft als Instrument der Steuerpolitik und verfügt, im Gegensatz zur Konzernspitze und den Grundeinheiten, über eine hohe Standortelastizität.

Die Steuerpolitik im internationalen Unternehmen orientiert sich am Ziel einer relativen Steuerminimierung. Relativ bedeutet – im Sinne eines Nebenzieles zum Oberziel der allgemeinen Rentabilitätsmaximierung – "die steueroptimale Wahl und Gestaltung der für den maximalen Unternehmensgewinn erforderlichen Strategien und Maßnahmen."[3] Die betriebliche Steuerpolitik kann als eine zielgerichtete Ausnutzung steuerlicher Gestaltungsmöglichkeiten verstanden werden.[4] Holdingkonzepte sind eine solche Gestaltungsalternative und daher als ein Instrument der betrieblichen Steuerplanung und Steuerpolitik im internationalen Bereich zu sehen.[5]

Gegenstand dieses Buches ist die zwischengeschaltete Holdinggesellschaft in einer internationalen Unternehmung als ein Instrument steuerlicher Sachverhaltsgestaltung. Diese Gestaltung erfordert zumindest einen dreistufigen Unternehmensaufbau. Abhängig davon, wo die Spitzeneinheit ansässig ist, können im Überblick folgende Variationsmöglichkeiten einer Zwischenholding unterschieden werden:

Ansässigkeit der Spitzeneinheit	**Deutschland**	EU-Staat (EU)	Drittstaat
Ansässigkeit der **Zwischenholding**	Deutschland	Deutschland	Deutschland
	EU	EU	EU
	Drittstaat	Drittstaat	Drittstaat

Abb. 2: Ansässigkeit von Spitzeneinheit und Zwischenholding

3 *v. Hacht,* Steuerpolitik, 1998, S. 733.

4 Vgl. *Schneeloch,* Steuerpolitik, 2002, S. 3.

Erläuterung:

- Ausgangspunkt einer Holdingkonstruktion ist der Ansässigkeitsstaat der **Spitzeneinheit** (= erste Zeile). Der Standort der Spitzeneinheit ist historisch bzw. faktisch vorgegeben und eignet sich insofern nicht zur steuerlichen Sachverhaltsgestaltung. Aber aus Sicht der Konzernspitze und letztlich der Unternehmenseigentümer sind die Wirkungen und Vorteile einer Zwischenholding als steuerliches Gestaltungsinstrument zu beurteilen.

- Der Standort einer **Zwischenholding** kann nach steuerpolitischen Zielen gewählt werden. Zum einen geht es um Holdingkonzepte einer deutschen Unternehmensspitze mit Auslandsbeteiligungen (= schraffierte Spalte). Hier ist eine Zwischenholding im Inland oder Ausland denkbar; ausländische Standorte werden nach EU-Staaten oder Drittstaaten (= Nicht-EU-Länder) differenziert. Im Hinblick auf den europäischen Binnenmarkt werden schwerpunktmäßig EU-Holdinggesellschaften deutscher Muttergesellschaften untersucht.

- Zum anderen geht es aber auch um Holdingkonstruktionen ausländischer (EU-) Spitzeneinheiten, sofern jeweils eine inländische Anknüpfung durch eine deutsche Zwischenholding oder Tochtergesellschaft existiert. Hier werden insbesondere die steuerpolitischen Möglichkeiten der Einschaltung inländischer und EU-Zwischenholdings durch eine ausländische Konzernspitze mit deutschen Beteiligungsgesellschaften geprüft.

Die Einschaltung einer Holding als sogenannte **Basisgesellschaft** durch einen Inländer in den klassischen Steueroasenländern ist dagegen nicht Schwerpunkt der Untersuchung. Der Begriff der Basisgesellschaft ist gesetzlich nicht definiert[6]. Man versteht unter Basisgesellschaften selbständige, von in Hochsteuerländern ansässigen Kapitalgebern gegründete oder erworbene Rechtsträger, deren statutarischer Sitz in einem ausländischen Staat mit i. d. R. günstigen steuerlichen Bedingungen liegt. Sie verfolgen wirtschaftliche Interessen ausschließlich oder fast ausschließlich außerhalb ihres Sitzstaates.

---

[5] Siehe dazu im Kap. B.II.3., S. 27.

[6] Zu Definitionen vgl. *Jacobs,* Unternehmensbesteuerung, 2002, S. 507, m.w.N.

Eine Basisgesellschaft wird aus rein steuerlichen Motiven von einem Steuerinländer in einem Niedrigsteuerland benutzt, um dort als Vermögensverwaltungsgesellschaft beispielsweise Kapitalerträge oder Lizenzeinnahmen gegen die höhere inländische Besteuerung abzuschirmen. Solche ausländischen Basisgesellschaften werden in der Fachliteratur allerdings oft mit Holdinggesellschaften gleichgesetzt[7], obwohl nicht jede Basisgesellschaft begrifflich eine Holding sein muss. Denn eine Basisgesellschaft muss nicht notwendigerweise Beteiligungen an anderen Gesellschaften halten und Holdingfunktionen ausüben. Unter Holdinggesellschaften versteht diese Abhandlung deshalb regelmäßig Gesellschaften, die über eine bloße Vermögensverwaltung hinausgehend echte, wirtschaftliche Holdingfunktionen ausüben. Denn Gestaltungen, die (fast) ausschließlich steuerlich motiviert sind, ohne dass ein legitimer, wirtschaftlicher Grund hinzukommt, werden in den meisten Mitgliedstaaten der EU als Kennzeichen für eine Steuerumgehung gewertet.[8] Die Grenzziehung ist freilich fließend, da Holdinggesellschaften neben wirtschaftlichen Zwecken gleichzeitig auch als steuergestaltendes Instrument dienen können und werden. Dies stellt keinen Widerspruch zum Missbrauchsverständnis der meisten EU-Länder dar, da steuerliche Motive, wenn sie neben wirtschaftlichen Gründen verfolgt werden, nicht automatisch als Missbrauch angesehen werden.[9]

Von Basisgesellschaften sind die sog. **Briefkasten- oder Domizilgesellschaften** zu unterscheiden. Hierunter wird eine nach dem Recht des betreffenden Staates errichtete Gesellschaft verstanden, die über kein eigenes Personal, keine eigenen Liegenschaften oder Rechte an solchen und keinen eigenen Geschäftsbetrieb verfügt, also keine wirtschaftlichen Funktionen ausübt. Häufig ist lediglich eine bestimmte Adresse oder ein bestimmtes Postfach vorhanden (daher die Bezeichnung „Briefkastengesellschaft"). Die Geschäfte einer Briefkasten- oder Domizilgesellschaft werden oft von einem sog. Verwaltungsrat wahrgenommen. Dieser besteht üblicherweise aus ortsansässigen Rechtsanwälten, Notaren, Anlageberatern oder Treuhandunternehmen, die

---

7 Vgl. z. B. *Selling*, RIW 1991, S. 235 ff.; *Hintzen*, DStR 1998, S. 1319 (dort Fn. 10).

8 Vgl. *Schön,* IStR 1996, Beihefter 2/96, S. 1 f., m.w.N. Vgl. auch Kap. C.II., S. 118.

9 Vgl. *Schön,* IStR 1996, Beihefter 2/96, S. 14. So ist auch im deutschen Steuerrecht eine Gestaltung nicht bereits deshalb nach § 42 AO missbräuchlich, weil sie der Erlangung eines Steuervorteils dient.

manchmal für Hunderte solcher Gesellschaften unter derselben Anschrift tätig werden.

II. Aufbau des Buches

Im **Teil B: Grundlagen der Holding** wird zunächst der Begriff der Holding definiert (Kap. I). Anschließend werden sowohl die betriebswirtschaftlichen als auch die steuerlichen Motive für die Errichtung einer Holding und deren aktuelle Bedeutung erläutert (Kap. II). Im nächsten Abschnitt werden die verschiedenen Arten von Holdinggesellschaften nach ihrer Funktion, ihrer hierarchischen Einordnung, ihrer regionalen Ausrichtung und ihrer Rechtsform voneinander abgegrenzt (Kap. III). Danach werden die wirtschaftlichen und insbesondere steuerlichen Standortkriterien für Holdinggesellschaften dargestellt (Kap. IV). Gezeigt wird hierbei auch der Einfluss und die Rahmenbedingungen, die von der Harmonisierung der Unternehmensbesteuerung in der EU ausgehen.

Zielsetzung des **Teils C: Steuerliche Gestaltungsstrategien mit Holdinggesellschaften** – dem eigentlichen Kernteil des Buches – ist es, einen theoretischen Überblick über die internationalen Gestaltungsstrategien mit Holdinggesellschaften zu geben (Kap. I) und die Grenzen der Gestaltungsmöglichkeiten aufzuzeigen (Kap. II). Darüber hinaus werden die Holdingziele „Steueroptimales Dividenden-Routing“ (Kap. III) und „Reduzierung von Quellensteuern“ (Kap. IV) im Detail erläutert. Ausgehend von einer konkreten steuerlichen Problemstellung (z. B. Nicht-Kapitalgesellschaften können die Quellensteuervergünstigungen der Mutter-Tochter-Richtlinie nicht nutzen), soll die Holdinggestaltung als Problemlösung gezeigt werden (z. B. Einschaltung einer Holdingkapitalgesellschaft). Um ein bestimmtes, isoliert betrachtetes Gestaltungsziel zu erreichen, werden steuerliche Problemlösungen durch Holdinggestaltungen im Sinne einer Ziel-Mittel-Beziehung gezeigt. Dabei werden die jeweiligen zielbezogenen Holdinggestaltungen durch eine Vielzahl von Beispielen verdeutlicht. Den Entscheidungsrahmen für die einzelnen steuerlichen Holdingziele bilden die nationalen Steuerrechtsnormen.

Im **Teil D: Ländervergleich** werden Deutschland, Belgien, Dänemark, Frankreich, Großbritannien, Luxemburg, die Niederlande, Österreich, die

Schweiz und Spanien auf ihre Eignung als Holdingstandort untersucht. Dabei werden – neben den Grundlagen der Besteuerung von Kapitalgesellschaften – die holdingspezifischen Standortkriterien wie beispielsweise die Besteuerung vereinnahmter Beteiligungserträge, die Veräußerungsgewinnbesteuerung, die Regelungen zur Gesellschafterfremdfinanzierung und die Möglichkeiten zur konsolidierten Besteuerung des jeweiligen Landes beschrieben, um dem Leser eine länderbezogene Entscheidungshilfe anzubieten.

In einem separaten **Anhang** findet sich neben einem Schaubild zur Steuerbelastung von Kapitalgesellschaften in der EU, einer Übersicht möglicher internationaler Gestaltungsstrategien auch eine Tabelle zu den Standortanforderungen in Abhängigkeit der Gestaltungsziele. Darüber hinaus werden die wichtigsten steuerlichen Standortkriterien der verschiedenen Länder einander gegenübergestellt, um dem Leser einen Überblick über die unterschiedlichen Regelungen zu geben.

B. Grundlagen der Holding

I. Definition der Holding

1. Betriebswirtschaftliche Begriffsbildung

Die Holding (-gesellschaft) gilt als moderne, zeitgemäße und flexible Unternehmensorganisationsform.[10] Ihr Begriff ist allerdings weder gesetzlich noch in der Wirtschaftswissenschaft eindeutig definiert, so dass sie in der Praxis in den verschiedensten Formen auftritt. Die wörtliche Übertragung des Begriffs "Holding" aus dem Englischen "hold" (= Halt, Einfluss, Macht) bzw. "to hold" (= halten, Einfluss ausüben) führt dazu, dass es Zweck einer Holding[11] sein muss, Beteiligungen an anderen Unternehmen auf Dauer zu halten, damit auch zu verwalten sowie auf diese Einfluss auszuüben. Man kann allerdings daraus nicht entnehmen, welches die Funktionen einer Holding im Einzelnen sind und in welcher Form sie Einfluss ausübt.[12] *Keller* entwickelte eine Differenzierung von "Holding im weiteren Sinne (i. w. S.)" und "Holding im engeren Sinne (i. e. S.)" und leitet daraus folgende allgemeine Definition ab:

"Unter Holding bzw. Holdinggesellschaft ist eine Unternehmung zu verstehen, deren betrieblicher Hauptzweck in einer auf Dauer angelegten Beteiligung an einer (oder mehreren) rechtlich selbstständigen Unternehmung(en) liegt. Die Holding kann, sofern der Umfang der einzelnen Kapitalanlage und deren stimmrechtliche Ausgestaltung dies gestatten, neben der Verwaltungs- und der Finanzierungsfunktion (Holding i. w. S.) auch Führungsfunktionen (Holding i. e. S.) einer konzernleitenden Dachgesellschaft mit abhängigen Konzernunternehmen wahrnehmen."[13]

Diese allgemeine Begriffsbestimmung wird den verschiedensten Erscheinungsformen und wirtschaftlichen Zwecken von Holdinggesellschaften in der

---

[10] Den modischen Trend zur Holding als Inbegriff moderner, flexibler Unternehmensführung glossiert bereits treffend *"Hakelmacher"*, WPg 1992, S. 122 ff.

[11] Im Folgenden wird die Bezeichnung *Holding* oder *Holdinggesellschaft* synonym verwendet.

[12] Vgl. *Keller*, Unternehmensführung, 1993, S. 47.

[13] *Keller*, Unternehmensführung, 1993, S. 32

Wirtschaftspraxis im Einzelfall jedoch wenig gerecht. Denn in der Tat werden Holdinggesellschaften für die unterschiedlichsten unternehmerischen Ziele verwendet. Beispielhaft seien genannt:[14]

- Rechtliche Trennung des operativen Geschäfts von der strategischen Verantwortung, z. B. nach geographischen Gesichtspunkten oder Produktbereichen;
- Konzentration von Führungs- und Verwaltungsaufgaben, z. B. Leitung von Unternehmensbereichen im Spartenkonzern;
- Führung und Verwaltung der Beteiligungen im Familienkonzern;
- Konzentration von Finanzierungsfunktionen gegenüber den in- und ausländischen Beteiligungsgesellschaften;
- Bündelung von Anteilen und Gewinnpoolung bei Joint-Ventures;
- Flexibilität bei Umstrukturierungen und
- nicht zuletzt Gestaltung und Optimierung der steuerlichen Belastung im Konzern.

Eine hinreichende allgemeingültige Begriffsbestimmung der Holding ist deshalb schwer möglich, da es jeweils auf den speziellen Holdingzweck ankommt. Einheitlicher begrifflicher Anknüpfungspunkt von Holdinggesellschaften ist jedoch die Ein- oder Zwischenschaltung eines selbständigen Rechtsträgers in Hinblick auf die Umsetzung eines oder auch mehrerer betriebswirtschaftlicher Ziele.[15] Der Begriff der Holding ist kein rechts- oder steuertechnischer Begriff, sondern allenfalls ein Ordnungsbegriff, um eine bestimmte Organisationsform des Unternehmensaufbaus anschaulich zu machen. Die Holding kann demnach als eine bestimmte betriebswirtschaftliche Organisationsform zur Verwirklichung wirtschaftlicher Ziele eines Unternehmens verstanden werden. "Mit Holdingkonzepten meint man dabei eine Organisationsform, die sich bei allen Unterschieden im Einzelnen dadurch

---

[14] Vgl. z. B. *Baumgärtel/Perlet,* Standortfragen, 1994, S. 694; *Jacobs,* Unternehmensbesteuerung, 2002, S. 819 m.w.N.; *Eilers/Schmidt*, FR 2001, S. 9 f. für weitere Ziele.

[15] In diesem Sinn wird auch die Steuergestaltung als betriebswirtschaftliche Zielsetzung verstanden; siehe dazu Kap. B.II.3., S. 27.

auszeichnet, dass sich an der Spitze eines Unternehmensverbundes eine Unternehmung (meist Kapitalgesellschaft) ... befindet, deren Hauptzweck und eigentliche Aufgabe in der Verwaltung ihrer Beteiligungen an zumindest einem anderen, rechtlich selbständigen Unternehmen besteht."[16] Trotz des Begriffsbestandteils (Holding-)gesellschaft kommt es auf die konkrete Rechtsform nicht an. Denn Träger einer Holdinggesellschaft kann auch eine natürliche Person oder Stiftung sein.[17]

Holdingkonzepte bedeuten betriebswirtschaftlich eine Weiterentwicklung des bisher in den meisten deutschen Großunternehmen als Organisationsform üblichen **Stammhauskonzerns**. Im Unterschied zum Holdingkonzern nimmt im Stammhauskonzern noch die an der Spitze stehende konzernleitende Einheit (das Stammhaus) alle wichtigen Unternehmensfunktionen selbst wahr, d. h. sie tritt in breitem Umfang eigenunternehmerisch am Markt auf. "Das Stammhaus ist also gerade keine Holding."[18] Im **Holdingkonzern** beschränkt sich dagegen die Konzernspitze auf die zentrale Unternehmensführung und hat kein eigenes operatives Geschäft mehr, sondern dieses wird fast ausschließlich von den Tochterunternehmen ausgeübt.[19] Durch Holdingstrukturen können damit die Vorteile kleiner Unternehmenseinheiten – wie Flexibilität, Innovation, Motivation – mit denen großer Unternehmen (Finanzkraft, Marktmacht) verbunden werden.

Die organisatorische Zusammenfassung von Beteiligungen in Holdinggesellschaften kann sehr unterschiedlichen Zwecken dienen, für deren Beschreibung sich im Sprachgebrauch eine ganze Typologie von Holdingbegriffen herausgebildet hat. Je nach Erscheinungsform und Einsatzbereich wird deshalb u. a. von geschäftsleitenden Holdings, Auslandsholdings, Zwischenholdings oder Landesholdings gesprochen, wobei diese Aufzählung bei weitem nicht abschließend ist und durchaus Doppelfunktionen (z. B. Zwischen- und EU-Holding) sowie Mischformen auftreten.[20]

---

[16] *Lutter,* Holding-Handbuch, 2004, § 1, Rz. 1, m.w.N.

[17] Vgl. *Arndt/Ringel,* BB 1988, S. 2147. Vgl. auch Kap. B.III.4.c), S. 56.

[18] *Lutter,* Holding-Handbuch, 2004, § 1, Rz. 15.

[19] Vgl. *Scheffler,* Konzernmanagement, 2005, S. 63 ff.; *Lutter,* Holding-Handbuch, 2004, § 1, Rz. 16; *Theisen,* Konzern, 2000, S. 181 f.

[20] Vgl. *Jacobs,* Unternehmensbesteuerung, 2002, S. 816.

Falls eine Holding in einem mehrstufigen Unternehmensaufbau als selbständiger Rechtsträger zwischengeschaltet ist, spricht man von einer **Zwischenholding** (hierarchische Betrachtung). Die Zwischenholding hält also einerseits Beteiligungen an anderen Unternehmen, zumeist Kapitalgesellschaften, und ihre Anteile werden ihrerseits von einer oder mehreren Muttergesellschaften gehalten. Sie kann sowohl Beteiligungs-/Finanzfunktionen wie auch Führungsfunktionen ausüben.[21]

Betriebswirtschaftliche Bedeutung gewinnt eine Zwischenholding als Sparten-, Funktions- und/oder Landesholding. Durch die Zwischenschaltung eines selbständigen Rechtsträgers wird der Konzernaufbau und damit die Beteiligungskette um eine Stufe erweitert. Die Zwischenholding ist das eigentliche Instrument zur steuerlichen Sachverhaltsgestaltung des Unternehmensaufbaus. Sie dient daher oft der Umsetzung konkreter steuerlicher Holdingmotive. Aus betriebswirtschaftlich-organisatorischer Sicht ist daher Untersuchungsgegenstand und Mittel der verschiedenen steuerlich geprägten Holdingziele immer eine Zwischenholding.

2. Begriffsbildung aus gesellschafts- und steuerrechtlicher Sicht

a) Holdingbegriff

Kaum ein Begriff des internationalen Steuerrechts verfügt über eine so schillernde Ausstrahlung wie der der Holdinggesellschaft, der gemeinhin als Synonym für die gestalterische Energie von Großkonzernen in Bezug auf die Steuergestaltung gilt.[22] Der Begriff „Holding“ umschreibt keine eigenständige Rechtsform, sondern eine praktische Organisationsstruktur.[23]

Eine Holdingbildung führt immer zu einer rechtlichen Verselbständigung von mindestens zwei Unternehmen – der Holding und des von ihr gehaltenen Unternehmens. Eine Holding kann daher auf keinen Fall die unterste Beteiligungs- oder Tochtergesellschaft innerhalb der Hierarchie darstellen, sondern

---

[21] Vgl. *Littich u. a.*, Holding, 1993, S. 14.

[22] Vgl. *Jacobs*, Unternehmensbesteuerung, 2002, S. 816.

[23] Vgl. *Lutter*, Holding-Handbuch, 2004, §1, Rz. 11.

muss notwendigerweise zumindest einem weiteren rechtlich selbständigen Unternehmen übergeordnet sein.[24]

Die Holding kann, sofern der Umfang der einzelnen Kapitalanlagen und auch deren stimmrechtliche Ausgestaltung dies gestatten, neben der Verwaltungs- und Finanzierungsfunktion (Holding im weiteren Sinne) auch Führungsfunktionen (Holding im engeren Sinne) einer konzernleitenden Dachgesellschaft mit abhängigen Konzernunternehmungen wahrnehmen.[25] Die operativen Geschäftstätigkeiten werden meist dezentral bei den Tochtergesellschaften ausgeübt.

b) Holding und Konzernbegriff

Die Errichtung von Holdinggesellschaften ist ein verbreitetes Gestaltungsinstrument zur Strukturierung von Konzernunternehmen. Vor dem Hintergrund der wachsenden Komplexität von Konzernen wird mit der Umsetzung von Holdingkonzepten versucht, übersichtlichere und flexiblere konzerninterne Führungs- und Organisationsstrukturen zu erlangen.[26]

Wie bereits erörtert ist eine Holding keine eigenständige Rechtsform, sondern als organisatorisches Gestaltungsinstrument eines Gesellschaften zusammenfassenden Gebildes zu verstehen. Mit dem Konzern-Begriff hingegen wird eine bestimmte Art der Unternehmensverbindung als Gesamtkomplex umschrieben.

Holding und insbesondere Zwischenholding sind Phänomene des Konzerns, auch des internationalen Konzerns. Der internationale Konzern kann definiert werden als internationale, d. h. in mindestens zwei Volkswirtschaften domizilierende Unternehmung, deren wirtschaftliche Teileinheiten – zumindest teilweise – rechtlich verselbständigt sind.[27]

Für den Juristen stellt sich dabei die Frage nach dem Verhältnis der Holding als betriebswirtschaftliche Organisationsform zum rechtlichen Konzernbe-

---

[24] Zum Gesellschafts- und Zivilrecht bei Holdingstrukturen. Vgl. *Haarmann,* WPg-Sonderheft 2003, S. 75 ff.

[25] *Keller*, Unternehmensführung, 1993, S. 32; vgl. auch *Schaumburg*, Holdinggesellschaften, 2002, S. 2.

[26] Vgl. dazu unten Kap. B.II.1.a), S. 23.

[27] Vgl. *Hintzen*, DStR 1998, S. 1319 (dort Fn. 2).

griff. Denn die Existenz eines Konzerns im rechtlichen Sinne hat Bedeutung beispielsweise im Aktienrecht (§§ 15 bis 19 AktG), im Handelsrecht für die Verpflichtung zur Konzernrechnungslegung (§§ 290 ff. HGB) sowie im Arbeitsrecht für die Arbeitnehmer-Mitbestimmung (§ 96 Abs. 1 AktG i. V. m. § 5 Abs. 1, 3 MitbestG) oder für die Errichtung eines Konzernbetriebsrates (§§ 54 ff. BetrVG). Die Holdingformen einerseits und die Konzerntypologie andererseits sind gekennzeichnet durch sich überlagernde Begriffsbildungen.

i) Konzern im Aktienrecht

Ein herrschendes und ein oder mehrere abhängige Unternehmen bilden einen Konzern, wenn sie unter der einheitlichen Leitung des herrschenden Unternehmens zusammengefasst worden sind (§ 18 Abs. 1 AktG); auf die Rechtsform der beteiligten Unternehmen kommt es dabei nicht an, da die §§ 15-19 AktG nach allgemeiner Meinung rechtsformneutrale Definitionsnormen sind.[28] Für die Frage, ob die Holding den Konzernbegriff erfüllt, gelten daher auch keine Besonderheiten, d. h. die Beantwortung der Frage richtet sich nach den allgemeinen Grundsätzen.

Nach 18 AktG liegt ein Konzern vor, wenn ein an der Spitze stehendes herrschendes Unternehmen rechtlich selbständige Unternehmen unter einer einheitlichen Leitung zusammenfasst. Da es dabei nicht auf die Rechtsform der beteiligten Unternehmen ankommt richtet sich auch die Frage, ob die Holding den Konzernbegriff erfüllt nach den allgemeinen Grundsätzen. Ein Konzern im rechtlichen Sinne liegt daher vor, wenn die Holding Unternehmenseigenschaft besitzt, die operativen Gesellschaften von dieser Holding „abhängig" sind und „einheitliche Leitung" von der Holding ausgeübt wird.[29]

Die Holding kann nur „herrschendes Unternehmen" eines Konzerns sein, wenn sie selbst den Begriff des Unternehmens (§ 15 AktG) erfüllt, d. h. wenn die Holding an mindestens zwei Unternehmen beteiligt ist.[30]

Der Abhängigkeitstatbestand i. S. d. § 17 AktG ist gegeben, wenn die Holdinggesellschaft auf ihre rechtlich selbständigen Tochtergesellschaften, insbe-

---

[28] Vgl. *Lutter,* Holding-Handbuch, 2004, § 1, Rz. 34, Fn. 3, m.w.N.

[29] *Lutter*, Holding-Handbuch, § 1, Rz. 34 f. mit weiteren Ausführungen zur „eindimensionalen Holding".

sondere durch Mehrheitsbesitz, einen herrschenden Einfluss ausübt. Eine Mehrheitsbeteiligung ist sowohl bei einer Mehrheit der Kapitalanteile als auch bei einer bloßen Stimmenmehrheit (§ 16 AktG) gegeben. Auch ohne Mehrheitsbeteiligung kann eine Abhängigkeit angenommen werden, wenn ein nach dem Einflusspotential einer Mehrheitsbeteiligung entsprechender beherrschender Einfluss vorliegt. Ein solcher ist u. a. bei einer regelmäßig vorliegenden tatsächlichen Hauptversammlungsmehrheit gegeben.[31]

Um das Merkmal der „einheitlichen Leitung" zu erfüllen, müssen bestimmte Bereiche von der Leitungsmacht des herrschenden Unternehmens umfasst werden. Der Gesetzgeber hat auf eine Definition des Begriffs „einheitliche Leitung" bewusst verzichtet, weil die Ausgestaltungsmöglichkeiten[32] vielfältig sein können. Nach h. M. liegt unabhängig von einer Mehrheitsbeteiligung eine einheitliche Leitung bereits dann vor, wenn die von den Tochtergesellschaften aus operativen Tätigkeiten stammenden Gewinne zusammengeführt und von der Holdinggesellschaft nach einem für den Gesamtkonzern aufgestellten Finanz- und Investitionsplan verteilt werden. Daraus ergibt sich, dass eine unabhängige Unternehmensführung durch eine solche verbundweite Koordination des Finanzbereichs erst gar nicht möglich ist.[33]

In der Praxis kommt es auf die tatsächliche Feststellung der „einheitlichen Leitung" nur an, wenn nicht die gesetzlichen Vermutungstatbestände eingreifen oder die Vermutungen widerlegt werden.[34]

ii) Konzern im Handelsrecht

Das Handelsrecht definiert ebenfalls den Begriff des Konzerns, grenzt diesen aber etwas anderst ab. Zweck des Handelsrechts ist es, dass Mutterunternehmen unter bestimmten Voraussetzungen einen Konzernabschluss aufstellen müssen (§§ 290 ff. HGB).

---

[30] Vgl. *Lutter*, Holding-Handbuch, 2004, § 1, Rz. 35.

[31] Vgl. *Lutter*, Holding-Handbuch, 2004, § 1, Rz. 42.

[32] Entscheidend für das Vorliegen einer einheitlichen Leitung ist das Gesamtbild der tatsächlichen Verhältnisse. Die Voraussetzung kann bereits erfüllt sein, wenn die Konzernleitung die Geschäftspolitik einzelner Konzerngesellschaften aufeinander abstimmt. Ein Weisungsrecht muss damit aber nicht notwendigerweise verbunden sein. Vgl. *Theisen*, Konzern, 2000, S. 34 f.

[33] Vgl. *Lutter*, Holding-Handbuch, 2004, § 1, Rz. 44.

Die Holding ist unter folgenden Bedingungen zur Aufstellung eines Konzernabschlusses verpflichtet:[35]

1. *Die Holding ist an einem oder mehreren Unternehmen direkt oder indirekt im Sinne des § 271 Abs. 1 HGB beteiligt und leitet diese Unternehmen (tatsächlich) einheitlich (§ 290 Abs. 1 HGB)*: Der Begriff der einheitlichen Leitung zielt auf die tatsächliche Ausübung der Leitungsmacht ab, d. h. die Koordination der Konzernaktivitäten wird verlangt; der Begriff ist somit identisch mit § 18 AktG.[36] Zudem wird eine Beteiligung i. S. d. § 271 Abs. 1 HGB des herrschenden Unternehmens (= Holding) am Tochterunternehmen verlangt, die dem eigenen Geschäftsbetrieb durch Herstellung einer dauerhaften Verbindung dienen muss; dies wird ab einer Beteiligung von 20% vermutet (§ 271 Abs. 3 HGB). Holdinggesellschaften erfüllen deshalb regelmäßig diese Voraussetzung. Da allerdings die Vermutung der einheitlichen Leitung widerlegt werden kann, muss zwingend das „Control"-Konzept als zweite Möglichkeit geprüft werden, ob nicht dessen Voraussetzungen für die Aufstellung eines Konzernabschlusses vorliegen.[37]
2. *Die Holding verfügt über die Mehrheit der Stimmrechte oder ähnlicher Kontrollrechte bei anderen Unternehmen (§ 290 Abs. 2 HGB)*: Beherrscht die Holding andere Unternehmen (sog. „Control"-Konzept) ist eine Beteiligung im Sinne des § 271 Abs. 1 HGB nicht nötig. Eine „Kontrollrechtstellung" liegt dann vor, wenn der Holding die Mehrheit der Stimmrechte zusteht, sie als Gesellschafter das Recht zur Bestellung oder Abberufung für die Mehrheit der Mitglieder des Verwaltungs-, Leitungs- oder Aufsichtsorgans inne hat oder über ein vertragliches oder satzungsmäßiges Beherrschungsrecht verfügt (z. B. Beherrschungsvertrag). Da eine Hol-

---

34 Vgl. *Lutter*, Holding-Handbuch, 2004, § 1, Rz. 37.

35 Wenn nicht die Befreiungstatbestände der §§ 291 bis 292a HGB vorliegen und die Größenkriterien des § 293 HGB bzw. § 11 PublG erreicht sind.

36 Vgl. *Theisen*, Konzern 2000, S. 497.

37 Vgl. *Lutter*, Holding-Handbuch, 2004, § 1, Rz. 44.

ding als Konzern regelmäßig mindestens über eines dieser Kontrollrechte verfügt, erfüllt diese insgesamt den Kontrollbegriff.[38]

Ist entweder die einheitliche Leitung oder das Control-Konzept erfüllt, liegen die Befreiungstatbestände der §§ 291 bis 292a HGB nicht vor und wurden die Größenkriterien des § 293 HGB bzw. § 11 PublG erreicht, muss die Holding einen Konzernabschluss gemäß der §§ 294 ff. HGB aufstellen und ihre Tochterunternehmen in den Abschluss einbeziehen.

iii) Holding im Steuerrecht

Auch das deutsche Steuerrecht kennt keinen einheitlich anwendbaren Holdingbegriff. Der seit 1994 neu in das KStG eingefügte § 8a versucht zwar in Abs. 4 erstmals eine Holding gesetzlich zu definieren: Als eine Kapitalgesellschaft, deren Haupttätigkeit darin besteht, Beteiligungen an Kapitalgesellschaften zu halten und diese Kapitalgesellschaften zu finanzieren oder deren Vermögen zu mehr als 75 % ihrer Bilanzsumme aus Beteiligungen an Kapitalgesellschaften besteht (§ 8a Abs. 4 Satz 1 KStG). Dieser körperschaftsteuerliche Holdingbegriff gibt zwar einige Anhaltspunkte, kann aber m. E. wegen seiner speziellen teleologischen Ausrichtung auf die Gesellschafter-Fremdfinanzierung keine generelle Geltung für das Steuerrecht haben. Deutlich wird, dass in § 8a Abs. 4 KStG eine tätigkeitsbezogene Holdingdefinition erfolgt. Der Begriff der "Haupttätigkeit" setzt nämlich voraus, dass das Halten von Beteiligungen und die Finanzierung der Beteiligungsgesellschaften den Tätigkeitsschwerpunkt der Holding bildet.[39] Dies heißt, dass die Holding selbst (insoweit) kein eigenes operatives Geschäft am Markt ausübt. Damit erkennt das Steuerrecht die Bedeutung der **Managementholding** als Organisationsform, die eben im Gegensatz zum Stammhaus kein eigenes operatives Geschäft betreibt.

---

[38] Vgl. *Theisen*, Konzern 2000, S. 498; *Lutter*, Holding-Handbuch, 2004, § 1, Rz. 55 f.; *Scheffler*, Holding-Handbuch, 2004, § 12, Rz. 166 f.

[39] So BMF vom 17.11.1994, BStBl. I 1995, S. 25 Tz. 81.

Das Steuerrecht trägt dem "Holdingphänomen" neben § 8a KStG noch in einer Reihe einschlägiger Regelungen Rechnung. Zu diesen holdingspezifischen Vorschriften zählen insbesondere:[40]

- die steuerrechtliche Organschaft (§§ 14 ff. KStG, § 2 Abs. 2 S. 2 GewStG, § 2 Abs. 2 Nr. 2 UStG), die durchweg Holdings als Organträger anerkennt;
- die zum Regelungskreis der in den §§ 7-14 AStG normierten Hinzurechnungsbesteuerung gehörenden §§ 8 Abs. 1 Nr. 8 und 9 AStG, wonach Gewinnausschüttungen und Gewinne aus der Veräußerung von Kapitalanteilen unter bestimmten Voraussetzungen als aktive Einkünfte qualifiziert werden und somit von der Hinzurechnungsbesteuerung auszunehmen sind;
- die bilateralen und unilateralen Normen zur Vermeidung der Doppelbesteuerung, wonach für Zwecke der Körperschaftsteuer und Gewerbesteuer Gewinnausschüttungen sowie Gewinne aus der Veräußerung von Kapitalanteilen unter bestimmten Voraussetzungen steuerfrei sind.[41]

Auch wenn diese Regelungen nicht explizit eine Holding betreffen, so wird es sich in der Praxis bei der an ausländischen Gesellschaften beteiligten inländischen Gesellschaft häufig um eine Holding handeln.

Darüber hinaus enthält das deutsche Steuerrecht mit dem Umwandlungssteuergesetz (insbesondere §§ 20 ff. UmwStG) auch ein normatives Instrumentarium bereit, das im Gefolge des Umwandlungsgesetzes eine Konzernbildung und damit auch die Einschaltung von Holdings steuerlich erleichtert.[42]

Insbesondere jedoch zielen die Vorschriften des Internationalen Steuerrechts, soweit sie steuerliche Privilegierungen oder Ausnahmen von steuerlichen Diskriminierungen enthalten, primär auf überkommene Strukturen von Stammhauskonzernen ab. So werden etwa ausländische Management-Holdings nur mit ihren Gewinnausschüttungen und Gewinnen aus der Veräußerung bestimmter Kapitalanteile aus dem Diskriminierungsrahmen der Hin-

---

[40] Vgl. *Schaumburg/Jesse*, Holding-Handbuch, 2004a, § 13 Rz. 1.

[41] Internationale Schachtelprivilegien der Doppelbesteuerungsabkommen, § 8b KStG, § 9 Nr. 7 GewStG.

[42] Vgl. *Schaumburg/Jesse*, Holding-Handbuch, 2004a, § 13 Rz. 2.

zurechnungsbesteuerung ausgenommen. Schließlich werden ausländische Vermögens- bzw. Finanzholdings insbesondere mit ihren Zinseinkünften ebenfalls von der Hinzurechnungsbesteuerung erfasst (§§ 7 bis 14 AStG). Die abgestufte Sonderbelastung von für Holdings typischen Einkünften reicht hier von den unter den Voraussetzungen des § 8 Abs. 1 Nr. 7 AStG nicht der Hinzurechnungsbesteuerung unterworfenen Finanzierungseinkünften bis zu den Finanzierungs- und Finanzdienstleistungseinkünften, die uneingeschränkt der Hinzurechnungsbesteuerung unterliegen. Die Folgen dieser steuerlichen Diskriminierung gerade von Vermögens- und Finanzholdings sind nicht auf die Hinzurechnungsbesteuerung beschränkt, sondern betreffen auch die Anwendung der unilateralen und bilateralen Normen zur Vermeidung der Doppelbesteuerung, soweit diese unter Aktivitätsvorbehalt stehen.[43]

3. Terminologie dieser Abhandlung

Vorliegendes Buch versteht die Holding als eine Sachverhaltsgestaltung mit steuerpolitischer Zielsetzung. Nicht die betriebswirtschaftlich-organisatorischen Formen von Holdingkonzepten, sondern die steuerlichen Ziele und Wirkungen, die sich durch einen im Konzernaufbau zwischengeschalteten selbständigen Rechtsträger erreichen lassen, sollen daher untersucht werden. Denn der Standort der Konzernspitze wie auch der operativen Grundeinheiten ist meist historisch und/oder marktabhängig gegeben. Steuerpolitische Gestaltungen sind daher nur mit einem zwischengeschalteten Rechtsträger sinnvoll möglich, über dessen Errichtung und Nutzung möglichst unabhängig von anderen Einflüssen disponiert werden kann. Allerdings ist die Grenze zur oben genannten funktionslosen Basisgesellschaft unter Missbrauchsgesichtspunkten fließend und eine exakte Abgrenzung nur abhängig vom Einzelfall möglich.

In der **Spitzeneinheit** (auch Obergesellschaft, Muttergesellschaft, Stammhaus oder Konzernspitze) vollzieht sich die eigentliche Willensbildung des Unternehmens. Die Spitzeneinheit oder Konzernspitze bezieht sich auf die hierarchisch an oberster Stelle stehende konzernleitende Unternehmenseinheit, hinter der letztlich deren natürliche Anteilseigner stehen. Beim klassischen Ein-

[43] Vgl. *Schaumburg/Jesse*, Holding-Handbuch, 2004a, § 13 Rz. 3. Vgl. auch Kap. C.II., S. 118.

heitsunternehmen, das alle betrieblichen Teile unter einem rechtlichen Dach führt, nimmt das inländische Stammhaus diese Funktion wahr. Beim Holdingkonzern[44], der die zentrale Unternehmensführung vom operativen Geschäft trennt und rechtlich verselbständigt, wird eine konzernführende Dachholding an der Konzernspitze stehen.[45] Bei einem lediglich zweistufigen Aufbau einer international tätigen Unternehmung kommt im Ausland die operative Grundeinheit hinzu – als Betriebsstätte oder Tochtergesellschaft. In der Praxis kommen aber regelmäßig drei- oder auch mehrstufige Unternehmensstrukturen vor, bei denen zwischen Spitzen- und Grundeinheit eine oder gar mehrere Zwischeneinheiten als selbständige Rechtsträger geschaltet werden.

Eine Muttergesellschaft – synonym auch "Mutter" – wird deshalb jeweils ein der (Zwischen-) Holding übergeordneter Rechtsträger sein, ohne dass sie deshalb notwendigerweise die Spitzeneinheit des Konzerns sein muss. Begrifflich meint diese Abhandlung als Muttergesellschaft insofern lediglich die relative hierarchische Stellung einer Gesellschaft im Konzernaufbau: nämlich, dass sie mindestens an einer weiteren nachgeschalteten (Tochter-) Gesellschaft beteiligt ist. Insofern wird eine Zwischenholding zugleich immer auch Muttergesellschaft im Verhältnis zu ihren Beteiligungsgesellschaften sein. Diese Begriffsverwendung muss nicht mit den inhaltlichen Voraussetzungen eines "Mutter-Tochter- Verhältnisses" nach den Konzernrechnungslegungsvorschriften des Handelsgesetzbuches (§ 290 HGB) übereinstimmen.

Die **Zwischeneinheiten** (auch Holding-, Zwischen- oder Basisgesellschaften) werden meist aus rechtlichen oder steuerlichen Gründen zwischen Spitzeneinheit und Grundeinheiten geschaltet. Als Holding oder Holdinggesellschaft meint das vorliegende Buch deshalb immer eine Zwischenholding, die nicht die Konzernspitze ist. Zwischenholding soll heißen, dass sie zum einen ihrerseits an weiteren nachgeschalteten Gesellschaften beteiligt ist, andererseits ihre Anteile von einer vorgeschalteten Gesellschaft gehalten werden. Die nachgeordneten Gesellschaften sind im Verhältnis zur Zwischenholding Tochtergesellschaften, wie die ihr übergeordnete Gesellschaft Muttergesell-

---

[44] Vgl. zum Holdingkonzern auch *Scheffler,* Konzernmanagement, 2005, S. 63 ff.

[45] Vgl. dazu z. B. Theisen, Konzern, 2000, S. 181 f.; Raupach, IStR 1993, S. 196; Prinz, JbFSt 1992/93, S. 265 ff.

schaft ist. Als Begriff für die aus der Holding und ihren operativen Einheiten bestehende Unternehmensgruppe als Ganzes bietet es sich an, von einem Holdingkonzern zu sprechen.[46] Im Gegensatz zum Stammhauskonzern übt hier die Konzernspitze keine operativen Funktionen mehr aus, sondern beschränkt sich regelmäßig auf die strategische Führung und finanzielle Steuerung der Konzerngesellschaften. Der Begriff der Europa-Holding (auch "Euro-Holding") wird im Schrifttum meist in Verbindung mit einer Konzernspitze außerhalb von Europa verwandt.[47] Dabei werden alle Tochtergesellschaften in Europa bzw. der EU in einer Euro-Holding in demjenigen Land gebündelt, das mit dem Staat der Konzernspitze das günstigste Doppelbesteuerungsabkommen hat. Dabei kann der Begriff einer Euro-Holding kann auch auf alle Sachverhalte einer in einem EU-Staat zwischengeschalteten Holding ausgedehnt werden, wenn beispielsweise rechtlich selbständige Unternehmen als Dienstleistungsgesellschaften bestimmte betriebliche Funktionen (beispielsweise Finanzierung[48] oder Übernahme von Risiken durch Versicherung) für die Spitzeneinheit übernehmen.[49]

Die **Grundeinheiten** (auch Tochter- oder Untergesellschaften) dienen der konkreten Leistungserstellung als Produktions-, Einkaufs- und Absatzgesellschaften und sind daher die eigentliche Einkunftsquelle der internationalen Unternehmung. Steuerliche Fragen spielen hier für die Standortwahl eine untergeordnete Rolle. Entscheidungserheblich sind dagegen Kriterien wie Lohnkosten, lokale Absatz-, Beschaffungs- und Arbeitsmärkte, Wechselkurse und das Handels- und Gesellschaftsrecht des betreffenden Landes. Als Tochtergesellschaft – synonym auch "Tochter" – wird eine wirtschaftliche Einheit mit eigener Rechtsfähigkeit bezeichnet, deren Anteile mehrheitlich von einer übergeordneten Gesellschaft – ihrer Mutter – gehalten werden. Der Begriff Tochtergesellschaft bezieht sich also ebenfalls nur auf die relative Ebene im Konzernaufbau. Sie kann sowohl in der Rechtsform einer Kapital- wie Personengesellschaft geführt werden, wobei im Folgenden grundsätzlich von einer

---

46 So Lutter, Holding-Handbuch, 2004, § 1 Rz. 29.

47 Vgl. z. B. *Jacobs,* Unternehmensbesteuerung, 2002, S. 822 f.; ebenso Herzig, DB 1993, S. 6.

48 Zur Verbesserung der Steuereffekte im Konzern durch den Einsatz von Finanzierungsgesellschaften. Vgl. *Haas,* Unternehmenskauf, 2004, S. 380.

49 Vgl. *Grotherr,* BB 1995, S. 1511.

Tochter-Kapitalgesellschaft ausgegangen wird. Der Begriff der Beteiligungsgesellschaft[50] wird in diesem Zusammenhang gleichbedeutend verwendet; denn in beiden Fällen werden die Anteile von einer Mutter bzw. Holding zu unternehmerischen Zwecken gehalten, womit eine Einflussnahme auf die Geschäftsführung einhergeht.

Vom Begriff her meint dieses vorliegende Buch als Mutter-, Tochter- und (Zwischen-) Holdinggesellschaft also jeweils die "Bausteine" der hierarchischen Konzernorganisation.

Die Bezeichnungen Ober-, Zwischen- oder Untergesellschaft entstammen hingegen der Begriffswelt der Hinzurechnungsbesteuerung des deutschen Außensteuergesetz (§§ 7 bis 14 AStG) und beziehen sich aus deutscher Sicht immer auf im Ausland ansässige Gesellschaften.

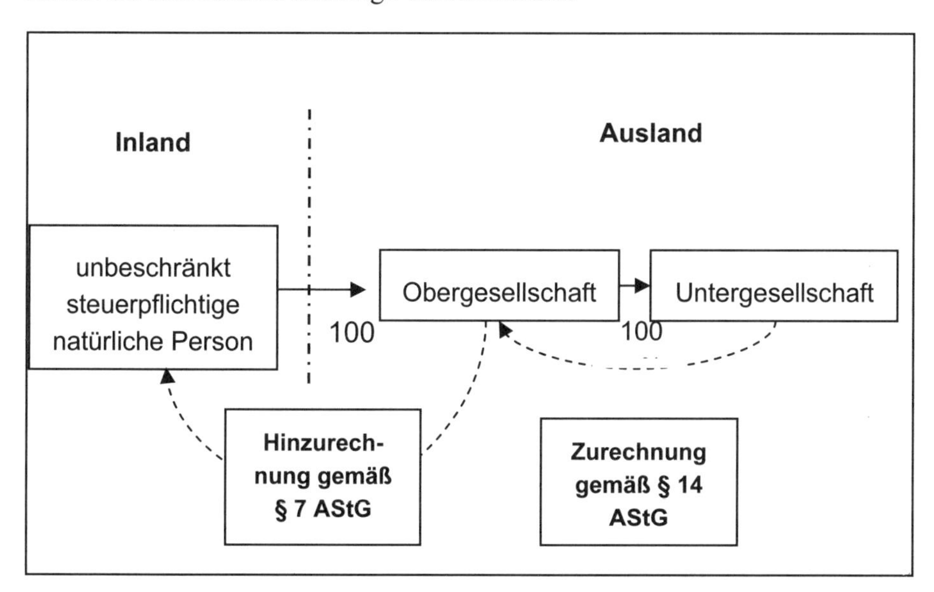

Abb. 3: Hinzurechnung und Zurechnung i. S. d. AStG

Zwischengesellschaften sind dabei "deutschbeherrschte" ausländische Kapitalgesellschaften mit Einkünften aus passivem Erwerb im Sinne des AStG. Wenn eine ausländische Gesellschaft (Obergesellschaft) ihrerseits an einer

[50] Eine Beteiligung liegt nach § 271 HGB im Zweifel dann vor, wenn der Anteilsbesitz an einer Kapitalgesellschaft mindestens 20% beträgt.

anderen ausländischen Zwischengesellschaft (Untergesellschaft) beteiligt ist, spricht das AStG von Obergesellschaft und Untergesellschaft § 14 Abs. 1 AStG). Es kann dann zur sog. übertragenden Zurechnung der passiven Zwischeneinkünfte nachgeschalteter Untergesellschaften nach § 14 AStG kommen. Aus organisatorisch-hierarchischer Sicht können die Begriffe Ober- und Untergesellschaften ebenso die relative Stellung der Unternehmenseinheit im Konzernaufbau meinen. Um zu keiner "babylonischen" Begriffsverwirrung zu gelangen, werden diese Bezeichnungen aber generell jeweils nur im Zusammenhang mit Tatbeständen verwendet, die unter das AStG fallen.

II. Holdingkonzepte als Mittel betriebswirtschaftlicher Steuerplanung

1. Gründe für die Verbreitung von Holdingkonzepten

Es gibt sehr unterschiedliche Anlässe für den Einsatz von Holdingstrukturen. So gewinnt beispielsweise das Konzernmanagement über eine Holdingstruktur an Bedeutung, wenn die Unternehmensgruppe eine bestimmte Größe erreicht, grenzüberschreitende Aktivitäten begründet oder zahlreicher werden.[51]

Schwerpunkt dieses Buches ist die Frage, wie durch Holdinggesellschaften die steuerliche Belastung im Unternehmen gestaltet werden kann. Denn das Ziel, Steuern zu minimieren, kann als ein wirtschaftliches Nebenziel eines nach Gewinn strebenden marktwirtschaftlichen Unternehmens verstanden werden. Bestreben der Steuergestaltung einer Unternehmung – insbesondere im grenzüberschreitenden Konzern – ist es, die gesamten Steuerkosten im Unternehmensverbund zu verringern. Die Priorität der Steuerminimierung im Zielsystem einer Unternehmung hängt von der Gewichtung im Einzelfall ab. Es gibt Unternehmen oder Konzerne in Form einer Holding, die sehr steuerplanerisch geführt werden und solche, bei denen die betriebswirtschaftlichen Vorteile als organisatorische Gestaltungsform im Vordergrund stehen.

---

[51] Vgl. *Eilers/Schmidt*, FR 2001, S. 9.

a) Betriebswirtschaftliche Motive

Ökonomisches Ziel der Implementierung von Holdingsstrukturen ist es, eine optimale Kombination zwischen den Vorteilen der Zentralisierung und der Dezentralisierung zu erreichen, d. h. die Vorzüge großer Unternehmenseinheiten (Kapitalkraft, Marktmacht) mit denen kleiner, dezentraler Einheiten (Flexibilität, Kooperationsfähigkeit, Marktnähe) zu verbinden. Die im Verhältnis zur Unternehmensgruppe kleinen operativen Gesellschaften haben zum einen die Möglichkeit, schneller und flexibler am Markt aufzutreten, gleichzeitig können sie jedoch intern so weit wie notwendig in die Geschäftspolitik eingebunden werden und sie können selbst auf die Ressourcen eines viel größeren Unternehmens zurückgreifen.[52]

Zu den Vorteilen von Holdingkonzepten zählen vor allem:[53]

- höhere Transparenz der Unternehmensstruktur mit eindeutiger Bilanz- und Ergebnisverantwortung,
- Förderung des Unternehmergeistes und damit höhere Mitarbeitermotivation,
- größere Marktnähe durch die Ausrichtung der Untereinheiten auf lokale Märkte,
- flachere Hierarchien („lean management"),
- Minimierung der Funktionsschnittstellen,
- Reduzierung des Kontroll- und Kostenaufwands,
- höhere Unternehmensflexibilität und Innovationskraft,
- Abgrenzung von Risiken und Haftungsbeschränkung.

b) Steuerliche Motive

Neben den betriebswirtschaftlichen Motiven zur Gründung einer Holdinggesellschaft spielen steuerliche Motive eine immer entscheidendere Rolle. Das vorrangige Ziel beim Einsatz von Holdinggesellschaften aus steuerlichen

---

[52] Vgl. *Streu*, Handbuch-Steuerplanung, 2003, S. 139 und S. 141; *Lutter*, Holding-Handbuch, 2004, § 1, Rz. 5.

[53] Vgl. *Theisen*, Konzern, 2000, S. 185 ff.; *Jacobs*, Unternehmensbesteuerung, 2002, S. 819; *Scheffler*, Holding-Handbuch, 2004, § 2, Rz. 20 f.

Gründen ist die Verringerung der Konzernsteuerquote[54]. Ungünstige Steuerwirkungen sollen vermieden und günstige herbeigeführt werden. Da der Zwischenholding mindestens eine Konzerneinheit vorgeschaltet und mindestens eine weitere nachgeschaltet ist, erhöht sich die Gefahr der mehrfachen steuerlichen Erfassung desselben Einkommens, da die in einem Konzern verbundenen, rechtlich selbständigen Gesellschaften grundsätzlich als voneinander unabhängige Steuersubjekte betrachtet werden. Andererseits ergeben sich aufgrund der oft sehr unterschiedlichen Ausgestaltung der jeweiligen Steuersysteme jedoch auch zahlreiche Ansatzpunkte für steuervermindernde und steuervermeidende Gestaltungen.[55]

Angestrebt wird somit die Vermeidung von Mehrbelastungen durch die zusätzliche Besteuerungsebene im Konzern sowie die Erzielung von Minderbelastungen durch die Umleitung, Weiterleitung oder Umqualifizierung von Erträgen.[56]

---

[54] Konzernsteuerquote= (tatsächlicher Steueraufwand + latenter Steueraufwand) / Konzernergebnis vor Steuern; vgl. *Herzig*, WPg-Sonderheft 2003, S 81.

[55] Vgl. *Kessler*, Handbuch-Steuerplanung, 2003, S. 160 f. und 162.

[56] Vgl. *Krawitz/Büttgen*, IStR 2001, S. 627.

Zu den steuerlichen Zielen von Holdingkonzepten gehören insbesondere:[57]

Vermeidung von Mehrbelastungen	Erzielung von Minderbelastungen
• Vermeidung von Doppelbesteuerungen (z. B. Sicherung Dividendenfreistellung) • Reduzierung von Quellensteuern • Konsolidierung von positiven und negativen Ergebnissen • Minimierung der Veräußerungsgewinnbesteuerung • Sicherstellung der Abzugsfähigkeit von Aufwand	• Vermeidung von Anrechnungsüberhängen • Einkunftserzielung in Niedrigsteuerländern

Abb. 4: Steuerliche Holdingmotive

2. Aktuelle Bedeutung steuerlicher Holdingmotive

Seit etwa Mitte der 80er Jahre kann von einer regelrechten "Holding-Welle" bei deutschen Industrie- und insbesondere Versicherungsunternehmen gesprochen werden. Die früher vorherrschenden, international operierenden Einheitsunternehmen oder Stammhauskonzerne wurden durch diese Reorganisations-Welle hin zur Holdingstruktur "überrollt". Aber auch mittelständische Unternehmen setzen zunehmend auf Holdingkonzepte, um Entscheidungswege zu dezentralisieren und zu verkürzen. Insbesondere bei der Erschließung neuer, internationaler Absatzmärkte (z. B. Europäischer Binnenmarkt) werden Holdingstrukturen als Organisationsform geschätzt, da durch den Kauf von bereits existierenden Unternehmen eine schnelle Marktpräsenz der Unternehmensgruppe im neuen Markt erreicht werden kann.

[57] Vgl. Kessler, Euro-Holding, 1996, S. 77; Schaumburg, Holdinggesellschaften, 2002, S. 29.

Die Holdingbildung primär aus steuerlichen Motiven ist daher in diesen Jahren gegenüber den organisatorischen Vorteilen dieser Strukturform in den Hintergrund getreten. Aber der zunehmende Trend zur Holding als betriebswirtschaftliche Organisationsform macht es erforderlich, ebenso die steuerlichen Auswirkungen von Holdingkonzepten zu analysieren und zu berücksichtigen. Denn für die Entscheidungsträger der Unternehmen kommt es darauf an, nicht nur die organisatorische Seite der Holdingstruktur zu sehen, sondern auch wahrscheinliche Steuerfolgen zu erkennen und steuerliche Gestaltungsrisiken nicht zu übersehen. Andernfalls kann z. B. eine steuerlich "verunglückte" Umorganisation eines Unternehmens hin zu einer Holdingstruktur durch die dadurch ausgelösten Mehrsteuern eine erhebliche finanzielle Belastung zur Folge haben. In diesem Zusammenhang ist es bemerkenswert, dass der Einfluss von Gestaltungsfragen der Unternehmens- und Konzernorganisation auf das Gesellschafts- und Steuerrecht in der Literatur und Forschung in der Vergangenheit eher stiefmütterlich behandelt wurde. So hatte sich z. B. die Entwicklung vom funktionsgegliederten Stammhauskonzern zum dezentralen, holdinggeführten Spartenkonzern von den Rechts- und auch Steuerwissenschaften eher unbeachtet vollzogen.[58]

Steuerliche Gestaltungsmotive spielen aus deutscher Sicht eher bei der Errichtung ausländischer Holdinggesellschaften eine Rolle. Solche Auslandsholdings werden in der Regel als eigene Rechtsträger zwischen die deutsche Konzernspitze und den operativ tätigen ausländischen Grundeinheiten geschaltet. Für diese grenzüberschreitenden Holdingkonstruktionen kommen die unterschiedlichsten Steuermotive in Frage, die im folgenden Teil dieser Arbeit systematisiert und analysiert werden. Umgekehrt ist es auch für Nicht-EU-Konzerne steuerlich interessant, ihre Beteiligungen an EU-Kapitalgesellschaften unter eine Europa-Holding zu bündeln, um beispielsweise den Quellensteuerabzug zu minimieren. Solche Gestaltungen werden durch die angestrebte Steuerrechtsharmonisierung in der EU begünstigt. Denn dadurch, dass die Beteiligungskette durch eine zwischengeschaltete Holdinggesellschaft verlängert wird, fallen innerhalb der EU keine zusätzlichen Quellensteuern für durchgeschüttete Gewinne mehr an. Dies macht die Einschaltung von Zwi-

---

[58] Vgl. bereits *Raupach,* IStR 1993, S.194 ff., m.w.N.

schenholdings attraktiver, wenn es darum geht, spezielle ausländische Steuervergünstigungen zu nutzen und die betreffenden Gewinne anschließend steuerfrei ins Inland zu transferieren. Die EU-Fusionsrichtlinie beseitigt darüber hinaus steuerliche Barrieren für die Errichtung von Holdingstrukturen. Die EU-Steuerharmonisierung bringt m. E. eine zunehmende Einführung eines europaweiten Konzernsteuerrechts und führt gerade zu einer Renaissance primär steuerlich motivierter Holdingkonzepte.

3. Methodik und Ziele der betriebswirtschaftlichen Steuerpolitik und Steuerplanung

Die betriebliche Steuerpolitik gibt entsprechend dem Zielsystem der Unternehmung die Steuerminimierung als quantitatives Ziel vor und formuliert daraus folgernd Grundsätze zur Beeinflussung der Steuerbelastung. Die Zielsetzung der Steuerpolitik einer internationalen Unternehmung orientiert sich dabei an einer **relativen Steuerminimierung**; d. h. "de facto Steueroptimierung, nämlich die steueroptimale Wahl und Gestaltung der für den maximalen Unternehmensgewinn erforderlichen Strategien und Maßnahmen."[59] Betriebliche Steuerpolitik und (langfristige) Steuerplanung sind teilweise synonym und bedingen sich gegenseitig.[60]

"Die Planung bedeutet immer Entscheidungsvorbereitung; 'entscheidungsorientierte Steuerplanung' ist deshalb begrifflich eine Tautologie."[61] In einem internationalen Konzern ist die Steuerplanung als integrierter Bestandteil der strategischen Unternehmensplanung zu verstehen.[62] Bei der Steuerplanung geht es um die Analyse und Auswahl der Handlungsmöglichkeiten bzw. Mittel (Steuerstrategien), die zum Erreichen der steuerpolitisch fixierten Ziele erforderlich sind.[63] Insofern betrifft Steuerplanung immer eine Mittel-Ziel-Entscheidungsvorgabe. Auch die Systematisierung und Umsetzung steuerlicher Holdingkonzepte kann daher m. E. als Mittel-Ziel-Entscheidung verstan-

---

[59] *v. Hacht,* Steuerpolitik, 1998, S. 733.

[60] Zur betrieblichen Steuerpolitik vgl. *Hebig,* Lexikon, 1994, S. 683 f., m.w.N.; *Schneeloch,* Steuerpolitik, 2002, S. 2; *Grotherr*, Handbuch-Steuerplanung, 2003, S. 6.

[61] *Wacker,* Lexikon, 1994a, S. 681.

[62] Vgl. *Storck,* IDW-Steuerfachtagung, 1994, S. 21.

den werden: Die Realisierung eines steuerpolitischen Subzieles des Unternehmens bedingt die Auswahl einer bestimmten steuerpolitischen Handlungsalternative. Holdingkonzepte können dabei grundsätzlich als sog. steuerlich autonome Entscheidungen gekennzeichnet werden, d. h. Entscheidungen mit partiellem Freiheitsraum für verschiedene steuerliche Handlungsalternativen: Ein bestimmter wirtschaftlicher Sachverhalt ist unter Ausnutzung steuerlicher Wahlrechte so zu gestalten, dass die Steuerbelastung des Sachverhalts minimiert wird.[64]

Beispiel:

Wirtschaftlicher Sachverhalt: Eine Muttergesellschaft im Land A ist an einer Tochtergesellschaft im Land B beteiligt. Bei Gewinnausschüttung der Tochtergesellschaft ist im Land B Quellensteuer von 20% einzubehalten. Aufgabe der Steuerplanung ist es, Handlungsalternativen vorzugeben, durch die die Quellensteuerbelastung reduziert wird.

Handlungsalternative:

Die Muttergesellschaft in Land A hält die Beteiligung an der Tochter in Land B nicht direkt, sondern über eine Zwischenholding im Land C. Die Quellensteuer des Landes B im Verhältnis zu Land C beträgt nur 10%; bei Weiterausschüttung von Land C an Land A existiert keine Quellensteuer. Durch das "Dividendenrouting" über Land C wird die Quellensteuerbelastung also minimiert.[65]

III. Arten von Holdinggesellschaften

Abhängig vom verfolgten Zweck, den Beweggründen und Zielen, Beteiligungen in Holdinggesellschaften organisatorisch zusammenzufassen, haben sich in der Praxis die verschiedensten Kategorien von Holdingbegriffen herausgebildet.[66] Dabei lassen sich die Begriffe nicht exakt voneinander abgrenzen, weil die einzelnen Holdings sowohl mehrere Merkmale erfüllen als auch in Mischformen auftreten können. Die in der Praxis am häufigsten vorkommenden (und in der Literatur hinreichend beschriebenen) Typisierungsmerkmale von Holdinggesellschaften können demnach wie folgt unterschieden werden:

---

[63] Vgl. dazu *Wacker,* Lexikon, 1994a, S. 680 ff.; *Grotherr*, Handbuch-Steuerplanung, 2003, S. 10 f., m.w.N.

[64] Vgl. *Hebig,* Lexikon, 1994, S. 683.

[65] Vgl. auch Kap. C.IV., S. 175.

Typisierungsmerkmal	Ausprägungsformen
Eigentümer bzw. Eigentümergruppe	Familienholding, Staatsholding, Mitarbeiterholding
Branchenzugehörigkeit der Untergesellschaften	Industrieholding, Versicherungsholding, Bankholding, Zeitungsholding, Energieholding, Autoholding
Funktion der Holding	Finanz-/Beteiligungsholding, Führungs-/Managementholding, Dienstleistungsholding, Vermögensholding
Tätigkeit der Holding	reine Holding, gemischte Holding
hierarchische Einordnung	Dachholding, Zwischenholding
regionale Ausrichtung	Landesholding, Auslandsholding

Abb. 5: Typologie der Holding-Arten[67]

Im Folgenden werden Holdinggesellschaften nach ihrer Funktion, hierarchischen Einordnung, regionalen Ausrichtung und Rechtsform näher erläutert und untersucht.

1. Einordnung nach Holdingfunktionen

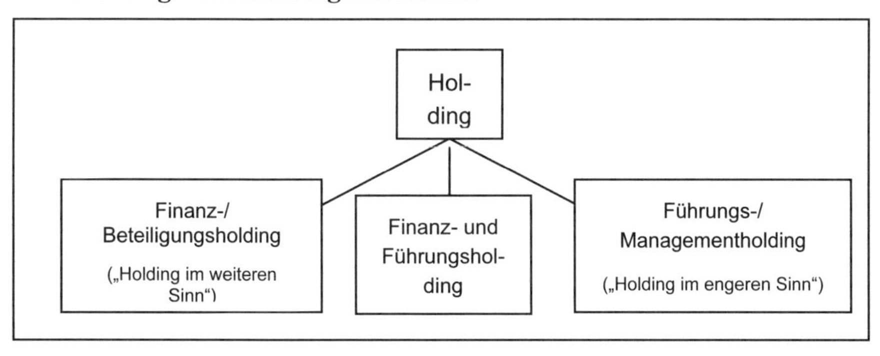

Abb. 6: Funktionale Holdinggrundtypen[68]

---

[66] Vgl. *Jacobs*, Unternehmensbesteuerung, 2002, S. 816.

[67] Vgl. *Kessler*, Euro-Holding, 1999, S. 11; *Jacobs*, Unternehmensbesteuerung, 2002, S. 816.

Funktional betrachtet kann eine Holding ihre Beteiligungsgesellschaften entweder lediglich halten und verwalten ("Holding im weiteren Sinne") oder darüber hinaus Führungsfunktionen und unternehmerischen Einfluss ("Holding im engeren Sinne") ausüben. Im ersten Fall spricht man von einer Finanz- oder Beteiligungsholding, im letzteren von einer Führungs- oder Managementholding. Diese beiden Funktionen können unterschiedlich stark ausgeprägt sein und bei den jeweiligen Beteiligungen mehr oder weniger vorhanden sein. So kann es vorkommen, dass die Holding z. B. aufgrund unterschiedlich stark gewachsener Beteiligungsverhältnisse nur gegenüber einem Teil ihrer Tochtergesellschaften Führungsaufgaben wahrnimmt und gegenüber dem anderen Teil als Finanzholding auftritt.[69]

a) Finanz- oder Beteiligungsholding

Der Unternehmensgegenstand der (reinen) Finanz- bzw. Beteiligungsholding[70] beschränkt sich auf das Halten und die Verwaltung von Beteiligungen an anderen Unternehmen, ohne eine eigene (operative) Führungsfunktion auszuüben. Sie wird also insbesondere ihre Gesellschafterrechte in Haupt- oder Gesellschafterversammlungen ausüben und die Geschäftsführung der Tochterunternehmen überwachen. Die Aufsichtsfunktion kann dabei auch eine Beratung der Geschäftsführer mit einschließen, wobei in diesem Zusammenhang noch nicht von Führung der Beteiligung gesprochen werden kann.[71]

Natürlich wird die Verwaltung von Beteiligungen an Tochtergesellschaften in der Praxis in gewissem Ausmaß auch eine Finanzierung des Beteiligungsbesitzes mit sich bringen. Denn Beteiligungsverwaltung und -finanzierung stehen in der Regel in einem unmittelbaren, nicht trennbaren Zusammenhang und können daher als "originäre Holdingfunktionen" bezeichnet werden.[72] Die Mittel zur Finanzierung der in- und ausländischen Tochtergesellschaften können von der Holding grundsätzlich in Form von Eigenkapital (Beteiligungsfi-

---

[68] Vgl. *Keller*, Unternehmensführung, 1993, S. 33.

[69] Vgl. *Keller,* Unternehmensführung, 1993, S. 33 ff.

[70] Häufig auch als Vermögensholding (vgl. *Lutter*, Holding-Handbuch, 2004, § 1, Rz. 22) oder als Verwaltungsholding (vgl. *Selling*, RIW 1991, S. 239) bezeichnet.

[71] Vgl. *Lutter*, Holding-Handbuch, 2004, § 1, Rz. 22.

[72] Vgl. *Keller,* Unternehmensführung, 1993, S. 47.

nanzierung) oder Fremdkapital (konzerninterne Fremdfinanzierung) an die nachgeordneten Tochtergesellschaften vergeben werden. Im Holdingkonzern kann zwischen einer zentralen oder dezentralen Finanzwirtschaft unterschieden werden. Bei einer zentralen Finanzwirtschaft laufen die Kapitalbeschaffung und alle finanzierungsbezogenen Ein- und Auszahlungen über die Holding, die die Finanzmittel dann an die operativen Gesellschaften verteilt. Bei einer tendenziell dezentralen Konzernfinanzierung bestehen auf jeder Stufe eigenständige Bankverbindungen, wodurch die Geschäftsaktivitäten und Investitionen der jeweiligen Konzerngesellschaft selbständig finanziert werden.[73] Darüber hinaus können bei der Kapitalbeschaffung und -verteilung konzerneigene Finanzierungsgesellschaften genutzt werden.

Die Töchter (teilweise) zu finanzieren, bedeutet notwendigerweise auch einen gewissen Einfluss auf die Geschäftsführung, die über eine bloße Kontrolle hinausgehen kann. Unter dem Aspekt der Führungstiefe sollte sich deshalb die (reine) Beteiligungs- oder Finanzholding primär auf die Vermögensverwaltung beschränken. Als nächst stärkere Form kommt die "finanzielle Führung" durch die Steuerung und Kontrolle der finanziellen Parameter der Untergesellschaften hinzu. Die operative Führung wird hier (noch) von den einzelnen Beteiligungsgesellschaften selbständig und in eigener Verantwortung ausgeführt, oder es ist eine **Managementholding** nachgeordnet, die nach führungsorganisatorischen Kriterien als die "strategisch führende" und die "operativ führende" Holding auftreten kann.[74] Im Konzernbereich ist m. E. eine rein vermögensverwaltende Beteiligungsholding schwer vorstellbar, weil die Koordinierung verschiedener Geschäftsfelder (Sparten) und/oder unterschiedlicher Märkte zumindest eine strategische Führung voraussetzt, die über eine reine Kontrolle hinausgeht.

Der Vorteil einer derartigen Finanzholding liegt darin, dass diese die Gelder im Unternehmensverbund (z. B. Dividenden, Zinserträge, Kredite oder Kapital aus Börsengängen) bündeln und dann gezielt den Beteiligungsunternehmen als Fremd- oder Eigenkapital zu Verfügung stellen kann. Dadurch kann eine bessere (Eigen-)Kapitalstruktur und damit eine größere Unabhängigkeit von

---

[73] Vgl. *Theisen*, Holding-Handbuch, 2004, § 11, Rz. 4.

[74] Vgl. *Keller*, Holding-Handbuch, 2004, § 4, Rz. 21 ff. und 41 ff.

Banken bzw. bessere Kreditkonditionen erreicht werden. Die Effizienz der Finanzholding kann zusätzlich noch durch die Übernahme von weiteren Finanzfunktionen bis hin zum Cash-Management für die gesamte Gruppe verstärkt werden. Allerdings steigt durch diese konzernweite Liquiditätssteuerung das gesamte Risiko, das sich nur durch eine stärkere Führung der Beteiligungen kontrollieren lässt, wodurch sich die Finanzholding dann in Richtung einer Managementholding entwickelt.[75]

Folgende Abbildung zeigt, wie sich der Anteil der Verwaltungs- und Führungsfunktionen bei den verschiedenen Grundtypen der Holding verändert, wenn sich der Führungseinfluss der verschiedenen Holdingtypen von der Finanzholding hin zur Führungsholding verändert.

[75] Vgl. *Theisen*, Konzern, 2000, S. 443 ff.; *Scheffler*, Holding-Handbuch, 2004, § 2, Rz. 40 ff. und 47.

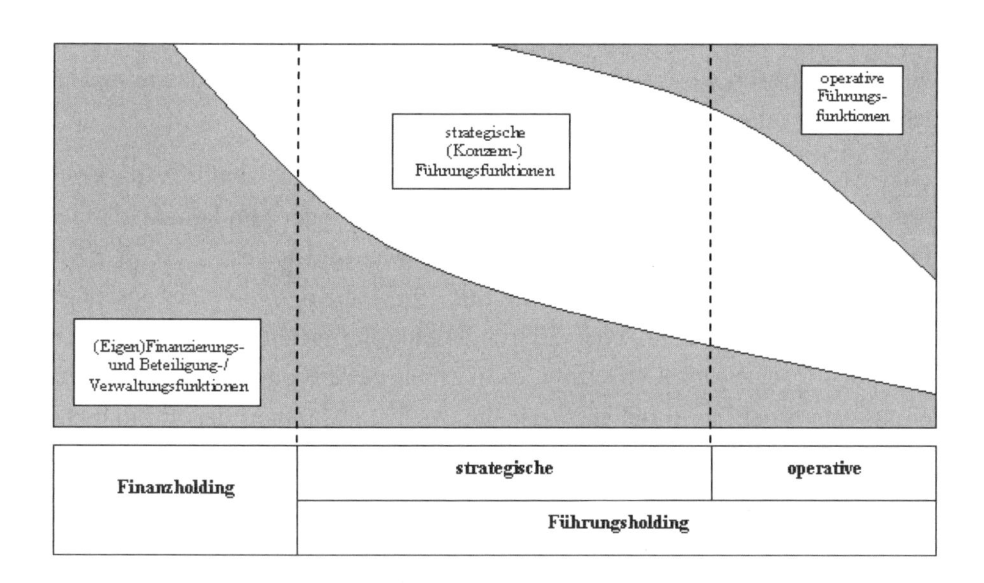

Abb. 7: Führungseinfluss und Holdingtypen[76]

Es zeigt sich, dass der Übergang stets fließend und eine exakte Abgrenzung daher nicht möglich ist.

Gesellschaftsrechtlich ist aus deutscher Sicht fraglich, ob eine Finanzholding – falls an den Beteiligungen eine kapital- oder stimmrechtsmäßige Mehrheit besteht – den aktienrechtlichen Konzernbegriff im Sinne des § 18 AktG erfüllt. Dies ist davon abhängig, in welchem Maße die Finanzholding außer der reinen Beteiligungsverwaltung strategische Führungsaufgaben wahrnimmt. Denn das konzernspezifische Merkmal eines Unterordnungskonzerns ist gekennzeichnet durch die einheitliche Leitung rechtlich selbständiger Unternehmen durch die Obergesellschaft (Holding).[77] Dabei muss die juristische Leitungsmöglichkeit zur Konzernkonstituierung nach h. M. auch tatsächlich ausgeübt werden (ökonomische Leitungspflicht). Über die reine Beteiligungsverwaltung hinausgehend muss die Finanzholding hierfür zumindest strategische Führungsaufgaben (z. B. Festlegung der allgemeinen Geschäftspolitik) ausüben. Anders ausgedrückt lässt sich sagen, dass sich bei einer Beteili-

---

[76] *Keller*, Holding-Handbuch, 2004, § 4, S. 131.

[77] Vgl. dazu *Theisen*, Konzern, 2000, S. 178.

gungs- oder Finanzholding an der Spitze eine Konzernvermutung nur dann widerlegen lassen wird, wenn die Holding sich tatsächlich auf das reine Halten und Verwalten ihrer Beteiligungen beschränkt.[78]

Steuerrechtlich war in diesem Zusammenhang früher problematisch, dass eine rein **verwaltende Holding** kein steuerlicher Organträger sein konnte, da hierfür die wirtschaftliche Eingliederung nötig war (§ 14 Abs. 1 Nr. 2 KStG i. d. F. bis 2000, Abschn. 50 Abs. 2 KStR 1995), die nur von einer geschäftsleitenden (Manangement- oder Führungs-)Holding erfüllt wurde.[79] Seit dem Jahr 2001 fordert § 14 KStG nur noch die finanzielle Eingliederung, die durch die ununterbrochene mittelbare oder unmittelbare Mehrheit der Stimmrechte an der Organgesellschaft ab Beginn des Wirtschaftsjahres erreicht wird (§ 14 Abs. 1 Nr. 1 Satz 1 und 2 KStG i. d. F. ab 2001, R 57 KStR 2004). Allerdings muss zumindest ein **strategischer Einfluss** auf die Geschäftspolitik der inländischen Beteiligungsgesellschaften ausgeübt werden, damit ein steuerrechtliches Organverhältnis zwischen deutscher Holding und inländischen (Tochter) Kapitalgesellschaften möglich ist (§ 14 Abs. 1 Nr. 2 KStG, Abschn. 50 Abs. 2 KStR 2004).

b) Führungs- oder Managementholding

In Abgrenzung zur Beteiligungsholding "hält" eine Führungsholding nicht nur Beteiligungen, sondern konzentriert sich darauf, ihre Beteiligungsgesellschaften wirtschaftlich zu führen, deren geschäftspolitische und unternehmerische Ziele zu koordinieren sowie die mittel- und langfristige Unternehmensstrategie festzulegen und weiterzuentwickeln. Führungsorganisatorisch kann hier, abhängig von der Intensität der Führung, die strategische und die operative Holding unterschieden werden.

Der **Holdingkonzern** mit einer Führungsholding an der Spitze bedeutet eine Weiterentwicklung des traditionellen Stammhauskonzerns, bei dem noch die meisten unternehmerischen Funktionen unter einem einzigen rechtlichen Dach ausgeübt werden. Das Stammhaus ist organisatorisch nach Funktionsbereichen aufgegliedert, wie z. B. Beschaffung, Produktion, Entwicklung und

[78] Vgl. *Theisen,* Konzern, 2000, S.179 f., m.w.N.

Vertrieb.[80] Im Gegensatz hierzu werden beim Holdingkonzern die operativen Tätigkeiten und ggf. auch einzelne Funktions- bzw. Zentralbereiche aus dem Stammhaus in rechtlich selbständige Gesellschaften ausgegliedert und unter der Führung einer Holding zusammengefasst. Die Führungs- oder Managementholding verzichtet dabei in der Regel auf die Übernahme des operativen Geschäfts und beschränkt sich als Dach- bzw. Muttergesellschaft auf die einheitliche strategische und wirtschaftliche Leitung gegenüber den nachgeordneten Tochtergesellschaften. Die rein kapitalmäßige Beteiligungsstruktur der Finanzholding wird in eine wirtschaftlich einheitliche Verbundstruktur übergeleitet.[81] Ziel dieser Gestaltung ist die Maximierung des Verbund- oder Synergieeffekts, d. h. des Mehrwerts gegenüber der Summe der Einzelwerte der Tochterunternehmen.[82] Die Voraussetzungen des aktienrechtlichen Konzernbegriffs, der die einheitliche Leitungsmacht der Muttergesellschaft als konstituierendes Konzernmerkmal fordert, sind hierbei regelmäßig erfüllt.[83] Aufgrund dieser einheitlichen Leitung durch die (konzern-)führende Holdinggesellschaft stellt der Konzern, trotz der rechtlichen Selbständigkeit der einzelnen Beteiligungsunternehmen, eine geschlossene wirtschaftliche Einheit dar, die als solche einen (Konzern-)Abschluss aufstellt, der die Vermögens-, Finanz- und Ertragslage aller in diesem Verbund befindlichen Unternehmen so darstellt, als ob diese ein einziges Unternehmen wären.[84]

Von einer **Managementholding** spricht man insbesondere, wenn sich die Holding auf die Oberleitung der rechtlich verselbständigten Geschäftsbereiche und/oder auf funktionale Bereiche beschränkt. Dabei wird – mehr oder weniger – zwischen strategischer und operativer Verantwortung getrennt, wobei

---

[79] Vgl. BFH v. 15. 4. 1970, BStBl. II 1970, S. 554; BFH v. 31. 1. 1973, BStBl. II 1973, S. 420.

[80] Vgl. *Lutter*, Holding-Handbuch, 2004, § 1, Rz. 15.

[81] Vgl. *Keller,* Unternehmensführung, 1993, S. 60 ff.

[82] Vgl. *Theisen,* Konzern, 2000, S.179.

[83] Vgl. § 18 Abs. 1 S. 1 AktG: Sind ein herrschendes und ein oder mehrere abhängige Unternehmen unter der einheitlichen Leitung des herrschenden Unternehmens zusammengefasst, so bilden sie einen Konzern; die einzelnen Unternehmen sind Konzernunternehmen.

[84] "Grundsatz der Einheitstheorie" bei der Aufstellung von Konzernabschlüssen (§ 297 Abs. 3 S. 1 HGB); vgl. *Theisen,* Konzern, 2000, S. 495.

eine strikte Trennung aufgrund der gegenseitigen Wechselbeziehungen nicht möglich ist.[85]

Organisationsbereiche der zweiten Hierarchieebene werden nach Geschäftsbereichen bzw. Sparten (Produkten, Regionen, Absatzmärkten) gegliedert und in gesellschaftsrechtlich selbständiger Form geführt. Durch die rechtliche Verselbständigung von Geschäftsbereichen bzw. Unternehmenssparten stimmen wirtschaftliche Entscheidungsstrukturen mit den rechtlichen Konzernstrukturen überein. Die operativen Aufgaben werden dezentral von selbständigen Teilbereichsunternehmen geführt, die als “Profit-Centers” für die Abwicklung des lokalen Geschäfts und damit für ihren geschäftlichen Erfolg und letztendlich auch für die Umsetzung der vorgegebenen Strategie verantwortlich sind.[86]

Eine solche dezentrale, objektbezogene Organisationsform kennzeichnet regelmäßig einen **Spartenkonzern.** Die Gliederung nach Sparten fasst z. B. die Funktionen Einkauf, Produktion und Vertrieb nach Produkten, Märkten oder Regionen zusammen und ermöglicht damit eine marktnahe, flexible Unternehmensführung. Einzelne spartenübergreifende Funktions- bzw. Zentralbereiche (z. B. Finanzen, Controlling, Personalwesen, Forschung und Entwicklung) bleiben bei der Konzernspitze, die sich als Managementholding auf die funktionale Konzernleitung und die strategische Oberleitung der rechtlich selbständigen Spartengesellschaften beschränkt. Eine solche Spartenstruktur führt z. B. zu folgender Organisationsform:

---

85 Kritische Betrachtung der strikten Trennung von strategischer und operativer Führung: *Scheffler*, Holding-Handbuch, 2004, § 2, Rz. 4 - 6.

86 Vgl. *Jacobs*, Unternehmensbesteuerung, 2002, S. 818 f., *Scheffler*, Holding-Handbuch, 2004, § 2, Rz. 45.

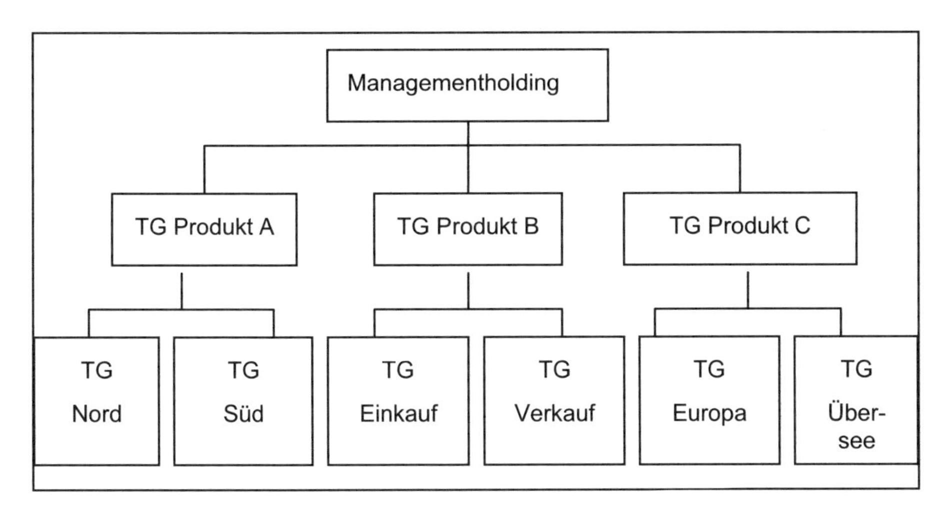

Abb. 8: Managementholding mit Spartenstruktur[87]

Es wird deutlich, dass die zwischengeschalteten Tochtergesellschaften zugleich als (Sparten-)Holding[88] für die nachgeordneten Einheiten fungieren. Eine Führungsholding muss daher nicht unbedingt mit der Spitzeneinheit identisch sein. Eine mit Führungsfunktionen ausgestattete Zwischenholding steht meist an der Spitze eines Teilkonzerns. Hierdurch kann es zur Problematik einer mehrfachen Konzernbindung, d. h. zum "Konzern im Konzern" kommen.[89] Diese Frage spielt vor allem für den Bereich der Mitbestimmung (§ 5 MitbestG) und ggf. für die handelsrechtliche Aufstellungspflicht eines Teil-Konzernabschlusses (§§ 290 Abs. 2, 291 HGB) eine Rolle.

Durch diese Form der Dezentralisierung des operativen Geschäfts erreicht die Managementholding eine höhere Flexibilität und eine schnellere Reaktionsfähigkeit. Auf regionale, technologische, rechtliche oder steuerrechtliche Veränderungen kann mit der Gründung oder dem Erwerb neuer Tochtergesellschaften bzw. der Veräußerung adäquat reagiert werden.[90]

---

87 Abbildung in Anlehnung an *Theisen*, Konzern, 2000, S. 183.

88 Ausführlich unten bei Spartenholding, Kap. B.III.2.c), S. 46.

89 Vgl. *Lutter*, Holding-Handbuch, 2004, § 1, Rz. 38; *Wackerbarth*, Holding-Handbuch, 2004, § 9, Rz. 93 ff.

90 Vgl. *Theisen*, Konzern, 2000, S.185.

Durch folgende Koordinations- und Führungsinstrumente stellt die Führungs- bzw. Managementholding die einheitliche Leitungsmacht über ihre Beteiligungsgesellschaften sicher:[91]

(1) **Finanzhoheit:** Das Kapital für die Konzernunternehmen wird in zentraler Verantwortung durch die Holding beschafft und vergeben. Dies kann bis zur Übernahme des gesamten Cash-Management führen. Bei einer zentralen Holdingfinanzwirtschaft werden die gesamten im Holdingkonzern erforderlichen Finanzmittel zentral durch die Holdingführung beschafft und nach der jeweiligen Finanzplanung auf die operativ tätigen Gesellschaften verteilt; sämtliche finanzierungsbezogenen Ein- und Auszahlungen laufen in diesem Fall über die Holding. Im Gegensatz zur dezentralen Finanzwirtschaft verfügen die geführten Gesellschaften über keine eigenständige Bankverbindung, die gesamte Beschaffung von Eigen- und Fremdkapital sowie dessen Verwendung geschieht über die Holding. Dabei begünstigt eine Börsennotierung von Aktien oder Anleihen der Managementholding die Kapitalbeschaffungsmöglichkeiten für die Gruppe.[92]

(2) **Personalunion:** Leitungsorgane der Führungsholding und Tochtergesellschaften sind personell in beide Richtungen verflochten. Um die Unternehmenspolitik der operativen Töchter in die Gesamtstrategie einzubinden, haben z. B. in vielen als Führungsholding organisierten Holdingkonzernen die Geschäftsführer der operativen Einheiten auch im Holdingvorstand Sitz und Stimme.[93]

(3) **Unternehmensverträge:** Insbesondere durch aktienrechtliche Beherrschungs- und Ergebnisabführungsverträge (§§ 291 ff. AktG) werden die Entscheidungen der Holding bei den Tochtergesellschaften durchgesetzt. Für den GmbH-Konzern (und auch den Personengesellschafts-Konzern) fehlen zwar gesetzliche Vorschriften, aber die Holding kann entsprechende Unternehmensverträge abschließen und damit ihre Herrschaft vertraglich absichern.

---

[91] Vgl. *Theisen*, Konzern, 2000, S. 183.

[92] Vgl. *Theisen*, Holding-Handbuch, 2004, § 11, Rz. 4.

[93] Vgl. *Lutter*, Holding-Handbuch, 2004, § 1, Rz. 5; *Keller*, Holding-Handbuch, 2004, § 4, Rz. 75.

(4) **Strategie- und Koordinationsgruppen**: Diese dienen in erster Linie der Organisation bereichsübergreifender Informationen, um die gewünschten Synergien im produktions- und verfahrenstechnischen Bereich zwischen den einzelnen Sparten- und Teilbereichsgesellschaften der Holding sicherstellen zu können. Eine starke personelle Verflechtung sowie der Einsatz von Doppelmandatsträgern fördern dies zusätzlich.[94]

In der Praxis existieren die verschiedensten Formen und Kombinationen von Managementholding-Strukturen. So unterscheidet *Bühner* in einer empirischen Untersuchung verschiedene Managementholding-Typen nach den Kriterien der rechtlichen Selbständigkeit der Geschäftsbereiche, der Größe und Komplexität des Verwaltungsapparates sowie der Zuständigkeit von Vorstand bzw. Geschäftsführung.[95] Als "schlanke Managementholding" bezeichnet *Bühner* z. B. eine Obergesellschaft, die die rechtlich selbständigen Geschäftsbereiche mit einer auffallend geringen Anzahl von Mitarbeitern (zwischen zwei und zehn) führt. Diese Holding besteht nur aus Vorstand bzw. Geschäftsführung, Sekretärinnen und Fahrern. Eine solche schlanke Managementholding ermöglicht es besonders auch mittelständischen Unternehmen, die organisatorischen Vorteile von Holdingkonzepten zu nutzen und damit flexibel und wettbewerbsfähig zu bleiben.[96]

c) Mischformen

Mischformen von Holdinggesellschaften liegen dann vor, wenn die Holding neben dem Halten und/oder dem Führen von Beteiligungen auch operative, unternehmerische Aktivitäten, wie beispielsweise einen Industriebetrieb, ein Bankgeschäft oder eine Handelsunternehmung ausführt. In der Regel spielen aber diese Tätigkeiten im Verhältnis zur gesamten Unternehmensgruppe eine untergeordnete Rolle.[97]

---

[94] Vgl. *Theisen*, Konzern, 2000, S. 185.

[95] Vgl. *Bühner*, DB 1993, S. 285 ff.

[96] Vgl. *Bühner*, DB 1993, S. 287; vgl. zur schlanken Managementholding auch *Bühner*, ZfO 1993, S. 11-19.

[97] Vgl. *Lutter*, Holding-Handbuch, 2004, § 1, Rz. 21.

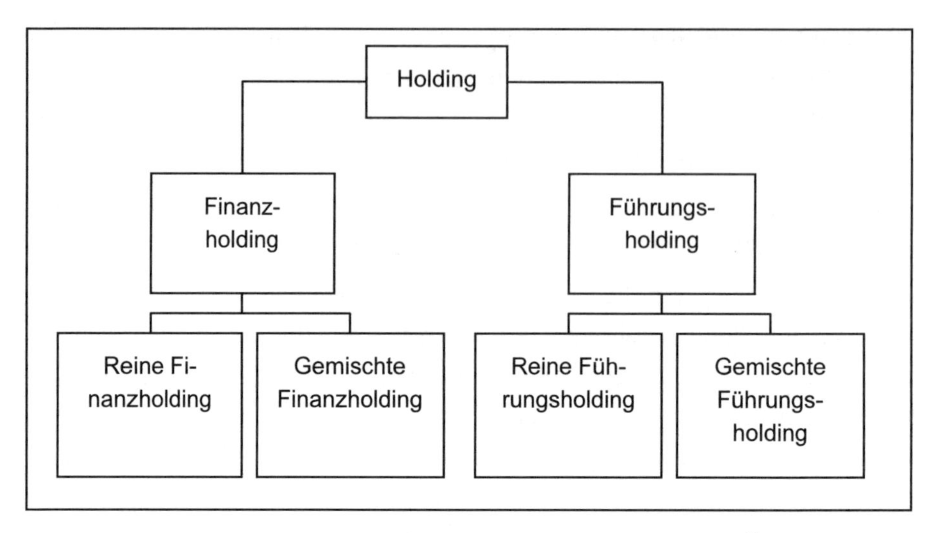

Abb. 9: Funktionelle Holdinggrundtypen mit Sonderfunktionen[98]

d) Dienstleistungsholding

In der internationalen Praxis können Holdinggesellschaften für einen Konzern bestimmte zentrale Funktionen übernehmen. Es handelt sich dabei um Dienstleistungen, die bei einem Stammhauskonzern meist von Zentral- oder Stabsabteilungen wahrgenommen werden. Diese Funktionen können aus organisatorisch-betriebswirtschaftlichen Gründen auf eine Holding (meist Zwischenholding) übertragen werden, die, außer diese Dienstleistungen auszuüben, auch an Gesellschaften beteiligt sein kann, aber keine Führungsfunktionen (wie eine Führungs- oder Managementholding) übernimmt.[99] Nur wenn die Dienstleistungsgesellschaft Anteile an weiteren Konzerngesellschaften hält, kann man von einer Dienstleistungs-Holding sprechen. Diese übernimmt dann zentrale Dienstleistungen, die vom Gesamtkonzern genutzt werden. Hierzu gehören z. B. Finanzierungs- und Marketingaufgaben oder auch die rechtliche und steuerliche Beratung.

Im Hinblick darauf, dass einige Staaten für solche Dienstleistungstätigkeiten bestimmte Steuerprivilegien gewähren, kann die Ausgliederung solcher Funk-

98 Vgl. *Keller*, Unternehmensführung, 1993, S. 57.

99 Vgl. *Dressler*, Gewinnverlagerungen, 2000, S. 519.

tionen auf selbständige Rechtsträger – z. B. auch konzerneigene Versicherungsgesellschaften[100] – oft auch steuerlich motiviert sein.[101] Die Dienstleistungen können entweder direkt oder als Kostenumlage an die einzelnen Konzerngesellschaften verrechnet werden.

Ausgehend von der jeweiligen Aufgabenstellung kommen in der Praxis insbesondere folgende Dienstleistungs-Holdingformen vor:

Finanzierungsgesellschaft/-holding: Hier werden wichtige Finanzierungsfunktionen für das Gesamtunternehmen gebündelt. Funktional kann zwischen reinen und gemischten Finanzierungsgesellschaften unterschieden werden. Reine Finanzierungsgesellschaften beschaffen zentral finanzielle Mittel auf Kapitalmärkten und verteilen diese im Unternehmensverbund. Gemischte Finanzierungsgesellschaften können neben ihren finanzwirtschaftlichen Aufgaben beispielsweise noch operative oder Holdingfunktionen ausführen, wenn sie die Mittel den Konzerngesellschaften als Eigenkapital zur Verfügung stellen[102]; im Extremfall geschieht ein Übergang zu einer (reinen) Finanzholding.[103] Darüber hinaus kann eine Finanzierungsgesellschaft auch konzerninternen Cash Flow „sammeln" und verteilen.[104]

Oft domizilieren solche Gesellschaften zur Steuerung der konzerninternen Kapitalflüsse in Ländern, die entweder auf Zinszahlungen nach nationalem oder nach DBA-Recht keine oder nur eine geringe Quellensteuer erheben. Des Weiteren sind aufgrund von speziellen steuerrechtlichen Fördermaßnahmen bestimmte ausländische Standorte für die Errichtung von Finanzdienstleistungsgesellschaften besonders attraktiv.[105]

Werden aber solche mit Finanzierungsaufgaben ausgestattete Zwischenholdings im Ausland niedrig besteuert, muss ein deutscher Anteilseigner die restriktiven Bedingungen des AStG für Einkünfte aus ausländischen Finanzie-

---

[100] Sog. "Captives" vgl. *Wurm,* Dienstleistungsgesellschaften, 1992, S. 57 ff.

[101] Zu den wirtschaftlichen und steuerlichen Vorteilen von Dienstleistungsgesellschaften im internationalen Konzern vgl. *Wurm,* Dienstleistungsgesellschaften, 1992, S. 41 - 82.

[102] Vgl. *Theisen*, Konzern, 2000, S. 444, *Theisen*, Holding-Handbuch, 2004, § 11, Rz. 7.

[103] Vgl. *Keller*, Unternehmensführung, 1993, S. 71 und dort Fn. 20.

[104] Ausführlich bei *Vetter*, Holding-Handbuch, 2004, § 8, Rz. 1 ff., S. 310 ff.

[105] Vgl. *Theisen*, Konzern, 2000, S. 447.

rungstätigkeiten beachten (§ 8 Abs. 1 Nr. 7 AStG), da sonst bei einer Qualifizierung als passive Einkünfte die Hinzurechnungsbesteuerung droht.[106]

Managementgesellschaften, Kontroll- und Koordinationsstellen: Hier werden Management-, Assistenz- und/oder Kontrollleistungen von der Konzernspitze auf eine eigens zu diesem Zweck errichtete selbständige Kapitalgesellschaft oder rechtlich unselbständige Betriebsstätte übertragen. Eine solche Stelle bezieht sich insbesondere auf einen bestimmten regionalen Markt und/oder die Leitung eines bestimmten Produktbereiches (Sparte).

Patent- und/oder Lizenzholding: Primäre Aufgabe der Patent- oder Lizenzholding ist es, die urheber- oder patentrechtlich geschützten Rechte der Beteiligungsgesellschaften im Unternehmensverbund zusammenzufassen und lizenzmäßig zu vermarkten.[107] Patentverwertungs- und Lizenzvergabe-Gesellschaften werden von der Finanzverwaltung allerdings unter Missbrauchsaspekten eher skeptisch gesehen. Insbesondere wenn ihnen als reine Domizilgesellschaften Lizenzrechte übertragen werden, die sie ihrerseits mit Unterlizenzen verwerten.[108] Hier kann zum einen eine Basisgesellschaft angenommen werden und die steuerliche Abschirmwirkung damit verloren gehen. Zum anderen kann bei einer niedrigen Besteuerung im Ausland die Hinzurechnungsbesteuerung drohen, denn Lizenzeinkünfte sind regelmäßig passive Einkünfte im Sinne des AStG, es sei denn, die Lizenzvergabegesellschaft wertet ihre selbst entwickelten Forschungs- und Entwicklungsarbeiten aus. Die Ergebnisse müssen mit eigenen Einrichtungen, eigenem Personal und ohne Mitwirkung von nahe stehenden unbeschränkt Steuerpflichtigen erarbeitet werden.[109]

---

[106] Vgl. dazu unten Kap. C.II.2., S. 124.

[107] Vgl. *Littich u. a.*, Holding, 1993, S. 16.

[108] Vgl. eingehender *Selling*, DB 1988, S. 930 (934 f.).

[109] Vgl. *Menck*, AStG-Kommentar, § 8, Rz. 67.

2. Einordnung nach Holdinghierarchien

a) Dachholding

Als Dachholding wird aus betriebswirtschaftlich-organisatorischer Sicht die in der Hierarchie oberste, mehrheitlich oder vollständig beteiligte Unternehmung eines Beteiligungsverbundes bezeichnet, die selbst die unternehmensleitenden Funktionen ausübt; diese kann sowohl Finanzierungs-, als auch Führungsaufgaben wahrnehmen.[110] Dieser Beteiligungsverbund wird als geschlossen bezeichnet, wenn die Dachholding alle Anteile an den nachfolgenden Tochtergesellschaften hält und somit kein anderer an diesen beteiligt ist. Eine Dachholding wird dann zur Konzernholding, wenn diese Führungsaufgaben übernimmt und die beteiligten Untergesellschaften unter einer einheitlichen Leitung im Sinne des § 18 AktG stehen.[111]

Sind an einer Holding mehrheitlich nur natürliche Personen beteiligt – wie z. B. bei reinen Familienunternehmen – wird diese ebenfalls als Dachholding bezeichnet. Die **Familien-Dachholding** selbst beschränkt sich als verwaltende Holding auf das Halten von Beteiligungen. Dadurch gliedern Familiengesellschaften die reine Vermögensverwaltung gesellschaftsrechtlich aus der strategisch und ggf. operativ führenden Managementholding aus. Steuerliche Aspekte, wie z. B. Vermeidung der Gewerbesteuer, sind hierfür ein wesentliches Motiv.[112] Die strategische Führung des Unternehmensverbundes wird an eine rechtlich selbständige Managementgesellschaft delegiert.

---

[110] Vgl. *Keller*, Unternehmensführung, 1993, S. 38, *Lutter*, Holding-Handbuch, 2004, § 1, Rz. 25.

[111] Vgl. *Lutter*, Holding-Handbuch, 2004, § 1, Rz. 34 ff.

[112] Vgl. *Raupach*, JbFSt 1992/93, S. 283; zur Familienholding vgl. auch *Breuninger*, JbFSt 1992/93, S. 364 ff.

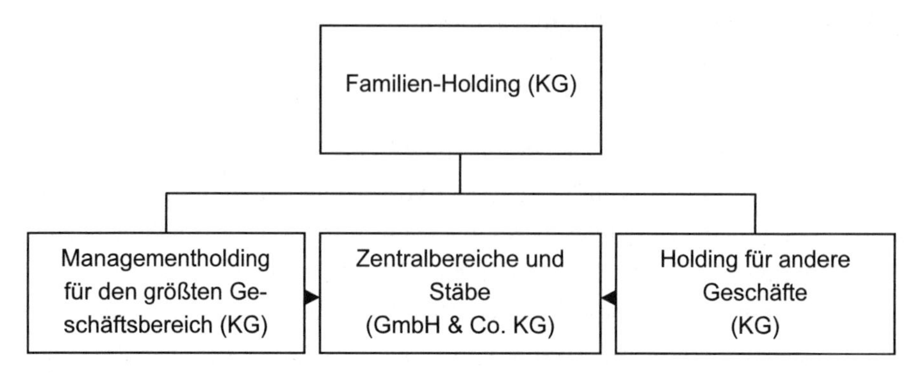

Abb. 10: Familien-Holding mit Managementgesellschaft

"Die Familien-Holding an der Gruppenspitze versteht sich als reine Finanzholding. Sie ist in der Rechtsform der KG gegründet. Die Obergesellschaft ist einzige Kommanditistin der Zwischenholdings. Die Komplementäre der Finanzholding sind auch Komplementäre der Zwischenholdings. Beide Zwischenholdings sind je zur Hälfte an einer Beratungs- und Verwaltungsgesellschaft beteiligt, die per Konzernumlage die zentralen Dienstleistungen für die gesamte Gruppe erbringt. Die Finanzdienstleistungen dieser Gesellschaft beschränken sich dabei auf Buchungsvorgänge. Entscheidungen über die Vergabe finanzieller Mittel werden von den Komplementären der Finanz- und damit der Zwischenholdings getroffen. Zusätzlich zu den Geschäftsführern aus der Familie sind in der Zwischenholding familienfremde Manager angestellt. Auch wenn in dieser Gesellschaft die Nachfolge der Geschäftsführung kein Thema ist, zeigt die Struktur deutlich die Möglichkeiten zur Einbringung angestellter Führungskräfte, ohne den Familieneinfluss zu verlieren."[113]

b) Zwischenholding

Falls eine Holding in einem mehrstufigen Unternehmensaufbau als selbständiger Rechtsträger zwischengeschaltet ist, spricht man von einer Zwischenholding. Ihre Anteile werden ihrerseits von einer oder mehreren Muttergesellschaften gehalten und sie ist im Sinne des § 17 AktG funktional „abhängig".[114] Die Zwischenholding kann zwischen der obersten und untersten ope-

---

[113] *Bühner*, DB 1993, S 287.

[114] Vgl. *Lutter*, Holding-Handbuch, 2004, § 1, Rz. 26.

rativen Ebene auf jeder Ebene der Gruppe positioniert sein, hält aber ihrerseits immer Beteiligungen an anderen Unternehmen, zumeist Kapitalgesellschaften. Sie kann sowohl Beteiligungs-/Finanzfunktionen wie auch Führungsfunktionen ausüben, wobei im letzten genannten Fall die Zwischen-Führungs-Holding einen Teilkonzern begründet.[115]

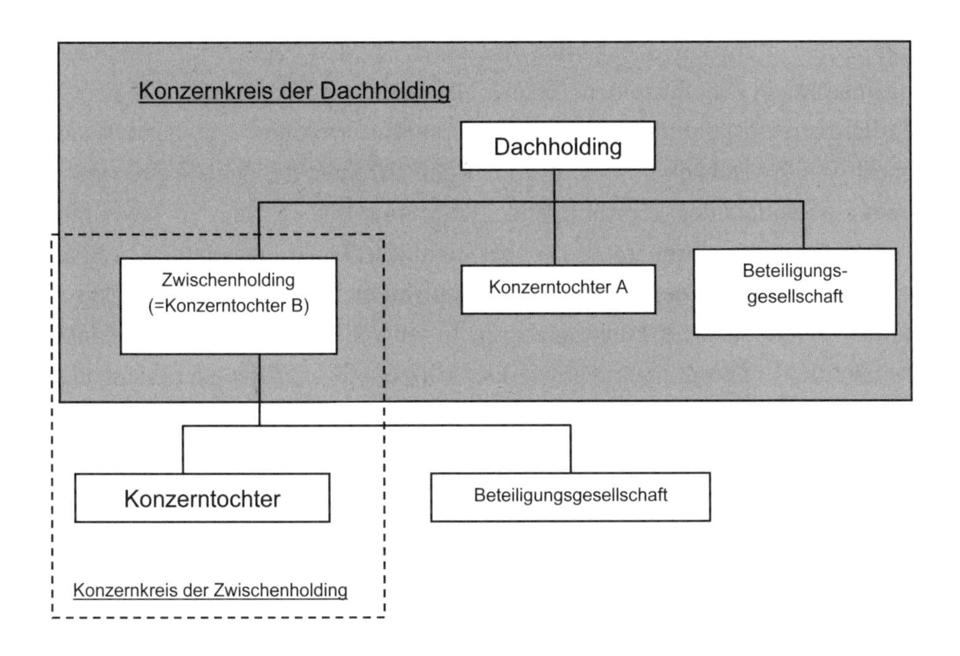

Abb. 11: Hierarchische Einordnung von Dach- und Zwischenholding[116]

Betriebswirtschaftliche Bedeutung gewinnt eine Zwischenholding als Sparten-[117], Funktions- und/oder Landesholding.[118] Durch die Zwischenschaltung eines selbständigen Rechtsträgers wird der Konzernaufbau und damit die Beteiligungskette um eine Stufe erweitert. Die Zwischenholding ist das eigentliche Instrument zur steuerlichen Sachverhaltsgestaltung des Unternehmensaufbaus. Sie dient daher oft der Umsetzung konkreter steuerlicher Holdingmo-

---

115 Vgl. *Keller*, Unternehmensführung, 1993, S. 38.

116 Abbildung in Anlehnung an *Keller*, Unternehmensführung, 1993, S. 39.

117 Siehe unten Kap. B.III.2.c), S. 46.

118 Siehe unten Kap. B.III.3.a), S. 49.

tive. Aus betriebswirtschaftlich-organisatorischer Sicht ist daher immer eine Zwischenholding Untersuchungsgegenstand und Mittel der verschiedenen steuerlich geprägten Holdingziele.

c) Spartenholding

Eine Sonderform der Zwischenholdings bilden die sogenannten Spartenholdings. Diese dienen in Konzernen mit einer Spartenorganisation als Steuerungsinstrument der einzelnen Geschäftsbereiche (= Sparten), die meist als rechtlich verselbständigte "profit-centers" geführt werden.[119] Es handelt sich zumeist um Zwischenholdings, die im Rahmen einer divisionalen Konzernstruktur leitende oder koordinierende Konzernaufgaben für den jeweiligen Geschäftsbereich wahrnehmen. Da aber nicht alle Funktionsbereiche in Sparten ausgegliedert werden können, entstehen in der Praxis häufig Mischsysteme, bei denen einzelne Funktionsbereiche entweder von der Konzernspitze (Dachholding) übernommen werden oder horizontal (in Stäbe oder Dienstleistungsgesellschaften) ausgegliedert werden. Letzteres führt regelmäßig zu einer Matrixstruktur.[120]

Die Organisationsstruktur von Spartenholdings kann z. B. folgende Aufbauformen haben:

[119] Zu weiteren Erläuterungen von „profit center“ siehe oben Managementholding, Kap. B.III.1.b., S. 34.

[120] Vgl. *Theisen*, Konzern, 2000, S.172 f.

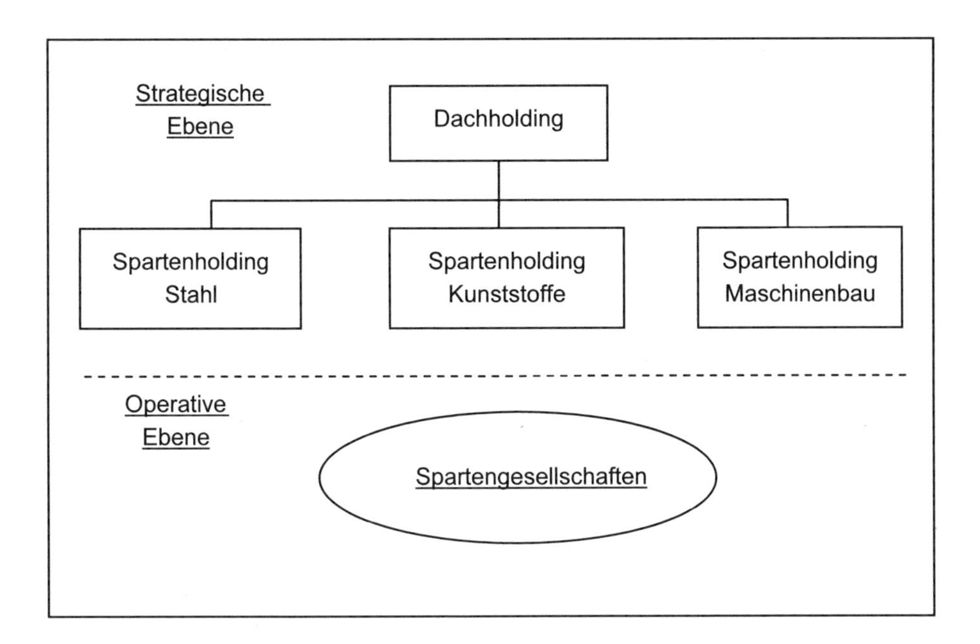

Abb. 12: Dachholding mit (Produkt-)Spartenholdings

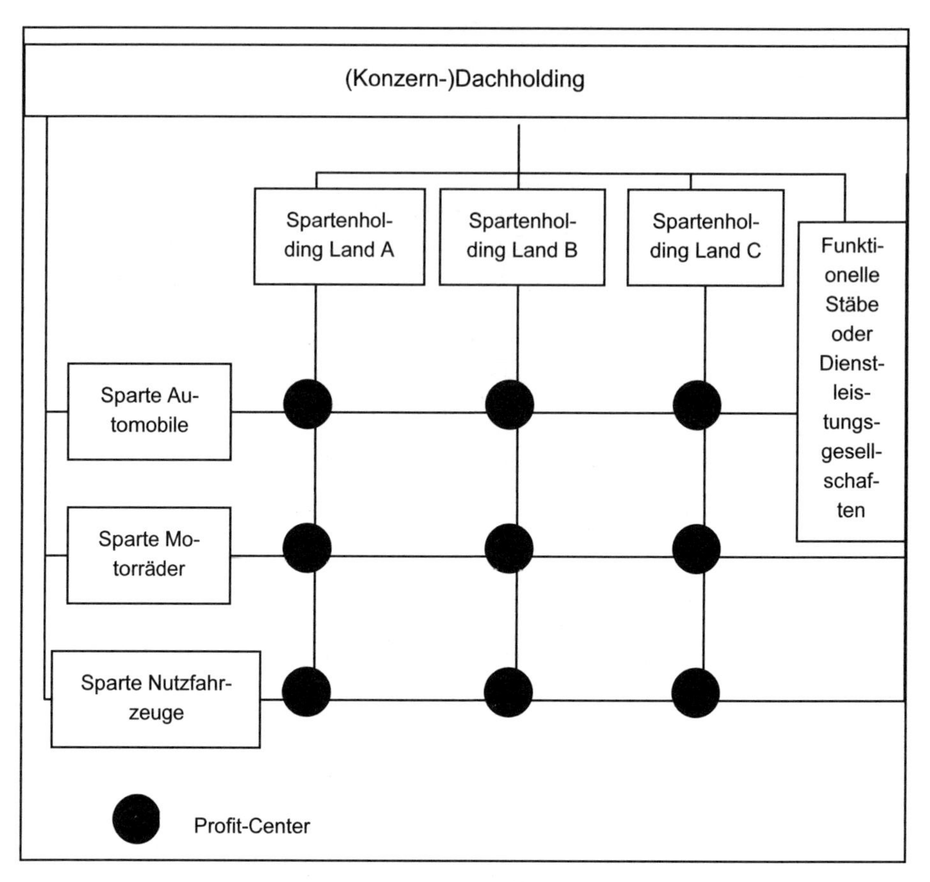

Abb. 13: Spartenholding mit Profit-Centers[121]

Durch die Führung der Sparten in eigener gesellschaftsrechtlicher Form wird die rechtliche Konzernstruktur der betriebswirtschaftlichen Entwicklung des Konzerns und seiner Organisation angepasst. Damit decken sich im Idealfall organisatorische Zielsetzungen und rechtliche Einheiten. In der Praxis sind Spartenholdings insbesondere in der Versicherungswirtschaft verbreitet. Damit wird in erster Linie den Anforderungen des deutschen Versicherungsaufsichtsgesetzes entsprochen, wonach Versicherungsunternehmen ihre verschiedenen Versicherungssparten in voneinander getrennten, rechtlich selbständigen Einheiten (Sparten) führen müssen (§ 8 Abs. 1a VAG).

[121] In Anlehnung an: *Jacobs*, Unternehmensbesteuerung, 2002, S. 818.

3. Einordnung nach der regionalen Ausrichtung

a) Landesholding (nationale Holding)

Eine Landes- oder nationale Holding ist meist einer ausländischen Konzernholding nachgeordnet und steht ihrerseits als Zwischenholding einem nationalen Teilkonzern vor. Die von einer Landesholding gehaltenen Töchter befinden sich im selben Staat wie die Holding selbst. Die Landesholding ist oft steuerlich motiviert und hat organisatorische Bedeutung, um die in einem Land ansässigen Gesellschaften unter einer gemeinsamen nationalen Holding zusammenzufassen. Dies führt zu folgender Grundstruktur:

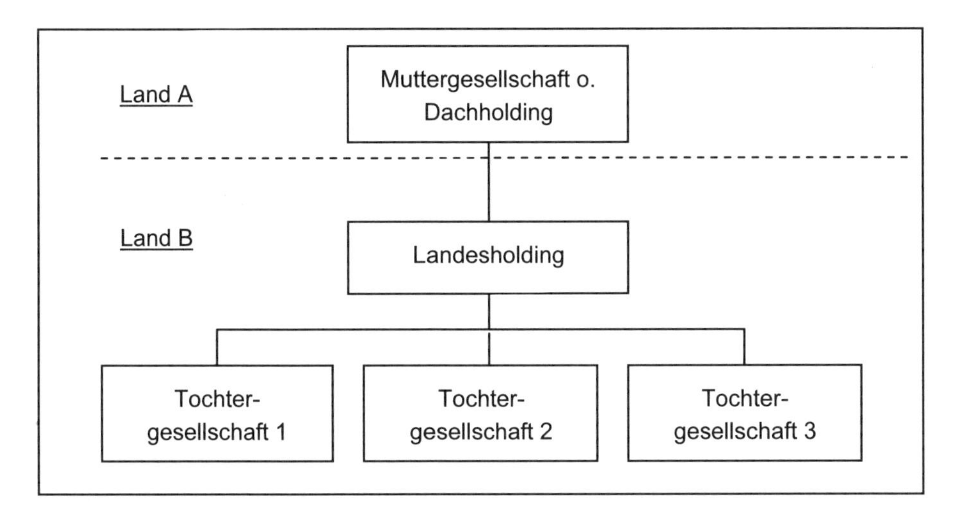

Abb. 14: Landesholding

Eine Landesholding kann sowohl als Beteiligungs- als auch als Führungsholding ausgestaltet sein und organisatorisch die Einflussnahme der Muttergesellschaft gegenüber den national tätigen Tochtergesellschaften koordinieren oder bündeln. Es ist dabei nicht erforderlich, alle Unternehmensfunktionen in der Landesholding zu konzentrieren. Häufig übt die Landesholding im divisionalisierten Konzernaufbau nur regionale Aufgaben aus, während die Spartenleitungen bei der übergeordneten Spartenholding zusammengefasst werden. Als Zwischenholding wird eine Landesholding in der Regel kein eigenes operatives Geschäft betreiben.

Hauptgrund für die Errichtung einer deutschen Landesholding liegt in der Herbeiführung einer körperschaftsteuerlichen Organschaft. Nach § 14 KStG muss dafür die finanzielle Eingliederung der Organgesellschaft (= Tochterunternehmen) in den Organträger (= Landesholding) vorliegen, die durch die Mehrheit der Stimmrechte erreicht wird. Befindet sich allerdings die Spartenleitung der (deutschen) Landesholding in einer anderen ausländischen Konzerngesellschaft, ist eine Organschaft nicht möglich, da sich sowohl der Sitz als auch die Geschäftsleistung des Organträgers in Deutschland befinden müssen (§ 14 Abs. 1 Nr. 2 S. 1 KStG).

Ein wichtiges steuerliches Motiv für die Errichtung einer Landesholding im Ausland ist es, dort die Voraussetzungen einer konsolidierten Besteuerung herbeizuführen, um einen nationalen Gewinn- und Verlustausgleich durchführen zu können. Denn in vielen EU-Ländern sind steuerliche Organschaftskonzepte auf verbundene Gesellschaften innerhalb der Landesgrenzen beschränkt. Lediglich Dänemark, Frankreich, Italien und Österreich kennen unter bestimmten Voraussetzungen eine grenzüberschreitende konsolidierte Besteuerung.[122]

b) Auslandsholding (internationale Holding)

Während eine nationale (Landes-)Holding ausschließlich inländischen Beteiligungsbesitz hält, ist eine internationale Holding auch an ausländischen Gesellschaften beteiligt. Als internationale Holding kann man eine Dach- oder Zwischenholding bezeichnen, die Beteiligungen an Unternehmen (zumindest teilweise) in unterschiedlichen Staaten hält.[123] Aus deutscher Sicht liegt ein ausländischer Holdingkonzern vor, wenn die (Zwischen-)Holding ihren Sitz im Ausland hat, die operativen Gesellschaften aber in Deutschland und ggf. weiteren Drittländern sind. Eine internationale Holding bedeutet aus Sicht einer deutschen Spitzeneinheit die Einschaltung einer oder mehrerer Zwi-

---

[122] Dazu unten Kap. D.I. (Länderprofile), S. 219.

[123] Vgl. *Keller*, Unternehmensführung, 1993, S. 39.

scheneinheiten, die Beteiligungen an operativen Töchtern in Drittstaaten halten.[124]

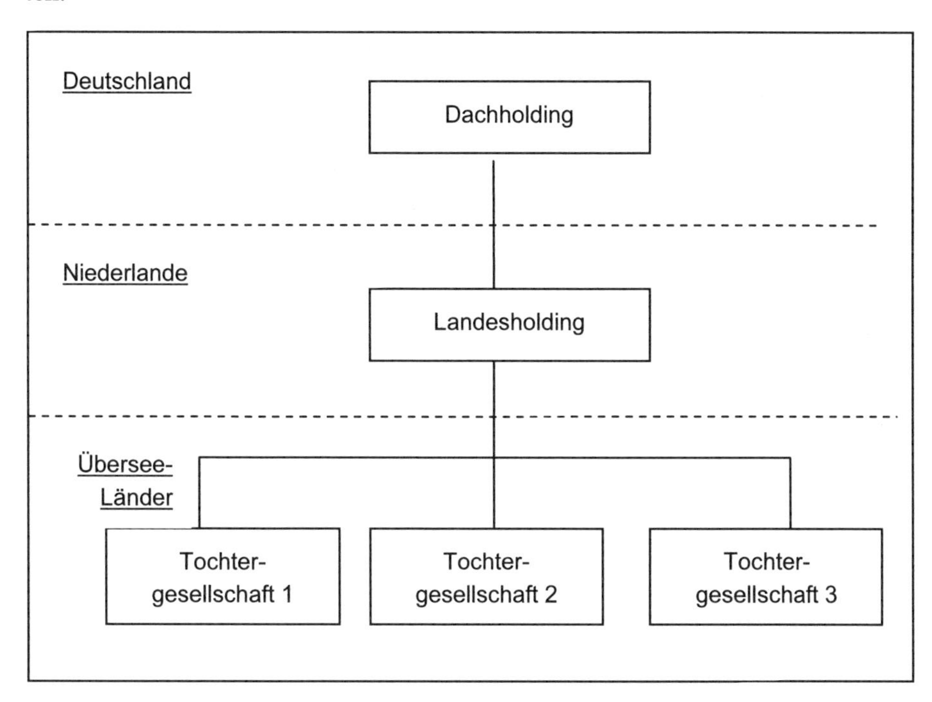

Abb. 15: Internationale Zwischenholding mit operativen Tochtergesellschaften

Die Wahl des Holdingstandortes einer internationalen Holding wird neben wirtschaftlichen Gründen (z. B. Zugang zum internationalen Kapitalmarkt oder Nutzung von besonderen Finanzierungsinstrumenten) häufig von steuerlichen Überlegungen beeinflusst.[125] Denn unter steuerlichen Aspekten dient diese Holdingform insbesondere der Inanspruchnahme einer niedrigeren Besteuerung von ausländischen Beteiligungs- und Zinserträgen bis hin zur Nutzung der internationalen Schachtelprivilegien, um dadurch ausländische Beteiligungserträge möglichst steuerfrei an die Konzernspitze durchzuschütten.

[124] Vgl. *Lutter*, Holding-Handbuch, 2004, § 1, Rz. 30.

[125] Dazu unten Kap. B.IV.1.b), S. 61.

4. Einordnung nach der Rechtsform

Der Holdingbegriff als eine spezifische Organisationsform ist grundsätzlich unabhängig von einer bestimmten Rechtsform. An der Spitze oder als Zwischeneinheiten eines Holdingkonzerns können daher Unternehmen sämtlicher Rechtsformen stehen. Maßgebend für die Rechtsformwahl der Spitzeneinheit sind neben Haftungsfragen vor allem steuerliche und betriebswirtschaftliche Aspekte.

Da bei nationalen Holdingsgesellschaften vornehmlich das deutsche Steuerrecht die Rechtsformwahl bestimmt, wird diese bei ausländisch herrschenden nationalen Holdingskonzernen die Entscheidung in aller Regel von zwei steuerrechtlichen Ansatzpunkten abhängen, die von unterschiedlichen Rechtsprinzipien geprägt sind: Auf der ersten Stufe orientiert sich die Rechtsformwahl an den steuerlichen Verhältnissen des (möglichen) Ansässigkeitsstaates einer Zwischenholding. Auf der zweiten Stufe geht es um die Vermeidung der Doppelbesteuerung im Verhältnis zum Staat der ausländischen Konzernspitze.[126]

a) Kapitalgesellschaften als Holdings

International sind Holdings in der Rechtsform von Kapitalgesellschaften die Regel. Ein Grund dafür ist darin zu sehen, dass ihre Strukturhomogenität im internationalen Vergleich sowohl in gesellschafts- als auch in steuerrechtlicher Hinsicht größer ist als bei Personengesellschaften. So ist es ein international vorherrschender Rechtsgrundsatz, eine Kapitalgesellschaft als selbständiges Rechtssubjekt zu behandeln. Daraus folgt eine rechtliche und haftungsmäßige Trennung zwischen Gesellschafts- und Gesellschafterebene. Auch steuerlich wird eine Kapitalgesellschaft durchweg als eigenständiges Steuersubjekt eingestuft. Dadurch können diese die zur Vermeidung der Doppelbesteuerung gerichteten Steuerfreistellungen des nationalen Steuerrechts nutzen. Kapitalgesellschaften sind auch grundsätzlich abkommenberechtigt im Sinne der Doppelbesteuerungsabkommen und können die abkommensberechtigten und europarechtlichen Quellensteuerbegrenzungen für Schachteldividenen

---

[126] Vgl. *Schaumburg/Jesse*, Holding-Handbuch, 2004b, § 14, Rz. 8.

beanspruchen. So sind z. B. thesaurierte Gewinne der Gesellschaft grundsätzlich vor einer Besteuerung auf Ebene der hinter ihr stehenden Anteilseigner abgeschirmt. Dies kann ein Motiv dafür sein, Einkünfte in einer niedrigbesteuerten Holding abzuschirmen, dem aber das Steuerrecht durch verschiedenste Missbrauchsbestimmungen enge Grenzen setzt.[127]

Die Abschirmwirkung führt allerdings auch dazu, dass Verluste der Kapitalgesellschaft nicht mit positiven Einkünften der Gesellschafter verrechnet werden können. Eine Verlustverrechnung kann lediglich im Rahmen der Regelungen über Organschaften und der konsolidierten Besteuerung erfolgen, die allerdings grenzüberschreitend nur in wenigen Fällen möglich sind.

b) Die Europäische Gesellschaft als Sonderform der Kapitalgesellschaft

Der Deutsche Bundestag hat am 22. Dezember 2004 mit dem Gesetz zur Einführung der Europäischen Gesellschaft[128] (Socieatas Europaea, kurz SE) eine EU-Verordnung[129] einschließlich der dazugehörigen Richtlinie in Deutsches Recht umgesetzt und damit die SE als mögliche Rechtsform für eine Holdinggesellschaft geschaffen.

Die SE-Verordnung beschäftigt sich lediglich mit gesellschaftsrechtlichen Fragen wie Gründung, Unternehmensverfassung, usw. Durch den Verweis auf das nationale Aktienrecht des jeweiligen Sitzmitgliedsstaates und die Ermächtigung an die nationalen Gesetzgeber zum Erlass SE-spezifischer Regelungen, wird die SE abhängig vom Mitgliedsstaat unterschiedliche Erscheinungsformen aufweisen; im Endeffekt wird es sich wohl um eine an eine Aktiengesellschaft angelehnte Rechtsform handeln.[130] Bei der laufenden Ertragsbesteuerung unterliegt die SE demnach wie jede nationale Aktiengesellschaft dem jeweiligen nationalen Steuerrecht für Kapitalgesellschaften.[131]

---

127 Vgl. *Schaumburg/Jesse*, Holding-Handbuch, 2004b, § 14, Rz. 2 und 3.

128 Gesetz zur Einführung der Europäischen Gesellschaft (SEEG) vom 22.10.2004, BStBl. I 2004, S. 3675.

129 Verordnung Nr. 2157/2001 vom 08.10.2001 über das Statut der Europäischen Gesellschaft (SE), kurz: SE-VO und Richtlinie über die Beteiligung der Arbeitnehmer der SE (SE-RL).

130 Vgl. *Marsch-Barner*, Holding-Handbuch, 2004, § 15, Rz. 2.

131 Vgl. *Rosenbach*, PIStB 2003, S. 324.

Die EU verfolgt mit der Rechtsform der SE das Ziel, dass Gesellschaften aus unterschiedlichen Mitgliedsstaaten, vornehmlich Aktiengesellschaften und GmbH, fusionieren oder eine Holdinggesellschaft errichten können, um gemeinsame Tochtergesellschaften gründen und über diese wirtschaftlich tätig werden zu können.[132] Die SE als „Dach- oder Zwischenholding bietet sich somit besonders für Unternehmensverbindungen an, die ihre wirtschaftliche Verankerung in der EU durch die europäische Rechtsform der SE zum Ausdruck bringen wollen".[133]

Der größte Vorteil der Holding-SE liegt in der Anerkennung in allen Mitgliedsstaaten der Europäischen Union, so dass durch die Wahl des Sitzstaats die bevorzugten nationalen Unternehmensverfassungen und vor allem Standortvorteile genutzt werden können.[134] Ferner kann zwischen einer monistischen Führungsstruktur mit einem Verwaltungsrat mit Geschäftsleitung (§§ 20 ff. SEEG) oder einer dualistischen Führungsstruktur aus Leitungs- und Aufsichtsorgan (§§ 15 ff. SEEG) gewählt werden, wodurch eine flexiblere Führung und Aufsicht als bei einer deutschen Aktiengesellschaft vorliegt.[135]

Eine Holding-SE kann nur von Aktiengesellschaften und GmbHs gegründet werden, die nach dem nationalen Rechts eines EU-Mitgliedsstaats gegründet wurden und ihren Sitz seit mindestens 2 Jahren in der EU haben (Art. 2 Abs. 2 Nr. 2b SE-VO).

Bei der Gründung einer deutsche Holding-SE mit Sitz in der Bundesrepublik Deutschland müssen neben der SE-Verordnung auch das nationale deutsche Aktienrecht sowie das SE-Einführungsgesetz beachtet werden. Nach der Erstellung eines Gründungsplanes müssen die Aktionäre bzw. Gesellschafter der beiden Gesellschaften so viele Anteile in die zu gründende Holding-SE einbringen, dass mindestens 50% der Stimmrechte an jeder Gesellschaft bei der Holding-SE liegen (Art. 32 Abs. 2 SE-VO).[136] Die einbringenden Aktionäre/ Gesellschafter erhalten im Gegenzug Anteile der Holding-SE.

---

132 Vgl. Tz. (10) der Begründung zur SE-VO.

133 *Marsch-Barner*, Holding-Handbuch, 2004, § 15, Rz. 5.

134 Vgl. *Scheffler*, Holding-Handbuch, 2004, § 2, Rz. 9.

135 Vgl. *Marsch-Barner*, Holding-Handbuch, 2004, § 1, Rz. 7.

136 Nähere Ausführungen zur Gründung einer Holding-SE siehe Art. 32 ff. SE-VO.

Der Gründungsprozess stellt sich schematisch wie folgt dar:

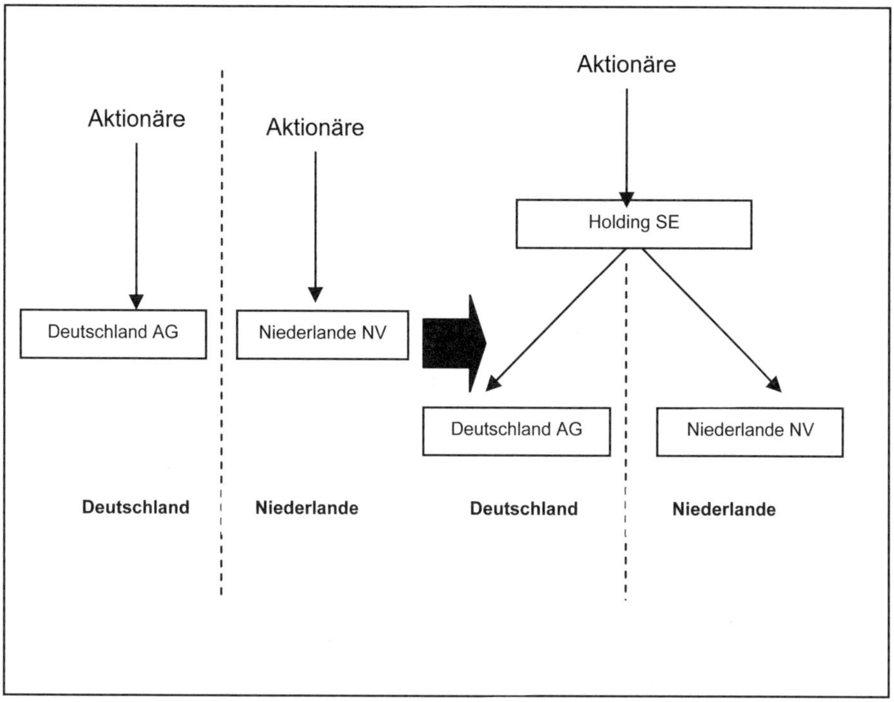

Aktionäre
Aktionäre
Aktionäre
Holding SE
Deutschland AG
Niederlande NV
Deutschland AG
Niederlande NV
Deutschland
Niederlande
Deutschland
Niederlande

Abb. 16: Gründung einer Holding-SE[137]

Der Sitz der Holding-SE kann in Deutschland, den Niederlanden oder einem dritten Staat der Europäischen Union liegen (Art 7 SE-VO).

Unterliegen die einbringenden Aktionäre dem deutschen Steuerrecht, so führt der Anteilstausch zu einer Gewinnrealisierung in den Anteilen, wobei § 8b Abs. 2 KStG i. V. m. § 3 Nr. 40 EStG zu beachten ist. Werden in- oder ausländische Anteile einer Kapitalgesellschaft in eine deutsche Holding-SE eingebracht, können die eingebrachten Anteile entweder mit dem Buchwert bzw. den Anschaffungskosten oder einem höheren Wert, maximal aber mit dem Teilwert angesetzt werden (§ 20 Abs. 1 Satz 2, Abs. 2 Satz 1 UmwStG). Gleiches gilt für die Einbringung von Anteilen in eine Holding-SE, die ihren Sitz

---

137 Abbildung in Annlehnung an *Endres*, PIStB 2004, S. 253; *Schumacher*, Europäische Aktiengesellschaft, 2005, S. 269.

in einem anderen EU-Mitgliedsstaat hat. Eine Einbringung von Anteilen kann hierbei ebenfalls zu Buchwerten steuerunschädlich erfolgen (§ 23 Abs. 4 UmwStG, Art. 8 Fusionsrichtlinie).[138]

Die SE kann ihren Sitz ohne Auflösung und Neugründung in einen anderen Staat der EU verlegen (Art. 8 SE-VO). Ihre Identität wird dabei vollkommen gewahrt, sie unterliegt jetzt als gleiche Rechtspersönlichkeit dem Rechts- und Steuersystem des neuen Sitzlandes.[139] Da aber weder die SE-VO, das SE-Einführungsgesetz noch die Fusionsrichtlinie Regelungen für eine steuerneutrale Sitzverlegung enthalten, müssen hierbei deutschen Vorschriften über den Wegzug bzw. den Zuzug angewendet werden. Wird der Sitz der Gesellschaft aus Deutschland wegverlegt, wechselt die SE (mit ihrer im Inland verbleibenden Betriebstätte) von der unbeschränkten in die beschränkte Steuerpflicht mit der Folge einer Schlussbesteuerung einschließlich der Auflösung der stillen Reserven (§ 12 Abs. 1 i. V. m. § 11 KStG).[140] Bei einer Sitzverlegung nach Deutschland, wird die SE unbeschränkt körperschaftsteuerpflichtig. Ob überführte Wirtschaftsgüter analog zu § 6 Abs. 1 Nr. 5 und 6 EStG mit dem Teilwert (=Verkehrswert) angesetzt werden können, wurde durch die Finanzverwaltung noch nicht geklärt.[141]

Des weiteren gelten bei der Europäischen Gesellschaft als Holding uneingeschränkt die steuerlichen Voraussetzungen und Bestimmungen von Kapitalgesellschaften.

c) Personengesellschaften als Holding

Steuerlich ist eine Personengesellschaft sowohl haftungsmäßig als auch steuerlich transparent, d. h. eine Abschottung zwischen Gesellschaftsebene einerseits und Gesellschafterebene andererseits ist auch in anderen Rechtsordnun-

---

[138] Vgl. *Schumacher*, Europäische Aktiengesellschaft, 2005, S. 269 f.; *Förster/Lange*, DB 2002, S. 292 f. mit weiteren Erläuterungen.

[139] Vgl. *Endres*, PIStB 2004, S. 255.

[140] Vgl. *Schumacher*, Europäische Aktiengesellschaft, 2005, S. 275 f.; *Endres*, PIStB 2004, S. 255; beide kritisch zur Vereinbarkeit der Besteuerung des Wegzugs mit EU-Prinzipien.

[141] Vgl. *Schumacher*, Europäische Aktiengesellschaft, 2005, S. 277.

gen wenig ausgeprägt.[142] Steuerrechtlich bedeutet dies, dass nicht die Personengesellschaft, sondern die an ihr beteiligten Gesellschafter besteuert werden.

Eine Holding in der Rechtsform einer Personengesellschaft kann ggf. aus verschiedenen Gründen sinnvoll sein. Solche Motive können aus deutscher Sicht beispielsweise sein:

- Vermeidung der Prüfungs- und Publizitätspflichten für Jahresabschlüsse.[143]
- Vermeidung von Mitbestimmungsverpflichtungen: Voraussetzung für eine Mitbestimmung in der Holding ist grundsätzlich, dass die inländische Spitzeneinheit in der Rechtsform einer Kapitalgesellschaft betrieben wird. Bei inländischen Holdingkonzernen, die von einer Personengesellschaft beherrscht werden, findet eine Unternehmensmitbestimmung allenfalls in den nachgeordneten Töchtern statt, soweit die Voraussetzungen des Mitbestimmungsgesetzes dafür vorliegen.[144]
- Steuerbelastungsunterschiede wegen der fehlenden Rechtsformneutralität der Besteuerung: Hier sind keine allgemein gültigen Vorteilhaftigkeitsaussagen möglich, da zu viele Einzelaspekte und Annahmen eine Rolle spielen. Belastungsvergleiche bei Holdingunternehmen hängen beispielsweise davon ab, ob Gewinne bei Kapitalgesellschaften steuerfrei sind, diese thesauriert werden oder der Anteilseigner die Gewinne bei Ausschüttungen versteuern muss (Halbeinkünfteverfahren) oder diese steuerfrei vereinnahmt werden können (z. B. bei Kapitalgesellschaften als Empfänger).

---

[142] Mit Ausnahme von haftungsbegrenzenden Mischtypen wie die deutsche GmbH & Co. KG. Auch haben Personengesellschaften im romanischen Rechtskreis oft eine eigene (steuerliche) Rechtsfähigkeit; vgl. *Schaumburg/Jesse*, Holding-Handbuch, 2004a, § 13, Rz 4 sowie Holding-Handbuch, 2004b, § 14, Rz. 4.

[143] Durch das "Kapitalgesellschaften- und Co-Richtlinie-Gesetz" (KapCoRiLiG) wurden OHG und KG, bei denen keine natürliche Person direkt oder indirekt die Stellung eines persönlich haftenden Gesellschafters einnimmt, hinsichtlich der Rechnungslegung Kapitalgesellschaften gleichgestellt. Derartige Unternehmen, die nicht in der Rechtsform einer Kapitalgesellschaft geführt werden (also insbesondere Einzelkaufleute und Personenhandelsgesellschaften), unterliegen nur dann einer Offenlegungspflicht, wenn die Größenkriterien des § 1 Abs. 1 PublG erfüllt sind.

[144] Vgl. *Wackerbarth*, Holding-Handbuch, 2004, § 9, Rz. 75.

Dagegen können sich unter bestimmten Voraussetzungen Personengesellschaften als Holdings gegen Kapitalgesellschaften behaupten.[145]

- Erweiterter Gesellschafter-Fremdfinanzierungsrahmen: Bei der Fremdfinanzierung deutscher Holding-Personengesellschaften haben ausländische Gesellschafter generell einen größeren Spielraum als bei Kapitalgesellschaften.

Eine Personengesellschafts-Holding kann auch spezifische **Probleme** mit sich bringen. Solche sind z. B. aus deutscher Sicht:

- Da es bei steuerlichen Holdinggestaltungen oft um die Nutzung von DBA-Schachtelprivilegien geht, ist der gewichtigste Nachteil, dass Personengesellschaften in vielen Ländern die Abkommensberechtigung versagt ist.
- Bei der Veräußerung von Anteilen an einer deutschen Personengesellschaft gilt nach dem Betriebstättenprinzip der deutschen Doppelbesteuerungsabkommen, dass Veräußerungsgewinne nicht dem Wohnsitzstaat des (ausländischen) Gesellschafters, sondern der Bundesrepublik Deutschland als Betriebstättenstaat zugewiesen wird;[146] die Besteuerung erfolgt dann mit den im Vergleich zum Ausland oft höheren deutschen Steuersätzen.
- Eine Personen-Holdinggesellschaft als inländische Spitzeneinheit kann ggf. zu gewerbesteuerlichen Strukturnachteilen führen: Zum einen können bei einem Gesellschafterwechsel wegen des Grundsatzes der Unternehmergleichheit (Abschn. 66 Abs. 1 und 4 GewStR 1998) gewerbesteuerliche Verlustvorträge gefährdet sein. Zum anderen können die laufenden Kosten der Holding gewerbesteuerlich nicht mit den Ergebnissen der Tochter- und Enkelgesellschaften verrechnet werden (§ 8 Nr. 8, § 9 Nr. 2 GewStG), so dass ungenutzte Verlustvorträge entstehen.[147]
- Die inländische Organträgerfähigkeit setzt eine selbständige gewerbliche Tätigkeit einer Holding-Personengesellschaft voraus. Dies erfordert nach BFH-Rechtsprechung eine geschäftsleitende Holding.[148] Als weitere, ver-

[145] Vgl. *Schaumburg/Jesse*, Holding-Handbuch, 2004a, § 13, Rz. 4 und Rz. 20 ff.

[146] Vgl. Schaumburg/Jesse, Holding-Handbuch, 2004a, § 13, Rz. 43.

[147] Vgl. *Prinz*, JbFSt 1992/93, S. 312.

[148] Vgl. *Orth*, DB 2005, S. 741 m.w.N. aus der BFH-Rechtsprechung.

schärfende Voraussetzungen muss seit dem Jahr 2003 die Personengesellschaft zwingend einen Gewerbebetrieb im Sinne des § 15 Abs. 1 Nr. 1 EStG betreiben (§ 14 Abs. 1 Nr. 2 Satz 2 KStG), wobei eine teilweise gewerbliche Betätigung (im Sinne des § 15 Abs. 3 Nr. 1 EStG) ausreichend ist; eine lediglich gewerbliche geprägte Personengesellschaft (§ 15 Abs. 2 Nr. 2 EStG) erfüllt diese Voraussetzungen nicht.[149] Ferner muss die Eingliederung der Organgesellschaft dabei zwingend im Verhältnis zur Personengesellschaft bestehen, es reicht nicht aus, dass die Anteile an der Kapitalgesellschaft im Sonderbetriebsvermögen eines Gesellschafters sind (§ 14 Abs. 1 Nr. 2 Satz 2 KStG, R 58 KStR).[150]

IV. Standortfaktoren für Holdinggesellschaften

1. Wirtschaftliche und steuerliche Standortkriterien

In dem Maße wie sich das wirtschaftliche, bildungsmäßige und infrastrukturelle Umfeld in der EU weiter angleicht, wird der Trend zu flexiblen Standortentscheidungen der Unternehmungen verstärkt werden. Eine Holdinggesellschaft verwaltet, finanziert und/oder führt ihre Beteiligungsgesellschaften. Diese Aufgaben sind anders als bei Produktions- oder Vertriebsgesellschaften grundsätzlich nicht an einen bestimmten Standort bzw. Markt gebunden, sondern eher "standortelastisch" bzw. „standortflexibel", d. h. die Holding kann abhängig von den verfolgten Zielen den Standort mit den für sie besten Bedingungen wählen und ihren Sitz mit relativ wenig Aufwand und Transaktionskosten dorthin verlegen.[151]

a) Wirtschaftliche Standortkriterien

Standortbindungen können sich neben politischen, zivilrechtlichen oder gesellschaftlichen Kriterien allenfalls aus den Wohnortpräferenzen der Holding-Manager oder dem Unternehmensimage ergeben, falls ein Unternehmen z. B. als "typisch deutsch" angesehen wird und ein abweichender Konzernleitungs-

---

[149] Vgl. *Haase*, DB 2004, S.1580 f.

[150] Vgl. *Danelsing*, KStG- Kommentar, § 14, Rz. 56a.

[151] Vgl. *Kessler*, Euro-Holding, 1999, S. 4.; *Laudan*, Handbuch-Steuerplanung, 2003, S. 124; *Keller*, Holding-Handbuch, 2004, § 4, Rz. 11; *Rosenbach*, Holding-Handbuch, 2004, § 16, Rz. 1.

Standort damit Imageprobleme bereiten würde.[152] Zumindest für eine wirtschaftlich aktive Führungsholding[153] wird die Standortwahl in hohem Maße durch betriebswirtschaftliche Überlegungen und von den wirtschaftlichen Rahmenbedingungen des betreffenden Sitzstaates beeinflusst. Steuerliche Kriterien sind dabei nur ein Teilaspekt, deren Bedeutung gern überschätzt wird, da eine ausschließlich steueroptimale Unternehmensstruktur, welche betriebswirtschaftlichen Anforderungen nicht gerecht wird und u.U. zu Effizienzverlusten führt, einer langfristigen Gewinnmaximierung widerspricht.[154]

Wirtschaftliche Standortkriterien für eine (Führungs-)Holding sind im Allgemeinen:[155]

- Die politische und wirtschaftliche Stabilität des jeweiligen Sitzlandes (z. B. Lohnstruktur, Preisniveau),
- keine Kapital- und Gewinntransferbeschränkungen,
- eine stabile und frei konvertierbare Währung (keine Kapital- und Gewinntransferbeschränkungen),
- das Rechtssystem, insbesondere die Ausgestaltung und Flexibilität des Gesellschaftsrechts sowie der Gerichtsbarkeit und die Verfahrensdauer,
- geringe Errichtungskosten für Gesellschaften,
- hohe Qualität der lokalen Rechts- und Steuerberatung,
- hohe Qualifikation der Arbeitskräfte,
- gute Infrastruktur, z. B. Kommunikationssystem und Verkehrsverbindungen,
- die allgemeine Attraktivität und Lebensqualität des betreffenden Landes (Klima, Wohnungssituation, Bildungssystem, Sprachkenntnisse usw.).

---

152 Vgl. *Raupach,* IStR 1993, S. 197.

153 Zum Begriff und den Funktionen siehe oben Kap. B.III.1.b), S. 34.

154 Vgl. *Rosenbach*, Holding-Handbuch, 2004, § 16, Rz. 11.

155 Vgl. *Jacobs*, Unternehmensbesteuerung, 2002, S. 840 f.; *Rosenbach*, Holding-Handbuch, 2004, § 16, Rz. 12 f.

Die Standortfrage ist insbesondere für multinationale Unternehmen mit europaweiten Beteiligungsgesellschaften aktuell. Durch den Trend zu dezentralen Führungsstrukturen kann für ein multinationales Unternehmen eine "Euro-Holding" als strategisch führende Obergesellschaft für die europäischen Beteiligungsgesellschaften wirtschaftlich sinnvoll sein. Für einen international tätigen Spartenkonzern empfiehlt sich z. B. eine europaweite Spartenführung durch eine Euro-Holding, da durch die europaweite Umsetzung der Fusionsrichtlinie[156] die Zwischenschaltung von Holdinggesellschaften begünstigt wurde.[157] In der Praxis unterhalten speziell außereuropäische Konzerne eine eigene „Europa-Zentrale" zur Koordinierung ihrer europäischen Marktaktivitäten. Bei der Standortwahl für die „Europa-Zentralen" außereuropäischer Konzerne sind z. B. die Niederlande sehr beliebt, wobei die Gründe für die Standortwahl nicht immer steuerliche Kriterien, sondern eher wirtschaftliche Faktoren sind.

b) Steuerliche Standortkriterien

i) Stellenwert der Besteuerung als Standortfaktor

Solange in der EU unterschiedliche nationale Steuerrechtsordnungen der Mitgliedstaaten und ein zwischenstaatliches Steuergefälle existieren, werden steuerliche Standortkriterien weiterhin in hohem Maße entscheidungsrelevant sein. Da im europäischen Binnenmarkt keine zollrechtlichen und nennenswerten wirtschaftsrechtlichen Barrieren mehr vorhanden sind, rücken die Besteuerungsunterschiede der Unternehmen zunehmend in den Vordergrund. Insbesondere nach der Aufnahme von zehn neuen Staaten im Jahr 2004[158], die Unternehmen sowohl mit einer niedrigen Steuerbelastung als auch mit einem – im Vergleich zu den „alten" Staaten der EU – niedrigem Lohnniveau anziehen.

Eine Untersuchung des Ruding-Kommitees hat schon 1992 bestätigend festgestellt, dass die Besteuerung ein sehr bedeutsamer Faktor dafür ist, wie in-

---

[156] Weitere Ausführungen zur Fusionsrichtlinie siehe unten Kap. B.IV.2.c)ii), S. 88.

[157] Vgl. *Breuninger,* JbFSt 1992/93, S. 287 ff.

[158] EU-Beitrittsländer in 2004: Estland, Lettland, Litauen, Malta, Polen, Slowakei, Slowenien, Tschechien, Ungarn und Zypern (griechischer Teil).

ternationale Geschäftsaktivitäten von Unternehmen strukturiert und finanziert werden. Durch eine in diesem Zusammenhang durchgeführte Unternehmensbefragung wurde die Bedeutung der steuerlichen Rahmenbedingungen von den befragten Unternehmen hervorgehoben. So waren steuerrechtliche Überlegungen „immer“ oder „im Allgemeinen“ der Haupteinflussfaktor für die Wahl des Standortes bei Investitionen in eine der folgenden Geschäftstätigkeiten:[159]

[159] Vgl. *Laudan*, Handbuch-Steuerplanung, 2003, S. 124 f., Berichtszusammenfassung in DB 1992, Beilage 5.

Art der Geschäfttätigkeit	**Bedeutung für Standortwahl**		
	immer	*im Allgemeinen*	*Gesamt*
Produktionsanlagen			
relevante Überlegung	43,6%	28,2%	71,8%
Haupteinflussfaktor	22,0%	25,6%	47,6%
Verkaufsniederlassungen			
relevante Überlegung	43,6%	28,2%	71,8%
Haupteinflussfaktor	22,0%	25,6%	47,6%
Koordinationszentren			
relevante Überlegung	43,6%	28,2%	71,8%
Haupteinflussfaktor	22,0%	25,6%	47,6%
F & E-Zentren			
relevante Überlegung	43,6%	28,2%	71,8%
Haupteinflussfaktor	22,0%	25,6%	47,6%
Finanzierungsgesellschaften			
relevante Überlegung	43,6%	28,2%	71,8%
Haupteinflussfaktor	22,0%	25,6%	47,6%

Abb. 17: Standortwahl, Besteuerung und Geschäftstätigkeit

Und da gerade (Zwischen-)Holdinggesellschaften oft der Steuerung des finanziellen Flusses im Konzern dienen, werden steuerliche Überlegungen und Motive für die Auswahl des optimalen Holdingstandortes weiterhin eine große bzw. die maßgebliche Rolle spielen.[160] Dies zeigt sich noch deutlicher, wenn man nach dem Einfluss von spezifischen Regelungen des Steuersystems fragt.

[160] Vgl. Berichtszusammenfassung in DB 1992, Beilage 5; siehe auch *Rädler*, Stb-Jb. 1992/93, S. 31 f.; *Rosenbach*, Holding-Handbuch, 2004, § 16, Rz. 8.

Auf folgende steuerliche Aspekte wurde dabei ein besonderer Wert gelegt:

Steuerlicher Aspekt	**Bedeutung für die Standortwahl**		
	immer	im Allgemeinen	Gesamt
Steuersätze auf betriebliche Gewinne			
relevante Überlegung	49,8%	28,3%	78,1%
Haupteinflussfaktor	28,3%	29,3%	57,6%
Einbehaltene Quellensteuer auf grenzüberschreitende Dividenden und Zinsen			
relevante Überlegung	46,6%	27,9%	74,5%
Haupteinflussfaktor	25,9%	28,1%	54,0%
Art der Gewinnermittlung für Besteuerungszwecke			
relevante Überlegung	38,1%	26,1%	64,2%
Haupteinflussfaktor	20,7%	26,7%	47,4%
Kosten der Anpassung an die Besteuerungsregeln			
relevante Überlegung	21,0%	22,4%	43,4%
Haupteinflussfaktor	9,8%	19,1%	28,9%
Spezielle Investitionsanreize			
relevante Überlegung	48,0%	25,1%	73,1%
Haupteinflussfaktor	30,9%	26,3%	57,2%
Höhere Körperschaftsteuervorauszahlungen oder ähnliche zusätzliche Steuerbelastungen			
relevante Überlegung	32,2%	27,0%	59,2%
Haupteinflussfaktor	17,4%	26,1%	43,5%

Abb. 18: Standortwahl und steuerliche Aspekte[161]

Die Untersuchung zeigt, dass steuerliche Aspekte des jeweiligen Steuersystems einen sehr hohen Stellenwert einnehmen. Besonders den holdingspezifischen Aspekten wie beispielsweise die Quellensteuer auf Dividenden, wird bei der Wahl des Standorts eine hohe Bedeutung beigemessen. Denn das vorrangige Ziel der internationalen Steuerplanung und Steuergestaltung wird

[161] Vgl. Berichtszusammenfassung in DB 1992, Beilage 5.

– neben dem Oberziel der langfristigen Gewinnmaximierung – die Minimierung der Steuern sein.[162]

Da die nationalen Steuersysteme der EU-Staaten anstelle einer vollständigen Harmonisierung lediglich behutsam angenähert werden sollen, werden wir in den nächsten Jahren mit einem Standort- bzw. Steuer-Wettbewerb der nationalen Steuersysteme konfrontiert bleiben.[163] Neben den „klassischen Holdingstaaten" wie die Schweiz, die Niederlande oder Luxemburg haben Länder wie Belgien, Österreich und Dänemark günstige Bedingungen für Holdinggesellschaften geschaffen. Auch Deutschland hat sich diesem Trend angeschlossen und beispielsweise durch die Senkung des Körperschaftsteuersatzes, die Abschaffung des gespaltenen Körpersatzes, die Steuerfreiheit von Schachteldividenden und Veräußerungsgewinnen positive Bedingungen hergestellt.[164] Diese Regelungen waren ein wichtiger Schritt, um Deutschland als Holdingstandort "europatauglich" zu machen. Holdingländer außerhalb der Europäischen Union, insbesondere bestimmte Steueroasen (z. B. Bahamas, Bermudas, Cayman Islands), verloren hingegen an Attraktivität. Neben nicht-steuerlichen Nachteilen, wie z. B. schlechte Infrastruktur, Erreichbarkeit und politische Instabilität, sind diese Staaten meist von den nationalen steuerlichen Abwehrmaßnahmen, wie beispielsweise Missbrauchsvorschriften oder der Hinzurechnungsbesteuerung, betroffen. Andererseits bestehen regelmäßig keine Doppelbesteuerungsabkommen mit diesen Ländern, wodurch die steuerfreie Aus- bzw. Durchschüttung von Dividenden nicht möglich ist. Langfristig kann sich somit ein Holdingstandort in der „Steueroase" als teure Fehlentscheidung herausstellen.[165]

Ob ein bestimmtes Land als Holdingstandort geeignet ist, hängt von den jeweiligen steuerlichen Holdingmotiven ab. Eine allgemein gültige Empfehlung kann nicht gegeben werden, weil es dabei auf das steuerliche Gestaltungsziel

---

162 Vgl. *Kessler*, Euro-Holding, 1999, S. 74 ff. mit weiteren Erläuterungen zur internationalen Steuerplanung.

163 Vgl. *Rosenbach*, Holding-Handbuch, 2004, § 16, Rz. 5 f.

164 Insbesondere durch das Standortsicherungsgesetz, Steuersenkungsgesetz, Unternehmenssteuerfortführungsgesetz. Nähere Ausführungen zu Deutschland als Holdingstandort vgl. *Jacobs*, Unternehmensbesteuerung, 2002, S. 842 ff. m.w.N.

165 Vgl. *Rosenbach*, Holding-Handbuch, 2004, § 16, Rz. 4; *Jacobs*, Unternehmensbesteuerung, 2002, S. 841.

im Einzelfall ankommt. Da eine Holding insbesondere Beteiligungserträge vereinnahmt, ist die Höhe des jeweiligen Steuerniveaus für die Standortwahl einer reinen Beteiligungsholding oft nur von untergeordnete Bedeutung; außer die Holding erzielt auch noch eigenes steuerpflichtiges Einkommen, beispielsweise aus Lizenzvergabe, Dienstleistungen, Finanzierung oder ähnlichem.[166] Denn die meisten EU-Staaten befreien diese Beteiligungserträge in der Regel durch Holding- oder Schachtelprivilegien von der Besteuerung. Wichtig ist daher vor allem, wie die Besteuerung des Dividendenflusses – also der vereinnahmten wie weiter ausgeschütteten Beteiligungserträge – im potentiellen Sitzstaat der Holding im einzelnen ausgestaltet ist.

In den folgenden Abschnitten werden die wichtigsten steuerlichen Standortfaktoren für Holdinggesellschaften im Einzelnen näher erläutert.

ii) Besteuerungsmethodik für Holdingeinkünfte

Eine im Konzernaufbau zwischengeschaltete Holdinggesellschaft vereinnahmt Beteiligungseinkünfte in Form von Dividenden aus in- und ausländischen operativen Tochtergesellschaften und leitet diese letztendlich an die Spitzeneinheit weiter. Beteiligungseinkünfte möglichst steuergünstig durch eine Holding durchschleusen zu können ist einerseits eine Voraussetzung eines "holdingoptimalen" Standortes aber im weiteren Sinne auch ein steuerliches Gestaltungsziel der Holding.[167] Der Fluss der Beteiligungseinkünfte durch eine Holdinggesellschaft kann prinzipiell eine zweifache Besteuerung auslösen:

(1) Die Beteiligungseinkünfte können bei Zufluss als steuerliches Einkommen der Holdinggesellschaft der Körperschaftsteuer im Ansässigkeitsstaat unterliegen: Eine mögliche Doppelbelastung[168], die durch Versteuerung dieser Einkünfte im Quellenstaat eintritt, wird durch die Freistellungsmethode (nationales oder internationales Schachtelprivileg) oder die Anrechnungsmethode vermieden.

---

[166] Vgl. *Dreßler*, Gewinnverlagerung, 2000, S. 226; *Jacobs*, Unternehmensbesteuerung, 2002, S. 841; *Rosenbach*, Holding-Handbuch, 2004, § 16, Rz. 9.

[167] Zu den Gestaltungszielen siehe Kap. C.I., S. 95.

[168] Sog. wirtschaftliche Doppelbesteuerung: Das gleiche wirtschaftliche Ergebnis wird von mehreren Staaten bei verschiedenen Steuersubjekten besteuert.

(2) Die Weiterausschüttung (Durchschüttung) an die Spitzeneinheit kann der Quellen- bzw. Kapitalertragsteuer des Ansässigkeitsstaates unterliegen. Deren Berechtigung dem Grunde und der Höhe nach bestimmt sich nach den jeweiligen DBA-Vereinbarungen. Für Mutter-Tochter-Beziehungen innerhalb der EU fällt diese Steuer bei Gewinnausschüttungen weg.[169] Außerdem kann in manchen Staaten entsprechend ihrem nationalen Körperschaftsteuersystem zusätzlich eine spezielle Ausschüttungsbesteuerung greifen.

Zu (1) Besteuerung vereinnahmter Dividenden: Für die von einer Holdinggesellschaft vereinnahmten in- und ausländischen Beteiligungserträge sind zwei Methoden der Steuerbefreiung zu unterscheiden, die entweder im jeweils nationalen Steuerrecht oder in den zwischen den Staaten geschlossenen Doppelbesteuerungsabkommen normiert sind:

a) *Steuerfreistellungsmethode (Schachtelprivileg)*, d. h., die von den in- und ausländischen Tochtergesellschaften ausgeschütteten Dividenden sind auf Ebene der vereinnahmenden Holding von einer Besteuerung freigestellt, erhöhen also nicht deren steuerpflichtiges Einkommen. Wirtschaftlich bleibt es bei der steuerlichen Vorbelastung auf Ebene der Tochtergesellschaft; das Steuerniveau im Sitzstaat der Holding spielt hier keine Rolle. Die Freistellungsmethode dient gerade den Interessen exportorientierter Länder wie Deutschland, da sie sicherstellt, dass das (höhere) inländische Steuerniveau grundsätzlich keinen Einfluss auf die Wettbewerbsfähigkeit der im Ausland tätigen inländischen Unternehmen hat.[170] Im Quellenstaat eventuell auf die Gewinnausschüttungen einbehaltene Kapitalertragsteuern können allerdings im Holdingland in der Regel weder angerechnet noch erstattet werden. Solche Quellensteuern auf Dividenden führen daher bei Holdinggesellschaften in Freistellungsländern zu einer zusätzlichen Steuerbelastung. Beispielsweise wenden folgende europäischen Länder nach ihrem nationalen bzw. DBA-Recht auf erhaltene Beteiligungserträge grundsätzlich die Steuer-

---

[169] Vgl. unten Ausführungen zur Mutter-Tochter-Richtlinie, Kap. B.IV.2.c)i), S. 85.

[170] Sog. Kapitalimportneutralität; vgl. *Jacobs*, Unternehmensbesteuerung, 2002, S. 31.

freistellungsmethode an:[171] Belgien, Dänemark, Deutschland, Frankreich, Luxemburg, Niederlande, Österreich, Schweiz und Spanien. Das Schachtelprivileg wird aber nicht automatisch gewährt, sondern es sind regelmäßig gewisse Voraussetzungen zu erfüllen, wie zum Beispiel eine Mindestbeteiligungshöhe (in der Regel 10% bzw. 25%), eine Mindestbeteiligungsdauer und/oder Aktivitätsvorbehalte.

b) *Steueranrechnungsmethode*: Die Beteiligungseinkünfte erhöhen hier das steuerpflichtige Einkommen der Holdinggesellschaft, die auf den Dividenden lastenden Ertragsteuern sowie die einbehaltene Quellensteuer der Töchter werden aber auf die Steuer der Holdinggesellschaft angerechnet. Bei der *direkten Anrechnung* kann die für das gleiche Steuersubjekt angesetzte ausländische Steuer von der inländischen Steuer abgesetzt werden. Im Rahmen der *indirekten Anrechnung* kann die von einer ausländischen Tochtergesellschaft (=unterschiedliches Steuersubjekt) gezahlte Körperschaftsteuer auf die inländische Steuerschuld der Muttergesellschaft (Holding) angerechnet werden. Da die Steueranrechnung auf die Höhe des Steuerniveaus des Holdinglandes begrenzt ist, bleibt es bei der jeweils höheren Steuerbelastung des Sitzstaates der Tochtergesellschaft oder der Holdinggesellschaft. Das Steuerniveau im Land der Holding spielt deshalb indirekt eine Rolle. Falls das Niveau im Einzelfall über dem der Quellenländer liegt, ist dieses Land aus steuerlicher Sicht als Holdingstandort ungünstig. Freistellungssysteme sind daher tendenziell vorzuziehen. Die Anrechnungsmethode wird für ausländische Beteiligungseinkünfte z. B. von folgenden Ländern der EU angewandt: Griechenland, Großbritannien, Irland, Spanien.

Zu (2) Besteuerung der Durchschüttung: Die Dividendenvereinnahmung aus in- und ausländischen Tochtergesellschaften ist das steuerliche ”Eingangstor” in die Holding. Damit ist die steuerliche Betrachtung der Dividendenroute aber nicht zu Ende. Denn eine Durchschüttung von Beteiligungseinkünften der Zwischenholding an ihre Spitzeneinheit lässt ebenso ein steuerfreies “Ausgangstor” aus der Holding wünschen. Eine hier eingreifende Ausschüt-

[171] Vgl. dazu näher unten Kap. D.I. (Länderprofile), S. 219.

tungsbesteuerung bei Durchschüttung der steuerfreien Tochtergewinne kann die steuerliche Attraktivität eines Holdingstandortes dämpfen. Es ist zu unterscheiden, ob von der Zwischenholding steuerfreie Auslandsdividenden an eine inländische oder ausländische Muttergesellschaft als Anteilseignerin durchgeschüttet werden können, z. B. wie in Deutschland gemäß § 8b KStG.

Zum anderen ist die direkte Quellensteuer auf die Dividende relevant, die in den meisten nationalen Steuerrechtsordnungen vorgesehen ist. Für den Fall, dass die ausschüttende eine EU-Tochter-Kapitalgesellschaft und der Dividendenempfänger eine EU-Mutter-Kapitalgesellschaft ist, fällt allerdings aufgrund der Mutter-Tochter-Richtlinie keine Quellensteuer mehr auf Gewinnausschüttungen an. EU-interne Gewinnausschüttungen zwischen Kapitalgesellschaften können daher grundsätzlich ohne Quellensteuerbelastung durchgeschüttet werden, so dass die Einschaltung einer Zwischenholding keine steuerliche Zusatzbelastung mehr bedeutet. Dies begünstigt den Trend zu EU-Holdingstrukturen im Konzern. Dagegen sind Holdingstandorte außerhalb der EU-Gemeinschaft seit Umsetzung der Mutter-Tochter-Richtlinie weniger attraktiv, da deren Quellensteuern in einem Freistellungsland zur Definitivbelastung werden.

iii) Weitere steuerliche Standortkriterien

Neben der steuerfreien Aus- und Durchschüttung von Dividenden spielen vor allem folgende weitere steuerlichen Standortkriterien für einen attraktiven Holdingstandort eine Rolle:[172]

- **Niedriges Steuerniveau:** Obwohl der Großteil der Einnahmen von Holdinggesellschaften – im besten Fall – aus freigestellten Dividendeneinkünften besteht, kann ein niedriges Steuerniveau für den Standort günstig sein. Dies wirkt sich dann aus, wenn die Holding daneben noch Einnahmen aus Lizenzvergaben, Finanzierungen oder Dienstleistungen erzielt.

[172] Vgl. Krawitz/Büttgen, IStR 2001, S. 628; *Günkel*, WPg-Sonderheft 2003, S 41 ff.; *Ehlert*, Unternehmensbesteuerung, 2004, S. 93 f.; *Schaumburg/Jesse*, Holding-Handbuch, 2004, § 13, Rz. 46 ff.; *Rosenbach*, Holding-Handbuch, 2004, § 16, Rz. 9.

Zudem werden auch die Einkünfte der Holdingmitarbeiter weniger mit Steuern belastet, wodurch die Attraktivität als Wohnsitzstaat steigt.[173]

- **Abzugsfähigkeit von Kosten der Holdingtätigkeit im Holdingsitzland:** Hier ist insbesondere der mögliche Abzug von Refinanzierungskosten (Schuldzinsen) für die Finanzausstattung der Beteiligungsgesellschaften sowie von sonstigen Aufwendungen von Bedeutung, die im Zusammenhang mit schachtelprivilegierten und damit steuerfreien Einnahmen in Verbindung stehen. Bei einer reinen Beteiligungsholding mit Schachtelprivileg gingen steuerlich abziehbare Refinanzierungskosten aber ins Leere. Eine sog. gemischte Holding mit eigenen Einkunftsquellen wäre hierfür vorteilhafter, da die Refinanzierungskosten dann verrechnet werden können. In manchen Ländern können Aufwendungen, die auf steuerfreie Beteiligungseinkünfte entfallen, grundsätzlich nicht abgezogen werden, in anderen Staaten werden die Kosten der Holdingtätigkeit teilweise durch einen pauschalen Abschlag von den Beteiligungseinnahmen steuerlich berücksichtigt. Die Spanne der Behandlung reicht somit von einem generellen Abzugsverbot über einen pauschalen Abschlag von den Beteiligungseinnahmen bis hin zu einem vollen Anerkennen dieser Aufwendungen.[174]

- **Regelungen zur Gesellschafterfremdfinanzierung:** Damit die Holding der Tochtergesellschaften Fremdkapital zur Verfügung stellen kann und die dabei gezahlten Zinsen sowohl bei der Tochtergesellschaft (als gewinnmindernder Aufwand) als auch bei der Holding (als Zinseinkünfte) anerkannt werden, müssen die unterschiedlichen Regelungen bezüglich der Gesellschafterfremdfinanzierung, sog. "thin-capitalization"-Bestimmungen, beachtet werden, die eine übermäßige Gesellschafter-Fremdfinanzierung durch die Holding blockieren. Dabei wird ein bestimmtes Verhältnis von Eigen- und Fremdkapital[175] (meist mit zusätzlichen Voraussetzungen) verlangt bzw. festgelegt, bis zu welcher Höhe Zinszahlungen für Fremdmittel gewinnmindernde Zinsen – und keine verdeckte

---

[173] Vgl. *Jacobs*, Unternehmensbesteuerung, 2002, S. 842; *Rosenbach*, Holding-Handbuch, 2004, § 16, Rz. 9.

[174] Vgl. dazu näher unten Kap. D.I. (Länderprofile), S. 219.

[175] In Deutschland gemäß § 8a Abs. 1 KStG, dazu näher unten Kap. D.I. (Länderprofile), S. 219.

Gewinnausschüttung – darstellen; dieses Verhältnis wird auch „safe haven" genannt.

- **Abzugsfähigkeit von Kostenumlagen der Holdinggesellschaft:** Die durch die zentralen Holdingfunktionen verursachten Aufwendungen sollen oft durch Kostenumlagen von den beteiligten Tochtergesellschaften getragen werden. Es ist zu prüfen, ob solche Kostenumlagen vom Holdingsitzland steuerlich ohne Probleme akzeptiert werden. Grundsätzlich berechtigt freilich die Wahrnehmung von allgemeinen Holdingfunktionen allein noch nicht zu Umlagen oder Dienstleistungsvergütungen an die Töchter. Damit solche Umlagen steuerlich als Betriebsausgaben akzeptiert werden, müssen die abzurechnenden Leistungen im Rahmen von „im Voraus getroffenen klaren und eindeutigen Vereinbarungen"[176] erfolgen. Die Leistungen an die Tochtergesellschaft müssen folgende Bedingungen erfüllen:[177]
  - Die erbrachten Leistungen dürfen nicht aufgrund der gesellschaftsrechtlichen Stellung der Holdinggesellschaft erbracht werden;
  - die Leistungen müssen im Interesse und zum Nutzen der Tochtergesellschaft erbracht werden und klar abgrenzbar und messbar sein;
  - der Tochtergesellschaft muss durch die von der Holding erbrachte Leistung eigener Aufwand erspart worden sein.

Eine weitere Alternative zu der oben beschriebenen Kostenumlage nach dem Leistungsaustauschprinzip ist die Kostenumlage nach dem **Poolkonzept**. Dabei schließen sich mehrere Konzernunternehmen auf der Grundlage eines gesellschaftlichen Vertragsverhältnisses als Innengesellschaft (= Pool) – meist in Form einer Gesellschaft bürgerlichen Rechts oder Bruchteilsgemeinschaft – zusammen. Zweck dieses Zusammenschlusses ist es, im gemeinschaftlichen Interesse Leistungen auf gemeinsame Rechnung und Gefahr zu erstellen, die allen Mitgliedern des Pools von Nutzen sind, z. B. zum Kauf von Wirtschaftsgütern, Erstellung von Dienstleistun-

---

[176] *Theisen*, Holding-Handbuch, 2004, § 11, Rz. 86 ff. mit weiteren Erläuterungen zur steuerlichen Anerkennung und den Dokumentationspflichten bei Verrechnungspreisen.

[177] *Theisen*, Holding-Handbuch, 2004, § 11, Rz. 83 ff. mit weiteren Ausführungen und Beispielen zu Umlagen im Holdingkonzern.

gen oder zur gemeinsamen Forschung und Entwicklung. Die dabei entstandenen Kosten werden ohne Aufschläge nach einem bestimmten, vorher vereinbarten Schlüssel auf die am Pool beteiligten Unternehmen verteilt, wobei die Verteilung stets einem Fremdvergleich standhalten muss.[178] In Deutschland erkennt die Finanzverwaltung derartige Kostenumlagen an, wenn diese den Grundsätzen der dazu erlassenen Verwaltungsanweisungen entsprechen.[179]

- **Steuerliche Behandlung der Einbringung und des "Umhängens" von Beteiligungen im Holdingland:** Die Sachgründung von Holdings durch Beteiligungseinbringungen und das spätere Umhängen oder Reorganisieren des Beteiligungsbesitzes der Holding sind wichtige steuerliche Holdingaspekte. Durch die Fusionsrichtlinie sind steuertechnische Hindernisse zumindest für die Reorganisation des EU-internen Beteiligungsbesitzes weitgehend beseitigt worden. Zwischenholdings in Nicht-EU-Staaten sind diesbezüglich benachteiligt.
- **Steuerfreiheit für Veräußerungsgewinne aus Gesellschaftsbeteiligungen:** Zu prüfen ist, ob das Holding- oder Schachtelprivileg auch für Veräußerungsgewinne aus Beteiligungen gilt, also ob die aus einer Veräußerung von Beteiligungen realisierten Gewinne in den Händen der Holding steuerfrei sind. Andererseits wäre es von Vorteil, wenn realisierte Veräußerungsverluste bei der Holding trotzdem berücksichtigt werden können. Die gleichen Überlegungen gelten für Liquidationsgewinne und -verluste aus der Auflösung von Tochtergesellschaften.
- **Dichte des DBA-Netzes des betreffenden Holdingstaates** mit wichtigen Drittländern, d. h. den Ländern, in denen sich die Tochtergesellschaften befinden und mit dem Sitzstaat der Spitzeneinheit. Dadurch werden nationale Quellensteuern einerseits auf eingehende Gewinnausschüttungen der ausländischen Töchter und andererseits auf Weiterausschüttungen an die Spitzeneinheit auf die regelmäßig niedrigeren DBA-Sätze reduziert. Zu-

---

[178] Vgl. *Fischer/Kleineidam/Warneke*, Steuerlehre, 2005, S. 701 ff. mit ausführlichen Ausführungen zum Poolkonzept.

[179] Vgl. BMF vom 23.02.1983, IV C5 – S 1341 – 4/83, BStBl. I 1983, S. 218; geändert durch BMF vom 30.12.1999, IV B 4 – S 1341 – 14/99, BStBl. I 1999, S. 1122.

dem werden meist geringere Voraussetzungen an die Gewährung von Schachtelprivilegien gestellt.[180]

- **Ausgestaltung der Rechtsmissbrauch-Bestimmungen des Holdinglandes:** Durch die Existenz nationaler Missbrauchsnormen gegen Gewinnverlagerungen – entsprechend der deutschen Zugriffsbesteuerung des AStG[181] – könnten der Holding Beteiligungserträge als Einkünfte zugerechnet werden, auch ohne dass eine Gewinnausschüttung erfolgte. Es ist auch an eventuelle in den jeweiligen DBA des Holdingstandortes verankerte Missbrauchsklauseln zu denken.[182]

- **Möglichkeiten zur konsolidierten Besteuerung im Holdingland:** Hierunter fallen steuerliche Organschaftskonzepte zur Konsolidierung von nationalen und internationalen Gewinnen mit Verlusten der Beteiligungsgesellschaften, die Nutzung von Steueranrechnungsguthaben bzw. die Vermeidung von Anrechnungsüberhängen in der Gruppe, Steuerersparnisse bzw. -aufschübe bei gruppeninternen Leistungen.[183] Hierbei ist meist die Ansässigkeit der Holdinggesellschaft im Sitzland der Tochtergesellschaften notwendig. Beispielsweise können in Deutschland Verluste von Töchtern nur dann mit dem Einkommen der Landesholding verrechnet werden, wenn u. a. die finanzielle Eingliederung und ein Ergebnisabführungsvertrag besteht (§ 14 KStG). In anderen EU-Staaten bestehen ähnliche Organschaftskonzepte.[184] Allerdings beschränkt sich die konsolidierte Besteuerung in der Regel auf Rechtsträger im gleichen Land. Eine grenzüberschreitende Organschaft ist derzeit nur in Dänemark, Frankreich, Italien und Österreich möglich. Verluste aus ausländischen Beteiligungen wirken sich sonst grundsätzlich nur über Teilwertabschreibungen aus.

- **Rechtssicherheit und Stabilität der Steuerrechtsordnung:** Um für Holdinggesellschaften auf Dauer als Standort attraktiv zu sein, ist es von wesentlicher Bedeutung, inwieweit die Steuergesetzgebung einen langfristi-

---

[180] Vgl. *Günkel*, WPg-Sonderheft 2003, S 42 f.

[181] §§ 7 ff. AStG, vgl. unten D.I.1.j), S. 236 f.

[182] Vgl. dazu unten Kap. C.II.3., S. 125.

[183] Vgl. *Rosenbach*, Holding-Handbuch, 2004, § 16, Rz. 9; *Günkel*, WPg-Sonderheft 2003, S 42.

[184] Vgl. dazu näher unten Kap. D.I. (Länderprofile), S. 219.

gen sicheren und stabilen Rahmen für deren Betätigung liefert. Die Niederlande bieten aufgrund ihrer „Holdingtradition" hierfür einen verlässlichen Rahmen. Deutschland hingegen ist trotz der positiven Veränderung der holdingspezifischen Regelungen wegen der mangelnden Verlässlichkeit der Steuergesetzgebung in dieser Hinsicht noch kein optimaler Standort.[185] Für die Steuerplanung von Holdingkonzernen ist es zudem von Vorteil, wenn seitens Finanzverwaltung die Möglichkeit besteht, mittels verbindlicher Bestätigungen und schneller unbürokratischer Zusagen die gewünschte Holdingstruktur steuerlich absegnen bzw. anerkennen zu lassen, wie beispielsweise in den Niederlanden durch das sogenannte „Ruling".[186]

iv) Zusammenfassung

Zur Wahl des Holdingstandorts kann man zusammenfassend sagen, dass aufgrund der äußerst unterschiedlichen betriebswirtschaftlichen und steuerlichen Zielsetzungen für die Einschaltung einer Zwischenholding keine allgemeine Empfehlung für den „optimalen Standort" gegeben werden kann. Die Entscheidung muss immer auf Grundlage der verfolgten Gestaltungsstrategie bei individueller Gewichtung der einzelner Kriterien getroffen werden.[187]

Bei der Wahl des optimalen steuerrechtlichen Holdingstandorts sollten folgende Regelungen und Normen des Steuerrechts des potentiellen Sitzlandes auf die Vereinbarkeit mit den verfolgten Zielen der Holding hin abgestimmt bzw. überprüft werden. Je mehr der für die jeweilige Holding relevanten Kriterien an dem potentiellen Standort vorliegen, umso günstiger ist dieser für den Sitz der Holdinggesellschaft:[188]

---

[185] Vgl. *Jacobs*, Unternehmensbesteuerung, 2002, S. 842.

[186] Vgl. *Rosenbach*, Holding-Handbuch, 2004, § 16, Rz. 9; zum Ruling in den Niederlanden näher unten Kap. D.I.7.k), S. 288.

[187] Vgl. *Ehlert*, Unternehmensbesteuerung, 2004, S. 93 f.; zu den Standortvoraussetzungen in Abhängigkeit vom gewählten Gestaltungsziel vgl. Kap. F.III., S. 355.

[188] Vgl. *Krawitz/Büttgen*, IStR 2001, S. 628; *Jacobs*, Unternehmensbesteuerung, 2002, S. 841 f.; *Günkel*, WPg-Sonderheft 2003, S 41 ff.; *Rosenbach*, Holding-Handbuch, 2004, § 16, Rz. 9; *Rosenbach*, PIStB 2004, S. 169 ff.

Nichtsteuerliche Einflussfaktoren	**Steuerliche Kriterien**
• politische Stabilität und positives wirtschaftliches Klima • stabile und frei konvertierbare Währung • keine Kapital- und Gewinntransferbeschränkungen • geringe gesetzliche oder administrative Auflagen • gute Infrastruktur • flexibles Gesellschaftsrecht und geringe Errichtungskosten für Gesellschaften • hohe Qualität an Beratungsleistungen bzw. von Arbeitskräften	• Steuerbefreiung für Dividenden und Betriebsstätteneinkünften sowie der entsprechenden Veräußerungsgewinne, • Abzugsfähigkeit von Finanzierungsaufwendungen, Teilwertabschreibungen und Veräußerungsverlusten, • steuerfreie Einbringung von Anteilen in die Holding, • umfangreiches DBA-Netz, • keine Quellensteuern auf abfließende Dividenden, Lizenzgebühren und Zinsen, • niedrige laufende Besteuerung (der Holdinggesellschaft und ihrer Mitarbeiter), • Möglichkeit der Gruppenbesteuerung, • positives lokales Steuerklima (Stabilität, Rechtssicherheit, aber auch unbegrenzter Verlustvortrag, unbegrenzter nationaler und internationaler Verlustausgleich), • großzügige Möglichkeit der Gesellschafterfremdfinanzierung, • wenig Missbrauchsbestimmungen (keine Hinzurechnungsbesteuerung), • Verzicht auf Substanz- und Kapitalverkehrsteuern.

Abb. 19: Kriterien eines vorteilhaften Holdingstandortes

Aufgrund der äußerst unterschiedlichen steuerlichen Zielsetzungen bei der Einschaltung einer Zwischenholding kann keine allgemeine Empfehlung für „den optimalen Standort" gegeben werden. Die Entscheidung muss immer auf Grundlage der individuell verfolgten Gestaltungsstrategie für den Einzelfall getroffen werden.

2. Rahmenbedingungen der Euro-Holding durch die Harmonisierung der Unternehmensbesteuerung in der Europäischen Union

a) Stand der Steuerharmonisierung im Binnenmarkt

Die Steuergrenzen in der EU sind trotz Europa-Euphorie noch lange nicht gefallen und es wird gar ein Wettbewerb der Steuersysteme propagiert. Steuerliche Standortüberlegungen in Europa sind – erst recht nach der Erweiterung um zehn neue Staaten – aktueller denn je. Die Schaffung eines europäischen Binnenmarktes in steuerlicher Hinsicht ist zwar bei den Verbrauchsteuern und der Umsatzsteuer materiell schon weitgehend verwirklicht worden. Bei den direkten Unternehmenssteuern steckt die Harmonisierung allerdings noch immer in den Kinderschuhen. Anders als bei den indirekten Steuern wird durch den EWG-Vertrag auch kein unmittelbares Harmonisierungsgebot für den Bereich der Ertragsteuern vorgegeben. Eine Harmonisierung der direkten Steuern ist aber insoweit gefordert (Art. 94 EGV), als Wettbewerbsverzerrungen innerhalb der EU verhindert werden sollen und der gemeinsame Binnenmarkt verwirklicht werden wird. Der Harmonisierungsprozess bei den direkten Steuern wird auch dadurch gebremst, dass der Rat der EU in diesem Bereich – auch seit der Ablehnung der Europäischen Verfassung durch Frankreich und den Niederlanden – immer noch einstimmige Beschlüsse treffen muss und die Einzelstaaten ihre nationalen Budgetrechte bzw. ihren Einfluss auf diesen Kernbereich der staatlichen Kompetenz nur ungern aufgeben.[189] Das Ergebnis des von der EU-Kommission für die Untersuchung der Unternehmensbesteuerung beauftragten Ruding-Ausschusses von 1992 besagt allerdings, dass die deutlichen Abweichungen zwischen den Unternehmenssteuern den Wettbewerb im Binnenmarkt insgesamt erheblich verzerren und dass

---

[189] Vgl. *Kellersmann/Treisch*, Unternehmensbesteuerung, 2002, S. 78.

allein die Konkurrenz der Mitgliedstaaten bei den Unternehmenssteuern in den meisten Fällen nicht ausreicht, diese Verzerrungen zu beseitigen.[190]

Eine Harmonisierung kann zudem auf dem Bereich der Doppelbesteuerungsabkommen erzielt werden. Der EG-Vertrag erteilt dabei den Mitgliedsstaaten einen direkten Auftrag zum Abschluss derartiger Abkommen, um die Doppelbesteuerung innerhalb der Gemeinschaft zu vermeiden (Art. 293 2. Spiegelstrich EGV).

Nach jahrelangen Harmonisierungsbemühungen ist aber mit der Verabschiedung der Mutter-Tochter-Richtlinie und der Fusionsrichtlinie und der zwischenzeitlich erfolgten Umsetzung in das nationale Recht der Einzelstaaten ein erster Durchbruch gelungen. Das im Bereich der Unternehmensbesteuerung entscheidende sog. "Dreier-Richtlinienpaket" wurde vom Ministerrat der EG am 23. 7. 1990 verabschiedet und mit dem StÄndG 1992 in deutsches Recht umgesetzt. Es umfasst außerdem noch die Schiedsverfahrenskonvention zur Vermeidung der Doppelbesteuerung bei Gewinnberichtigungen zwischen verbundenen Unternehmen durch die Finanzbehörden.[191]

Ausgenommen von der Verordnung zur Einführung der SE, der Zins-Lizenz-Richtlinie sowie der Richtlinie für an Privatpersonen gezahlten Zinsen werden die bestehenden Richtlinien nur zögerlich umgesetzt bzw. weiterentwickelt. Ferner werden weitreichende Richtlinien beispielsweise zur Angleichung der Steuersysteme, zu den noch nicht umgesetzten Teilen der Fusionsrichtlinie oder Fragen der grenzüberschreitenden Verlustnutzung nicht oder nur sehr langsam vorangetrieben. Im Folgenden werden einige dieser Sachverhalte näher erläutert.

---

[190] Der Ruding-Ausschuss war eine unabhängige Expertengruppe mit deutscher Beteiligung durch StB Prof. Dr. Albert Rädler; Berichts-Zusammenfassung in DB 1992, Beilage 5; siehe auch *Rädler,* Stb-Jb. 1992/93, S. 31 ff.

[191] ABl.EG v. 20. 8. 1990 Nr. L 225, S. 10; das Abkommen ist nunmehr von allen EU-Staaten ratifiziert und damit in Kraft getreten (vgl. BGBl. II 1995, S. 84).

b) Unterschiedliche Körperschaftsteuersysteme und Steuergefälle in der EU

Die steuerlichen Belastungsunterschiede für Unternehmen ergeben sich

(1) aus der Existenz verschiedener Körperschaftsteuersysteme,

(2) aus der Höhe der Steuerbelastung und

(3) bei der Gewinnermittlung in den einzelnen Mitgliedstaaten.[192]

Eine Harmonisierung dieser Bereiche ist trotz verschiedener Empfehlungen[193] bisher nicht erfolgt.

Zu (1) Verschiedene Körperschaftsteuersysteme: Unterschiede in den Systemen bestehen in der Art und dem Umfang der steuerlichen Entlastungsmaßnahmen beim Anteilseigner für empfangene Dividendenausschüttungen. Anhand des Umfangs der Integration der Körperschaftsteuer in die Einkommensteuer, lassen sich die drei folgenden Gruppen von Systemen unterscheiden:

- Klassisches System,
- Doppelbesteuerung mildernde Systeme und
- Doppelbesteuerung vermeidende Systeme.

Im **klassischen System** werden ausgeschüttete Unternehmensgewinne bei der Ausschüttung in voller Höhe der Einkommensteuer des Anteilseigners unterworfen. Hingegen kann bei den Systemen zur Vermeidung und Milderung der Doppelbesteuerung diese auf zwei verschiedenen Ebenen gemildert oder vermieden werden. Auf der Ebene der Gesellschaft kann dies durch einen gespaltenen Körperschaftsteuersatz oder einem Dividendenabzug erfolgen. Auf der Ebene der Gesellschafter kann die Doppelbesteuerung sowohl durch eine (teilweise oder vollständige) Anrechnung der von der Gesellschaft gezahlten Körperschaftsteuer als auch durch eine begünstige Besteuerung der Dividenden vermieden bzw. gemildert werden.[194] Von diesen möglichen Systemen hat

---

[192] Zu den Unterschieden bei den Ertragsteuersätzen und der Gewinnermittlung siehe folgender Abschnitt.

[193] Empfehlungen des Ruding-Ausschusses von 1992 (DB 1992, Beilage 5) sowie des EG-Vorentwurf zur Harmonisierung der Gewinnermittlungsvorschriften (in: DB 1988, Beilage 18) z. B. in den Bereichen Abschreibungen, Gewinnrealisierung, Vorratsbewertung oder Rückstellungen.

[194] Vgl. *Jacobs*, Steuersysteme, 2005, S. 42 f.

sich in Europa das sogenannte **„Shareholder-Relief-Verfahren"** durchgesetzt, das sowohl von 13 der 15 „alten" EU-Länder, als auch von sechs der zehn neuen Beitrittsländern hauptsächlich angewandt wird. Die Milderung der Doppelbesteuerung erfolgt entweder durch einen ermäßigten persönlichen Steuersatz auf Dividenden oder durch die Freistellung der Dividenden, wenn ein Teil davon von der Besteuerung freigestellt wird.[195]

---

[195] *Spengel*, IStR 2004, S. 615.

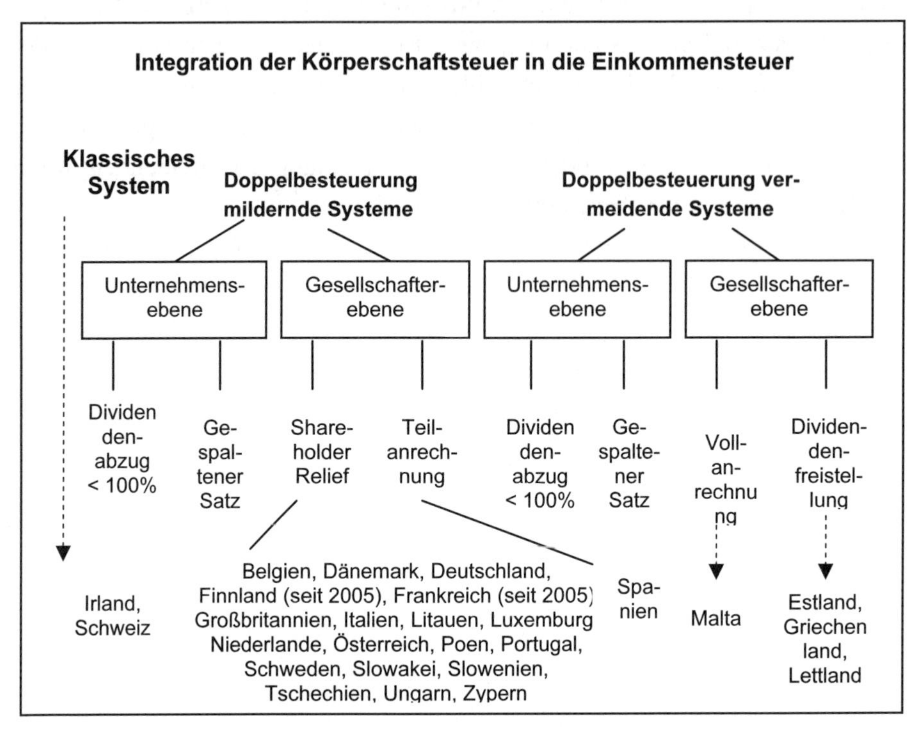

Abb. 20: Körperschaftsteuersysteme in der Europäischen Union[196]

Zu (2) Höhe der Steuerbelastung: Für die Berechnung und den Vergleich internationaler Steuerbelastungen bietet sich die Berechnung der effektiven Durchschnittssteuerbelastung an. Diese gilt als Maßgröße für die Steuerbelastung und zeigt die Reduzierung einer finanziellen Gewinngröße (z. B. des Kapitalwerts) durch die Besteuerung an. Der Durchschnittssteuersatz liefert somit Informationen über die Entscheidungswirkungen der Besteuerung bei Vorliegen von mehreren Alternativen; die Standortwahl für die Tochtergesellschaft eines international tätigen Konzerns ist ein typisches Beispiel hierfür.[197]

[196] Abbildung in Anlehnung an: *Spengel*, IStR 2004, S. 615; zum Teil aktualisiert.

[197] Vgl. *Jacobs*, Unternehmensbesteuerung, 2002, S. 141 ff. mit ausführlichen Erläuterungen zu Methoden zur Berechnung und dem Vergleich internationaler Steuerbelastungen sowie zum Devereux/Griffith-Modell; bzgl. der Anforderungen an derartige Steuerbelastungsvergleiche auch *Jacobs*, Steuersysteme, 2005, S. 28 f.

Das Zentrum für Europäische Wirtschaftsforschung hat die Höhe der effektiven Durchschnittssteuerbelastung von Unternehmen in Europa auf Grundlage des *Devereux/Griffith-Modells* ermittelt:

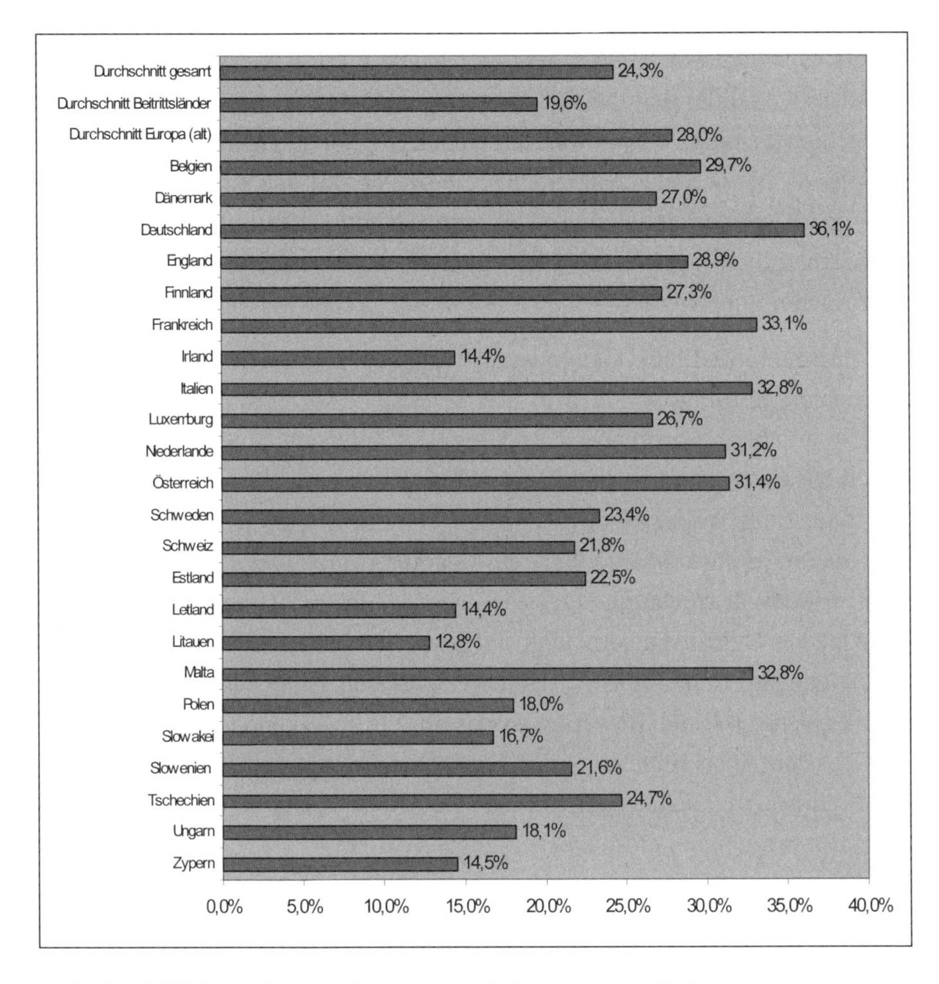

Abb. 21: Effektive Durchschnittssteuerbelastung von Unternehmen in Europa[198]

[198] Quelle: ZEW – Zentrum für Europäische Wirtschaftsforschung; Die Werte für West-Europa: Rechtsstand 2003; Werte für Deutschland und die EU-Beitrittsstaaten: Rechtsstand 2004. Für Deutschland wird ein durchschnittlicher Gewerbesteuerhebesatz von 428% verwendet; für die Schweiz ist der Kanton Zürich berücksichtigt; Diagramm mit eigenen Ergänzungen.

Obige Abbildung berücksichtigt bei der Berechnung der effektiven Durchschnittsteuerbelastung alle belastungsrelevanten Ertrags- und Substanzsteuern. Ferner werden neben den Steuertarifen auch die wichtigsten Vorschriften zur Ermittlung der Bemessungsgrundlage (z. B. Abschreibungen, usw.) berücksichtigt. Auffallend ist, dass die durchschnittliche Steuerbelastung in den neuen Beitrittsländern 8,4 % unter dem Durchschnitt der westeuropäischen Staaten und 16,5 % unter dem Niveau Deutschlands liegt. Aufgrund dieser niedrigen Steuerbelastung, den gewährten Steuervergünstigungen und den angekündigten weiteren Steuersenkungen wird die Attraktivität der neuen Beitrittsländer noch weiter zunehmen. Um den Standort Deutschland weiter zu verbessern sollten deshalb vor allem weitere Steuersenkungen für Unternehmen vorgenommen werden.[199]

Zu (3) Unterschiedliche Gewinnermittlungsvorschriften: Die Normen für die Gewinnermittlung weichen in den verschiedenen europäischen Ländern teilweise erheblich voneinander ab. Dies liegt einerseits an der Verknüpfung zwischen Handels- und Steuerbilanz. In Ländern, die mehr unter einem deutschen oder französischen Einfluss stehen, ist die Maßgeblichkeit – und teilweise die umgekehrte Maßgeblichkeit – stärker ausgebildet als in angelsächsischen Ländern, die mehr ein eigenständiges Handelsrecht entwickelt haben[200]; in den neuen Beitrittsländern fehlt aufgrund ihrer Geschichte ein derartiger Zusammenhang vollkommen.[201] Andererseits sind Unterschiede bei konkreten Bilanzierungs- und Bewertungsvorschriften zu erkennen, wie beispielsweise bei den Abschreibungen, der Vorratsbewertung, und Rückstellungsbildung.[202] Eine Angleichung auf diesem Gebiet hat 1992 bereits der Ruding-Ausschuss vergeblich gefordert.

Aufgrund einer weiter wachsenden Annäherung des wirtschaftlichen, bildungsmäßigen sowie infrastrukturellen Umfelds in der EU sowie den günstigen auch nicht-steuerlichen Rahmenbedingungen der zehn neuen Beitrittsländer (z. B. niedriges Lohnniveau, Investitionsförderung) wird der Trend zu

---

[199] Vgl. *Spengel*, IStR 2004, S. 624 mit einer ausführlichen Analyse der neuen Beitrittsländer.

[200] Vgl. *Kellersmann/Treisch*, Unternehmensbesteuerung, 2002, S. 267 f.

[201] Vgl. *Spengel*, IStR 2004, S. 617.

[202] Vgl. *Jacobs*, Unternehmensbesteuerung, 2002, S. 105 ff.

flexiblen Standortentscheidungen im Produktions- und Dienstleistungsbereich – besonders für die „alten“ EU-Staaten – immer härter. Bei „standortelastischen” Entscheidungen ist die Steuerbelastung als wirtschaftlicher Kostenfaktor in hohem Maße entscheidungsrelevant. Dies gilt bei Holdings nur insoweit, als sie neben (schachtelprivilegierten) Dividendeneinnahmen noch eigene steuerpflichtige Einkünfte erzielen.

Das Steuerbelastungsgefälle bringt insbesondere im Zusammenspiel mit dem internationalen Schachtelprivileg Vorteile, wenn die effektive Steuerbelastung im Ausland niedriger ist als im Inland. Denn auch ausgeschüttete Gewinne unterliegen dadurch bei der inländischen Mutter-Kapitalgesellschaft keiner Besteuerung, womit es bei der niedrigeren ausländischen Steuer bleibt. Zwar stehen diese Gewinne unter dem Vorbehalt einer späteren Nachversteuerung beim natürlichen Anteilseigner. Durch entsprechend lange Thesaurierungszeiträume kann der Steuerbelastungsvorteil aber bei der Muttergesellschaft "konserviert” werden. Unterschiedliche Steuerbelastungen im Quellenstaat einerseits und Standortneutralität im gemeinsamen Binnenmarkt andererseits schließen sich dadurch aus.

Steuerwettbewerb oder Harmonisierung?

Im Sinne eines wirklichen gemeinsamen Binnenmarktes dürften eigentlich keine steuerlichen Barrieren für unternehmerische Investitionen innerhalb der EU bestehen. Echte Wettbewerbsneutralität der Besteuerung würde bedeuten, dass sich die Höhe der steuerlichen Belastung eines Unternehmens in einem Land grundsätzlich nicht von der Belastung in einem anderen Mitgliedsland unterscheidet.[203] Von diesem Ziel ist die Steuerharmonisierung in der EU noch weit entfernt. Die (noch) existierenden Unterschiede in der nationalen Besteuerung und das Ausnutzen eines zwischenstaatlichen Steuergefälles bieten die zentralen Ansatzpunkte für die Steuerplanung der Unternehmen. Solange diese Besteuerungsunterschiede bestehen müssen grenzüberschreitend tätige Unternehmen und deren Berater verstärkt die internationale Steuerplanung in ihr Kalkül nehmen um diesbezüglich im Wettbewerb nicht benachteiligt zu sein.

---

[203] So auch *Schreiber,* StuW 1994, S. 238 (241).

Anstelle einer früher geplanten vollständigen Harmonisierung der Ertragsteuern setzt die EU-Kommission in ihren Leitlinien zur Unternehmensbesteuerung von 1990[204] weiterhin verstärkt auf den Subsidiaritätsgedanken. Dies soll heißen, dass die nationalen Steuersysteme behutsam angenähert und abgestimmt werden, wenn steuerbedingte Wettbewerbsverzerrungen bei Standort-, Investitions- und Finanzierungsentscheidungen eindeutig nachweisbar sind. Offenbar wird erhofft, dass durch einen marktwirtschaftlichen Wettbewerb der nationalen Steuersysteme steuerbedingte Verzerrungen ausgeglichen werden. Eine dadurch ausgelöste "Steuerdumping"-Politik[205] gerade der kleineren Mitgliedstaaten wird diese Verzerrungen m. E. jedoch eher zementieren als beseitigen. Denn das Steuerniveau eines Industrielandes wie Deutschland kann sicher nicht mit dem "Phantomniveau" konkurrieren, das dem Gestaltenden z. B. in Irland oder Belgien für bestimmte Sachverhalte geboten wird.[206] Ordnungspolitisch bemerkenswert ist hierbei, dass spezielle Steuerprivilegien eines Mitgliedstaates, im Gegensatz zu staatlichen Investitionszuschüssen, von der EU-Kommission in der Regel nicht als wettbewerbswidrig verboten werden können.[207] Diese Verzerrungen begünstigen m. E. tendenziell die kreativen Steuerminimierungs- Techniken von multinationalen Unternehmen. Die Frage drängt sich deshalb auf, ob die mittelständische Wirtschaft hier gegenüber den Konzernen nicht echte Wettbewerbsnachteile hat und ob durch diese Verzerrungen nicht letztlich der politische Druck zur Ertragsteuerharmonisierung in der EU zunehmen wird.

Wenn auch die steuerlichen Harmonisierungsansätze sich bisher vorwiegend auf den Körperschaftsteuer-Bereich beschränken, dürfen die zunehmenden praktischen Auswirkungen von EG- bzw. EU-Richtlinien auf das deutsche Steuerrecht nicht unterschätzt werden. Denn es gilt der Grundsatz, dass Gemeinschaftsrecht vorrangig vor nationalem Recht ist.[208] Der Steuerpflichtige

---

204 Abgedruckt z. B. in BR-Drucks. 360/90.

205 Der Ruding-Ausschuß empfahl eine Steuersatz-Spannweite zwischen mind. 30% und max. 40%; vgl. DB 1992, Beilage 5/92.

206 Z. B. für irische IFSC-Gesellschaften oder belgische Koordinierungszentren; vgl. *Menck,* IStR 1993, S. 566.

207 Zur Bewertung fiskalischer Effekte nationaler Steuerprivilegien in der EU siehe *Valenduc,* EC Tax Review 1994, S. 24 f.

208 Vgl. dazu z. B. *Spetzler*, DB 1993, S. 553, m.w.N.; a. A. *Dänzer-Vanotti,* DB 1994, S. 1052.

kann sich damit auf die unmittelbare Wirkung von Richtlinien berufen, die nicht ordnungsgemäß und/oder fristgerecht in nationales Recht umgesetzt wurden.

c) Verabschiedete Richtlinien

i) Mutter-Tochter-Richtlinie

Ziel der Mutter-Tochter-Richtlinie (kurz: MTRL)[209] – auch Konzernrichtlinie bezeichnet – ist es, steuerliche Mehrfachbelastungen von Dividendeneinkünften im grenzüberschreitenden Unternehmensverbund zu beseitigen. Durch die Mutter-Tochter-Richtlinie wurden die EU-Mitgliedstaaten verpflichtet, bei Vorliegen bzw. Erfüllen bestimmter Voraussetzungen für Tochter-Mutter-Gewinnausschüttungen mindestens folgende Steuervergünstigungen zu gewähren:

- Beseitigung der internationalen Doppelbesteuerung durch **Freistellung der vereinnahmten Dividenden** im Staat der Muttergesellschaft **oder Gewährung der Anrechnung** von den Steuern der Tochtergesellschaften, soweit sie auf die ausgeschütteten Gewinne entfallen (indirekte Anrechnung gemäß Art. 4 MTRL). Sofern die Dividenden durch Schachtelprivileg (eventuell eines DBA) freigestellt werden, bleibt es im Gewinnausschüttungsfall im Ergebnis bei der im Sitzstaat der Tochtergesellschaft erhobenen Körperschaftsteuer. Länder mit Anrechnungsmethode – in der EU z. B. Großbritannien, Irland, Spanien – dürfen die Dividendeneinnahmen zwar besteuern, müssen aber die von der Tochtergesellschaft auf die ausgeschütteten Gewinne gezahlte Steuer bis zur Höhe der entsprechenden innerstaatlichen Steuer anrechnen. Im Ergebnis kommt es somit zur Besteuerung mit dem jeweils höheren in- oder ausländischen Steuerniveau.[210]
- **Kein Abzug von Quellensteuern im Staat der ausschüttenden Tochtergesellschaft**: Der Gewinn der Tochtergesellschaft wird im Ansässigkeitsstaat besteuert, wodurch dieser kein weiterer Steueranspruch mehr zusteht; die Einbehaltung von Quellensteuer bei Ausschüttung der Dividende

---

[209] ABl.EG Nr. L 225 v. 20. 8. 1990, S. 6.

an die Muttergesellschaft ist unzulässig (Art. 5 MTRL). Ist für ausländische Schachteldividenden die Freistellungsmethode vorgesehen, bedeutete bisher eine Quellensteuer eine definitive Belastung für die vereinnahmende Muttergesellschaft, da eine Anrechnung wegen des Schachtelprivilegs ins Leere ging.

Die Richtlinie wird nur angewendet, wenn Mutter- und Tochterunternehmen in verschiedenen Staaten der Europäischen Union ansässig sind. Zudem muss die Muttergesellschaft in einer bestimmten Höhe an der Tochter beteiligt sein; wahlweise kann auch eine Stimmrechtsmehrheit festgelegt werden.

[210] Vgl. *Jacobs*, Unternehmensbesteuerung, 2002, S. 163 f.

Land	**Quellensteuerbefreiung**		**Vermeidung der Doppelbesteuerung**			
	Mindestbeteiligungsquote	Mindesthaltefrist	Methode	Umfang der Begünstigung	Mindestbeteiligungsquote	Mindesthaltefrist
Belgien	25%	1 Jahr	Freistellung	95%	10% am Kapital	1 Jahr
Dänemark	20%	1 Jahr	Freistellung	100%	20% am Kapital	1 Jahr
Deutschland	10%/20 %	1 Jahr	Freistellung	95%	keine	keine
Frankreich	20%	2 Jahre	Freistellung	95%	5% am Kapital	2 Jahre
Großbritannien	keine	keine	Indirekte Anrechnung	100%	10% der Stimmrechte	keine
Luxemburg	10%	1 Jahr	Freistellung	100%	10% am Kapital	1 Jahr
Niederlande	10%/20 %	1 Jahr	Freistellung	100%	5% am Kapital	keine
Österreich	10%	1 Jahr	Freistellung	100%	10% am Kapital	1 Jahr
Spanien	10%/25 %	1 Jahr	Indirekte Anrechnung/ Freistellung	100%	5% am Kapital	1 Jahr
Schweiz[211]	20%	2 Jahre	Freistellung	100%	20% am Kapital	keine

Abb. 22: Umsetzung der Mutter-Tochter-Richtlinie[212]

Die am 22.12.2003 angenommenen Änderungen der Richtlinie[213], die seit dem 01.01.2005 in Kraft getreten ist, sieht unter anderem eine Erweiterung der Anwendung auf im EU-Ausland gehaltene Betriebsstätten vor; die Mindestbeteiligungsquote wurde von 25% auf 10% gesenkt.

Diese Quellensteuerreduzierung bringt zahlreiche Vorteile und Entlastungen mit sich. Mehrfachbelastungen von erwirtschafteten Gewinnen eines Konzern mit Tochtergesellschaften innerhalb der EU werden vermieden, so dass es zu keinen allein steuerlich bedingten Wettbewerbsnachteilen zwischen Gesellschaften aus verschiedenen Mitgliedsstaaten kommen kann.[214] Von dieser Begünstigung profitieren insbesondere Holdinggesellschaften, bei denen Dividendeneinkünfte die maßgeblichen Zahlungseingänge darstellen.

---

211 Durch die Umsetzung des Zinsbesteuerungsabkommen mit der EU gewährt auch die Schweiz die Befreiung von der Quellensteuer bei Vorliegen bestimmter Voraussetzungen.

212 Abbildung in Anlehnung an: *Jacobs*, Unternehmensbesteuerung, 2002, S. 165. Weitere Einzelheiten siehe unten Kap. D.I. (Länderprofile), S. 219.

213 Vgl. ABl. EG vom 13.01.2004, Nr. V 7.

214 Vgl. *Neumann*, Entwicklung der Steuergesetzgebung, 2005, S. 235.

Für nicht europäische Mutterunternehmen bietet sich dadurch die Möglichkeit, durch Bündelung ihrer europäischen Beteiligungen in einer Euro-Holding die gesammelten Gewinne ohne Belastung von Quellensteuern steuerfrei vereinnahmen zu können. Zusätzlich kann für die Wahl des Standortes der Euro-Holding das EU-Land gewählt werden, mit dem der Ansässigkeitsstaat der (Konzern-)Mutter den niedrigsten Quellensteuersatz im DBA vereinbart hat; die mit den Ansässigkeitsstaaten der Töchter geschlossenen DBA sind dabei nicht anzuwenden.[215]

Die Ausschüttungspolitik von EU-Tochtergesellschaften sollte zeitlich gesteuert werden, da die meisten EU-Staaten sowohl für die Steuerfreistellung als auch für die Quellensteuerverzicht eine bestimmte Mindesthaltefrist (in der Regel 1 oder 2 Jahre) verlangen. Zudem ist zu prüfen, ob es nach dem jeweiligen nationalen Recht auf den Zeitpunkt des Ausschüttungsbeschlusses oder des tatsächlichen Zuflusses der Dividende ankommt.

Die Vorteile der Richtlinie sollen bei Rechtsmissbrauch nicht gewährt werden, wobei die Richtlinie keine konkreten Bestimmungen dazu enthält. Es liegt an den Mitgliedsstaaten, hierzu Vorschriften zu erlassen (Art. 2 Abs. 1 MTRL). Nachteil dabei ist, dass es keine europaweit einheitlichen Vorschriften gibt.

ii) Fusionsrichtlinie

Während die Mutter-Tochter-Richtlinie oft der Auslöser für die Schaffung von EU-Holdingstrukturen darstellt, liefert die Fusionsrichtlinie[216] als deren Pendant die Instrumente für eine steuerneutrale Holding-Sachgründung durch ein grenzüberschreitendes Einbringen oder Umhängen von Beteiligungen.

Hauptziel dieser Richtlinie ist es, steuerfreie grenzüberschreitende Sachgründungen und andere Umstrukturierungsvorgänge in der EU zu ermöglichen, die bei einer Anwendung des jeweils nationalen Steuerrechts zur steuerpflichtigen Auflösung der stillen Reserven und somit zu einer Gewinnrealisierungen führen würden. Steuerliches Ziel ist es daher, solche (grenzüberschreitenden)

---

[215] Vgl. *Jacobs*, Unternehmensbesteuerung, 2002, S. 167.

[216] ABl. EG Nr. L 225 S. 1.

Umstrukturierungen möglichst steuerneutral durchzuführen, da anders als bei einer echten Veräußerung an Dritte, für konzerninterne Umgruppierungen keine liquiden Mittel von außen zufließen.

Für folgende Tatbestände sieht die Fusionsrichtlinie eine steuerneutrale Durchführung vor:[217]

- **Fusionen** als Vermögensübertragungen im Wege der Gesamtrechtsnachfolge auf eine übernehmende Gesellschaft unter Auflösung der übertragenden Gesellschaft (Art. 2 Buchst. a FRL),
- **Aufspaltung bzw. Abspaltung einer Gesellschaft** auf mindestens zwei oder mehrere bereits bestehende oder neu gegründete Nachfolgegesellschaften im Wege der Sonderrechtsnachfolge (Art. 2 Buchst. b FRL),
- **Einbringung von Unternehmensteilen** (ganze Betriebe oder Teilbetriebe), wobei die einbringende Gesellschaft als Gegenleistung Anteile an der übernehmenden Gesellschaft erhält (Art. 2 Buchst. c FRL),
- **Anteilstausch** als Einbringung von Anteilen an einer Gesellschaft in eine andere erwerbende Gesellschaft, wobei die einbringende Gesellschaft als Gegenleistung die Mehrheit der Anteile bzw. Stimmrechte an der erwerbenden Gesellschaft erhält (d. h. Sacheinlage einer Beteiligung). Die einbringende Gesellschaft transformiert dadurch ihre ursprüngliche unmittelbare Beteiligung in eine mittelbare Beteiligung an der erwerbenden Gesellschaft (Art. 2 Buchst. d FRL).

<table>
<tr><th>Land</th><th>Fusion</th><th>Spaltung</th><th>Einbringung</th><th>Anteilstausch</th></tr>
<tr><td>Belgien</td><td>nicht umgesetzt</td><td>nicht umgesetzt</td><td>umgesetzt</td><td>umgesetzt</td></tr>
<tr><td>Dänemark</td><td>unvollständig umgesetzt</td><td>nicht umgesetzt</td><td>umgesetzt</td><td>umgesetzt</td></tr>
<tr><td>Deutschland</td><td>nicht umgesetzt</td><td>nicht umgesetzt</td><td>umgesetzt</td><td>umgesetzt</td></tr>
<tr><td>Frankreich</td><td colspan="2">umgesetzt bzw.
nur mit ministerieller Genehmigung</td><td>umgesetzt</td><td>umgesetzt</td></tr>
<tr><td>Großbritannien</td><td>nicht umgesetzt</td><td>nicht umgesetzt</td><td>umgesetzt</td><td>umgesetzt</td></tr>
<tr><td>Luxemburg</td><td>umgesetzt</td><td>umgesetzt</td><td>umgesetzt</td><td>umgesetzt</td></tr>
<tr><td>Niederlande</td><td colspan="2">umgesetzt bzw.
nur mit Genehmigung der Finanzbehörden</td><td>umgesetzt</td><td>umgesetzt</td></tr>
</table>

[217] Vgl. *Fischer/Kleineidam/Warneke*, Steuerlehre, 2005, S. 20; ausführlicher: *Rosenbach*, Holding-Handbuch, 2004, § 16, Rz. 26 - 64.

Österreich	unvollständig umgesetzt	umgesetzt	umgesetzt	umgesetzt
Spanien	umgesetzt	umgesetzt	umgesetzt	umgesetzt

Abb. 23: Umsetzung der Fusionsrichtlinie[218]

Gerade die für Holdings besonders wichtigen Sachverhalte Einbringung und Umtausch wurden praktisch von allen EU-Ländern umgesetzt. So können jetzt z. B. europäische Tochtergesellschaften steuerneutral in eine Euro- bzw. Landes-Holding eingebracht werden, um damit die Vorteile der Mutter-Tochter-Richtlinie nutzen zu können.

Die Voraussetzungen für die europaweite Spaltung und Fusion wurden bisher von den meisten europäischen Ländern nicht umgesetzt, es bestehen lediglich auf nationale Sachverhalte beschränkte Richtlinien.[219]

Bei der Änderung der Fusions-Richtlinie vom 17.02.2005 wurde die Abspaltung (gegen Gewährung von Anteilen) als weiterer Anwendungsfall aufgenommen. Ferner wurde die Europäische Gesellschaft(SE), die bisher nicht als Gesellschaftsform (verfahrensbedingt) aufgeführt war, in den Anwendungskatalog aufgenommen. Die Gründungsmöglichkeiten einer SE decken sich somit mit den Anwendungsfällen der Fusionsrichtlinie. Mangels der Umsetzung kann die SE allerdings nicht steuerneutral durch Fusion oder Spaltung gegründet werden. Auch eine Verlegung des Sitzes der Gesellschaft, welche bei der SE ohne Auflösung und Neugründung möglich ist, wurde nicht geregelt. Die Aufdeckung und Versteuerung der stillen Reserven im Rahmen der Liquidationsbesteuerung nach nationalem Recht (vgl. § 12 i. V. m. § 11 KStG) kann somit bei keiner Gesellschaftsform verhindert werden.[220]

iii) Zins-Lizenz-Richtlinie

Die am 03.06.2003 verabschiedete Richtlinie[221] über eine gemeinsame Steuerregelung für Zahlungen von Zinsen und Lizenzgebühren zwischen verbundenen Unternehmen verschiedener Mitgliedsstaaten hat das Ziel, die Quel-

---

218 Abbildung in Anlehnung an: *Jacobs*, Unternehmensbesteuerung, 2002, S. 170.

219 Ausführlich bei *Rosenbach*, Holding-Handbuch, 2004, § 16, Rz. 21.

220 Vgl. *Kellersmann/Treisch*, Unternehmensbesteuerung, 2002, S. 229 f., Saß, DB 2005, S. 1238.

221 ABl. EU Nr. L 157 v. 26.06.2003, 49.

lensteuer auf derartige konzerninterne Zahlungen abzuschaffen.[222] Da aber für Zinsen[223] und Lizenzzahlungen[224] in den verschiedenen Doppelbesteuerungsabkommen bereits Quellensteuerreduzierungen vorgesehen sind, sind die Länder der EU unterschiedlich stark betroffen.[225] Für den Quellensteuerwegfall muss die Muttergesellschaft allerdings zu mindestens 25% an der Tochter (oder Betriebsstätte) beteiligt sein; die Richtlinie lässt den Mitgliedsstaaten die Möglichkeit zur Festlegung von Mindestbesitzzeiten von zwei Jahren zu. Bei Missbrauch oder Betrug ist die Anwendung der Richtlinie ausgeschlossen.[226]

Praktische Bedeutung erlangt die Zins-Lizenz-Richtlinie gerade für derartige Holdings, die neben dem Halten, Verwalten oder Führen ihrer Beteiligungen auch Fremdkapital an ihre Töchter ausgeben oder Lizenzzahlungen für die konzernweite Verwaltung und Organisation von Rechten, Patenten oder ähnlichem tätigen; der Wegfall von nicht erstattungsfähiger bzw. verrechenbarer Quellensteuer stellt dabei eine Kostenersparnis dar.

d) Ausgewählte Richtlinienvorschläge

Trotz der erfolgreich verabschiedeten und fast gänzlich in nationales Recht umgesetzten Richtlinien und Verordnungen zeigt sich, dass die Harmonisierung im Bereich der Ertragsteuern doch sehr schleppend und langsam vonstatten geht. Im Folgenden werden zwei Richtlinienvorschläge erwähnt, durch die ein weiterer Schritt zu einer Vereinheitlichung des europäischen Ertragsteuerrechts und damit eine Reduzierung des Steuerwettbewerbs erreicht werden könnte:

---

[222] Die Richtlinie soll zusammen mit der Zinsrichtlinie für private Ersparnisse (ABl. EG Nr. L 157/2003, 38) und dem Verhaltenskodex für die Besteuerung von Unternehmen (vom 29.02.2000) den schädlichen Steuerwettbewerb mindern; ausführlich hierzu *Neumann*, Entwicklung der Steuergesetzgebung, 2005, S. 243 ff.

[223] Gemäß Art. 2a Zins-Rl. Forderungen jeder Art, deren Höhe dem arm's-lenght-Prinzip entspricht.

[224] Gemäß Art. 2a Zins-Rl. Vergütungen jeder Art, die für die Benutzung oder das Recht auf Benutzung von Urheberrechten, Patenen, Marken, Mustern oder Modellen, Plänen, Formeln oder Verfahren oder Mitteilungen gewerblicher, kaufmännischer oder wissenschaftlicher Erfahrungen.

[225] *Kellersmann/Treisch*, Unternehmensbesteuerung, 2002, S. 245.

[226] Vgl. *Rosenbach*, Holding-Handbuch, 2004, § 16, Rz. 99 ff.; *Spengel*, Unternehmensbesteuerung in der EU, 2004, S. 126 f.

1. *Richtlinienvorschlag zur grenzüberschreitenden Berücksichtigung von Verlusten ausländischer Betriebsstätten und Tochtergesellschaften*:[227] Da die Nicht-Berücksichtigung von Verlusten generell eine große Hürde für die Aufnahme von unternehmerischer Tätigkeit darstellt, wäre die Geltendmachung ausländischer Betriebsstättenverluste mit späterer Nachversteuerung im Gewinnfall – vergleichbar mit § 2a Abs. 3 und 4 EStG (gültig bis VZ 1999) – ein weiterer Schritt zur Ausweitung der grenzüberschreitenden konsolidierten Besteuerung von Betriebsstätten und Tochtergesellschaften. Aufgrund des großen Widerstandes wurde der Vorschlag zurückgezogen bzw. auf die Verluste aus ausländischen Betriebsstätten reduziert.[228] Ein weiterer Impuls zu einer grenzüberschreitenden Verlustverrechnung ist u.U. durch das vom EuGH entschiedene Verfahren „Marks & Spencer“ zu erwarten.[229]

2. *Schaffung einer einheitlichen Körperschaftsteuerbemessungsgrundlage mit anschließender konsolidierter Besteuerung*: Besonders bei grenzüberschreitenden Unternehmenstätigkeiten würden sich daraus zahlreiche Vorteile und Ersparnisse ergeben. Beispielsweise würden die Kosten für die Einhaltung der steuerrechtlichen Normen wegfallen, die Verrechnungspreisproblematik würde sich erledigen und der grenzüberschreitende Verlustausgleich würde ermöglicht werden. Die Gewinne aller Konzerngesellschaften würden nach einheitlichen Vorschriften ermittelt und anschließend zu einem konsolidierten Ergebnis zusammengefasst werden. Der Gesamterfolg würde dann mittels Schlüsselgrößen auf die Konzerngesellschaften verteilt, die diesen Anteil dann zu versteuern haben. Da dieses Modell allerdings neben der Basis der einheitlichen Bemessungsgrundlage auch noch bezüglich der anzuwendenden Konsolidierungsmethode und des Konsolidierungskreises, der betroffenen Steuerarten und (als größtes Hürde) des Aufteilungsmaßstabes noch einige Fragen offen

---

[227] ABl. EG Nr. C 53 v. 28. 2. 1991, S. 30; auch Richtlinie-Verlustberücksichtigung rs. C-446/03 vom 13.12.2003.

[228] Vgl. *Rosenbach*, Holding-Handbuch, 2004, § 16, Rz. 91 ff.

[229] Vgl. *Fischer/Kleineidam/Warneke*, Steuerlehre, 2005, S. 25. Zur Bedeutung des EuGH siehe folgender Abschnitt.

lässt, wird eine Umsetzung in Form einer Richtlinie bzw. eines Richtlinienvorschlags noch einige Zeit in Anspruch nehmen.[230]

e) Einfluss des EuGH auf die Ertragsbesteuerung

Noch mehr als die verabschiedeten Richtlinien und Verordnungen hat sich der Europäische Gerichtshof (EuGH) bei seiner Rechtsprechung zu den Grundfreiheiten als Motor für die Harmonisierung, auch der Ertragsbesteuerung von Unternehmen, entwickelt. Um eine unterschiedliche Auslegung von Gemeinschaftsrecht zu verhindern, sind die Finanzgerichte dazu berechtigt und der BFH als letztinstanzliches Gericht sogar dazu verpflichtet, streitige Fragen dem EuGH vorzulegen (Art. 234 EGV). Obwohl die einzelnen Mitgliedsstaaten der EU besonders bei ihrem direkten Steuerrecht souverän sind, darf dieses aber nicht gegen die Grundfreiheiten des Europäischen Vertrages verstoßen; gerade die Niederlassungs-, Dienstleistungs- und Kapitalverkehrsfreiheit gelten auch für die direkte Besteuerung der grenzüberschreitenden wirtschaftlichen Tätigkeit von Unternehmen. Eine Benachteiligung von ausländischen Steuerpflichtigen und Unternehmen auch auf dem Gebiet der direkten Steuern verstößt somit gegen Gemeinschaftsrecht, so dass das nationale Steuerrecht wegen des Anwendungsvorrangs des europäischen Rechts geändert werden muss.[231]

Trotz der bemerkenswerten Bemühungen des Europäischen Gerichtshofs, durch die Rechtssprechung die vom EG-Vertrag geforderte Gleichbehandlung und die Grundfreiheiten auch auf dem Gebiet der direkten Steuern sicher- bzw. herzustellen, können dadurch nicht weitere europaweite Reformen und Harmonisierungsvorhaben ersetzt werden. Zum einen wird bei einem Verstoß lediglich der betroffene Staat zur EG-Vertragskonformen Änderung des Steuerrechts aufgefordert, zum anderen decken die Urteile des EuGH lediglich Verstöße auf, die bisher – in der Vergangenheit – bestanden haben; Richtlinien und Verordnungen sowie Anpassungen der nationalen Steuergesetze

---

[230] Vgl. dazu z. B. *Spengel*, Unternehmensbesteuerung in der EU, 2004, S. 135 ff.137; *Neumann*, Entwicklung der Steuergesetzgebung, 2005, S. 241 f.; *Menck*, FR 2002, S. 270; zu einer konsolidierten Bemessungsgrundlage mit einheitlicher Besteuerung ausführlich: *Hernler*, DB 2003, S. 60 ff.

wirken hingegen in der Zukunft und verhindern somit eine Diskriminierung, die durch eine Rechtsprechung nicht ersetzt werden kann.[232]

Aufgrund der vielen anhängigen Verfahren bei nationalen Gerichten und dem EuGH sowie den verschiedenen nationalen Normen, bei denen die Entsprechung mit EU-Recht zweifelhaft ist, sollten die Harmonisierungsbemühungen in diesem Bereich verstärkt werden, um sowohl die Rechtssicherheit innerhalb der EU zu stärken als auch den EuGH bei derartigen Grundsatzentscheidungen zu entlasten.

---

[231] Vgl. *Thiel*, DB 2004, S. 2603 mit Erläuterungen zu möglichen Problemfelder deutscher Steuergesetzgebung mit EU-Recht sowie anhängigen und abgeschlossenen Verfahren des EuGH; ausführlich auch *Meilicke*, Unternehmensfinanzierung, 2004, S. 205 ff.

[232] Vgl. *Kellersmann/Treisch*, Unternehmensbesteuerung, 2002, S. 324.

C. Steuerliche Gestaltungsstrategien mit Holdinggesellschaften

I. Überblick über steuerliche Holdingziele und ihre Umsetzungsmöglichkeiten

Auf den ersten Blick ist zu erwarten, dass die Zwischenschaltung einer Holding in der Form einer Kapitalgesellschaft durch die eigenständige Rechtsfähigkeit und die damit verbundene verlängerte Dividendenroute zu einer erheblichen Mehrbelastung im Vergleich zu einer direkten Anbindung von Tochtergesellschaften führt.[233]

Durch die Kombination von verschiedenen Steuersystemen bei Einbeziehung von Drittstaaten ergeben sich jedoch interessante Gestaltungsmöglichkeiten, so dass Steuervorteile gegenüber der direkten Anbindung von Tochtergesellschaften erlangt werden können. Eine umsichtige Gestaltungsplanung kann deshalb ungünstige Steuerwirkungen vermeiden und günstige Steuerwirkungen gezielt herbeiführen. Angestrebt wird dabei einerseits die Verhinderung von Mehrbelastungen durch die international ausgerichtete Konzernstruktur. Andererseits werden auch aktiv Gestaltungen eingesetzt, die eine Erzielung von holdingspezifischen Minderbelastungen des Unternehmensverbundes ermöglichen.[234]

Im Folgenden werden verschiedene Gestaltungsmöglichkeiten mit Holdinggesellschaften aufgezeigt, mit denen die genannten Ziele der internationalen Steuerplanung verwirklicht werden können.

1. Vermeidung der Doppelbesteuerung ausgeschütteter Gewinne durch „participation exemption shopping“

Der Grund für eine wirtschaftliche Doppelbesteuerung ist i. d. R. das gleichzeitige Bestehen von unbeschränkter Steuerpflicht im Ansässigkeitsstaat der

---

[233] Vgl. *Kessler*, Handbuch-Steuerplanung, 2003, S. 164.

[234] Vgl. *Schänzle*, Steuerorientierte Gestaltung, 2000, S. 50.

Spitzeneinheit und beschränkter Steuerpflicht für die im Domizilstaat erwirtschafteten Erträge.

Um die Mehrfacherfassung ausgeschütteter Gewinne zu vermeiden, wenden die meisten Länder die Freistellungsmethode für vereinnahmte Beteiligungserträge an.[235] Andere Länder wie beispielsweise Großbritannien, gewähren für empfangene Dividenden die Anrechnung der im Ausland gezahlten Steuer. Gewährt ein Land beispielsweise nur für DBA-Einkünfte eine Freistellung, so kann durch die Einschaltung einer Holding in einem DBA-Staat das Heraufschleusen vermieden und ggf. das DBA-Schachtelprivileg in Anspruch genommen werden. Auch wenn im Ansässigkeitsstaat des Dividendenempfängers grundsätzlich ein internationales Schachtelprivileg existiert, der Steuerpflichtige aber die Voraussetzungen dafür nicht erfüllt, da es sich beispielsweise um eine natürliche Person handelt oder bestimmte Beteiligungsgrenzen nicht erreicht werden, kann durch sog. *participation exemption shopping*[236] eine steuerfreie Vereinnahmung der Dividenden erreicht werden.[237]

Beispiel:

Eine in der Schweiz ansässige Kapitalgesellschaft hält eine Beteiligung von 10% an einer spanischen Tochtergesellschaft. Die Ausschüttung einer spanischen ETVE ist zwar unabhängig von Beteiligungshöhe und -dauer quellensteuerfrei[238], aber das Schachtelprivileg (Beteiligungsabzug) in der Schweiz wird erst ab einer Beteiligungshöhe von 20% gewährt.[239] Damit unterliegen die empfangenen Dividenden in der Schweiz der Körperschaftsteuer.

Gestaltungsmöglichkeit:

Die spanische Beteiligung wird in eine in den Niederlanden ansässige Gesellschaft eingebracht, da dort Gewinnausschüttungen bereits ab einer Beteiligungsquote von 5% steuerfrei vereinnahmt werden können. Bei der Weiterausschüttung werden die Dividenden von der schweizerischen Besteuerung ausgenommen, da die Beteiligungsquote nun bei 100% liegt. Eine Quellensteuer bei der Ausschüttung in den Niederlanden fällt ebenfalls nicht an, da die Quellensteuer infolge eines mit den

---

[235] Vgl. unten Kap. D.I. (Länderprofile), S. 219.

[236] Darunter versteht man „Einkaufen in ein Schachtelprivileg“.

[237] Vgl. *Kessler*, Holdinggesellschaften, 2002, S. 84.

[238] Vgl. Kap. D.I.10.c), S. 313.

[239] Die alternative Bedingung eines Verkehrswerts der Beteiligung von über 2 Mio. CHF wird ebenfalls nicht erfüllt.

Niederlanden geschlossenen Doppelbesteuerungsabkommen ab einer Beteiligung von 25% (erfüllt, da die Schweiz zu 100% beteiligt ist), auf 0% reduziert wird.

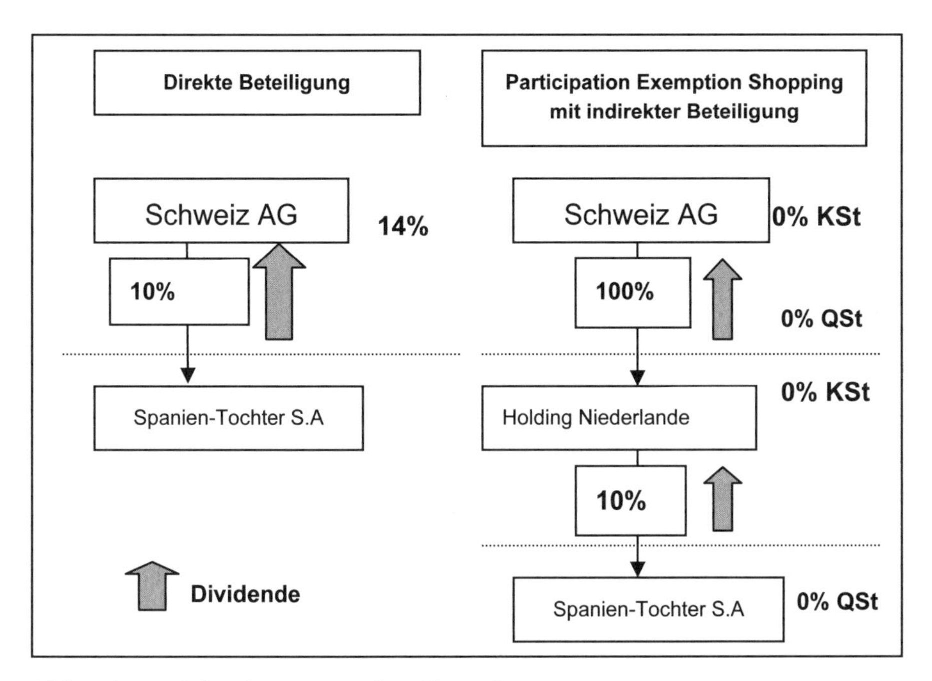

Abb. 24: Participation Exemption Shopping

Zu beachten ist bei derartigen Gestaltungen jedoch, ob nicht eine Hinzurechnungsbesteuerung oder eine andere Missbrauchsbestimmung greift. So werden Gestaltungen in der Schweiz beispielsweise nicht anerkannt, wenn die gewählte Struktur künstlich ist, d. h. sie keinen wirtschaftlichen Hintergrund hat und steuerliche Betrachtungen der einzige Grund für die Gestaltung sind.

2. Vermeidung des Heraufschleusens auf das höhere Steuerniveau

a) Treaty exemption shopping

Bei Anwendung der Anrechnungsmethode kommt es, wenn Dividenden aus einem Land mit geringer Steuerbelastung empfangen werden, regelmäßig zum Heraufschleusen der Steuerbelastung auf das Niveau des Ansässigkeitsstaates der Spitzeneinheit. Damit wird der Vorteil niedrigerer Auslandssteuern kompensiert.[240] Unter *treaty exemption shopping* werden Gestaltungen verstanden, die auf eine Umformung von Gewinnausschüttungen[241] aus Ländern, mit denen die Anrechnungsmethode vereinbart ist, in Gewinnausschüttungen aus Ländern, mit denen ein DBA-Schachtelprivileg vereinbart ist, abzielen.[242] Bei der dann geltenden Freistellung unterbleibt das Heraufschleusen auf das höhere Steuerniveau.

b) Deferral shopping

Gewinnausschüttungen werden auf Ebene der Zwischenholding, die in einem Staat mit einem Schachtelprivileg für Dividenden ansässig ist, temporär thesauriert und werden somit vor der Besteuerung des Staates der Spitzeneinheit bewahrt. Diese Gestaltung ist vor allem aus Sicht von Muttergesellschaften interessant, die ihren Sitz in einem Land mit Anrechnungsmethode haben. Auf Ebene der Holdinggesellschaft können die thesaurierten Gewinne von dort aus wieder investiert werden. Da damit die höhere Ertragssteuerbelastung des Sitzstaates der Spitzeneinheit zeitlich hinausgezögert werden kann, entstehen auch Steuerstundungs- und Zinseffekte, so dass trotz der späteren Nachversteuerung bei der Weiterausschüttung an die Spitzeneinheit ein höherer Nettoertrag als bei unmittelbarer Durchschüttung verbleibt.[243]

Beispiel:

Werden Dividenden von einer österreichischen Tochtergesellschaft direkt an eine britische Muttergesellschaft ausgeschüttet, geht der Vorteil des niedrigeren Steuersatzes (25%) verloren, weil es durch die Anrechnungsmethode in Großbritannien zu einer Besteuerung mit dem britischen Körperschaftsteuersatz von 30% kommt. Wird jedoch eine dänische Holdinggesellschaft zwischengeschaltet, können die österreichischen Dividenden steuerfrei vereinnahmt, thesauriert und reinvestiert werden. Es bleibt also vorerst bei der Steuerbelastung von 25%. Voraussetzung ist, dass die Beteiligung die Voraussetzungen der Mutter-Tochter-Richtlinie erfüllt und die Ausschüttung in Österreich damit keiner Quellensteuer unterliegt.

---

[240] Vgl. *Spengel*, Konzernsteuerquoten, 2005, S. 105.

[241] Zur Umformung von Einkünften vgl. auch unten Kap. C.I.3.b), S. 103.

[242] Vgl. *Kessler*, Handbuch-Steuerplanung, 2003, S. 177.

[243] Vgl. *Kessler*, Holdinggesellschaften, 2002, S. 98; *Kessler*, Handbuch-Steuerplanung, 2003, S. 177.

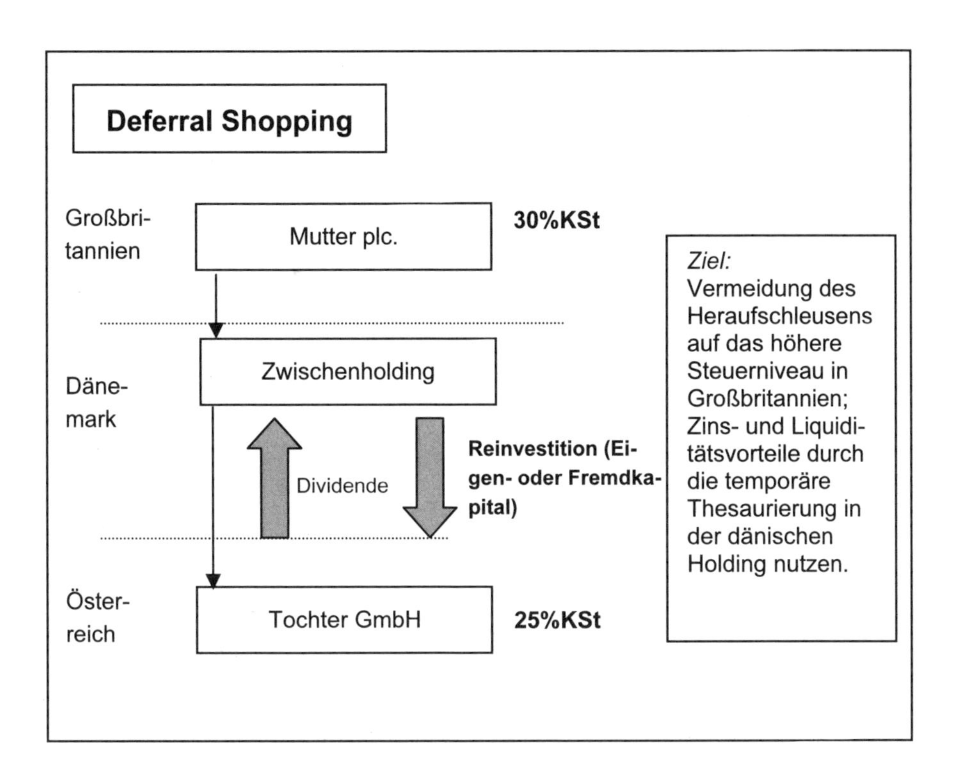

Abb. 25: Deferral Shopping

3. Reduzierung von Quellensteuern

Dividenden wie auch Lizenzgebühren und Zinszahlungen unterliegen zur Abgeltung der beschränkten Steuerpflicht im Quellenstaat einer Bruttoabzugssteuer (z. B. Kapitalertragsteuer), deren Höhe von Land zu Land verschieden ist. Diese Quellensteuern werden aufgrund von mit dem Wohnsitzstaat des Empfängers geschlossenen Doppelbesteuerungsabkommen in unterschiedlichem Umfang reduziert. Die Zielsetzung, durch die Zwischenschaltung einer Holdinggesellschaft in einem Abkommensland und der Umleitung der Dividendenströme die Belastung mit Quellensteuern zu vermeiden oder zumindest zu reduzieren, ist das klassische Konzept der Steuerplanung mit Holdinggesellschaften.[244] Die Minderung der Quellensteuer führt

[244] Vgl. *Jacobs*, Unternehmensbesteuerung, 2002, S. 821.

dabei zu einer echten Steuerentlastung, da eine zusätzliche Quellensteuer regelmäßig definitiven Charakter hat, weil sie entweder – wegen des Schachtelprivilegs auf Ebene der Spitzeneinheit – systembedingt überhaupt nicht anrechenbar oder – aufgrund relativ geringer Steuersätzen und der hieraus resultierenden Anrechnungshänge – faktisch nicht anrechenbar ist.[245]

a) Treaty shopping bzw. directive shopping

Eine Minderung oder Vermeidung der Quellensteuerbelastung lässt sich durch das sog. *treaty shopping* (Sich-Einkaufen in die Schutzwirkung des Abkommens) oder *directive shopping* (Erlangung der europarechtlichen Vergünstigungen) erreichen.[246]

Beim *treaty shopping* werden Gewinnausschüttungen über eine Zwischenholding mit Sitz in einem Land, das mit dem Quellenstaat ein Doppelbesteuerungsabkommen abgeschlossen hat und in diesem die Reduzierung der Quellensteuer vereinbart ist, umgeleitet. Durch die Einschaltung einer formal abkommensberechtigten Gesellschaft können damit die Vergünstigungen eines DBA auch ohne originäre Abkommensberechtigung der Gesellschafter genutzt und eine möglichst hohe Reduzierung der Quellensteuern erreicht werden. Vorteilhaft ist eine solche Gestaltung jedoch nur dann, wenn die Summe der Quellensteuern im Sitzstaat der Grundeinheit und im Holdingstandort geringer ist als bei direkter Anbindung der Grundeinheit, wobei zusätzliche Kosten der Holding zu berücksichtigen sind. Auch wenn zwischen Sitzstaat und Quellenstaat bereits ein DBA besteht, lassen sich durch die Zwischenschaltung einer Holding in einem Drittstaat weitere Steuereinsparungen erreichen, wenn dieser günstigere DBA-Regelungen für den Endbezieher vorsieht.[247]

Das *directive shopping* stellt einen Spezialfall des *treaty shopping* dar, bei dem die Quellensteuerfreiheit von Dividendenausschüttungen innerhalb der EU aufgrund der Mutter-Tochter-Richtlinie genutzt wird. Im Rahmen dieser

---

[245] Vgl. *Kessler*, Holdinggesellschaften, 2002, S. 85 f.; *Hoffmann*, Handbuch-Steuerplanung, 2003, S. 509.

[246] Vgl. dazu ausführlich ebenso aus deutscher Sicht (Outbound- und Inboundstrukturen) unten Kap. C.III., S. 131.

Gestaltung bündeln Gesellschaften mit Sitz außerhalb der EU ihre Tochtergesellschaften in der EU in einer sog. Europa Holding. Gewinnausschüttungen innerhalb der EU-Mitgliedstaaten sind nicht mit Quellensteuer belastet. Diese in der EU erwirtschafteten Gewinne werden dann über den Mitgliedstaat mit dem günstigsten Quellensteuersatz in den Sitzstaat der Spitzeneinheit außerhalb der EU geleitet.

Beispiel:

Ein Konzern, dessen Muttergesellschaft in den USA ansässig ist, verfügt über 100%ige Tochtergesellschaften in mehreren Staaten der Europäischen Union. Da in der gegenwärtigen Gruppenstruktur erhebliche Quellensteuern anfallen, sollen die Aktivitäten der Tochtergesellschaften in einer Europa-Holding zusammengefasst werden.

Gestaltungsmöglichkeit:

Als Standort für eine zentrale Euro-Holding kommen nur EU-Staaten in Frage, deren Steuerrecht sowohl eine steuerneutrale Vereinnahmung als auch eine steuerfreie Weiterausschüttung in die USA ermöglicht. Da Spanien durch das Holdingregime der ETVE[248] beide Voraussetzungen erfüllt, bietet es sich an, die Dividenden in einer spanischen Holdinggesellschaft zu bündeln und von dort in die USA auszuschütten. Damit kann die gesamte Quellensteuerbelastung auf 0% gesenkt werden.

---

[247] Vgl. *Jacobs*, Unternehmensbesteuerung, 2002, S. 821 f.

[248] Für weitere Einzelheiten vgl. unten Kap. D.I.10. (Spanien), S. 309.

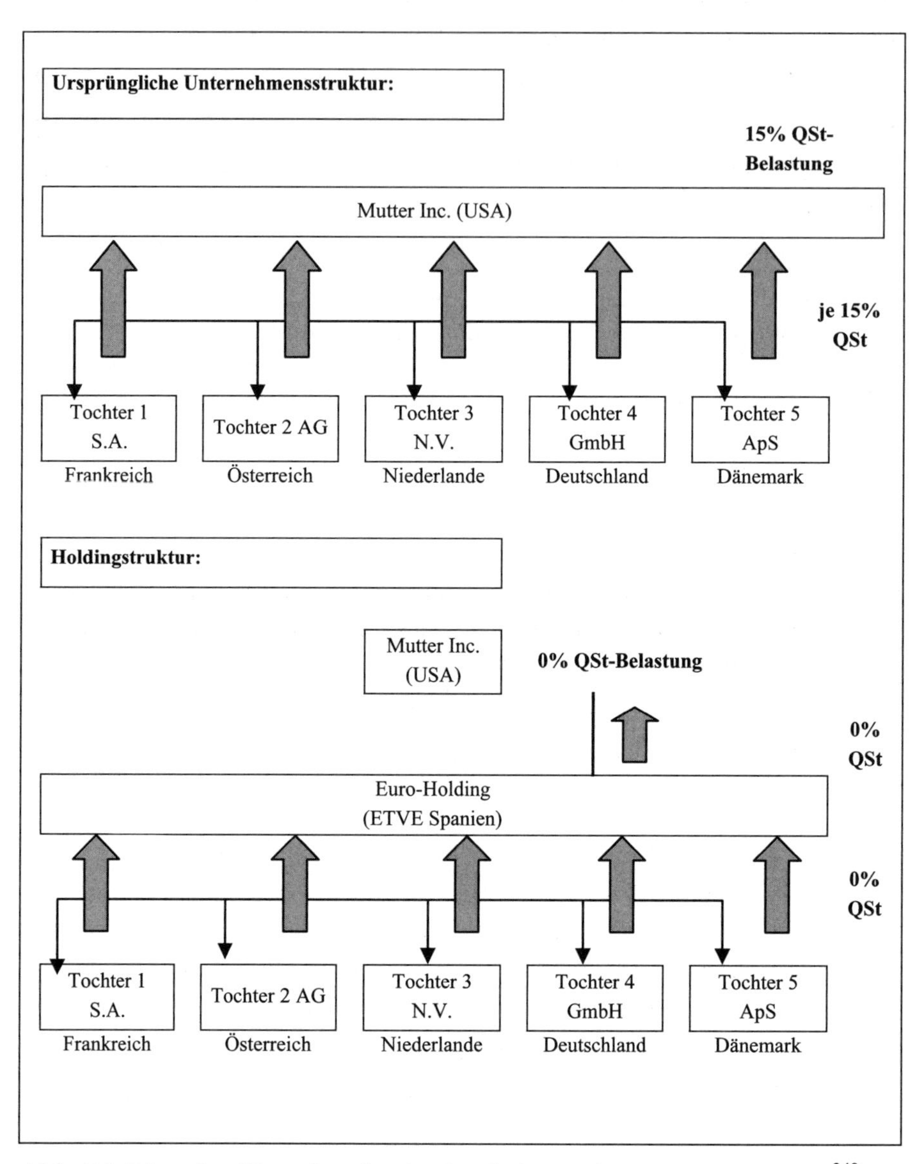

Abb. 26: Directive Shopping durch Einschaltung einer Europa-Holding[249]

[249] Abbildung in Anlehnung an *Jacobs*, Unternehmensbesteuerung, 2002, S. 822 f.

Eine weitere Möglichkeit ist, durch die Einschaltung von Zwischenholdings die Mindestbeteiligungsquoten, die an die abkommens- bzw. EU-rechtlichen Reduzierungen von Quellensteuern geknüpft sind, zu erreichen.[250]

Zu beachten ist allerdings, dass sich die dargestellten Vorteile nur erreichen lassen, wenn die Erlangung des Abkommensschutzes oder der europarechtlichen Vergünstigungen nicht als Missbrauch rechtlicher Gestaltungen qualifiziert werden.[251] Auch müssen die Besteuerungskonsequenzen des Ein- und Ausstiegs beachtet werden, da eine Umstrukturierung nicht immer steuerneutral möglich ist.[252]

b) Rule shopping

Die Vorteile durch Nutzung des internationalen Steuergefälles oder günstiger Reglungen im nationalen Recht oder in Doppelbesteuerungsabkommen lassen sich häufig dadurch erreichen, dass „steuerschädliche" Einkünfte durch die Zwischenschaltung einer Holdinggesellschaft in „steuerbegünstigte" Erträge umgeformt werden können.[253] Anderst als bei der bloßen Umleitung von Einkünften verändert sich dabei auch die steuerliche Qualifikation der Einkünfte, da die Holdinggesellschaft die von ihr vereinnahmten Einkünfte nicht einfach weiterleitet, sondern Einkünfte in eine andere Einkunftsart transformiert.[254]

Einkünfte unterliegen in den einzelnen Steuerrechtsordnungen der Länder keiner einheitlichen Besteuerung. So erheben die meisten Länder beispielsweise auf Dividendenzahlungen eine Quellensteuer, wohingegen Zinszahlungen an beschränkt Steuerpflichtige in vielen Staaten ohne Quellensteuerbelastung bleiben. Als konkretes Gestaltungsziel kommt daher die Umformung von Gewinnausschüttungen in Zinsen in Betracht, das zur Vermeidung bzw. Minderung von Quellensteuern führen kann, wenn die Holding in ei-

---

250 Vgl. *Jacobs*, Unternehmensbesteuerung, 2002, S. 823.

251 Zu den Grenzen der Gestaltungsmöglichkeiten siehe unten Kap. C.II., S. 118.

252 Vgl. *Jacobs*, Unternehmensbesteuerung, 2002, S. 824 f.

253 Vgl. *Kessler*, Euro-Holding, 1996, S. 86 ff.; *Jacobs*, Unternehmensbesteuerung, 2002, S. 838.

254 Vgl. *Schänzle*, Konzernstrukturen, 2000, S. 55; *Kessler*, Holdinggesellschaften, 2002, S. 94.

nem Land zwischengeschaltet wird, das keine oder nur eine sehr geringe Quellensteuer auf Zinsen erhebt.[255]

Beim sog. *rule shopping* wird versucht, durch das Ausnutzen von Gestaltungsspielräumen die Anwendung bestimmter Vorschriften herbeizuführen.

Typischer Anwendungsfall ist die Vergabe von verzinslichen Gesellschafterdarlehen an Stelle der Ausstattung mit Eigenkapital, wodurch Gewinnausschüttungen schon auf der Ebene der operativen Einheit in Zinsaufwand umgeformt werden und damit entsprechend Zinserträge bei der Holding anfallen, die meist von der Quellensteuer befreit sind. Alternativ ist die Vergabe von Darlehen durch die Spitzeneinheit an die Holding möglich, wobei die Umqualifizierung dann auf der Ebene der Holding stattfindet.[256]

Solche Gestaltungen sind jedoch nur sinnvoll, wenn der Ansässigkeitsstaat der Holding keine oder nur eine geringe Körperschafts- bzw. Quellensteuer auf Zinsen und Dividenden erhebt und die Dividendenausschüttungen auf Ebene der Spitzeneinheit weitgehend von der Besteuerung freigestellt sind bzw. dort keiner höheren Körperschaftsteuer unterliegen als im Quellenstaat.[257]

---

[255] Vgl. *Kessler*, Holdinggesellschaften, 2002, S. 94.

[256] Vgl. *Kessler*, Holdinggesellschaften, 2002, S. 94.

[257] Vgl. *Schänzle*, Konzernstrukturen, 2000, S. 55; sowie *Kessler*, Holdinggesellschaften, 2002, S. 95.

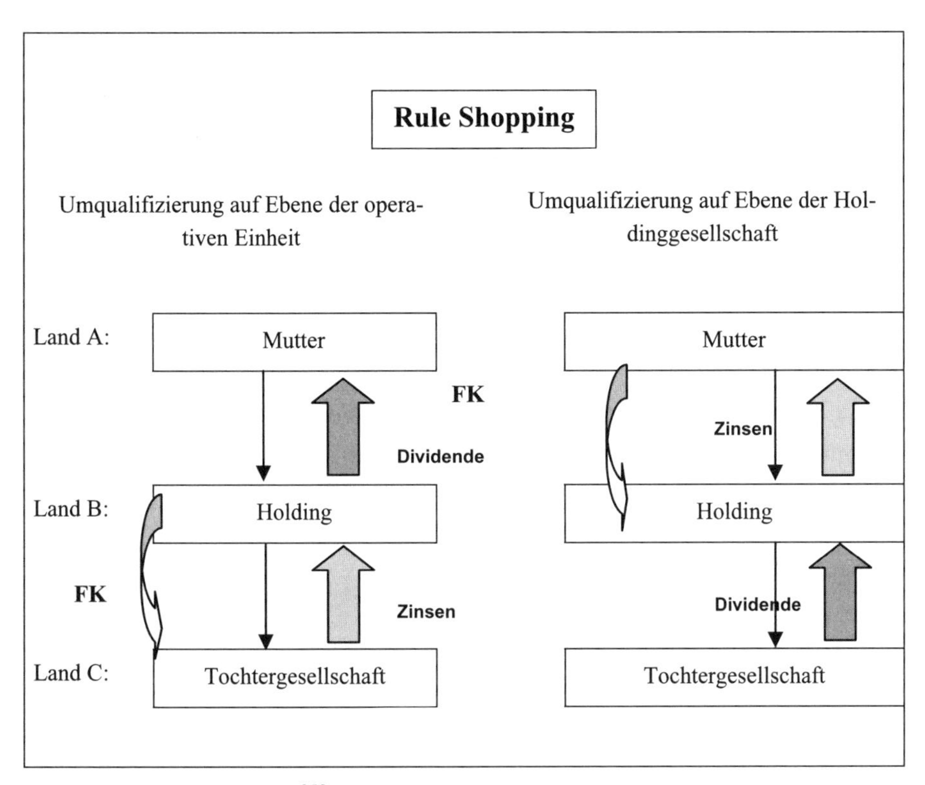

Abb. 27: Rule Shopping[258]

4. Konsolidierung von positiven und negativen Ergebnissen durch group relief shopping bzw. cross-border group relief shopping

Unter Steuerkonsolidierung wird die Möglichkeit verstanden, die Ergebnisse verschiedener, rechtlich voneinander unabhängiger Unternehmenseinheiten in einem oder mehreren ausländischen Staaten für Steuerzwecke zu saldieren, d. h. die Gewinne eines Konzernunternehmens mit Verlusten anderer Konzerneinheiten zu poolen.[259]

---

[258] Abbildung in Anlehnung an *Kessler*, Holdinggesellschaften, 2002, S. 96.

[259] Vgl. *Jacobs*, Unternehmensbesteuerung, 2002, S. 825 sowie *Jonas*, Handbuch-Steuerplanung, 2003, S. 187

Spitzeneinheiten sind an einer möglichst zeitnahen Verrechnung von Gewinnen und Verlusten ausländischer Grundeinheiten interessiert, da sich hierdurch die Gesamtsteuerbelastung des Konzerns mindert.[260]

Fehlt diese Möglichkeit, so ist jede einzelne Einheit im Falle eines Verlustes darauf angewiesen, diesen mit künftigen eigenen Gewinnen zu verrechnen, wobei es fraglich sein kann, ob dies innerhalb der gesetzlichen Verlustvortragsfristen des jeweiligen Staates möglich ist. Die fehlende Konsolidierungsmöglichkeit führt auch dazu, dass u.U. ein anderes Konzernunternehmen auf seine Gewinne Steuern zahlen muss, die (noch) nicht angefallen wären, wenn der Verlust eines Schwesterunternehmens zum Ausgleich hätte herangezogen werden können. Aus Sicht der Konzernunternehmung kommt es somit zu einer Besteuerung von Ergebnissen, die im Rahmen der wirtschaftlichen Einheit per saldo gar nicht entstanden ist. Damit kommt es automatisch zu Zins- und Liquiditätsnachteilen.[261]

Ein weiterer Vorteil der Konsolidierung ist, dass damit Kosten der Akquisitionsfinanzierung auf Ebene der Holding uneingeschränkt steuerlich berücksichtigt werden können.[262]

Die Steuerpolitik der Unternehmung wird daher darauf ausgerichtet sein, nationale Bestimmungen, die eine solche Saldierung unterschiedlicher Ergebnisse verschiedener Grundeinheiten im innerstaatlichen Verhältnis ermöglichen, durch die Errichtung einer Landesholding zu nutzen, sog. *group relief shopping*.[263] Als Standorte für eine solche Zwischenholding kommen in Europa beispielsweise Dänemark, Deutschland, Frankreich, Großbritannien, Luxemburg, die Niederlande, Österreich und Spanien in Betracht. Im Hinblick auf eine grenzüberschreitende Organschaft – *cross-border group relief shopping* – kommen lediglich Dänemark, Frankreich, Italien und Österreich in Frage.[264] Die Vorteile einer grenzüberschreitenden Verlustrech-

---

[260] Vgl. *Jacobs*, Unternehmensbesteuerung, 2002, S. 825; *Kessler*, Handbuch-Steuerplanung, 2003, S. 178.

[261] Vgl. *Jonas*, Handbuch-Steuerplanung, 2003, S. 187.

[262] Vgl. *Schaumburg*, Holdinggesellschaften, 2002, S. 52 ff. (54).

[263] Vgl. *Kessler*, Handbuch-Steuerplanung, 2003, S. 178.

[264] Zu weiteren Einzelheiten der Konsolidierung und den geforderten Voraussetzungen vgl. unten Kap. D.I. (Länderprofile), S. 219.

nung sind jedoch auf den Domizilstaat der Zwischenholding beschränkt, da die Besteuerung im Ansässigkeitsstaat der betreffenden Grundeinheiten hiervon nicht tangiert wird. Aus einer derartigen Gestaltung können sich daher nur positive Steuerwirkungen ergeben, wenn die Zwischenholding ausreichend hohe steuerpflichtige Erträge erzielt, die durch die Verrechnung von Verlusten entlastet werden können.[265]

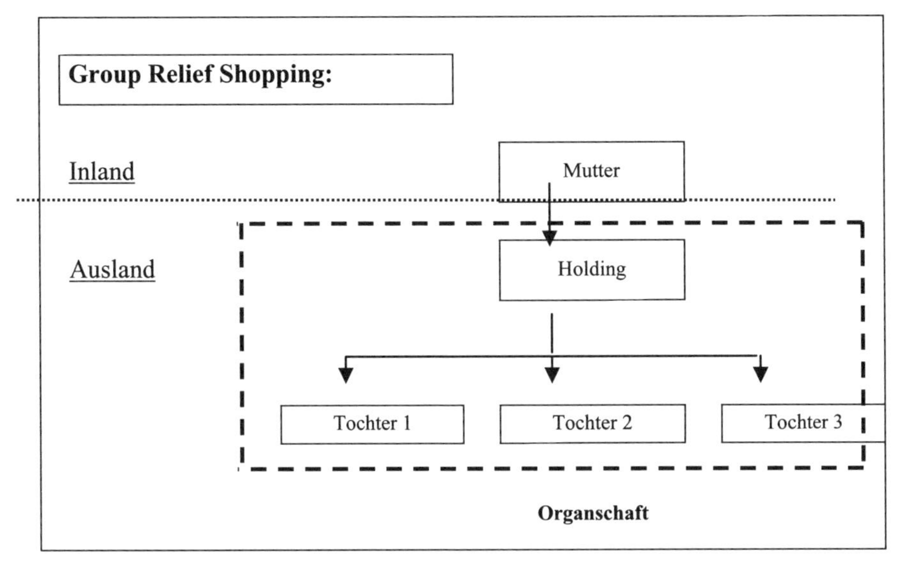

Abb. 28: Group Relief Shopping[266]

[265] Vgl. *Kessler*, Handbuch-Steuerplanung, 2003, S. 179.

[266] Abbildung in Anlehnung an *Schaumburg*, Holdinggesellschaften, 2002, S. 52.

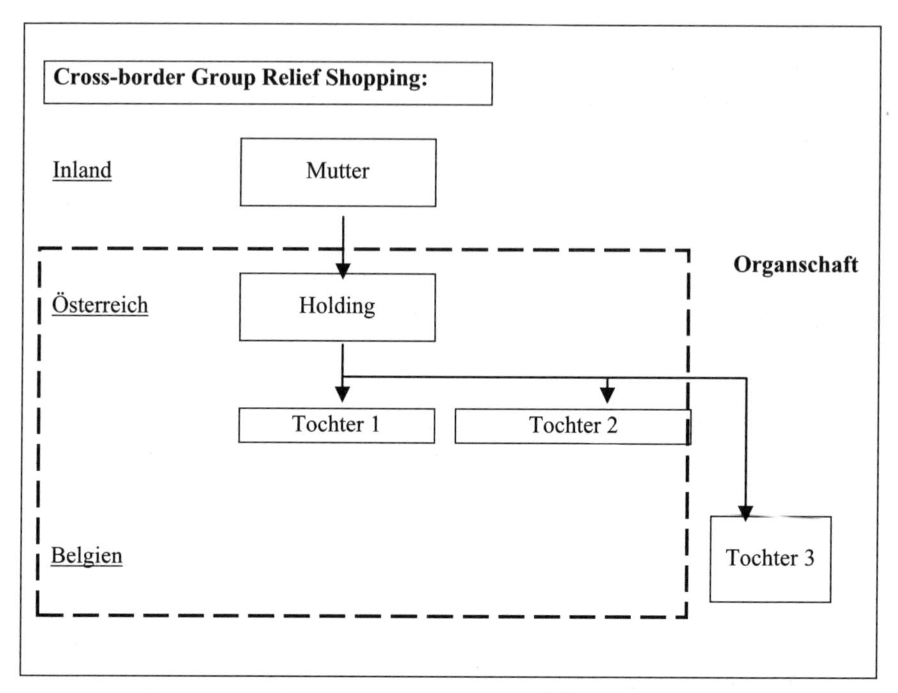

Abb. 29: Cross-Border Group Relief Shopping[267]

5. Sicherstellung der Abzugsfähigkeit von Aufwendungen

a) Deduction Shopping

Die Möglichkeiten der steuerwirksamen Berücksichtigung von verlustbringenden Tochtergesellschaften sind für grenzüberschreitende Konzerne stark eingeschränkt. In vielen Ländern werden Teilwertabschreibungen auf Tochtergesellschaften und Verluste aus der Veräußerung einer Tochtergesellschaft steuerlich nicht anerkannt. Lediglich ein Verlustvortrag bzw. -rücktrag ist in den meisten Staaten zum Ausgleich mit positiven Einkünften der Tochtergesellschaften in anderen Perioden vorgesehen. Deshalb kann es sinnvoll sein, Beteiligungen an Tochtergesellschaften mit hohen Verlustrisiken unter einer Holding zusammenzufassen, die in einem Staat ansässig ist,

[267] Abbildung in Anlehnung an *Schaumburg*, Holdinggesellschaften, 2002, S. 53.

der entsprechende Teilwertabschreibungen bzw. Veräußerungsverluste steuerlich anerkennt und deren Verrechnung mit anderen steuerpflichtigen Einkünften zulässt. Dieses sog. *deduction shopping* ist jedoch nur dann sinnvoll, wenn im Sitzstaat der Holding anderweitig steuerpflichtiges Einkommen generiert wird und eine Verlustverrechnung mit diesem zulässig ist.[268]

Durch die Verlagerung des Verlustes auf eine Holding in einem Land, das eine Berücksichtigung erlaubt, bleibt der Verlust für den Unternehmensverbund erhalten und kann mit anderen positiven Einkünften der Zwischenholding verrechnet werden.

Beispiel:

Eine deutsche Muttergesellschaft verfügt über eine Beteiligung an einer Tochtergesellschaft in Frankreich, der ein Wertverfall droht. Sollte es zu einem Wertverfall der französischen Beteiligung kommen ist nach deutschem Recht weder eine Teilwertabschreibung noch ein möglicher Liquidationsverlust steuerlich abzugsfähig (§ 8b Abs. 3 KStG).

Gestaltungsmöglichkeit:

Durch die Errichtung einer spanischen Zwischenholding in Form einer ETVE kann die Teilwertabschreibung auf die französische Beteiligung zumindest in Spanien geltend gemacht werden und bei Bedarf auch ein Liquidationsverlust steuerwirksam abgezogen werden.

[268] Vgl. *Jacobs*, Unternehmensbesteuerung, 2002, S. 832.

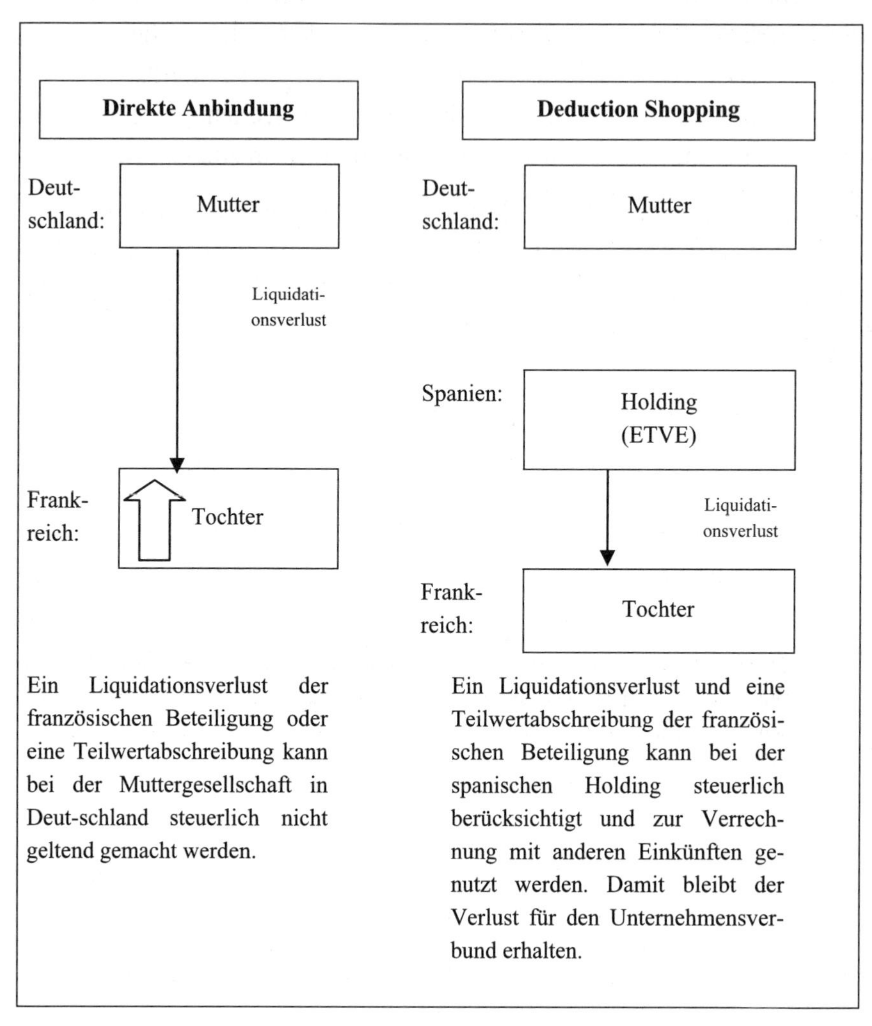

Abb. 30: Deduction Shopping

b) Debt push down

Bei der steueroptimalen Gestaltung der Beteiligungsfinanzierung sind auch die Finanz- und Kapitalausstattungen der einzelnen Konzerngesellschaften festzulegen. Es geht folglich darum, in welcher Form und über welche Konzerneinheiten die benötigten Finanzmittel an die Grundeinheiten weitergeleitet werden sollen um die Kapitalkosten des Gesamtkonzerns unter Berücksichtigung der mit der jeweiligen Finanzierungsform einhergehenden Steuerbelastung zu optimieren. Die Finanzierung kann dabei unmittelbar oder mittelbar über eine Zwischenholding mit Eigen- oder Fremdkapital erfolgen. Durch die Einschaltung von Holdinggesellschaften können Finanzierungen von Akquisitionen optimiert und insbesondere erweiterte Fremdfinanzierungsmöglichkeiten auf Landesebene geschaffen werden (sog. *debt push down*). Die Vorschaltung einer Erwerbs- bzw. Landesholding ermöglicht damit sowohl die Verlagerung von Finanzierungskosten in das Akquisitionsland als auch eine Erhöhung des steuerlich abzugsfähigen Finanzierungsvolumens.[269]

Bei debt-push-down-Gestaltungen ist das Zusammenspiel zwischen gewinnmindernden Zinsaufwendungen, Gruppenbesteuerungsregelungen und den Regelungen des Ansässigkeitsstaates zu beachten, die die steuerliche Behandlung von Gesellschafterdarlehen betreffen. Ziel dabei ist es, Zinsen auf den für den für den Erwerb einer Zielgesellschaft vereinbarten Kaufpreis im Ansässigkeitsstaat zum Abzug zuzulassen. Erforderlich ist damit, dass zwischen der Zielgesellschaft und der erwerbenden Holdinggesellschaft eine Gruppenbesteuerung möglich ist, Zinsen in diesem Zusammenhang sowohl generell abzugsfähig sind als auch noch im Rahmen der Beschränkungen zur Gesellschafterfremdfinanzierung liegen.[270]

Beispiel:[271]

Eine deutsche Muttergesellschaft plant den Erwerb einer spanischen Tochtergesellschaft mit Finanzierung über Fremdkapital. Bei Erwerb und Finanzierung über eine spanische Holding (ETVE) kann die Steuerbelastung erheblich gesenkt werden. Zum einen wird die Abzugsfähigkeit der Finanzierungskosten nach Spanien transferiert, womit der Zinsaufwand im höher besteuerten Land abgezogen werden kann und außerdem wird der Fremdfinanzierungsrahmen auf die in Spanien geltende debt/equity ratio von 3:1 erweitert.

---

[269] Vgl. *Schänzle*, Konzernstrukturen, 2000, S. 58; *Jacobs*, Unternehmensbesteuerung, 2002, S. 829.

[270] Vgl. *Jonas*, Holdinggesellschaften, 2002, S. 190.

[271] Beispiel in Anlehnung an *Endres*, WPg-Sonderheft 2003, S 61 ff.

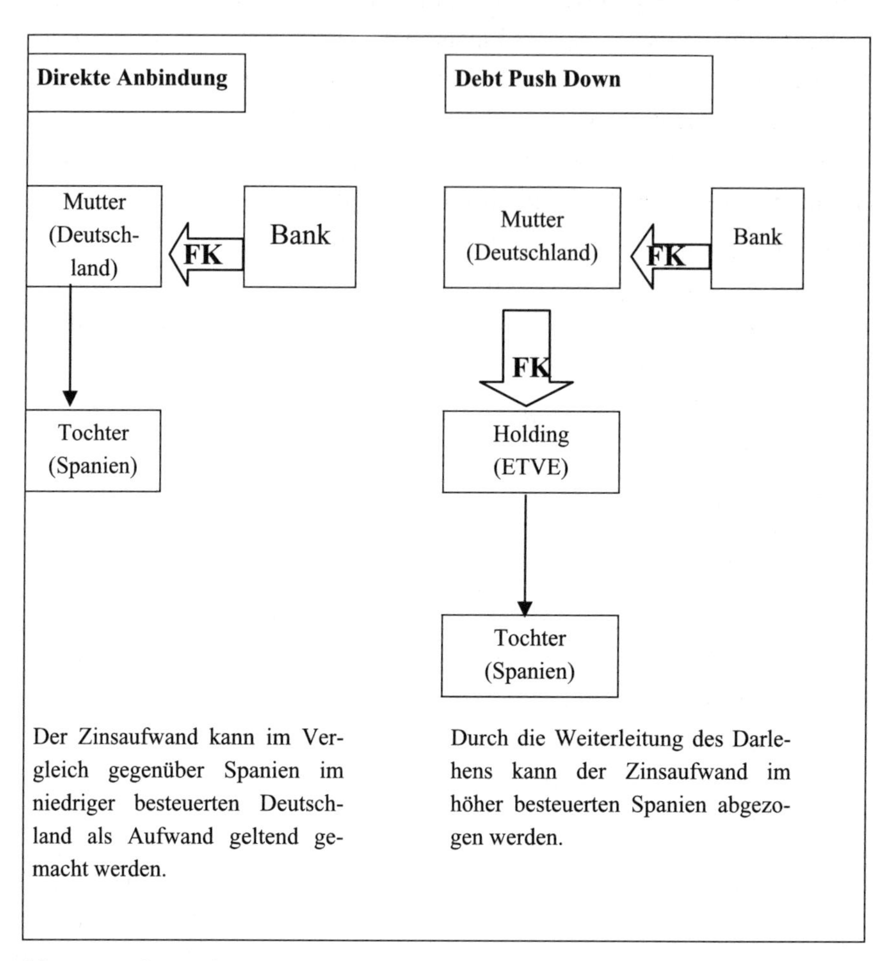

Abb. 31: Debt Push Down

6. Minimierung der Veräußerungsgewinnbesteuerung durch capital gains exemption shopping

Die Besteuerung von Gewinnen aus der Veräußerung von Anteilen an einer Kapitalgesellschaft unterliegt grundsätzlich im Sitzstaat der Spitzeneinheit der unbeschränkten bzw. im Domizilstaat der Tochtergesellschaft der beschränkten Besteuerung. Durch die Doppelbesteuerungsabkommen wird das Besteuerungsrecht bezüglich der Gewinne aus der Veräußerung von Anteilen an Kapitalgesellschaften regelmäßig dem Ansässigkeitsstaat des Veräußerers zugesprochen (Art. 13 Abs. 4 OECD-MA). Eine Verlagerung von Veräußerungsgewinnen über eine Zwischenholding ist somit sinnvoll, wenn der Holdingstandort ein günstigeres Schachtelprivileg für Veräußerungsgewinne bietet als der Sitzstaat der Muttergesellschaft. Durch dieses sog. *capital gains exemption shopping* können die Steuerbelastungen für Veräußerungsgewinne reduziert oder sogar vollständig vermieden werden.[272]

Beispiel:

Eine in Frankreich ansässige Muttergesellschaft hält eine Beteiligung an einer italienischen Tochtergesellschaft, die sie verkaufen möchte. Die Veräußerung wäre mit der Realisation eines Veräußerungsgewinns verbunden, der in Frankreich der Besteuerung unterliegt.

Gestaltungsmöglichkeit:

Durch die Einschaltung einer Zwischenholding in Belgien, kann der Veräußerungsgewinn steuerfrei vereinnahmt werden und als Dividende an die französische Muttergesellschaft weitergeleitet werden.

[272] Vgl. *Jacobs*, Unternehmensbesteuerung, 2002, S. 832.

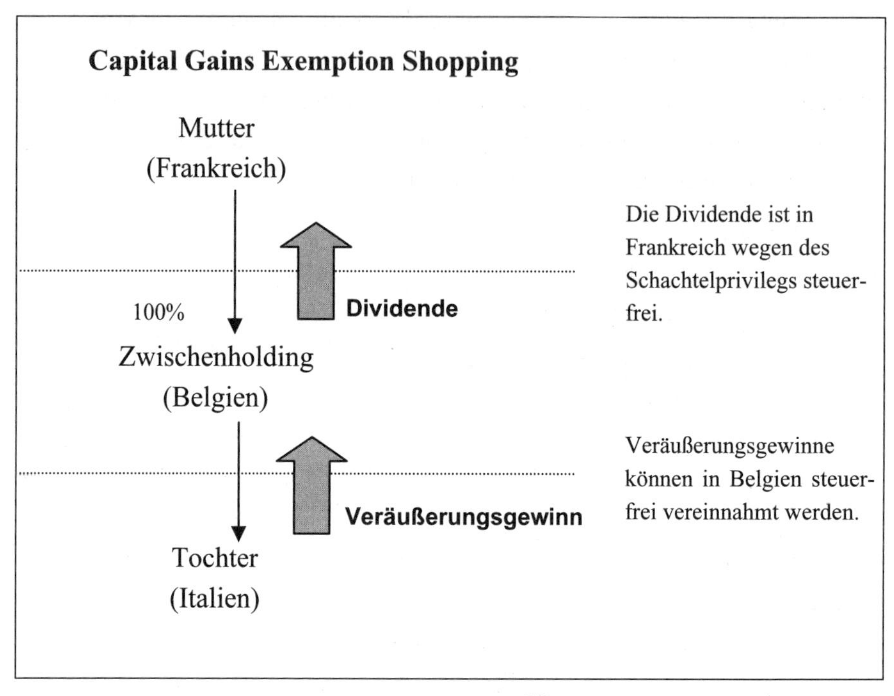

Abb. 32: Capital Gains Exemption Shopping[273]

Zu berücksichtigen ist jedoch, dass eine solche Gestaltung nur dann erfolgreich ist, wenn eine steuerneutrale Übertragung der (hier: italienischen) Beteiligung auf die Holding möglich ist und es nicht zur Aufdeckung von stillen Reserven auf Ebene der Spitzeneinheit kommt.[274]

7. Vermeidung von Anrechnungsüberhängen durch credit mix shopping

Soweit nach der maßgeblichen Steuerrechtsordnung die internationale Doppelbesteuerung bei Dividenden zwischen Kapitalgesellschaften nicht durch Steuerfreistellung sondern durch Steueranrechnung vermieden wird (z. B. in Großbritannien), kann es im Fall einer Begrenzung der **Anrechnungsmöglichkeit** aufgrund der international üblichen **„per country limitation"** zu Anrechnungsüberhängen kommen. Durch die per country limitation ist le-

[273] Abbildung in Anlehnung an *Kessler*, Holdinggesellschaften, 2002, S. 102.

[274] Vgl. *Kessler*, Holdinggesellschaften, 2002, S. 101.

diglich die Anrechnung ausländischer Steuern auf die betreffende Landessteuer, die auf Einkünfte aus dem jeweiligen ausländischen Staat entfällt, möglich. Bei einem im Gegensatz zum inländischen Steuerniveau höheren ausländischen Steuersätzen verbleibt ein Anrechnungsüberhang, der nicht mit ungenutzten Anrechnungsbeträgen anderer Länder aufgefangen werden kann. Damit werden ausländische Steuern bei Anrechnungsüberhängen zu einer Definitivbelastung.[275]

Zielsetzung der internationalen Gestaltungen ist daher, die Restriktionen der **„per country limitation"** auf Ebene der Muttergesellschaft durch die Zusammenfassung der Einkünfte aus mehreren Staaten in einer Zwischenholding zu vermeiden. Mit diesem sog. *credit mix shopping* können Anrechnungsüberhänge aus Einkünften aus einem Hochsteuerland mit nicht ausgenutzten Anrechnungshöchstbeträgen auf Einkünfte aus einem Niedrigsteuerland verrechnet werden. Die zwischengeschaltete „mixer company" vereinnahmt die Beteiligungserträge aus den verschiedenen Ländern und leitet die Erträge an die Spitzeneinheit weiter. Als Standorte für eine solche Zwischenholding kommen prinzipiell alle Länder in Frage, die eine vollständige Freistellung der entsprechenden Beteiligungserträge gewähren oder den Anrechnungshöchstbetrag mittels einer **„over all limitation"** festlegen. Bei der Freistellung der Dividenden im Holdingstaat muss der Ansässigkeitsstaat der Spitzeneinheit die Anrechnung der von den Enkelgesellschaften gezahlten Steuern erlauben.[276]

Nachteilige Effekte können sich jedoch in Verlustsituationen ergeben, da negative Einkünfte aus einem Staat den Umfang der insgesamt anrechenbaren Steuern mindern, während bei einer „per country limitation" Verluste aus einem Staat den Anrechnungshöchstbetrag für Einkünfte aus anderen Staaten nicht beeinflussen.[277]

---

275 Vgl. *Schaumburg*, Holdinggesellschaften, 2002, S. 55.

276 Vgl. *Jacobs*, Unternehmensbesteuerung, 2002, S. 834 f. sowie *Schaumburg*, Holdinggesellschaften, 2002, S. 56.

277 Vgl. *Jacobs*, Unternehmensbesteuerung, 2002, S. 836 f.

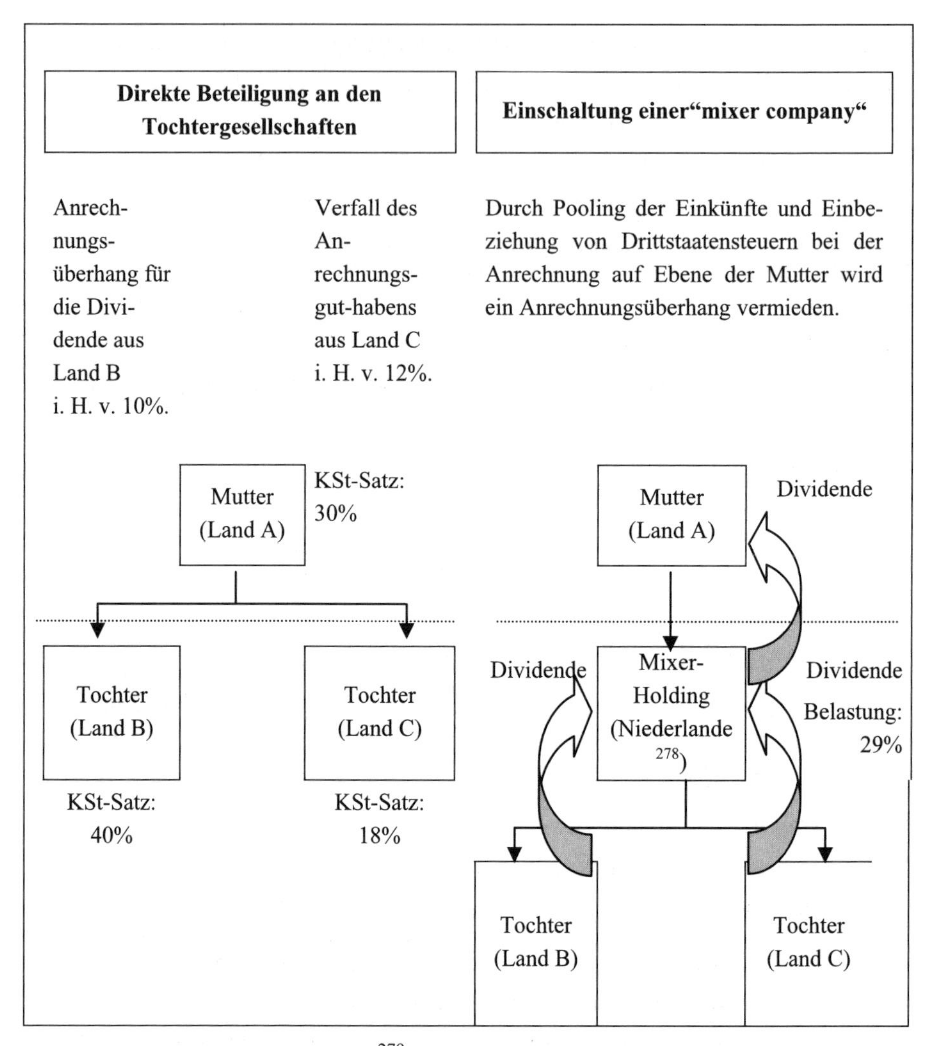

Abb. 33: Credit Mix Shopping[279]

8. Einkunftserzielung in Niedrigsteuerländern durch tax rate shopping

Tochtergesellschaften von international tätigen Konzernen sind in Staaten mit zum Teil sehr unterschiedlichen Steuersystemen und Ertragsteuersätzen

[278] Die Niederlande eignen sich besonders als Standort für eine „Mixer-Holding“, da nur eine Beteiligungsquote von 5% und keine Mindesthaltedauer für das Schachtelprivileg gefordert wird; vgl. Kap. D.I.7.b), S. 282.

[279] Abbildung in Anlehnung an *Schaumburg*, Holdinggesellschaften, 2002, S. 56;

ansässig. Durch die geschickte Planung der Gewinnentstehung in den einzelnen Tochtergesellschaften lässt sich eine Reduzierung der Konzernsteuerquote erreichen, wenn versucht wird, Aufwand in hoch besteuerten Ländern entstehen zu lassen und die korrespondierenden Erträge in niedrig besteuerten Ländern zu realisieren.

Die Nutzung des internationalen Steuergefälles durch Generierung von Erträgen in Niedrigsteuerländern, denen auf der Ebene einer anderen Konzereinheit ein entsprechender Aufwand gegenübersteht, ist für Spitzeneinheiten ein attraktives Gestaltungsziel, da sich durch eine solche Gestaltung die Konzernsteuerquote regelmäßig mindert. Das gilt allerdings nur, wenn die Gestaltung keine (hohe) Steuerbelastung auf Ebene der Spitzeneinheit auslöst, wie es in Ländern mit einer Zurechnungsbesteuerung passieren kann.[280]

Die Verlagerung von Einkünften aus Hochsteuerländern in Niedrigsteuerländer, sog. *tax rate shopping,* erfolgt zumeist durch die konzerninterne Aufnahme von Fremdkapital in einem Staat mit höheren Steuersätzen. Zinsaufwendungen können steuerwirksam im Hochsteuerland abgezogen werden und unterliegen im Staat der Finanzierungsgesellschaft einer niedrigeren bzw. keiner Besteuerung.[281]

Beispiel:

Eine französische Muttergesellschaft führt ihr Europageschäft über eine in den Niederlanden ansässige Holdinggesellschaft, die Beteiligungen an einer österreichischen und einer schweizerischen Tochtergesellschaft hält. Wird der österreichischen Gesellschaft über die schweizerische Tochtergesellschaft ein Darlehen gewährt, kann ein Teil der Gewinne in Zinsaufwendungen transferiert werden. Die korrespondierenden Zinserträge unterliegen dann in der Schweiz lediglich einer Ertragsbesteuerung von 14%. Ohne die Umformung wären die Gewinne in Österreich mit 25% besteuert worden.

---

[280] Wie in Deutschland die Hinzurechnungsbesteuerung gem. §§ 7 ff. AstG.

[281] Vgl. *Spengel*, Konzernsteuerquoten, 2005, S. 110 f.

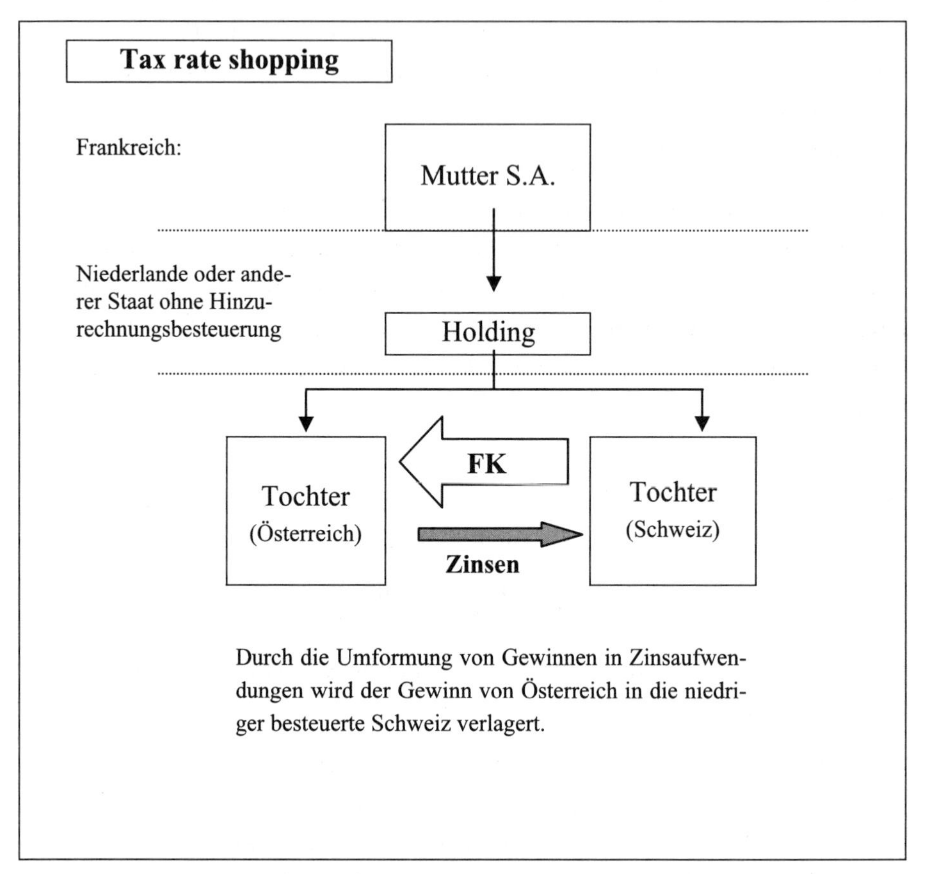

Abb. 34: Tax Rate Shopping

II. Grenzen der Gestaltungsmöglichkeiten

Eine Analyse der steuerlichen Gestaltungsmöglichkeiten mit Holdinggesellschaften erfordert immer auch eine Prüfung, ob die geplanten Ziele auch den betriebswirtschaftlichen Anforderungen genügen und nicht durch negative Wirkungen in anderen Bereichen (Zusatzkosten, komplizierte Gruppenstruktur) überlagert werden. Vor allem müssen aber auch die im Steuerrecht begründeten Grenzen sehr genau beachtet werden, da eine misslungene Holdingstruktur zu erheblichen Doppelbesteuerungen führen kann. Im Rahmen einer derartigen Steuerplanung müssen neben dem nationalen Recht des In-

und Auslands auch die geltenden zwischenstaatlichen Vereinbarungen, insbesondere die Doppelbesteuerungsabkommen, sowie das Recht der Europäischen Union und deren Entwicklungen und geplanten Änderungen beobachtet werden.[282]

Es steht jedem Steuerpflichtigen frei, die von ihm gewollte, rechtliche und organisatorische Unternehmensgestaltung selbst zu bestimmen und von den Möglichkeiten Steuern zu sparen Gebrauch zu machen, solange sich die Gestaltungen im Rahmen der gesetzlichen Normen befinden. Die Gestaltungsmöglichkeiten für Holdinggesellschaften werden jedoch durch rechtliche Vorschriften eingeschränkt, die den Missbrauch von Zwischenholdings zur reinen Steuerersparnis verhindern und den Abfluss von Steuereinnahmen einschränken wollen.[283]

Dabei sind vor allem Missbrauchsbestimmungen nach EU-Recht, Missbrauchsklauseln im DBA und nationale Missbrauchsnormen zu prüfen.

1. Gestaltungsrisiken im Rahmen der Steuerplanung

Die im Rahmen der Steuerplanung ergriffenen Handlungsalternativen können zu einer Steuerstundung oder einer Steuerminderung führen.

Von **Steuerstundung** bzw. Steueraufschub wird gesprochen, wenn die Handlungsalternative gewählt wird, die nicht die absolute Höhe der Steuerzahlung, sondern den zeitlichen Anfall der Steuerzahlung zu beeinflussen versucht.

Steuermindernde Gestaltungen versuchen, die geltenden nationalen und internationalen Normen derart zur Anwendung kommen zu lassen, dass auf einen steuerbaren Sachverhalt nicht die idealtypisch vom Gesetzgeber dafür vorgesehene Rechtsfolge, sondern eine vorteilhaftere zulässige Alternative eintritt. Die dabei angestrebte Minderbesteuerung bedient sich zu diesem Zweck beabsichtigten und unbeabsichtigten Regelungslücken oder bestehender Regelungsdefizite. Das Spannungsfeld, in dem sich die Gestaltungen

---

[282] Vgl. *Jacobs,* Unternehmensbesteuerung, 2002, S. 868.

[283] Vgl. *Dreßler*, Gewinnverlagerungen, 2000, S. 314 f.

zur Steuerminimierung bewegen, wird durch das Begriffstrio der Steuervermeidung, Steuerumgehung und Steuerhinterziehung beschrieben.[284]

Steuersenkende Gestaltungen zielen regelmäßig auf die Vermeidung eines nachteiligen Tatbestandes zugunsten eines vorteilhafteren oder der Erlangung eines vorteilhaften anstelle eines nachteiligeren. Es ist unstreitig, dass ein Steuerpflichtiger seine Verhältnisse derart einrichten darf, dass seine Steuerbelastung minimiert wird. Grundsätzlich ist eine auf den Steuertatbestand hin geplante Sachverhaltsgestaltung anzuerkennen.[285] Die Bemühung, Tatbestände in Richtung einer minimalen Steuerbelastung zu gestalten, wird als Steuervermeidung bezeichnet. Sie ist die zulässige Form der Steuereinsparung.[286]

Unter **Steuervermeidung** wird das Bestreben verstanden, auf der Ebene der Sachverhaltsgestaltung zur Erreichung eines wirtschaftlichen Ziels diejenige Alternative zu finden, welche die Verwirklichung eines belastenden Steuertatbestandes gänzlich vermeidet oder unter den erreichbaren Tatbeständen die minimalste Steuerbelastung bedeutet. Insbesondere „darf der Steuerbürger seinem ökonomischen Instinkt folgen und bewusst die Steuer vermeiden“ [287], wenn ihm der Gesetzgeber diese Möglichkeiten bewusst oder unbewusst durch gesetzliche Wertungswidersprüche, Besteuerungslücken, Änderungen und nicht durchdachte Steuergesetze eröffnet. Diese bewusste Gestaltung[288] wird durch Steuerplanung erreicht.[289]

Am entgegengesetzten Spektrum der "Steuerminderungsstrategien" steht die **Steuerhinterziehung**. Die Steuerhinterziehung strebt eine Steuerminderung nicht durch die Nutzung steuergesetzlicher Gestaltungsspielräume an, sondern auf der Grundlage einer mit Täuschungsabsicht unternommenen Verschleierung eines Sachverhalts. Dieser Weg der Steuerminderung stellt eine

---

284 Vgl. *Zettler,* Treaty-shopping, 1999, S. 55 f.

285 Vgl. *Kirchhof,* StuW 1983, S. 174.

286 Das Streben nach Steuervermeidung wird von der ständigen Rechtsprechung anerkannt. Siehe BFH v. 16.03.1988, BStBl. II 1988, S. 631; BFH v. 16.01.1992, BStBl. II 1992, S. 542.

287 *Flick,* FS F. Klein, 1994, S. 335 f.

288 Ein Übermaß an Steuergestaltung ist lediglich ein Indiz dafür, dass die betreffende Steuergesetzgebung mangelhaft ist. Vgl. *Vogel*, DBA-Kommentar, 2003, Art. 1 Rz. 89, m.w.N.

289 Vgl. *Zettler,* Treaty-shopping, 1999, S. 56.

Steuerstraftat dar (§§ 369 ff. AO). Eine u.U. bestehende Neigung, eine Steuerminderung durch die Verschleierung oder Unvollständigkeit der Darstellung des steuerpflichtigen Sachverhalts zu fördern, hat mit der hier behandelten Steuerplanung mit Holdinggesellschaften nichts zu tun.

Vielmehr ist die Abgrenzung zwischen Steuervermeidung und Steuerumgehung von Interesse. Die **Steuerumgehung** setzt im deutschen Recht einen Missbrauch von Gestaltungsmöglichkeiten des Rechts voraus. Der Missbrauch nutzt das Spannungsverhältnis zwischen dem Wortlaut eines Gesetzes und dessen Zweck. Obwohl der dem Zweck des Gesetzes entsprechende Tatbestand erfüllt ist, wird dessen Wortlaut umgangen. Die Umgehung des Gesetzeswortlautes ist ein allgemeines Problem der Rechtsanwendung, weshalb die Steuerumgehung ein Unterfall der Gesetzesumgehung ist.[290]

Der Begriff der **Steuerumgehung** ist wertneutral zu verstehen. Er beschreibt lediglich den Umgang mit einem Sachverhalt, für den ein Steueranspruch auch dann entsteht, wenn zwar nicht der Wortlaut des Gesetzes, aber sein Sinn und Zweck erfüllt sind[291]. In deutlicher Abgrenzung zur Steuerhinterziehung ist Steuerumgehung weder verboten noch strafbar. Steuerumgehung beschreibt eine missbräuchliche Gestaltung, aber keinen Rechtsmissbrauch. Die Verwerfung einer Rechtskonstruktion ergibt sich lediglich aus der Wertungsperspektive des Steuerrechts und bringt zum Ausdruck, dass das Steuergesetz nicht umgangen werden kann.[292]

So hat beispielsweise die **Zu- bzw. Durchgriffsbesteuerung** des deutschen Steuerrechts gem. § 42 AO das Ziel, den „Missbrauch von Gestaltungsmöglichkeiten des Rechts" zu verhindern. Dabei bleibt im Gesetz unbestimmt,

---

[290] Vgl. *Zettler,* Treaty-shopping, 1999, S. 57.

[291] § 42 AO ist Grundlage der Umwertung. Der Gesetzgeber hat mit dem StÄndG 2001 einen neuen Abs. 2 in § 42 AO eingefügt („Absatz 1 ist anwendbar, wenn seine Anwendbarkeit gesetzlich nicht ausdrücklich ausgeschlossen ist."). Damit soll sichergestellt werden, dass die Annahme eines Missbrauchs von rechtlichen Gestaltungsmöglichkeiten (§ 42 Abs. 1 AO) nicht schon deshalb ausgeschlossen ist, weil für den Sachverhalt auch eine spezialgesetzliche Regelung existiert. Ansonsten könnten „Rechtsfolgelücken" entstehen, wenn in Einzelfällen weder § 42 AO noch die spezialgesetzliche Regelung zur Anwendung gelangt. So Gesetzesbegründung zu § 42 Abs. 2 AO, BT-Drucks. 14/6877 v. 07.09.2001, S. 52.

[292] Vgl. *Zettler,* Treaty-shopping, 1999, S. 58. Neben der Generalnorm des § 42 AO kennt das dt. Steuerrecht weitere Spezialregelungen insbesondere die §§ 7-14 des AStG, die eine Steuerumgehung verhindern sollen.

wann eine Gestaltung als rechtsmissbräuchlich anzusehen ist. Im vorliegenden Zusammenhang sind darunter einerseits Versuche von Inländern zu subsumieren, ihre der unbeschränkten Steuerpflicht unterliegenden Einkünfte durch die Verlagerung von Erträgen auf Gesellschaften in Niedrigsteuerländer so weit wie möglich zu reduzieren (Basisgesellschaften oder Zwischengesellschaften). Andererseits sind auch Gestaltungen von Ausländern zur Umgehung der beschränkten Steuerpflicht auf Missbräuchlichkeit zu überprüfen.[293]

Grundsätzlich ist eine Gestaltung zum Zwecke, Steuern zu sparen, nicht allein deshalb missbräuchlich.[294] Ein „Missbrauch liegt vor, wenn eine Gestaltung gewählt wird, die, gemessen am erstrebten Ziel, unangemessen ist, und wenn die Rechtsordnung das Ergebnis missbilligt. Im Ausland errichtete Basisgesellschaften erfüllen den Tatbestand des Missbrauch vor allem dann, wenn für ihre Errichtung wirtschaftliche oder sonstige beachtliche Gründe fehlen und wenn sie keine eigene wirtschaftliche Tätigkeit entfalten."[295]

Wirtschaftliche Gründe liegen nicht vor bei (Negativkatalog):

- Errichtung einer Gesellschaft mit dem alleinigen Ziel, Steuern zu sparen.[296]
- Errichtung einer Gesellschaft zum Halten der Beteiligung an einer inländischen Kapitalgesellschaft und zur Finanzierung dieser mit Fremdkapital.[297]
- Halten von Gesellschaftskapital ohne weitere Tätigkeiten.[298]

---

293 § 42 AO erfasst dem Grunde nach auch beschränkt Steuerpflichtige. Vgl. BFH v. 29.10.1997, BStBl. 1998, S. 235.

294 Vgl. BFH v. 22.08.1951, BStBl. III 1951, S. 181; BFH v. 08.01.1958, BStBl. III 1958, S. 97; BFH v. 14.10.1964, BStBl. III 1964, S. 667; BFH v. 02.03.1966, BStBl. III 1966, S. 509; BFH v. 29.11.1966, BStBl. III 1967, S. 392; BFH v. 13.09.1972, BStBl. II 1973, S. 57.

295 BFH v. 16.01.1976, BStBl. II 1976, S. 401; BFH v. 29.01.1975, BStBl. II 1975, S. 553.

296 Vgl. BFH v. 29.07.1976, BStBl. II 1977, S. 264.

297 Vgl. BFH v. 09.12.1980, BStBl. II 1981, S. 339.

298 Vgl. BFH v. 29.07.1976, BStBl. II 1977, S. 264.

- Ausschließliche Wahrnehmung von Gesellschaftsrechten bei Tochtergesellschaften ohne gleichzeitige Ausübung von geschäftsleitenden Funktionen.[299]

Für die Errichtung einer (Zwischen-)Gesellschaft kommen folgende **wirtschaftliche Gründe** in Betracht (Positivkatalog):

- Die Gesellschaft ist die Spitze eines weltweit aufgebauten Konzerns.[300]
- Die Gesellschaft wird errichtet, um Beteiligungen von einigem Gewicht im Basisland und/oder in Drittländern zu erwerben.[301]
- Es ist nicht erforderlich, dass die Gesellschaft als geschäftsleitende Holding (Konzernleitung) auftritt, sondern es reicht die Wahrnehmung einzelner Funktionen wie die Finanzierung mehrerer Tochtergesellschaften,[302] die Bürgschaftsübernahme[303], das Ausnutzen von günstigen Finanzierungsmöglichkeiten im Ausland[304] oder der finanziellen Ausstattung von Tochtergesellschaften.[305]
- Es ist ausreichend, dass eine (ausländische) Holding – im Sinne einer geschäftsleitenden Holding – mehrere Beteiligungen an Kapitalgesellschaften in verschiedenen ausländischen Staaten hält.[306]

Eine eigene wirtschaftliche Tätigkeit liegt somit bereits bei Übernahme von „geschäftsleitenden Funktionen" vor.[307] In diesem Fall führt die Einschaltung von Zwischengesellschaften im Allgemeinen nicht zu einer missbräuchlichen Gestaltung.

---

299 Vgl. BFH v. 24.02.1976, BStBl. II 1977, S. 265.

300 Vgl. BFH v. 29.07.1976, BStBl. II 1977, S. 261.

301 Vgl. BFH v. 29.07.1976, BStBl. II 1977, S. 261.

302 Vgl. BFH v. 09.12.1980, BStBl. II 1981, S. 339.

303 Vgl. BFH v. 29.07.1976, BStBl. II 1977, S. 268.

304 Vgl. BFH v. 29.07.1976, BStBl. II 1977, S. 268.

305 Vgl. BFH v. 23.10.1991, BStBl. II 1992, S. 1026.

306 Vgl. BFH v. 31.05.2005, IStR 2005, S. 710 zur Anti-treaty-shopping-Klausel des § 50d Abs. 1a EStG 1990.

307 Vgl. BFH v. 09.12.1980, BStBl. II 1981, S. 339 sowie aktuell BFH-Urt. v. 31.5.2005, IStR 2005, S. 710 zum schädlichen „treaty-shopping".

Wird eine Gestaltung als missbräuchlich qualifiziert, so ist die Rechtsfolge des § 42 AO die Annahme eines angemessenen Sachverhalts als Grundlage der Besteuerung. Bei „treaty shopping“ durch Steuerausländer führt dies zur Außerachtlassung der Gesellschaften, die zur Erlangung der Abkommensvorteile gegründet wurden.[308] Bei zwischengeschalteten Basisgesellschaften unbeschränkt Steuerpflichtiger wird das Bestehen der Gesellschaft als solches nicht anerkannt. Der deutsche Gesellschafter wird so behandelt, als würde er die Anteile an der Grundeinheit direkt halten (Zugriffsbesteuerung).

Der Problemkomplex der Steuerumgehung ist wie auch die Gesetzesumgehung nicht nur der deutschen, sondern den meisten Rechtsordnungen eigen. So werden in den nationalen Steuergesetzen Vorkehrungen für unangemessen erscheinende Steuergestaltungen getroffen. Der deutschen Vorschrift des § 42 AO zumindest in Grundzügen vergleichbare Regelungen existieren mittlerweile auch in zahlreichen anderen EU-Staaten.[309] Grundlage ist dabei in Kontinentaleuropa und Lateinamerika ein den Rechtsordnungen innewohnendes Verbot des Rechtsmissbrauchs. In den angelsächsisch geprägten Rechtskreisen wird das Problem missbräuchlicher Steuergestaltungen unter dem Stichwort der "substance versus form" behandelt. Hier liegt die Verwerfung von unangemessenen Steuergestaltungen bei der Rechtsprechung, die je nach Land unterschiedlich ausfällt.[310]

2. Nationale Missbrauchsnormen

Um eine missbräuchliche Verwendung von Holdingstrukturen zum Zweck der Steuerumgehung zu verhindern, haben die einzelnen Staaten eine Vielzahl an rechtlichen Normen geschaffen. [311] Diese haben unter anderem das

---

[308] Vgl. § 50d Abs. 3 EStG.

[309] Vgl. zu den Anti-Richtlinien-Shopping Regelungen in der EU auch Kap. C.IV.2.b), S. 180.

[310] Im internationalen Sprachgebrauch hat sich bisher keine eindeutige Entsprechung für die Begriffe der Steuervermeidung, -umgehung und -hinterziehung herausgebildet. Zusammenfassend lässt sich feststellen, dass das Feld der Steuerhinterziehung eher dem Ausdruck „tax evasion“ nahekommt, während das Gebiet der Steuervermeidung und Steuerumgehung am ehesten dem Ausdruck der „tax avoidance“ entspricht. Vgl. *Zettler,* Treaty-shopping, 1999, S. 58 (dort Fn. 8).

[311] Weitere Anti-Missbrauchsregelungen verschiedener Einzelstaaten findet sich im jeweiligen Länderprofil; vgl. unten Kap. D.I., S. 219.

Ziel, den Transfer von Passiveinkünften in niedrig besteuerte ausländische Gesellschaften und damit die Auslaugung der Steuerbemessungsgrundlage der inländischen Gesellschaft zu verhindern.[312]

Dabei werden von den Staaten die unterschiedlichsten Methoden angewandt, um Holdinggesellschaften, deren Tochtergesellschaften Passiveinkünfte aus Niedrigsteuerländern oder Steueroasen erzielen, steuerliche Privilegien zu entziehen. Auf der einen Seite gibt es in den verschiedenen nationalen Steuergesetzen allgemeine Missbrauchsvorschriften, die sich gegen jegliche Umgehung des nationalen oder internationalen Steuerrechts zur Steuervermeidung oder Steuerverminderung wenden. Andererseits werden von den Staaten besondere Normen erlassen, die sich speziell gegen die missbräuchliche Ausnutzung von Steuerprivilegien bei grenzüberschreitenden Sachverhalten und Geschäftsvorfällen richten.

Insbesondere sind aber in diesem Zusammenhang die in manchen nationalen Steuerrechtsordnungen verankerten Regelungen bezüglich der Hinzurechnungsbesteuerung zu erwähnen. Die Regelungen der **Hinzurechnungsbesteuerung** knüpfen direkt an der Abschirmwirkung von ausländischen Kapitalgesellschaften an. Bei einer genau vom Gesetz definierten Gestaltung von Auslandsgesellschaften wird dabei eine missbräuchliche Steuergestaltung zur unberechtigten Nutzung von bilateral vereinbarten Steuerminderungen oder Steuerbefreiungen angenommen. Dabei werden exakt bestimmte Tatbestandsvoraussetzungen für den Missbrauch von Gestaltungsmaßnahmen festgelegt, bei deren Vorliegen die Abschirmwirkung der ausländischen Kapitalgesellschaft nicht anerkannt wird, beispielsweise wenn passive Einkünfte erwirtschaftet werden, die ausländische Gesellschaft von einem inländischen Gesellschafter beherrscht wird oder in einem niedrig besteuerten Land ansässig ist. Bei Erfüllung dieser Voraussetzungen werden die Einkünfte der Tochtergesellschaft dem inländischen Gesellschafter hinzugerechnet, der diese im Inland zu versteuern hat.[313]

---

[312] Vgl. *Halla-Villa Jimenez*, RIW 2003, S. 596.

[313] Vgl. *Jacobs*, Unternehmensbesteuerung, 2002, S. 861 ff.

3. Missbrauchsklauseln der DBA

Ziel der Doppelbesteuerungsabkommen ist es, die Doppelbesteuerung zu vermeiden oder zumindest abzumildern. Durch Gestaltungsmaßnahmen kann allerdings erreicht werden, dass verschiedene Einkünfte nicht oder nur niedrig besteuert werden. Aus diesem Grund wurden in einige Doppelbesteuerungsabkommen Klauseln aufgenommen, deren Zweck es ist, eine mögliche missbräuchliche DBA-Anwendung zu verhindern. Die gebräuchlichsten Klauseln werden im Folgenden näher erläutert.

a) Aktivitätsvorbehalte

Die Doppelbesteuerungsabkommen lassen den beteiligten Staaten offen, mit welcher Methode – Anrechnung, Freistellung oder einer Kombination – die Doppelbesteuerung beseitigt bzw. gemildert wird.[314] Die Anwendung der Freistellungsmethode wird dabei meistens mit einem sogenannten Aktivitätsvorbehalt verbunden. Die Freistellung kann dann nur angewendet werden, wenn die Erträge der Tochtergesellschaft oder Betriebsstätte ausschließlich oder fast ausschließlich aus aktiven Tätigkeiten stammen, d. h. mindestens 90% der Einnahmen (=Bruttoerträge) bzw. der Einkünfte (=Nettoerträge). Unter die aktiven Tätigkeiten fallen in den meisten neueren Doppelbesteuerungsabkommen die Herstellung, der Verkauf von Gütern oder Waren, technische Beratung oder Dienstleistungen sowie Bank- oder Versicherungsleistungen.[315] Im Gegensatz hierzu werden passive Tätigkeiten als schädliche Betätigungen definiert. Der Abgrenzung der beiden Tätigkeitsarten kommt somit im nationalen als auch im Recht der Doppelbesteuerungsabkommen eine wesentliche Bedeutung zu.

b) Subject-to-tax-Klauseln (Rückfallklauseln)

Verschiedene Doppelbesteuerungsabkommen machen die vom Quellenstaat gewährte Steuerbefreiung oder Steuerermäßigung davon abhängig, dass der Sitzstaat tatsächlich die betreffenden Einkünfte einer Besteuerung unterwirft

---

[314] Vgl. *Runge*, Handbuch-Steuerplanung, 2003, S. 1713.

[315] Vgl. *Fischer/Kleineidam/Warneke*, Steuerlehre, 2005, S. 179.

und diese nicht, z. B. aufgrund von Freibeträgen, freigestellt werden.[316] Um eine doppelte Nichtbesteuerung auszuschließen, werden sogenannte „subject-to-tax-Klauseln" oder Rückfallklauseln in den DBA vereinbart, mit der Folge, dass das Besteuerungsrecht an den Quellenstaat zurückfällt; sogenannte weiße Einkünfte werden somit vermieden.[317]

c) Remittance-base-Klauseln

Eine Sonderform der Rückfallklauseln bilden die „remittance-base-Klauseln". Grundprinzip dieser nach britischem Vorbild entwickelten und von manchen Staaten übernommenen Regelung ist die, dass ausländische Einkünfte erst dann im Ansässigkeitsstaat besteuert werden, wenn diese in diesen Staat überwiesen oder dort in Empfang genommen wurden. Danach gewähren die DBA eine Steuerfreistellung oder Steuerermäßigung im Quellenstaat erst, wenn die Einkünfte in den Ansässigkeitsstaat gelangt und dort steuerpflichtig sind.[318]

d) Switch-over-Klauseln

Um sicherzustellen, dass Einkünfte zumindest einmal, entweder im Quellenstaat oder im Ansässigkeitsstaat des Steuerpflichtigen, besteuert werden, werden „switch-over-Klauseln" in den Doppelbesteuerungsabkommen verankert. „Switch-over-Klauseln" dienen einerseits dazu, Doppelfreistellungen und deren Missbrauchsmöglichkeit zu verhindern. Andererseits sollen sie Qualifikations- und Zurechnungskonflikte lösen, die sowohl Doppelbesteuerungen aber auch Doppelentlastungen auslösen können. Qualifikationskonflikte treten immer dann auf, wenn die einzelnen Staaten Einkünfte unter verschiedene Abkommensbestimmungen subsumieren oder unterschiedlichen Personen zuordnen. In diesen Fällen wechselt der Ansässigkeitsstaat von der Freistellung hin zur Anrechnung, wenn die Freistellung zu einer ungerechtfertigten Steuerbefreiungen führen würde.[319]

---

[316] Vgl. *Vogel*, DBA-Kommentar, 2003, Vor Art. 6-22, Rz. 19.

[317] Vgl. *Runge*, Handbuch-Steuerplanung, 2003, S. 1712 f.

[318] Vgl. *Vogel*, DBA-Kommentar, 2003, Vor Art. 6-22, Rz. 18; ebenso *Fscher/ Kleineidam/ Warneke*, Steuerlehre, 2005, S. 179.

[319] Vgl. *Ehlert*, Unternehmensbesteuerung, 2004, S. 74; *Runge*, Handbuch-Steuerplanung, 2003, S.1720.

e) Anti-treaty-Shopping-Klauseln

Um zu verhindern, dass Personen oder Gesellschaften die in den Doppelbesteuerungsabkommen vorgesehenen Steuerbegünstigungen für Dividenden, Zinsen oder Lizenzzahlungen missbräuchlich in Anspruch nehmen können, enthalten viele Doppelbesteuerungsabkommen – im Einklang mit dem OECD-Muster-DBA – sogenannte „Anti-treaty-shopping"-Klauseln. Ziel des "Treaty shopping" ist es, zwischen einer Gesellschaft im Land A und einer Gesellschaft im Land B einen weiteren Rechtsträger in einem Land C zu schalten, das mit Land A oder B ein günstiges DBA abgeschlossen hat.[320] Damit wird der Kreis der nutzungsberechtigten Personen oder Gesellschaften, welche die Abkommensvergünstigungen in Anspruch nehmen können, exakt festgelegt, wobei einige DBA besondere Prüfungsvorschriften für die Abkommensberechtigung vorsehen.[321] Das DBA-USA-Deutschland nimmt in diesem Zusammenhang eine Vorreiterrolle ein.[322]

f) Treaty overriding

Reichen einem DBA-Vertragsstaat die vereinbarten Missbrauchsbestimmungen des Doppelbesteuerungsabkommens nicht aus bzw. möchte er die Bestimmungen gegen den Missbrauch verschärfend ändern, müssen zur gewünschten Lösung des Problems die bestehenden DBA entweder geändert oder durch Zusatzprotokolle ergänzt werden.[323]

Die von den Einzelstaaten weitaus schnellere und praktikablere Alternative zu den meist langwierigen Verhandlungen zur Änderung des zwischenstaatlichen Vertrags ist die der Verabschiedung von innerstaatlichen Regelungen. Dadurch werden die Regelungen der bestehenden, völkerrechtlich verbindli-

---

320 Vgl. *Peters,* Holdinggesellschaften, 1999, S. 39.

321 Vgl. *Jacobs*, Unternehmensbesteuerung, 2002, S. 866.

322 Vgl. *Runge*, Handbuch-Steuerplanung, 2003, S. 1712; ebenso *Prokisch*, DBA-Kommentar, 2003, Art. 1, Rz.126: Genaue Festlegung des abkommensberechtigten Personenkreises; Ausschluss von Personen (insbesondere Gesellschaften), deren Anteile zu 50% oder mehr nicht im wirtschaftlichen Eigentum von in den Vertragsstaaten ansässigen natürlichen Personen oder Publikumsgesellschaften, Gebietskörperschaften der Vertragsstaaten oder US-Staatsbürgern sind oder wenn mehr als 50% ihrer Bruttoeinnahmen zur Erfüllung von Verpflichtungen gegenüber nicht abkommensberechtigten Personen verwendet werden.

323 Vgl. *Fischer/Kleineidam/Warneke*, Steuerlehre, 2005, S. 34.

chen Doppelbesteuerungsabkommen geändert, eingeschränkt oder aufgehoben; für dieses vertragswidrige Verhalten hat sich der Begriff „treaty overriding“ eingebürgert.[324] Begründet wird ein solches Vorgehen meist mit der nicht ausreichenden Missbrauchsverhinderung des Doppelbesteuerungsabkommens, einer geänderten Gesetzeslage oder Situation im Vertragsstaat und widerspreche deswegen nicht dem Sinn der DBA. Treaty override wird meist als Gegenmaßnahme der Einzelstaaten gegen die Möglichkeiten zur Steuergestaltung bei Nutzung der Vergünstigungen der DBA eingesetzt.[325]

Eine derartige innerstaatliche Gesetzgebung stellt aber eine Verletzung des Völkerrechts dar, wodurch dem Vertragsstaat die Möglichkeit der Kündigung offen steht. Dieses Vorgehen führt aber nicht zwangsläufig zu einer Ungültigkeit des innerstaatlichen Gesetzes. Im Innenverhältnis, d. h. zwischen dem gesetzerlassenden Vertragsstaat und seinen Steuerpflichtigen, hat der Verstoß gegen Völkerrecht keine Auswirkung. Die Wirksamkeit des Gesetzes ist unabhängig von der Verletzung des DBA. Die Steuerpflichtigen können weder verlangen, nach den Bestimmungen des DBA besteuert zu werden, noch Schadensersatz für die höhere Steuerbelastung durch die Nicht-Anwendung des DBA geltend machen.[326]

g) Auswirkungen auf Holdinggesellschaften

Im Rahmen der Steuergestaltung mit Holdinggesellschaften sind die bestehenden Missbrauchsbestimmungen der Doppelbesteuerungsabkommen genau zu beachten. Insbesondere bei der Anerkennung der Abkommensberechtigung können bei einer Nicht-Anwendung der DBA erhebliche Steuermehrbelastungen auftreten. Bei Vorliegen von Aktivitätsvorbehalten sind Holdinggesellschaften, die in der Regel über keine oder nur wenig Einkünfte aus aktiven Tätigkeiten verfügen, eher im Nachteil.

---

[324] *Vogel*, DBA-Kommentar, 2003, Einl., Rz. 194.

[325] Vgl. *Vogel*, DBA-Kommentar, 2003, Einl., Rz. 197.

[326] Vgl. *Vogel*, DBA-Kommentar, 2003, Einl., Rz. 200.

4. Missbrauchsbestimmungen nach EU-Recht

Auf europäischer Ebene gibt es verschiedenste Missbrauchsvorschriften. So geben Art. 11 Abs. 1 der Fusionsrichtlinie und Art. 1 Abs. 2 der Mutter-Tochter-Richtlinie den Mitgliedstaaten die Möglichkeit, entsprechende Maßnahmen zu ergreifen, sollte die jeweilige Operation zum Zweck der Steuerumgehung und zum Missbrauch der Richtlinien durchgeführt werden.

Die **Mutter-Tochter-Richtlinie**, welche die Steuerfreistellung sowie die Quellensteuerbefreiung von Dividendenzahlungen innerhalb eines europäischen Konzerns sicherstellen soll, enthält keinen eigenen Missbrauchsvorbehalt.[327] Lediglich Art. 1 Abs. 2 der Mutter-Tochter-Richtlinie lässt ganz allgemein zu, dass „einzelstaatliche oder vertragliche Bestimmungen zur Verhinderung von Steuerhinterziehungen und Missbräuchen" der Anwendung der Richtlinie bzw. deren Umsetzung in nationales Recht nicht entgegen stehen. Das Vorliegen einer missbräuchlichen Ausnutzung ist somit europaweit nicht einheitlich geregelt.

Die **Fusions-Richtlinie** dagegen definiert den Tatbestand des Missbrauchs genauer. Nach Art. 1 Abs. 1a der Fusionsrichtlinie können die Mitgliedsstaaten die „Anwendung der Richtlinie ganz oder teilweise versagen oder rückgängig machen", wenn die begünstigten Umstrukturierungsmaßnahmen[328] dem Zweck der Steuerhinterziehung oder der Steuerumgehung hat. Der EuGH untersagte allerdings die Anwendung von pauschalierenden Missbrauchsregelungen.[329]

Die **Zins-Lizenz-Richtlinie** wurde mit dem Ziel verabschiedet, Zins- und Lizenzzahlungen bei verbundenen Unternehmen innerhalb der EU von der Quellensteuer zu befreien. Obwohl der Kreis der begünstigten Zins- und Lizenzzahlungen sehr großzügig festgelegt und die Richtlinie sowohl auf (Tochter-)Kapitalgesellschaften als auch auf Betriebsstätten anwendbar ist, wurden zur Missbrauchseinschränkung zusätzliche Bedingungen festgelegt. Zum einen muss die Muttergesellschaft mindestens 25% des Mindestkapitals

---

[327] Vgl. *Rosenbach*, Holding-Handbuch, 2004, § 16, Rz. 88.

[328] Gemäß Art. 2 FRL Fusion, Spaltung, Einbringung oder Austausch von Anteilen.

[329] EuGH, Urteil vom 17.07.1997 – Rs. C 28/95, EuGH Slg. 1997, I-4161.

halten, zum anderen muss die Beteiligung mindestens zwei Jahre gehalten werden. Ferner müssen die Zahlungen für Zinsen und Lizenzen einem Fremdvergleich standhalten.

Die von der Europäischen Union erlassenen Richtlinien (einschließlich der enthaltenden Missbrauchsregelungen) müssen jedoch immer in nationales Recht umgesetzt werden. Das bedeutet, dass bei der Steuergestaltung, denen EU-Recht zu Grunde liegt, immer die der Richtlinie zugrundeliegenden nationalen Normen beachtet werden müssen.

III. Steueroptimales Dividenden-Routing

1. Steuerliche Zielvorgabe

a) Steuergünstige Vereinnahmung und Durchschüttung der Holdingeinkünfte

Auf den ersten Blick ist zu erwarten, dass die Zwischenschaltung einer Holding in der Form einer Kapitalgesellschaft durch die eigenständige Rechtsfähigkeit und die damit verbundene verlängerte Dividendenroute zu einer erheblichen Mehrbelastung im Vergleich zu einer direkten Anbindung von Tochtergesellschaften führt.[330]

Durch die Kombination von verschiedenen Steuersystemen bei Einbeziehung von Drittstaaten ergeben sich jedoch interessante Gestaltungsmöglichkeiten, so dass Steuervorteile gegenüber der direkten Anbindung von Tochtergesellschaften erlangt werden können. Eine umsichtige Gestaltungsplanung kann deshalb ungünstige Steuerwirkungen vermeiden und günstige Steuerwirkungen gezielt herbeiführen.[331]

Bedingt durch die Zwischenschaltung der Holding durchlaufen die originär von der Grundeinheit am Markt erwirtschafteten Einkünfte auf dem Weg zur Spitzeneinheit eine weitere Stufe und vergrößern damit tendenziell die

[330] Vgl. *Kessler*, Handbuch-Steuerplanung, 2003, S. 164.

[331] Vgl. *Schänzle*, Steuerorientierte Gestaltung, 2000, S. 50.

Summe der potenziell steuerpflichtigen Einkünfte des Gesamtkonzerns (Kaskadeneffekt)[332].

Derartige Gestaltungen sind daher nur dann sinnvoll, wenn die Zwischenholding in einem Staat ansässig ist, der die entsprechenden Erträge im Ergebnis nicht oder nur gering besteuert[333] und die auf der verlängerten Dividendenroute insgesamt anfallenden Quellensteuern - zuzüglich einer ggf. erhobenen Körperschaftsteuer - niedriger sind als bei direkter Anbindung der Grundeinheit[334]. Daneben sind aber auch die Kosten für die Errichtung und Erhaltung der Holding in das betriebswirtschaftliche Kalkül einzubeziehen.

b) Besteuerung vereinnahmter Holdingeinkünfte

Die Freistellung von Beteiligungseinkünften aus Tochtergesellschaften nach dem Beteiligungsprivileg des § 8b KStG oder des internationalen Schachtelprivilegs[335] ist ein ganz wesentliches Holdingkriterium. Das Holdingprivileg besteht deshalb in seinem Kern in der Steuerbefreiung vereinnahmter Dividenden. Die Gewährung dieses Privileges ist zwar a priori noch kein Steuerprivileg, sondern soll die wirtschaftliche Doppelbesteuerung[336] bereits ver-

---

332 Zu diesem Begriff im Zusammenhang mit der Gesellschafter-Fremdfinanzierung i.S.d. § 8a KStG bei verbunden Unternehmen: *Kessler*, Handbuch-Steuerplanung, 2003, S. 165, Fn. 18, m.w.N.

333 Neben sachlichen und subjektiven Steuerbefreiungen – z. B. in der Form eines Schachtelprivilegs – ist dabei auch an faktische „Steuerbefreiungen" etwa aufgrund eines bestehenden Verlustvortrags und eine Minderung der ertragsteuerlichen Bemessungsgrundlagen durch Abzug von (nahezu) betragsgleichen Betriebsausgaben – wie z. B. (Re-) Finanzierungskosten – zu denken.

334 Schon nach normalem Sprachgebrauch impliziert die Vokabel „Ausschüttung" eine vorgegebene Größe (ein bestimmtes Volumen) liquider Mittel, die in einem Behälter zur Verfügung stehen. Dieses Volumen ist die vorgegebene Größe, sie kann quantitativ durch das Ausschüttungsverhalten nicht verändert werden. Die zu erreichende Steueroptimierung bezieht sich also nicht auf dieses Volumen, sondern nur auf die Technik des Transfers dieser Liquidität innerhalb des Konzerns. Das Ideal ist, dass bei der Repatriierung kein Tropfen Flüssigkeit (liquider Mittel) auf dem Weg vom Ausland in die Heimat (patria) verloren geht. Vgl. *Hoffmann*, Handbuch-Steuerplanung, 2003, S. 505.

335 § 8b Abs. 1 KStG findet *keine* Anwendung auf Erträge aus stillen Beteiligungen und aus partiarischen Darlehen. Schließt der Dividendenbegriff in den DBA diese Erträge mit ein, ist auf sie das internationale Schachtelprivileg anzuwenden, sofern dessen Voraussetzungen erfüllt sind. Vgl. Kap. C.III.2.a)iii), S. 142. Ferner wird das internationale Schachtelprivileg auch auf den Fall des § 8b Abs. 7 KStG angewandt, d. h. falls eine Holding die Dividendeneinkünfte gem. § 8b Abs. 7 KStG steuerpflichtig vereinnahmt und auch nicht die Rückausnahme des § 8b Abs. 9 KStG greift. Siehe Kap. C.III.2.a)iii), S. 142.

336 Eine wirtschaftliche Doppelbesteuerung (Doppelbelastung) entsteht dadurch, dass dasselbe Einkommen im gleichen Besteuerungszeitraum bei verschiedenen Steuersubjekten einer vergleichbaren Steuer unterliegt; vgl. *Jacobs*, Unternehmensbesteuerung, 2002, S. 3 f.

steuerter Dividendeneinkünfte vermeiden.[337] Es kann zu einem echten Steuerprivileg werden, wenn die Steuerfreistellung für Dividenden unabhängig von einer tatsächlichen Besteuerung der Tochter oder auch für andere (Vermögens–) Erträge der Holding wie Veräußerungsgewinne, Zinsen und Lizenzen gewährt wird.

Die Zwischenschaltung einer Holding führt grundsätzlich zu folgender Struktur:

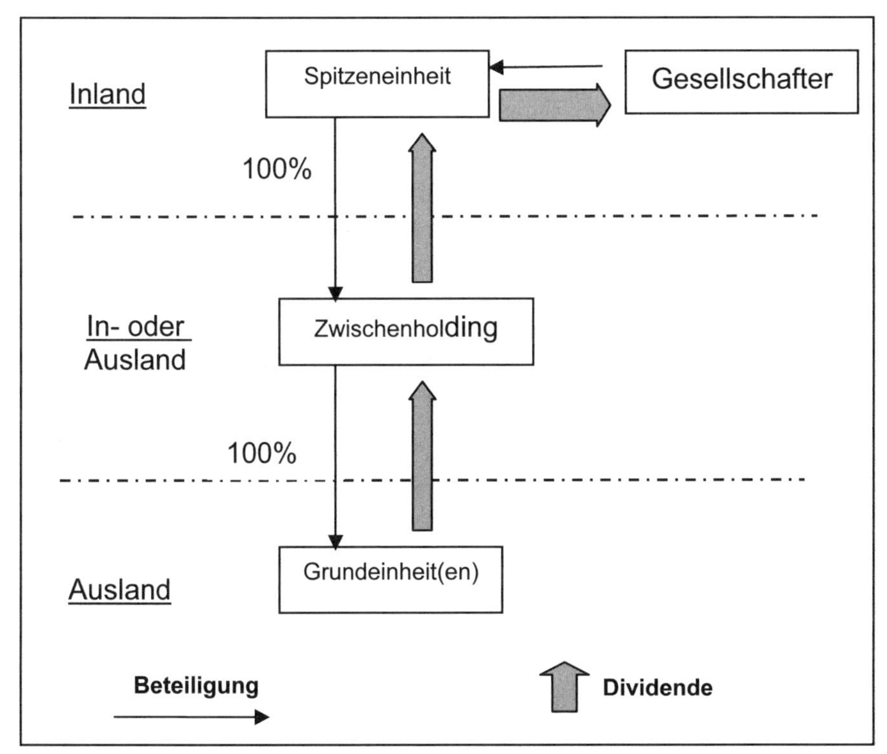

Abb. 35: Aufbau einer Holdingstruktur[338]

Für die Besteuerungsfolgen der durch die Holding vereinnahmten Dividenden können drei Fälle unterschieden werden:

(1) Die Holding ist im selben ausländischen Staat ansässig wie die Tochtergesellschaft (Landesholding): Die Steuerbefreiung für empfangene Divi-

[337] Zur Besteuerungsmethodik für Holdingeinkünfte vgl. Kap.B.IV.1.b)ii), S. 66.

[338] In Anlehnung an *Schänzle*, Steuerorientierte Gestaltung, 2000, S. 32.

denden der Töchter ergibt sich in der Regel aus den geltenden nationalen Schachtelprivilegien entsprechend dem jeweiligen Körperschaftsteuersystem.

(2) Die Holding ist in einem anderen ausländischen Staat (Drittland) ansässig als die Tochtergesellschaft (Internationale Holding): Eine mögliche Doppelbesteuerung der Dividendeneinnahmen wird durch die in den bilateralen DBA verankerte Freistellungs- (internationales Schachtelprivileg) oder Anrechnungsmethode vermieden.[339]

(3) Die Holding ist wie ihre Muttergesellschaft im Inland ansässig: Hier wird eine mögliche Doppelbesteuerung der Dividenden-Einkünfte grundsätzlich durch das Beteiligungsprivileg des § 8b KStG vermieden.

c) Besteuerung der Ausschüttung aus der Holdinggesellschaft

Das ideale Holdingregime ermöglicht außer einer steuerfreien Vereinnahmung von Dividenden ebenso ein steuerfreies "Ausgangstor" bei Weiterschüttung aus der Holding. Es sollte deshalb als Zielvorgabe gewährleistet sein, dass Weiterschüttungen der Holding zumindest keine höheren Steuern als bei Direktbezug der Dividenden auslösen. Abhängig von der Ansässigkeit des Dividendenempfängers sind folgende Fälle zu unterscheiden:

- *EU-Muttergesellschaft als Dividendenempfänger:* Zwar wurden durch die Mutter-Tochter-Richtlinie die Quellensteuern auf Gewinnausschüttungen bei Mutter-Tochter-Beziehungen in der EU generell abgeschafft. Doch können in den Mitgliedstaaten mit einem Steueranrechnungssystem[340] bei Weiterschüttung steuerfreier Auslandsgewinne kompensatorische Steuern ausgelöst werden (sog. „Ausgleichssteuer"). Diese "Ausschüttungsbelastung" ist in den Staaten systembedingt, in denen die materielle Entlastungswirkung einer Steuergutschrift bei einem ausländi-

---

[339] Vgl. dazu Kap. B.IV.1.b)ii), S. 66.

[340] Vgl. zu den Körperschaftsteuersystemen in wichtigen EU- und Drittstaaten *Jacobs,* Steuerplanung, 2003, S. 44.

schen Gesellschafter nicht eintreten soll und deshalb durch eine Ausgleichssteuer vorweg neutralisiert wird.[341]

- *Nicht-EU-Muttergesellschaft als Dividendenempfänger:* Ausgeschüttete Dividenden unterliegen zwar der nationalen Quellensteuer, aber deren Höhe wird regelmäßig durch Abkommensrecht auf 5% bis 15% reduziert. Kommt es bei Weiterschüttung steuerfreier Auslandserträge zu einer systembedingten kompensatorischen Ausgleichssteuer, sind ausländische Dividendenempfänger regelmäßig nicht anrechnungsberechtigt.

Eine steueroptimale Dividenden-Durchschüttung über eine zwischengeschaltete Holding hängt somit von folgenden Voraussetzungen ab:

(1) Es entsteht keine höhere Quellensteuerbelastung durch die Zwischenholding als bei Direktbezug der Dividenden.[342]

(2) Die Weiterschüttung ursprünglich steuerfreier Auslandsdividenden wird nicht durch eine kompensatorische Ausgleichssteuer des Holdingstandortes belastet, die ein ausländischer Ausschüttungsempfänger nicht anrechnen kann.

2. Steuerliche Gestaltungsziele einer deutschen Spitzeneinheit

a) Das Beteiligungsprivileg im deutschen Körperschaftsteuergesetz

i) Rechtsentwicklung des § 8b KStG

Durch den Übergang vom Vollanrechnungsverfahren[343] zum sog. Halbeinkünfteverfahren infolge des Steuersenkungsgesetzes vom 23.10.2000[344] hat die steuerliche Behandlung der Dividendenbezüge einem gravierenden

---

[341] Vgl. *Saß,* DB 1994, S. 1594.

[342] Dazu näher Kap. B.III.2.b), S. 44.

[343] Das Anrechnungsverfahren wurde aufgegeben aufgrund seiner Komplexität, Missbrauchsanfälligkeit, fehlender Rechtsformneutralität, der Diskriminierung thesaurierter Gewinne und wegen der Europarechtswidrigkeit. Vgl. ausführlich dazu *Beck*, Besteuerung von Beteiligungen, 2004, S. 37 ff.

[344] BGBl. I 2000, S. 1433.

Wandel unterlegen bei dem der § 8b KStG zu einer Schlüsselvorschrift des Systemwechsels wurde.[345]

Das **Vollanrechnungsverfahren** galt danach grundsätzlich letztmalig im Veranlagungszeitraum 2000 und bei abweichendem Wirtschaftsjahr im Veranlagungszeitraum 2001.[346] Es galt insoweit ein gespaltener Körperschaftsteuersatz von 40% für thesaurierte Gewinne gem. § 23 Abs. 1 KStG 1999 und von 30% für ausgeschüttete Gewinne gem. § 27 KStG 1999. Die Körperschaften hatten ihr sog. verwendbares Eigenkapital i. S. d. § 29 KStG 1999 nach Maßgabe der §§ 30 ff. KStG 1999 zu gliedern. Die Ausschüttung des Gewinns von einer Tochtergesellschaft an eine Holding führte bei der Holding zu einer Besteuerung der Dividenden einschließlich der anrechenbaren Körperschaftsteuer gem. § 20 Abs. 1 Nr. 1 und § 20 Abs. 1 Nr. 3 EStG 1999. Bei der anrechenbaren Körperschaftsteuer nach § 20 Abs. 1 Nr. 3 EStG 1999 handelte es sich um die von der Tochtergesellschaft auf ihren eigenen Gewinn gezahlte Körperschaftsteuer in Höhe der Ausschüttungsbelastung gem. § 27 Abs. 1 KStG 1999. Die von der Holding bezogenen Dividenden wurden somit vollständig von der auf der Ebene der Tochtergesellschaft gezahlten Körperschaftsteuer entlastet. Auf der Ebene der Holding unterlagen sie ihrerseits wiederum dem gespaltenen Steuersatz von 40% bzw. 30%. Ausnahmsweise waren die Dividenden auf der Ebene der Holding steuerfrei, wenn die Tochtergesellschaft sog. EK 01 an die Holding ausschüttete. Es handelte sich hierbei um ausländische Einkünfte, die von der Tochtergesellschaft aufgrund eines DBA steuerbefreit waren oder die zwar der deutschen Körperschaftsteuer unterlagen, bei denen jedoch eine Anrechnung ausländischer Steuern mindestens in Höhe der deutschen Körperschaftsteuer vorzunehmen war bzw. nach § 26 Abs. 3 KStG a.F. fiktiv als so hoch anzusetzen war.

---

[345] Vgl. *Zimmermann*, Kommentar, 2004, § 8b KStG Rz. 3, m.w.N.

[346] § 34 Abs. 1 und Abs. 1a KStG i.d.F. des Steuersenkungsgesetzes v. 23.10.2000, BGBl. I 2000, S. 1433.

Mit der Umstellung auf das **Halbeinkünfteverfahren** ist insbesondere § 8b KStG durch das Steuersenkungsgesetz v. 23.10.2000[347] grundlegend geändert worden. Mit dem EURLUmsG v. 09.12.2004[348] hat § 8b KStG seine vorerst[349] letzte Änderungen erfahren.

Das Halbeinkünfteverfahren führt dazu, dass die Gewinne der Holding unabhängig davon, ob sie ausgeschüttet oder einbehalten werden, in Höhe des jeweiligen Körperschaftsteuersatzes von derzeit 25% besteuert werden. Die Gewinne werden auf der Ebene der Holding gem. § 8b Abs. 1 KStG steuerfrei gestellt, eine Versteuerung wäre systemwidrig. Denn im Halbeinkünfteverfahren würden auf jeder Ebene 25% KSt entstehen, was bei mehrstufigen Konzernaufbauten zu einem Kaskadeneffekt mit einer unzumutbar hohen Steuerbelastung führen würde, da mit zunehmender Anzahl zwischengeschalteter Gesellschaften nicht die wirtschaftliche Leistungsfähigkeit steigt.[350] In einem System ohne Anrechung von gezahlter Körperschaftsteuer würde der Verzicht auf eine Steuerfreistellung empfangener Ausschüttungen zu einer Mehrfachbelastung führen. Insofern ist die technische Freistellung bei der empfangenden Gesellschaft systemimmanent[351] im Halbeinkünfteverfahren notwendig. Die Gewinnausschüttungen sind deshalb nicht steuerfrei im eigentlichen Sinne.[352]

Handelt es sich bei dem Anteilseigner um eine natürliche Person, sind die Gewinne gem. § 3 Nr. 40 EStG n. F. zur Hälfte steuerfrei. Eine Unterscheidung von in- und ausländischen Dividenden ist insoweit nicht erforderlich. Privilegiert sind hierdurch auch einstufige Holdingstrukturen im Inland (und grenzüberschreitende Strukturen). Die DBA-Regelungen hinsichtlich etwai-

---

347 BGBl. I 2000, S. 1433. Die Vorschrift ist nochmals durch das Gesetz zur Änderung des InvZulG v. 10.12.2000 und das UntStFG v. 20.12.2001 sowie das Gesetz zur Umsetzung der Protokollerklärung der Bundesregierung zur Vermittlungsempfehlung zum StVergAbG v. 22.12.2003 geändert worden.

348 BGBl. I 2004, S. 3310.

349 Vgl. auch Kap. E. zu den geplanten Änderungen, S. 328.

350 Vgl. *Zimmermann*, Kommentar, 2004, § 8b KStG Rz. 3.

351 § 8b KStG wurde durch das StandOG v. 13.09.1993 mit Wirkung ab VZ 1994 zur Sicherung des Holdingstandortes Deutschland eingeführt und war in damaliger Fassung damit eine echte Steuervergünstigung mit wirtschaftspolitischer Rechtfertigung. § 8b KStG in der Fassung des StSenkG ist hingegen systembedingt notwendig. Vgl. *Zimmermann*, Kommentar, 2004, § 8b KStG Rz. 3.

352 Vgl. *Rosenbach*, WPg-Sonderheft 2003, S. 5; ebenso *Desens*, IStR 2003, S. 614.

ger Schachtelprivilegien für Dividenden sind insoweit (fast[353]) nicht mehr relevant.[354]

ii) Einschränkungen für Finanzholdings

Der Gesetzgeber hat in § 8b Abs. 7 KStG für Unternehmen des Finanzsektors eine Einschränkung des Freistellungsverfahrens (§ 8b Abs. 1 bis 6 KStG) für Dividenden[355] und Veräußerungsgewinne vorgesehen. Nach dieser Regelung ist etwa der Gewinn aus der Veräußerung von Aktien steuerpflichtig, sofern diese mit dem Ziel der kurzfristigen Erzielung eines Eigenhandelserfolges erworben wurden. Die Regelung hat Bedeutung auch für vermögensverwaltende und geschäftsleitende Holdinggesellschaften außerhalb des Bankenbereichs.[356]

Hintergrund[357] der Regelung ist, dass es durch die Neuregelung des § 8b KStG insbesondere bei Banken zu Problemen gekommen wäre im Hinblick

---

[353] § 8b Abs. 1 KStG findet *keine* Anwendung auf Erträge aus stillen Beteiligungen und aus partiarischen Darlehen. Schließt der Dividendenbegriff in den DBA diese Erträge mit ein, ist auf sie das internationale Schachtelprivileg anzuwenden, sofern dessen Voraussetzungen erfüllt sind. Vgl. Kap.C.III.2.a) iii), S. 137. Ferner wird das internationale Schachtelprivileg auch auf den Fall des § 8b Abs. 7 KStG angewandt, d. h. falls eine Holding die Dividendeneinkünfte gem. § 8b Abs. 7 KStG steuerpflichtig vereinnahmt und auch nicht die Rückausnahme des § 8b Abs. 9 KStG greift. Siehe Kap. C.III.2.a) iii), S. 137.

[354] Sie haben jedoch Auswirkung auf evtl. Quellensteuern.

[355] Bei Dividenden ist jedoch, die durch das EURLUmsG in § 8b Abs. 9 KStG eingefügte Rückausnahme zu beachten. Bei den Unternehmen des § 8b Abs. 7 (Kreditinstitute, Finanzdienstleitungsinstitute und Finanzunternehmen) werden erhaltene Dividendenzahlungen grundsätzlich der KSt unterworfen. Der Gesetzgeber hält es nunmehr für europarechtlich geboten, alle unter den Anwendungsbereich der Mutter-Tochter-Richtlinie fallenden Gewinnausschüttungen von der KSt freizustellen. Dazu wurde § 8b Abs. 9 KStG eingefügt, wonach Abs. 7 der Vorschrift dann nicht gilt, wenn Gewinnausschüttungen i.S.v. Art. 4 Abs. 1 der Mutter-Tochter-Richtlinie erzielt werden. Die Neuregelung findet ab dem Veranlagungszeitraum 2004 Anwendung. Vgl. *Häuselmann/Ludemann*, RIW 2005, S. 127; Rechtsfolge ist, dass die unter § 8b Abs. 9 KStG fallenden Bezüge nach Maßgabe von § 8b Abs. 1 und 5 KStG freizustellen sind. Dagegen bleibt § 8b Abs. 2 und 4 KStG unanwendbar und damit Veräußerungsgewinne körperschaftsteuerpflichtig, so dass der Abzug von Veräußerungsverlusten, TW-Abschreibungen und anteilsbedingtem Aufwand zulässig bleibt. Vgl. *Menck*, KStG-Kommentar, 2005, § 8b KStG Rz. 167.

[356] Vgl. *Pyszka/Brauer*, BB 2002, S. 1669; § 8b Abs. 7 KStG findet grundsätzlich auch Anwendung für in Deutschland tätige Kreditinstitute, Finanzdienstleistungsinstitute und Finanzunternehmen, mit Sitz in einem anderen Mitgliedstaat der EU oder in einem anderen Vertragsstaat des EWR-Abkommen. Vgl. BMF-Schreiben v. 25.07.2002, BStBl I 2002, S. 712.

[357] Eingeführt wurde die Regelung durch das StSenkG und das ProtErklG. Anlass war die Börsenbaisse der Jahre 2002/2003, angesichts deren die Abzugsverbote des § 8b Abs. 4 KStG als Härte bezeichnet wurden. Ergänzt wurde sie durch das EURLUmsG durch die Rückausnahme für die EG in § 8b Abs. 9 KStG. Vgl. *Menck*, KStG-Kommentar, 2005, § 8b KStG Rz. 153.

auf den Ausgleich von Gewinnen/Verlusten aus Aktiengeschäften mit den - zu deren wirtschaftlicher Absicherung abgeschlossenen – gegenläufigen Termingeschäften auf Aktien: Gewinne aus Aktienverkäufen wären während der einjährigen Behaltefrist steuerpflichtig gewesen; Verluste aus den Aktientermingeschäften hätten dagegen nach § 15 Abs. 4 S. 4 und 5 EStG nicht mit den – artfremden Aktiengewinnen verrechnet werden können.[358] Um diesen bei Banken üblichen und teilweise auch aufsichtsrechtlich geforderten Risikoausgleich steuerlich nicht zu behindern, wurde mit dem Investitionszulagengesetz u. a.

- der § 8b Abs. 7 KStG eingeführt, mit dem für bestimmte Fälle die Regelungen des § 8b Abs. 1 bis 6 komplett abbedungen werden,
- die einjährige Behaltefrist für die Steuerfreiheit der Veräußerungsgewinne von Kapitalgesellschaftsanteilen gestrichen und
- die Verlustverrechnungsbeschränkung des § 15 Abs. 4 EStG für Termingeschäfte auf Aktien auf solche Fälle beschränkt, bei denen der Veräußerungsgewinn steuerfrei ist.[359]

Folge ist, dass für Banken und sonstige Kreditinstitute bei kurzfristigen Verkäufen die Ergebnisse aus Grund- und Sicherungsgeschäft zwar steuerpflichtig sind, aber eben nur der – nach Verlustverrechnung – verbleibende Überschuss.[360]

Die Anwendung der Norm setzt im persönlichen Anwendungsbereich eine veräußernde Kapitalgesellschaft voraus, die entweder ein Kreditinstitut gem. § 1 Abs. 1 KWG, ein Finanzdienstleistungsinstitut gem. § 1 Abs. 1a KWG oder ein Finanzunternehmen gem. § 1 Abs. 3 KWG ist. Die Bezugnahme auf das KWG legt die Vermutung nahe, dass der Gesetzgeber hier eine branchenspezifische Regelung für Unternehmen schaffen wollte, die den bankenaufsichtsrechtlichen Vorschriften unterliegen. Dies ist jedoch nicht der Fall: Die Finanzverwaltung vertritt die Auffassung, dass der vom Gesetz verwen-

---

[358] Vgl. *Bogenschütz/Thibo*, DB 2001, S. 8.

[359] Vgl. *Eilers,* Unternehmenskauf, 2004, S. 54.

[360] Vgl. *Eilers,* Unternehmenskauf, 2004, S. 54.

dete Begriff des Finanzunternehmens weit auszulegen ist und alle Unternehmen erfasst, deren Haupttätigkeit der **Erweb von Beteiligungen** ist.[361]

Der sachliche Anwendungsbereich setzt Anteile voraus, die entweder dem Handelsbuch zugerechnet werden oder der kurzfristigen Erzielung eines Eigenhandelserfolges dienen. Offen ist, ob Industrieholdings als Finanzunternehmen i. S. d. KWG erfasst werden können und damit den persönlichen Anwendungsbereich erfüllen.[362]

Es stellt sich somit die Frage, welche Bedeutung die Regelung des § 8b Abs. 7 KStG insbesondere für Holdinggesellschaften hat.[363]

Kreditinstitute sind nach § 1 Abs. 1 S. 1 KWG Unternehmen, die Bankgeschäfte gewerbsmäßig oder in einem Umfang betreiben, der einen in kaufmännischer Weise eingerichteten Geschäftsbetrieb erfordert. Die entsprechenden Bankgeschäfte werden in § 1 Abs. 1 S. 2 KWG abschließend definiert. Zu ihnen gehört insbesondere das Einlage-, Kredit-, Diskont-, Finanzkommission-, Depot-, Investment- und Girogeschäft. Eine Holdinggesellschaft, die die vorgenannten Bankgeschäfte nicht selbst ausübt, fällt nicht unter diese Regelung.[364]

Finanzdienstleistungsinstitute sind nach § 1 Abs. 1a KWG Unternehmen, die Finanzdienstleistungen für andere gewerbsmäßig oder in einem Umfang erbringen, der einen in kaufmännischer Weise eingerichteten Geschäftsbetrieb erfordert, und die keine Kreditinstitute sind. Finanzdienstleistungen sind nach § 1 Abs. 1a S. 2 KWG die Anlage- und Abschlussvermittlung, Finanzportfolioverwaltung, der Eigenhandel, Drittstaateneinlagenvermittlung, Finanztransfergeschäft und das Sortengeschäft. Auch hierzu gehören reine Holdinggesellschaften nicht.[365]

Finanzunternehmen sind nach § 1 Abs. 3 KWG Unternehmen, die keine Kredit- oder Finanzdienstleistungsinstitute sind und deren Haupttätigkeit u. a. darin besteht, Beteiligungen zu erwerben. Irrelevant für die persönliche

---

361 Vgl. *Pyszka/Brauer*, BB 2002, S. 1669; vgl. *Schumacher,* Veräußerung von Anteilen, 2004, S. 20.

362 Vgl. *Eilers,* Unternehmenskauf, 2004, S. 55.

363 Vgl. *Pyszka/Brauer*, BB 2002, S. 1669.

364 Vgl. *Eilers,* Unternehmenskauf, 2004, S. 55.

Qualifizierung als Finanzunternehmen i. S. d. KWG ist, welche Tätigkeit das Beteiligungsunternehmen ausübt, d. h. es muss selbst keine Tätigkeit im Bereich des KWG entfalten, sondern es kommt jedes Unternehmen als Beteiligungsunternehmen in Betracht. Dementsprechend ist es für die Anwendung des KWG wohl unstreitig, dass normale Holding-Gesellschaften ohne KWG-Tätigkeiten vom Begriff des Finanzunternehmens i. S. d. § 1 Abs. 3 Nr. 1 KWG erfasst werden.[366] Da § 8b Abs. 7 KStG keine eigenständige Begriffsdefinition trifft, sondern nach seinem Wortlaut in dieser Beziehung in vollem Umfang auf das KWG bezieht, muss grundsätzlich auch steuerrechtlich davon ausgegangen werden, dass die KWG-Qualifizierung als Finanzunternehmen i. S. d. § 1 Abs. 3 KWG auf § 8b Abs. 7 KStG durchschlägt. Damit wären auch reine Holdinggesellschaften Finanzunternehmen in diesem Sinne. Allerdings wird von Einigen vertreten, dass diese Interpretation mit dem Ziel des Gesetzgebers, eine von den Banken geforderte Sonderregelung für deren Tätigkeitsbereich zu schaffen, in Widerspruch stehe. Reine, typische Holdinggesellschaften fielen deshalb bereits gar nicht unter den Begriff des Finanzunternehmens.[367] Dies ergebe sich auch aus einer Betrachtung des in diesem Zusammenhang ebenfalls geänderten § 15 Abs. 4 EStG, der den Risikoausgleich bei Banken mittels Aktientermingeschäften ermöglichen wolle. Unternehmen, die zu einem derartigen Risikoausgleich aufsichtsrechtlich nicht verpflichtet seien, fielen bei einer systematischen Betrachtung auch nicht in den Anwendungsbereich des § 8b Abs. 7 KStG.[368] Diese Auslegung ist in Bezug auf Systematik der Regelung und Ziel des Gesetzgebers durchaus überzeugend. Allerdings findet sie im objektiven Wortlaut des § 8b Abs. 7 KStG keine echte Stütze, da dieser sich an das KWG anlehnt.[369]

In der Praxis werden Holdinggesellschaften deshalb regelmäßig als Finanzunternehmen i. S. d. § 1 Abs. 3 KWG qualifiziert. Eine wesentliche Funktion

---

[365] Vgl. *Eilers,* Unternehmenskauf, 2004, S. 55.

[366] Ausdrücklich Rundschreiben Nr. 19/99 des Bundesaufsichtsamtes für das Kreditwesen vom 23.12.1999 unter Nr. 1. Vgl. *Eilers,* Unternehmenskauf, 2004, S. 55; ebenso *Bogenschütz/Thibo*, DB 2001, S. 8.

[367] Vgl. z. B. *Milatz*, BB 2001, S. 1066, 1073.

[368] Vgl. *Milatz*, BB 2001, S. 1066, 1073.

[369] Vgl. *Eilers,* Unternehmenskauf, 2004, S. 56.

von/aller Holdinggesellschaften ist der Erwerb und das Halten von Beteiligungen (§ 1 Abs. 3 S. 1 Nr. 1 KWG). Dienstleistungs- und Managementholdings können darüber hinaus die Voraussetzungen des § 1 Abs. 3 S. 1 Nr. 1 KWG erfüllen.[370] Im Ergebnis sind daher reine Holdinggesellschaften unter den Begriff des Finanzunternehmens zu erfassen.[371] Dies entspricht auch der Ansicht der Finanzverwaltung.[372]

Da Holdinggesellschaften gem. § 1 Abs. 3 KWG die Qualität von Finanzunternehmen haben können, wird es für die Anwendung von § 8b Abs. 7 KStG auf das zweite Tatbestandsmerkmal ankommen, das auf die „kurzfristige Erzielung eines Eigenhandelserfolges“ abzielt.[373] Bei der Veräußerung von Anteilen, die von reinen Holdinggesellschaften gehalten werden, sollte daher im Hinblick auf die Steuerbefreiung nach § 8b Abs. 2 KStG ein „kurzfristiger Eigenhandelserfolg“ i. S. v. § 8b Abs. 7 Satz 2 KStG vermieden werden. Was unter dem Merkmal „kurzfristiger Eigenhandelserfolg“ zu verstehen ist, ist jedoch noch nicht abschließend geklärt[374]. Während die Finanzverwaltung wohl davon ausgeht, dass es darauf ankommt, ob die Anteile objektiv nach Handelsrecht dem Anlagevermögen zuzuordnen sind (dann kein kurzfristiger Eigenhandelserfolg)[375], wird in der Literatur auf Haltefristen und subjektive Elemente abgestellt[376].

Für die Praxis empfiehlt es sich, dass die Holdinggesellschaft die Anteile in das Anlagevermögen (und nicht in das Umlaufvermögen) bucht[377] und zumindest für einen Zeitraum von 12 Monaten hält.[378]

---

[370] Vgl. *Pyszka/Brauer*, BB 2002, S. 1672.

[371] Vgl. *Eilers*, Unternehmenskauf, 2004, S. 56.

[372] Vgl. BMF-Schreiben v. 25.07.2002, BStBl. I 2002, S. 712.

[373] Vgl. *Herzig*, DB 2003, S. 1460.

[374] Vgl. zum Meinungsstand *Bünning/Slabon*, FR 2003, S. 174, 177 ff.; *Dreyer/Herrmann*, DStR 2002, S. 1837 ff.; *Eilers/Schmidt*, GmbHR 2003, S. 613, 640.

[375] Vgl. BMF-Schreiben v. 25.07.2002, BStBl I 2002, S. 712.

[376] Vgl. *Dreyer/Herrmann*, DStR 2002, S. 1837 ff.

[377] Zur Problematik der Umwidmung von Umlaufvermögen in Anlagevermögen vgl. *Herzig*, DB 2003, S. 1460; *Menck*, KStG-Kommentar, 2005, § 8b KStG Rz. 155.

[378] Vgl. *Eilers*, Unternehmenskauf, 2004, S. 56; Im Ergebnis auch *Schaumburg/Jesse*, Holding-Handbuch, 2004a, § 13 Rz. 51.

iii) Körperschaftsteuerliches Beteiligungsprivileg vs. DBA-Schachtelprivileg

Seit der unilateralen Verankerung der Freistellungsmethode für ausländische Dividenden im Rahmen der Körperschaftsteuer gem. § 8b Abs. 1 KStG stellt sich insbesondere aus deutscher Sicht die Frage nach dem Verhältnis zwischen nationalen Maßnahmen zur Vermeidung der Doppelbesteuerung und den entsprechenden DBA-Regelungen.[379]

Das **internationale Schachtelprivileg** hat nur noch in den Fällen Bedeutung, in denen die unilaterale Dividendenfreistellung des § 8b Abs. 1 KStG nicht eingreift. Das gilt insbesondere für **typisch stille Beteiligungen**[380]. Da der jeweilige abkommensrechtliche Dividendenbegriff des Art. 10 Abs. 3 OECD-MA über den Begriff „Bezüge i. S. d. § 8b Abs. 1 KStG i. V. m. § 20 Abs. 1 Nr. 1, 2, 9 und 10 Buchst. a) des Einkommensteuergesetzes" hinausgeht, werden Bezüge aus typisch stillen Beteiligungen (§ 20 Abs. 1 Nr. 4 EStG) nach vielen deutschen Doppelbesteuerungsabkommen vom Dividendenartikel[381] erfasst. Erfüllt folglich eine inländische Kapitalgesellschaft die in dem jeweiligen DBA erforderlichen Voraussetzungen für die Gewährung des internationalen Schachtelprivilegs, werden die Einnahmen aus der typischen stillen Beteiligung nach dem internationalen Schachtelprivileg freigestellt und nicht nach § 8b Abs. 1 KStG.[382]

Die unilaterale Dividendenfreistellung des § 8b Abs. 1 KStG greift aber auch bei von Holdings vereinnahmten Dividenden nicht, wenn für sie § 8b Abs. 7 KStG die Steuerbefreiung versagt, auch hier kommt das internationale Schachtelprivileg zur Anwendung sofern dessen Voraussetzungen erfüllt sind. Somit wird das internationale Schachtelprivileg auch auf den Fall des § 8b Abs. 7 KStG angewandt, d. h. falls eine Holding die Dividendeneinkünfte gem. § 8b Abs. 7 KStG steuerpflichtig vereinnahmt und auch nicht die Rückausnahme des § 8b Abs. 9 KStG greift.

---

379 Vgl. *Jacobs,* Unternehmensbesteuerung, 2002, S. 83.

380 Gemeint sind in allen DBA-Fällen nur typische stille Beteiligungen; Einkünfte aus atypischen stillen Beteiligungen sind solche aus Mitunternehmerschaft und fallen demgemäß unter Art. 7 OECD-MA. Vgl. *Vogel*, DBA-Kommentar, 2003, Art. 10 Rz. 165.

381 Zu den unterschiedlichen Dividendenbegriffen in deutschen DBA. Vgl. *Vogel*, DBA-Kommentar, 2003, Art. 10 Rz. 204 ff.

382 Vgl. *Jacobs,* Unternehmensbesteuerung, 2002, S. 84.

Von besonderer Bedeutung ist das internationale Schachtelprivileg für die **Gewerbesteuer**. Dies deshalb, weil § 8b Abs. 1 KStG z. B. dann nicht auf die Gewerbesteuer durchschlägt, wenn die ausschüttenden Auslandsgesellschaften nicht aktiv tätig sind (§§ 8 Nr. 5, 9 Nr. 7 GewStG). Gewähren die Doppelbesteuerungsabkommen in diesen Fällen eine Steuerfreistellung, ohne dass diese von einer aktiven Tätigkeit der Auslandsgesellschaften abhängig gemacht wird, geht die gewerbesteuerliche Hinzurechnung gem. § 8 Nr. 5 GewStG ins Leere.[383]

Das in den abkommensrechtlichen Vermeidungsnormen verankerte internationale Schachtelprivileg korrespondiert regelmäßig mit einer Reduktion der Quellensteuer auf Dividenden; Schachtelprivileg und Quellensteuerermäßigung sind nur zwei Seiten derselben Medaille, so dass die Quellensteuer in keinem Fall 25% übersteigt. Das internationale Schachtelprivileg setzt zwar abkommensrechtlich zumeist eine Beteiligung an der Tochtergesellschaft in Höhe von mindestens 25% voraus, diese Mindestbeteiligungsquote[384] wird aber einseitig für Zwecke der Gewerbesteuer nach nationalem deutschen Recht gemäß § 9 Nr. 8 GewStG auf 10% reduziert. Eine Mindestbesitzdauer wird hierfür nicht verlangt.

In nicht wenigen Doppelbesteuerungsabkommen wird die Steuerbefreiung aufgrund des internationalen Schachtelprivilegs indessen unter **Aktivitätsvorbehalt**[385] gestellt. Hieraus folgt, dass, soweit § 8b Abs. 1 KStG nicht in Betracht kommt, die Steuerbefreiung nur dann in Anspruch genommen werden kann, wenn die ausschüttenden ausländischen Tochterkapitalgesellschaften bestimmte Einkünfte aus aktiver Tätigkeit erzielen. Werden die Voraussetzungen des jeweiligen Aktivitätsvorbehaltes nicht erfüllt und greift auch nicht § 8b Abs. 1 KStG ein, unterliegen die Dividenden uneingeschränkt der deutschen Körperschaftsteuer, wobei dann die im anderen Vertragsstaat erhobene Quellensteuer angerechnet[386] werden kann. Entsprechendes gilt auch für die Gewerbesteuer: Dividenden von nicht aktiv tätigen ausländischen

[383] Vgl. *Schaumburg/Jesse*, Holding-Handbuch, 2004b, § 14 Rz. 10.

[384] Vgl. Übersicht bei *Vogel*, DBA-Kommentar, 2003, Art. 23 Rz. 90.

[385] Vgl. Übersicht bei *Vogel*, DBA-Kommentar, 2003, Art. 23 Rz. 90.

[386] § 26 Abs. 1 KStG.

Tochter-/Enkelgesellschaften unterliegen bei der die Dividendenempfangenden inländischen in der Rechtsform einer Kapitalgesellschaft geführten Holding uneingeschränkt der Gewerbesteuer, wenn das abkommensrechtliche Schachtelprivileg unter entsprechendem Aktivitätsvorbehalt steht.[387]

Das abkommensrechtliche internationale Schachtelprivileg hat nur eine begrenzte Reichweite: Die Steuerfreiheit kann von den Anteilseignern der inländischen Kapitalgesellschaftsholding grundsätzlich nicht in Anspruch genommen werden. Soweit nämlich die steuerfreien Schachteldividenden weiter ausgeschüttet werden, wird die Besteuerung auf Gesellschafterebene nachgeholt, soweit es sich um natürliche Personen handelt.[388] Das gilt nur dann nicht, wenn die steuerfreien Schachteldividenden an andere vorgeschaltete Kapitalgesellschaften ausgeschüttet (§ 8b Abs. 1 KStG)[389] oder aber im Rahmen einer Organschaft als Einkommen einer anderen Kapitalgesellschaft zugerechnet[390] werden.[391]

Das vorgenannte internationale Schachtelprivileg findet seine Erweiterung in § 8b Abs. 2 KStG, wonach die Gewinne aus der Veräußerung von Kapitalanteilen von der KSt freizustellen sind.[392] Auch diese steuerfreien Veräußerungsgewinne können ohne weitere Steuerbelastung[393] an andere vorgeschaltete Kapitalgesellschaften weiter ausgeschüttet werden gem. § 8b Abs. 1 KStG.[394]

---

[387] Vgl. *Köhler*, DStR 2000, Heft 15, S. 613 f.

[388] Halbeinkünfteverfahren gem. § 3 Nr. 40 EStG.

[389] Allerdings werden 5% als nicht abzugsfähige Ausgaben behandelt (§ 8b Abs. 5 KStG), so dass im Ergebnis nur 95% der Dividenden freigestellt sind.

[390] Gemäß § 15 S. 2 KStG kann die abkommensrechtliche Steuerbefreiung aufgrund des internationalen Schachtelprivilegs von natürlichen Personen nicht in Anspruch genommen werden.

[391] Vgl. *Schaumburg/Jesse*, Holding-Handbuch, 2004b, § 14 Rz. 119.

[392] Vgl. *Köhler*, DStR 2000, Heft 15, S. 614 f.

[393] Allerdings werden 5% als nicht abzugsfähige Ausgaben behandelt (§ 8b Abs. 3 KStG), so dass im Ergebnis nur 95% der Veräußerungsgewinne freigestellt sind.

[394] Vgl. *Schaumburg/Jesse*, Holding-Handbuch, 2004b, § 14 Rz. 120; *Köhler*, DStR 2000, Heft 44, S. 1849.

b) Gestaltungen mit einer inländischen Zwischenholding

i) Beteiligungsholding für eine Nicht-Kapitalgesellschaft als Spitzeneinheit

Mittelständische Unternehmensgruppen haben in Deutschland noch oftmals eine Personengesellschaft als Familien-Holding an ihrer Spitze, die die operativen Töchter direkt hält.

Dies führt jedoch zu steuerlich ungünstigen Ergebnissen.

Personengesellschaften sind international dualen Rechtsstrukturen unterworfen: Im Zivilrecht werden sie entweder wie Kapitalgesellschaften als rechtsfähige Personen anerkannt[395] oder es wird ihnen die Rechtsfähigkeit ganz oder teilweise versagt.[396] Das Steuerrecht knüpft an diese zivilrechtlichen Vorgaben nur partiell an. So werden Personengesellschaften in einzelnen Staaten als eigenständige Steuersubjekte behandelt. In anderen Staaten dagegen, wie etwa in der Bundesrepublik Deutschland, werden sie für Zwecke der Umsatzsteuer als Steuersubjekte und für Zwecke der Einkommensteuer/Körperschaftsteuer nach Maßgabe der Mitunternehmerkonzeption (Transparenzprinzip) nur als eigenständige Gewinnerzielungs- und Gewinnermittlungssubjekte, nicht aber als Steuersubjekte eingestuft[397]. Es unterliegen daher nicht die Personengesellschaften selbst, sondern ausschließlich ihre Gesellschafter der Einkommensteuer[398]. Die Doppelbesteuerung wird hierbei im Wesentlichen durch das Halbeinkünfteverfahren[399] und durch Anrechnung etwaiger ausländischer Quellensteuern[400] vermieden. Die Quel-

[395] So etwa im romanischen Rechtskreis.

[396] So etwa im deutschen Steuerrecht.

[397] Gem. § 1 Abs. 1 S. 1 EStG sind nur natürliche Personen einkommensteuerpflichtig. Anders als für Körperschaften, für die das Körperschaftsteuergesetz gilt, gibt es für Personengesellschaften auch kein eigenes Gesetz. Personengesellschaften werden daher nicht als steuerpflichtiges Rechtssubjekt behandelt. Abzustellen ist vielmehr auf die einzelnen Gesellschafter. Dieses „Durchschlagen" auf den Gesellschafter wird als Transparenzprinzip bezeichnet. Für Körperschaften gilt hingegen das Trennungsprinzip. Körperschaften und Anteilseigner sind getrennt zu betrachten. Vgl. dazu *Beck*, Besteuerung von Beteiligungen, 2004, S. 30 ff.

[398] § 15 Abs. 1 S. 1 Nr. 2 EStG.

[399] § 3 Nr. 40 EStG.

[400] § 34c Abs. 1 EStG.

lensteuerbefugnis des ausländischen Staates ist der Höhe nach beschränkt und übersteigt in den deutschen DBA in keinem Fall 25%.[401]

Da sowohl Personen- als auch Kapitalgesellschaften im Inland der Gewerbesteuer unterliegen, kann es bei einem mehrstufigen Gesellschaftsaufbau auch hier zu Doppel- und Mehrfachbelastungen kommen. Die Personengesellschaft ist gem. § 2 Abs. 1 S. 2 GewStG selbst Gewerbesteuersubjekt, falls es sich um ein gewerbliches Unternehmen i. S. d. § 15 EStG handelt. Auf der Ebene der Personengesellschaft wird der Gewerbeertrag um Dividenden aus inländischen Tochterkapitalgesellschaften nach § 9 Nr. 2a GewStG gekürzt, wenn die Beteiligung zu Beginn des Erhebungszeitraumes mindestens 10% beträgt.[402] Für Dividenden aus dem Ausland wird die Doppelbesteuerung durch § 9 Nr. 7 GewStG vermieden. Zwar schlägt die hälftige Dividendenfreistellung[403] auf die Gewerbesteuer durch, gem. § 8 Nr. 5 GewStG erfolgt aber eine Hinzurechnung, soweit nicht die Voraussetzungen[404] des § 9 Nr. 2a oder 7 GewStG vorliegen.[405]

Bei Gesellschaften in der Rechtsform der **Kapitalgesellschaft** ist die internationale Strukturhomogenität sowohl in gesellschaftsrechtlicher als auch in steuerrechtlicher Hinsicht im Vergleich zu Personengesellschaften weitgehend gewährleistet. So sind Kapitalgesellschaften durchweg mit eigenständiger zivilrechtlicher und steuerrechtlicher Rechtsfähigkeit ausgestattet, so dass insbesondere im grenzüberschreitenden Leistungs- und Kapitaltransfer steuerliche Qualifikationskonflikte selten sind. Die Folge des Grundsatzes der steuerlichen Eigenständigkeit (Steuerrechts-Subjektivität) von Kapitalgesellschaften ist, dass ihr Einkommen unabhängig von dem der Anteilseigner der Besteuerung unterworfen wird. Dieses Trennungsprinzip bewirkt, dass die Besteuerung sowohl auf Gesellschafts- als auch auf Gesellschafterebene eingreift. Die Besteuerung auf Gesellschafterebene wird allerdings grundsätzlich bis zur Ausschüttung seitens der Kapitalgesellschaft hinausgescho-

---

401 Vgl. Übersicht bei *Vogel*, DBA-Kommentar, 2003, Art. 10 Rz. 67.

402 Vgl. *Schaumburg/Jesse*, Holding-Handbuch, 2004a, § 13 Rz. 265; *Kessler/Kahl*, DB 2002, S. 1018.

403 § 3 Nr. 40 EStG.

404 Zu den Voraussetzungen siehe die gewerbesteuerliche Behandlung von Dividenden bei Kapitalgesellschaften im Folgenden.

405 Vgl. *Kessler/Kahl*, DB 2002, S. 1017; sowie *Watermeyer*, GmbH-StB 2002, S. 200 ff.

ben (sog. deferral-principle). Damit entfaltet die Kapitalgesellschaft in steuerlicher Hinsicht bei Thesaurierung eine Abschirmwirkung. Wird ausgeschüttet, so entsteht keine über die übliche steuerliche Gesamtbelastung hinausgehende Doppelbelastung, weil der Ausschüttungsempfänger die Dividenden im Ergebnis entweder nur zu 5% (§ 8b Abs. 5 KStG) oder nur zur Hälfte (§ 3 Nr. 40 EStG)[406] zu versteuern hat.[407]

Die **steuerliche Abschirmwirkung** der Kapitalgesellschaften gegenüber ihren Anteilseignern führt schließlich auch dazu, dass den Kapitalgesellschaften für bestimmte Einkünfte gewährte Steuerbefreiungen den Gesellschaftern im Ergebnis grundsätzlich nicht zugute kommen. Angesprochen sind hierbei insbesondere die Steuerbefreiungen gem. § 8b Abs. 1, 2 KStG. Diese Steuerbefreiungen gelten nur für die Kapitalgesellschaft selbst. Im Ergebnis werden daher bei der Kapitalgesellschaft steuerfrei gestellte Gewinne durch Ausschüttung beim Anteilseigner, soweit er eine natürliche Person ist, grundsätzlich auf die für ihn unter Berücksichtigung des Halbeinkünfteverfahrens maßgebliche einkommensteuerliche Endbelastung heraufgeschleust.[408]

Die begrenzte Reichweite der für Dividenden maßgeblichen Steuerbefreiungen führt in aller Regel zu einem Thesaurierungsgebot. Die entsprechende Liquidität wird in diesen Fällen z. B. im Darlehenswege verfügbar gemacht, wodurch (internationale) Holdings als Folge nicht selten wichtige Finanzierungsfunktionen für den Konzern übernehmen.

Für **gewerbesteuerliche Zwecke** greift die Dividendenbefreiung nach § 8b Abs. 1 KStG aufgrund der Regelung des § 7 S. 1 GewStG grundsätzlich

[406] Effektiver Spitzensteuersatz 2006: 44,31% (42% Einkommensteuerspitzensatz + 5,50% Solidaritätszuschlag) bzw. 22,16% bei Berücksichtigung des Halbeinkünfteverfahrens (44,31% x 0,5), ohne Berücksichtigung der Kirchensteuer. Der Spitzensteuersatz beginnt ab einem zu versteuernden Einkommen von 52.152 Euro.

[407] Vgl. *Schaumburg/Jesse*, Holding-Handbuch, 2004a, § 13 Rz. 13.

[408] Vgl. *Schaumburg/Jesse*, Holding-Handbuch, 2004a, § 13 Rz. 31. Eine Ausnahme von dieser Nachholwirkung ergibt sich lediglich für Weiterausschüttungen an andere Kapitalgesellschaften, insbesondere innerhalb eines Konzerns, nach Maßgabe des § 8b Abs. 1 KStG sowie im Falle der Einkommenszurechnung aufgrund einer körperschaftsteuerlichen Organschaft, soweit hierfür die in § 15 Nr. 2 KStG genannten Voraussetzungen erfüllt sind.

auch.[409] Insofern würde es auf die Kürzungsvorschrift des § 9 Nr. 2a GewStG (nationales gewerbesteuerliches Schachtelprivileg) bzw. des § 9 Nr. 7 GewStG (internationales gewerbesteuerliches Schachtelprivileg) nicht ankommen. Der Gesetzgeber hat jedoch in § 8 Nr. 5 GewStG durch das Unternehmenssteuerfortentwicklungsgesetz v. 20.12.2001[410] erstmals für den Erhebungszeitraum 2001 eine spezielle Hinzurechnung für Streubesitzdividenden angeordnet. Danach sind dem gewerbesteuerlichen Gewinn die nach § 3 Nr. 40 EStG bzw. § 8b Abs. 1 KStG außer Ansatz bleibenden Gewinnanteile (Dividenden) und die diesen gleichgestellten Bezüge und erhaltenen Leistungen aus Anteilen an einer Körperschaft, Personenvereinigung oder Vermögensmasse i. S. d. KStG, soweit sie nicht die Voraussetzungen des § 9 Nr. 2a oder 7 GewStG erfüllen, wieder hinzuzurechnen.[411] Betroffen sind hiervon insbesondere in- und ausländische Streubesitzdividenden sowie ausländische Dividenden, die von nicht aktiv tätigen ausländischen Tochtergesellschaften ausgeschüttet werden (§§ 8 Nr. 5, 9 Nr. 7 GewStG). Die vorstehende Einschränkung gilt allerdings nicht für Ausschüttungen, die nach Abkommensrecht steuerfrei sind.[412] Gewähren die Doppelbesteuerungsabkommen eine Steuerfreistellung, ohne dass diese von einer aktiven Tätigkeit der Auslandsgesellschaften abhängig gemacht wird, geht die gewerbesteuerliche Hinzurechnung gem. § 8 Nr. 5 GewStG ins Leere.[413]

Die Dividenden unterliegen auch dann nicht der Gewerbesteuer, sofern das nationale oder internationale **gewerbesteuerliche Schachtelprivileg** greift, dieses bewirkt beim Gewerbeertrag, dass die Summe des Gewinns und der Hinzurechnungen um die Gewinne aus Anteilen an einer inländischen Kapitalgesellschaft oder einer aktiv tätigen, ausländischen Kapitalgesellschaft oder einer EU-Tochtergesellschaft[414] bei einer Beteiligung von jeweils min-

---

[409] Dies gilt auch für die Fälle in denen eine Personengesellschaft zwischengeschaltet ist. Vgl. BMF-Schreiben v. 28.04.2003, BStBl. I 2003, S. 292, Rz. 57; kritisch hierzu *Rödder/Schumacher*, DStR 2003, S. 916.

[410] BGBl. I 2003, S. 3858.

[411] Vgl. *Schaumburg/Jesse*, Holding-Handbuch, 2004a, § 13 Rz. 245.

[412] Zu weiteren Einzelheiten vgl. *Prinz/Simon*, DStR 2002, S. 149 ff.

[413] Gem. § 2 AO gehen DBA-Regelungen den innerstaatlichen Hinzurechnungen vor. Vgl. *Prinz/Simon*, DStR 2002, S. 151.

[414] Hierzu Anlage 2 zu § 43b EStG.

destens 10%[415] gekürzt wird (§ 9 Nr. 2a und § 9 Nr. 7 S. 1 GewStG). Voraussetzung ist neben einer Mindestbeteiligungsquote von 10%, eine Mindestbesitzzeit von 12 Monaten sowie eine aktive Tätigkeit der ausländischen Tochtergesellschaft i. S. v. § 8 Abs. 1 Nr. 1 bis 6 AStG (§ 9 Nr. 7 S. 1 GewStG). Für inländische und EU-Tochtergesellschaften ist demgegenüber nur erforderlich, dass die Beteiligung in Höhe von mindestens 10% seit Beginn des Erhebungszeitraums gehalten wird (§ 9 Nr. 2a GewStG).

Somit unterliegen Personen- und Kapitalgesellschaften divergierenden Besteuerungskonzeptionen; daher kommt es auf Ebene von Doppelbesteuerungsabkommen nicht selten zu Qualifikationskonflikten, so dass Personengesellschaften grundsätzlich die Abkommensberechtigung[416] versagt bleibt und die Vermeidung der Doppelbesteuerung hierdurch mitunter vereitelt wird.[417] Denn nur zwischen körperschaftsteuerpflichtigen Rechtssubjekten werden die auf die Vermeidung der Doppelbesteuerung gerichteten Steuerfreistellungen des jeweiligen nationalen Rechts[418] und der Doppelbesteuerungsabkommen[419] angewandt.[420] Darüber hinaus können die besonderen abkommensrechtlichen[421] und europarechtlichen[422] Quellensteuerbegrenzungen für Schachteldividenden ebenfalls nur von Kapitalgesellschaften beansprucht werden.[423]

Dieses steuerlich gebotene Rechtsformerfordernis wird von inländischen Personengesellschaftskonzernen zumeist dadurch erfüllt, dass die Beteili-

---

415 Eine mittelbare Beteiligung etwa über eine vermögensverwaltende Personengesellschaft reicht aus; BFH v. 17.05.2000, BStBl. II 2001, S. 685.

416 Vgl. ausführlich zur Problematik der Abkommensberechtigung von Personengesellschaften *Vogel,* DBA-Kommentar, 2003, Art. 1 Rz. 14 ff.

417 Vgl. *Schaumburg/Jesse*, Holding-Handbuch, 2004b, § 14 Rz. 2.

418 Z. B. § 8b Abs.1 KStG.

419 Art. 23A Abs. 1 OECD-Musterabkommen gilt zwar nur für Kapitalgesellschaften, die deutsche Finanzverwaltung gewährt das internationale Schachtelprivileg aber allen unbeschränkt steuerpflichtigen Körperschaften, Personenvereinigungen und Vermögensmassen; Ausnahme: Stiftungen, deren Zuwendungen bei den Destinatären nicht der Besteuerung unterliegen; vgl. BMF-Schreiben v. 12.05.1989, RIW 1989, S. 501.

420 Ausnahme: Das internationale gewerbesteuerliche Schachtelprivileg gem. § 9 Nr. 7 GewStG kann auch von Personengesellschaften und Einzelunternehmen in Anspruch genommen werden.

421 Art. 10 Abs. 2 Buchst. a) OECD-Musterabkommen.

422 In der Bundesrepublik Deutschland durch die Mutter-Tochter-Richtlinie in Form des § 43b EStG umgesetzt.

423 Vgl. *Schaumburg/Jesse*, Holding-Handbuch, 2004b, § 14 Rz. 3.

gungen an ausländischen Kapitalgesellschaften von einer in der Rechtsform als Kapitalgesellschaft organisierten inländischen Holding gehalten werden.[424]

Zielsetzung der Zwischenschaltung einer deutschen Beteiligungsholding (GmbH, AG), die anstelle des natürlichen Anteilseigners bzw. der Personengesellschaft an der (EU-) Tochtergesellschaft beteiligt wird, ist es also, die deutsche Besteuerung der Gewinnausschüttungen (zunächst) zu vermeiden und darüber hinaus die Einbehaltung ausländischer Quellensteuern auf die Dividende zu verhindern. Dies wird aus deutscher Sicht durch folgende Normen erreicht:

- Beteiligungsprivileg des § 8b KStG zur Freistellung der empfangenen Gewinnausschüttung bzw. internationales DBA-Schachtel-privileg sofern die Voraussetzungen des § 8b Abs. 1 KStG nicht erfüllt sind;[425]
- Mutter-Tochter-Richtlinie[426] zur Vermeidung des Abzugs ausländischer Quellensteuer, die mittlerweile in das jeweilige nationale Recht aller EU-Länder umgesetzt ist.[427]

Die steuerlichen Wirkungen sind:

1. Vereinnahmte Dividenden unterliegen als steuerfreies Einkommen nicht der Körperschaftsteuer der deutschen Zwischenholding;[428] spätestens bei Weiterausschüttung an den Anteilseigner als natürliche Person kommt es aber zur deutschen Besteuerung mit dessen persönlichem Einkommensteuersatz im Ausschüttungsjahr.[429] Die eingesparte deutsche Einkommensteuer ist also streng genommen nur eine Steuerstundung. Bis dahin kann die Holding-GmbH allerdings diese (steuerfreien) Mittel für be-

---

424 Vgl. *Schaumburg/Jesse*, Holding-Handbuch, 2004b, § 14 Rz. 4. Soweit die Dachholding als GmbH & Co. KG geführt wird, übernimmt hierbei nicht selten die Komplementär-GmbH die Funktion der internationalen Holding für nachgeordnete ausländische Kapitalgesellschaften.

425 Vgl. Kap. C.III.2.a.iii), S. 142.

426 EG-Amtsblatt Nr. L 225 v. 20.08.1990, S. 6.

427 Zur Umsetzung in den einzelnen EU-Mitgliedstaaten. Vgl. *Jacobs*, Unternehmensbesteuerung, 2002, S. 164 (dort Fn. 41).

428 Allerdings werden 5% als nicht abzugsfähige Ausgaben behandelt (§ 8b Abs. 5 KStG), so dass im Ergebnis nur 95% der Dividenden freigestellt sind.

429 Halbeinkünfteverfahren gem. § 3Nr. 40 EStG.

triebliche Investitionen verwenden oder auch als Darlehen (z. B. an die Gesellschafter) weitergeben.

2. Die vorgenannte Dividendenfreistellung schlägt grundsätzlich auch auf die deutsche Gewerbesteuer durch, so dass die ausländische Dividende bei der Holding-GmbH keiner Gewerbesteuer unterliegt (§§ 8 Nr. 5, 9 Nr. 7 GewStG).

3. Das Beteiligungsprivileg des § 8b KStG verhindert aber nicht die Erhebung der ausländischen Quellensteuer auf Gewinnausschüttungen der ausländischen Tochtergesellschaft (in der Regel 5% bis 15% bei Schachtelbeteiligungen).[430] Die Quellensteuer wirkt auf Ebene der deutschen Beteiligungsholding wie eine steuerliche Definitivbelastung, da durch die Steuerfreistellung eine Anrechnung ins Leere geht. Falls die Voraussetzungen der in die jeweiligen nationalen Steuerrechtsordnungen umgesetzten Mutter-Tochter-Richtlinie hinsichtlich Beteiligungshöhe und -dauer erfüllt sind, entfällt jedoch auch die ausländische Quellensteuer.

Die Steuerfreistellung gem. § 8b Abs. 1 i. V. m. Abs. 5 KStG gilt unabhängig von dem Vorliegen eines DBA, einer bestimmten Beteiligungsquote, dem Vorliegen einer aktiven Tätigkeit, einer tatsächlichen Besteuerung im Ausland, einer bestimmten Vorbesitzzeit und wird auch beim mittelbaren Halten der Beteiligung über eine Mitunternehmerschaft (§ 8b Abs. 6 KStG) gewährt.[431]

Da die Vorteile der Mutter-Tochter-Richtlinie und des Beteiligungsprivilegs nur für Beteiligungen zwischen Kapitalgesellschaften gewährt werden, kommt es daher für eine inländische Konzernspitze in der Form einer Nicht-Kapitalgesellschaft zu einem Wettbewerbsnachteil. Hier ist eine inländische Beteiligungsholding in Form einer Kapitalgesellschaft sinnvoll, die die Beteiligungen an den ausländischen (EU-)Kapitalgesellschaften hält.

---

430 Vgl. *Vogel,* DBA-Kommentar, 2003, Art. 10 Rz. 67.

431 Vgl. *Menck*, KStG-Kommentar, 2005, § 8b KStG Rz. 30.

Beispiel:[432]

Eine deutsche Konzernspitze in der Rechtsform eines Einzelunternehmens (D-EU) hält neben ihren inländischen Beteiligungen eine Vertriebs-Kapitalgesellschaft in Belgien (Vertriebs-S.A.). Der Einzelunternehmer befindet sich in der einkommensteuerlichen Progressionsspitze[433].

Der Steuerberater rät, die Anteile an der Vertriebs-S.A. in einer deutschen Beteiligungsholding-GmbH zu halten:

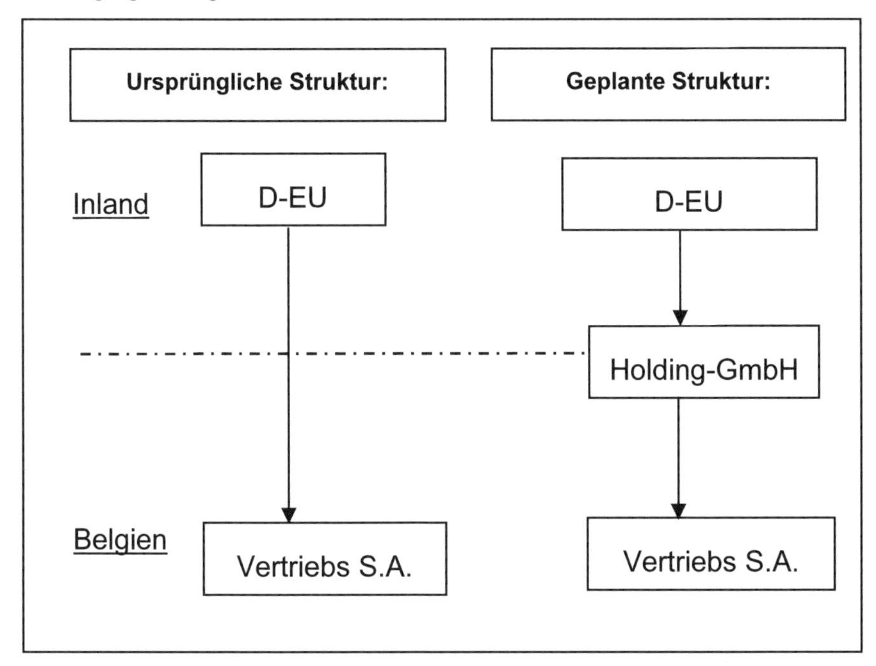

Abb. 36: Beteiligungsholding für eine Nicht-Kapitalgesellschaft als Spitzeneinheit

Die Voraussetzungen der Mutter-Tochter-Richtlinie[434] und die Aktivitätsvorbehalte des AStG sind erfüllt.

Es werden alle Ertragsteuern in Belgien und in Deutschland berücksichtigt. Bei der Gewerbesteuer wird einheitlich von einer Steuermesszahl von 5% und einem Hebe-

---

432 In Anlehnung an *Lühn,* IWB 2004, Fach 11, Gruppe 2, S. 635 ff.

433 Effektiver Spitzensteuersatz 2006: 44,31% (42% Einkommensteuerspitzensatz + 5,50% Solidaritätszuschlag) bzw. 22,16% bei Berücksichtigung des Halbeinkünfteverfahrens (44,31% x 0,5), ohne Berücksichtigung der Kirchensteuer. Der Spitzensteuersatz beginnt ab einem zu versteuernden Einkommen von 52.152 Euro.

434 Zur Umsetzung der Mutter-Tochter-Richtlinie in Belgien vgl. Kap. D.I.2.c), S. 241.

satz von 400% ausgegangen, so dass sich ein effektiver Gewerbesteuersatz (unter Berücksichtigung der Abziehbarkeit der Gewerbesteuer als Betriebsausgabe) von 16,67% ergibt. Des Weiteren werden folgende Steuersätze angenommen: Belgische Körperschaftsteuer im Sitzstaat der Tochtergesellschaft 34%[435], Quellensteuersatz für Dividenden gem. DBA Belgien-Deutschland 15%[436], inländische Körperschaftsteuer 25%[437], inländische Einkommensteuer 42%[438], Solidaritätszuschlag auf die inländische Körperschaft- und Einkommensteuer 5,5%[439]. Die Auswirkungen eines Progressionsvorbehalts auf die Einkommensteuerbelastung bleiben bei den Berechnungen unberücksichtigt:

[435] Im Rahmen der Körperschaftsteuerreform wurde der Körperschaftsteuersatz ab dem Steuerjahr 2004 vermindert auf 33% zzgl. 3% Krisenzuschlagsteuer, also insgesamt 33,99%. Aus Vereinfachungsgründen wird im Beispiel auf 34% aufgerundet. Vgl. zum KSt-Satz in Belgien *Mennel/Förster*, Steuern, 2005, Belgien Rz. 263.

[436] Vgl. Übersicht bei *Vogel*, DBA-Kommentar, 2003, Art. 10 Rz. 67.

[437] § 23 Abs. 1 KStG.

[438] § 32a Abs. 1 EStG.

[439] § 4 S. 1 SolZG.

(1) Ursprüngliche Struktur:

Belgische Vertriebs S.A. (Tochter)	
steuerpflichtiger Gewinn	100,00
- belgische KSt (34%)	34,00
= Gewinn nach Steuern	66,00
Steuerbelastung bei Thesaurierung des Gewinns in der Tochter	**34,00**
maximale Bruttoausschüttung	66,00
- belgische Quellensteuer gem. DBA Belgien-Deutschland (15%)[440]	9,90
= Nettoausschüttung	56,10

Deutsches-EU (Spitze)	
Dividendenbezüge (brutto)	66,00
- deutsche GewSt (Befreiung gem. § 9 Nr. 7 GewStG)	0,00
= Gewinnanteil des Gesellschafters	66,00
- davon 50% steuerfrei gem. § 3 Nr. 40 S. 1 Buchst. d i. V. m. S. 2 EStG	33,00

[440] Die Befreiung von der Quellensteuer nach der Mutter-Tochter-Richtlinie ist nicht anwendbar, da ein deutsches Einzelunternehmen nicht der Körperschaftsteuer unterliegt und somit nicht in den Anwendungsbereich der Richtlinie fällt.

= steuerpflichtige Einkünfte des Gesellschafters	33,00
tarifliche ESt (42%)	- 13,86
Anrechnung der belgischen Quellensteuer gem. § 34c Abs. 1 EStG[441]	+ 9,90
- zu zahlende ESt	3,96
- Solidaritätszuschlag (5,5%)	0,22
+ steuerfreier Teil der bezogenen Nettodividende[442]	23,10
= Gewinn nach Steuern[443]	51,92
Steuerbelastung bei Ausschüttung des Gewinns an die Spitze[444]	**48,08**

[441] Anrechenbar ist der niedrigste Betrag aus den drei Obergrenzen (OG): OG1 = ausländische Steuer (9,90); OG2 = ESt (13,86); OG3 = ausländische Einkünfte x ESt / Summe der Einkünfte (13,86 = 33,00 x 13,86 / 33,00). Vgl. zur Anrechnungshöchstbetragsrechnung z. B. *Vogel*, DBA-Kommentar, 2003, Art. 23 Rz. 125; *Amann/Göttsche/Stockmann*, RIW 2003, S. 814 ff.

[442] Steuerfreier Teil der bezogenen Nettodividende (23,10) = Nettoausschüttung (56,10) - steuerpflichtige Einkünfte des Gesellschafters (33,00).

[443] Gewinn nach Steuern (51,92) = steuerpflichtige Einkünfte des Gesellschafters (33,00) - zu zahlende ESt (3,96) - SolZ (0,22) + steuerfreier Teil der bezogenen Nettodividende (23,10).

[444] Steuerbelastung bei Ausschüttung des Gewinns (48,08) = belgische KSt (34,00) + belgische QSt. (9,90) + tarifliche ESt (13,86) - Anrechnung belgischer QSt. (9,90) + SolZ (0,22).

(2) Geplante Struktur:

Belgische Vertriebs S.A. (Tochter)	
steuerpflichtiger Gewinn	100,00
- belgische KSt (34%)	34,00
= Gewinn nach Steuern	66,00
Steuerbelastung bei Thesaurierung des Gewinns in der Tochter	**34,00**
maximale Bruttoausschüttung	66,00
- belgische Quellensteuer (Befreiung gem. Mutter-Tochter-Richtlinie)[445]	0,00
= Nettoausschüttung	66,00

[445] Die Befreiung von der Quellensteuer nach der Mutter-Tochter-Richtlinie ist gem. Art. 5 Abs. 1 Mutter-Tochter Richtlinie anwendbar, da eine deutsche Holding in der Form einer Kapitalgesellschaft der Körperschaftsteuer unterliegt und somit in den Anwendungsbereich der Richtlinie fällt.

Deutsche-Beteiligungsholding-GmbH	
Dividendenbezüge (brutto)	66,00
- davon steuerfrei gem. § 8b Abs. 1 KStG	66,00
+ steuerpflichtiger Betrag gem. § 8b Abs. 5 KStG (5% der Bruttoausschüttung)[446]	3,30
= steuerpflichtiger Gewinn vor Ertragsteuern	3,30
- Gewerbesteuer (effektiv 16,67%)[447]	0,55
= steuerpflichtiger Gewinn vor Körperschaftsteuer	2,75
- Körperschaftsteuer (25%)	0,69
- Solidaritätszuschlag (5,5%)	0,04
+ steuerfreier Teil der bezogenen Nettodividende[448]	62,70
= Gewinn nach Steuern[449]	64,72
Steuerbelastung bei Ausschüttung des Gewinns an die Holding[450]	**35,28**

Beurteilung: Der Gewinn nach Steuern beträgt bei der deutschen Beteiligungsholding-GmbH 64,72 anstatt nur 51,92 bei direkter Beteiligung der D-EU.

[446] Steuerpflichtiger Betrag (3,30) = Dividendenbezüge brutto (66,00) x steuerpflichtiger Betrag (0,05).

[447] Gewerbesteuer (0,55) = Steuerpflichtiger Gewinn vor Ertragsteuern (3,30) x GewSt-Satz (0,1667).

[448] Steuerfreier Teil der bezogenen Nettodividende (62,70) = Nettoausschüttung (66,00) - steuerpflichtiger Gewinn vor Ertragsteuern (3,30).

[449] Gewinn nach Steuern (64,72) = steuerpflichtiger Gewinn vor Ertragsteuern (3,30) - GewSt (0,55) - KSt (0,69) - SolZ (0,04) + steuerfreier Teil der bezogenen Nettodividende (62,70).

[450] Steuerbelastung bei Ausschüttung des Gewinns (35,28) = belgische KSt (34,00) + GewSt (0,55) + KSt (0,69) + SolZ (0,04).

Soweit das in der Rechtsform eines Einzelunternehmens oder einer Personengesellschaft geführte Unternehmen über Beteiligungen an Kapitalgesellschaften verfügt, die ihre Gewinne zumindest zum Teil ausschütten, sollten diese daher in eine Beteiligungskapitalgesellschaft eingebracht werden. Dies bedeutet, dass die bisherigen Tochterkapitalgesellschaften zu Enkelkapitalgesellschaften werden.

Bei der Beteiligungsgesellschaft sind die Gewinnausschüttungen der nunmehrigen Enkelkapitalgesellschaften bei einer Beteiligung von mehr als 10% nicht nur bei der Körperschaftsteuer von der Besteuerung ausgenommen, sondern auch bei der Gewerbesteuer (§ 8b Abs. 1 KStG, § 8 Nr. 5 GewStG i. V. m. § 9 Nr. 7 GewStG)[451]. Darüber hinaus kann durch die Holding die Quellensteuerbelastung durch Anwendung der Mutter-Tochter-Richtlinie vermieden werden.

Die Einkünfte aus einer Auslandsgesellschaft sind jedoch nur solange in Deutschland steuerbefreit, wie diese auf Ebene der Beteiligungsholding thesauriert werden können. Bei Weiterschüttung an den Anteilseigner als natürliche Person kommt es zur deutschen Besteuerung mit dessen persönlichem Einkommensteuersatz im Ausschüttungsjahr.[452] Die eingesparte deutsche Einkommensteuer ist also streng genommen nur eine Steuerstundung. Bis dahin kann die Holding-GmbH allerdings diese (steuerfreien) Mittel für betriebliche Investitionen verwenden.

Falls die Auslandserträge als Liquidität bei der Dachgesellschaft (Einzelunternehmen) gebraucht werden, ohne durch Ausschüttung die Steuerfreiheit zu gefährden, sollten diese als Darlehensmittel an das Einzelunternehmen gegeben werden. Zinseinnahmen der deutschen Zwischenholding-GmbH werden durch Zinsausgaben der Dachgesellschaft kompensiert, was durch eine ertragsteuerliche Organschaft optimiert werden kann.[453]

---

[451] Allerdings werden 5% als nicht abzugsfähige Ausgaben behandelt (§ 8b Abs. 5 KStG), so dass im Ergebnis nur 95% der Dividenden freigestellt sind. Diese 5%ige Kostenpauschale unterliegt der Körperschaftsteuer, der Gewerbesteuer und dem Solidaritätszuschlag. Zu diesem Kaskadeneffekt vgl. auch Kap. C.III.1.a), S. 131.

[452] Halbeinkünfteverfahren gem. § 3 Nr. 40 EStG.

[453] Gem. § 14 Abs. 1 S. 1 Nr. 2 S. 2 KStG i.V.m. § 15 Abs. 1 Nr. 2 EStG können auch inländische Personengesellschaften Organträger sein.

ii) Beteiligungsholding für eine Kapitalgesellschaft als Spitzeneinheit

Der Dividendentransfer zwischen inländischer Kapitalgesellschaft einerseits und in- oder ausländischer Kapitalgesellschaft andererseits ist gem. § 8b Abs. 1 KStG ohne jede Vorbedingung steuerlich freigestellt.[454] Das bedeutet, dass eine Mindestbesitzzeit ebenso wenig erforderlich ist wie eine Mindestbeteiligungsquote. Darüber hinaus wird die Steuerfreistellung auch nicht davon abhängig gemacht, ob die ausschüttende inländische Kapitalgesellschaft aktiv tätig oder in bestimmter Höhe steuerlich vorbelastet ist. Ohne Bedeutung ist schließlich auch, ob zwischen der ausschüttenden und empfangenden Kapitalgesellschaft eine Personengesellschaft zwischengeschaltet ist (§ 8b Abs. 6 KStG). Entsprechendes gilt auch für aus dem Ausland stammende Dividenden.

Aus diesem Grund entfällt nunmehr die Notwendigkeit Beteiligungen unmittelbar an die deutsche Konzernspitze anzuhängen, womit sich der Aufbau der Konzernstruktur erheblich flexibler gestalten lässt. Dadurch, dass nicht mehr sämtliche Beteiligungen unmittelbar unter die (Teil–) Konzernspitze zu bündeln sind, wird m. E. auch der organisatorische Gestaltungstrend zu **Spartenholdings** steuerlich unterstützt. Denn jede inländische Spartengesellschaft kann so Beteiligungen und Kooperationen eingehen, Joint-Ventures auch zusammen mit einem Auslandspartner gründen, ohne operative Interessen von Schwestergesellschaften zu beeinträchtigen. Selbst Beteiligungen von konzernfremden Gesellschaften an Teilbereichen sind möglich und kommen in den Vorteil des körperschaftsteuerlichen Beteiligungsprivilegs für Weiterschüttungen. Die Möglichkeit einer Beteiligung an spezifischen Teilbereichen des Konzernverbundes ist gerade bei strategischen Allianzen von Bedeutung. Darüber hinaus kann die Zusammenfassung von In- und Auslandsbeteiligungen in einer deutschen Holdinggesellschaft der Bildung einer § 8a KStG Holding dienen, der Nutzung des Veräußerungsprivilegs[455], der Verrechnung inländischer Gewinne und Verluste über eine Lan-

[454] Allerdings werden 5% als nicht abzugsfähige Ausgaben behandelt (§ 8b Abs. 5 KStG), so dass im Ergebnis nur 95% der Dividenden freigestellt sind.

[455] § 8b Abs. 2 KStG.

desholding und damit auch der Vermeidung der 5% nichtabzugsfähigen Betriebsausgaben[456].[457]

Während § 8b Abs. 5 KStG i. d. F. des Steuersenkungsgesetzes (bzw. § 8b Abs. 7 KStG) im Falle des Bezuges von Dividenden aus ausländischen Tochterkapitalgesellschaften eine Steuerpflicht für 5% der ausländischen Dividende vorsah, hat der Gesetzgeber [458] § 8b Abs. 5 KStG auch auf den Bezug inländischer Dividenden ausgedehnt. Gleichzeitig sieht § 8b Abs. 5 S. 2 KStG n. F. vor, dass § 3c Abs. 1 EStG nicht anzuwenden ist. Die Regelung führt zu einer Gleichbehandlung hinsichtlich der steuerlichen Berücksichtigung von Betriebsausgaben im Zusammenhang mit in- und ausländischen Dividenden, um somit einer möglichen EU-Rechtswidrigkeit des § 8b Abs. 5 KStG a.F. zuvorzukommen.[459]

Nach § 8b Abs. 5 KStG dürfen sämtliche im Zusammenhang mit den Beteiligungserträgen stehende Betriebsausgaben (z. B. Refinanzierungszinsen) von der körperschaftlichen Bemessungsgrundlage abgezogen werden. Die 5%-Klausel wirkt somit diskriminierend, falls überhaupt keine Betriebsausgaben in einem unmittelbaren wirtschaftlichen Zusammenhang stehen, sie wirkt begünstigend, wenn mehr Betriebsausgaben als die 5% nicht abzugsfähigen anfallen.[460]

Die Dividendenfreistellung des § 8b KStG schlägt grundsätzlich auch auf die **Gewerbesteuer** durch[461], jedoch unterliegt die 5%ige Kostenpauschale[462] der Körperschaftsteuer, der Gewerbesteuer und dem Solidaritätszuschlag, sodass es bei mehreren Ausschüttungsvorgängen zu einer kumulativen An-

---

456 § 8b Abs. 5 KStG.

457 Vgl. *Jacobs,* Unternehmensbesteuerung, 2002, S. 1114.

458 Durch das Gesetz zur Umsetzung der Protokollerklärung der Bundesregierung zur Vermittlungsempfehlung zum StVergAbG v. 22.12.2000, BGBl. I 2003, S. 2840.

459 Vgl. *Kußmaul/Zabel*, BB 2004, S. 578; *Dötsch/Pung*, DB 2004, S. 154.

460 Vgl. *Schaumburg/Jesse*, Holding-Handbuch, 2004b, § 14 Rz. 17.

461 § 9 Nr. 2a GewStG; § 9 Nr. 7 GewStG.

462 Es steht den EU-Mitgliedstaaten gem. Art. 4 Abs. 2 der Mutter-Tochter-Richtlinie frei Kosten der Beteiligung an der Tochter (Verwaltungskosten) nicht zum Abzug zuzulassen. Werden die Verwaltungskosten der Beteiligung pauschal festgesetzt, darf der Pauschalbetrag maximal 5% der Gewinne der Tochtergesellschaft betragen.

wendung des § 8b Abs. 5 KStG kommt.[463] Dieser Kaskadeneffekt führt zu einer sukzessiven Aufzehrung der Dividenden. Die Problematik des § 8b Abs. 5 KStG kann jedoch durch eine **körperschaftsteuerliche Organschaft** zwischen der Holding als Organträgerin und der nachgeschalteten Tochter als Organgesellschaft beseitigt werden.[464]

Obwohl es zu den national und international tragenden Besteuerungsprinzipien gehört, Kapitalgesellschaften als eigenständige Steuersubjekte zu behandeln, können miteinander verbundene Kapitalgesellschaften unter bestimmten Voraussetzungen eine vertikale Gewinn- und Verlustverrechnung vornehmen. Es handelt sich hierbei im Ergebnis um eine insbesondere für Holdings bedeutsame zusammengefasste Besteuerung, die unter den Voraussetzungen einer Organschaft (§§ 14 ff. KStG) möglich ist. Damit wird der wirtschaftlichen Einheit insbesondere eines Konzerns Rechnung getragen. Dies gilt auch für einen Holdingkonzern, bei dem eine mehrstufige Organschaft mit einer Dachholding als Organträger nicht selten ist. Eine grenzüberschreitende Organschaft ist dem deutschen Steuerrecht unbekannt.[465] Gesetzlich geregelt ist lediglich eine grenzüberschreitende vertikale Gewinnzurechnung, um Einkommensverlagerungen in das niedrig besteuernde Ausland zu verhindern (sog. Hinzurechnungsbesteuerung gemäß §§ 7 bis 14 AStG).[466]

Die Regelungen über die Voraussetzungen der **steuerlichen Organschaft** sind in den letzten Jahren erheblich modifiziert worden.[467] Insbesondere sind die ursprünglichen Eingliederungsvoraussetzungen (finanziell, wirtschaftlich und organisatorisch) nach Maßgabe des § 14 Abs. 1 KStG auf die finanzielle Eingliederung und den Abschluss eines Ergebnisabführungsvertrages redu-

---

463 Sog. Kaskadeneffekt. Vgl. *Schaumburg/Jesse*, Holding-Handbuch, 2004a, § 13 Rz. 252; *Kerssenbrock*, BB 2003, S. 2156 f. Die effektive Mehrbelastung durch KSt, GewSt und SolZ beträgt je nach gewerbesteuerlichem Hebesatz ca. 2% (Beim 1. Ausschüttungsvorgang). Siehe hierzu auch die Berechnungen von *Kußmaul/Zabel*, BB 2004, S. 578; *Kaminski/Strunk*, BB 2004, S. 691, die nach fünf Ausschüttungsvorgängen nur noch ca. 90% des ursprünglichen Dividenden Zuflusses berechnet haben.

464 Vgl. *Dötsch/Pung*, DB 2004, S. 155.

465 Anders in Österreich, wo seit 2005 eine grenzüberschreitende Gruppenbesteuerung möglich ist. Vgl. Kap. D.8.d), S. 293.

466 Vgl. *Schaumburg/Jesse*, Holding-Handbuch, 2004a, § 13 Rz. 52.

467 Zum Vergleich mit anderen Gruppenbesteuerungssystemen: *Watrin/Sievert/Strohm*, FR 2004, S. 1 ff.

ziert worden. Die Voraussetzungen der gewerbesteuerlichen und körperschaftsteuerlichen Organschaft sind angeglichen worden[468]. Das Rechtsinstitut der Organschaft führt dazu, dass gem. § 14 Abs. 1 S. 1 KStG das Einkommen der Organgesellschaft dem Organträger zugerechnet wird, ohne dass die Organgesellschaft hierbei ihre Steuerrechtssubjektfähigkeit einbüßt. Gem. § 2 Abs. 2 S. 2 GewStG verliert demgegenüber die Organgesellschaft ihre Steuerrechtssubjektfähigkeit mit der Folge, dass der Gewerbeertrag unmittelbar beim Organträger erfasst wird.[469]

Dividenden inländischer Tochterkapitalgesellschaften[470], die bei der Holding gem. § 8b Abs. 1 KStG steuerfrei sind, führen gem. § 8 Abs. 5 KStG zu 5% als pauschalen nicht-abzugsfähigen Betriebsausgaben.

Im vorgenannten Falle richten sich mögliche Gestaltungsüberlegungen[471] deshalb auf die Bildung einer **körperschaftsteuerlichen Organschaft**.. Dies führt dazu, dass die organschaftlichen Gewinnabführungen, die nicht als Bezüge i. S. d. § 8b Abs. 5 KStG zu qualifizieren sind[472], aus dem Anwendungsbereich des § 8b KStG herausfallen: Das zugerechnete positive Einkommen der Organgesellschaft ist nicht gem. § 8b Abs. 1 KStG steuerfrei, sondern auf der Ebene der Holding als Organträgerin steuerpflichtig und kann daher ohne weiteres mit den akquisitionsbedingten Finanzierungskosten verrechnet werden. Dieses **Organschaftsmodell** hat somit eine Doppelfunktion: Es verhindert die Anwendung des § 8b Abs. 5 KStG[473] und es er-

---

[468] Demgegenüber liegt eine umsatzsteuerliche Organschaft gem. § 2 Abs. 2 Nr. 2 UStG nur vor, wenn die finanzielle, wirtschaftliche und organisatorische Eingliederung gegeben ist.

[469] Vgl. *Schaumburg/Jesse*, Holding-Handbuch, 2004a, § 13 Rz. 268.

[470] Das Organschaftsmodell kann auch im Falle einer ausländischen Tochtergesellschaft angewandt werden, hierbei wird die Problematik des § 8b Abs. 5 durch eine körperschaftsteuerliche Organschaft zwischen der inländischen Mutterkapitalgesellschaft als Organträgerin und der inländischen Holding als Organgesellschaft beseitigt.

[471] Vgl. zu weiteren Gestaltungsüberlegungen wie z. B. die Verschmelzung von nachgelagerten Gesellschaften (Verkürzung der Beteiligungskette) *Rogall*, DB 2003, S. 2186.Vgl. zur Anwendung der Organschaft als Gestaltungsinstrument in mittelständischen Strukturen *Mitsch*, INF 2003, Heft 11, S. 424 ff.; *Mitsch*, INF 2003, Heft 12, S. 467 ff.

[472] BMF-Schreiben v. 26.08.2003, BStBl. I 2003, S. 437, Rz. 24.

[473] Bei mehrstufiger Organschaft kann auch die Kumulativwirkung des § 8b Abs. 5 KStG, also das 5%ige Abzugsverbot auf jeder Ausschüttungsstufe, verhindert werden.

möglicht einen vertikalen Verlustausgleich. Dies gilt im Grundsatz auch für die gewerbesteuerliche Organschaft.[474]

Beispiel:[475]

Eine inländische Holding H hält sämtliche Anteile an ihrer inländischen Tochtergesellschaft T, wobei T ein Einkommen von 2.000.000 € erwirtschaftet hat. Dieses Einkommen wird entweder an H in voller Höhe ausgeschüttet oder es wird im Zuge der Organschaft H zugerechnet. Etwaige Rücklagenbildungen kommen also nicht in Betracht. H verfügt über keine weiteren Einkünfte und die Voraussetzungen der Organschaft gem. 14 KStG sind gegeben.

[474] Zur Wirkung des § 8b Abs. 5 KStG bei gewerbesteuerlicher Organschaft vgl. *Dötsch/Pung*, DB 2004, S. 155.

[475] In Anlehnung an *Kußmaul/Zabel*, BB 2004, S. 579 f.

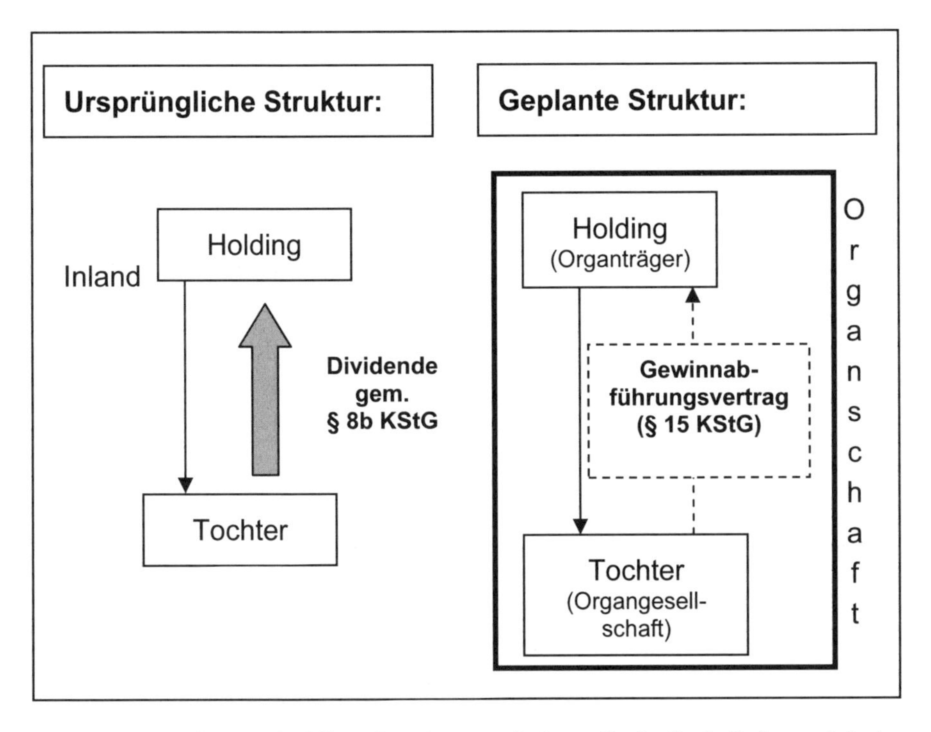

Abb. 37: Beteiligungsholding für eine Kapitalgesellschaft als Spitzeneinheit

Im Folgenden werden jeweils zuerst die Steuerwirkungen ohne Organschaft und dann mit Organschaft für den Fall der Eigenkapitalfinanzierung dargestellt. Darüber hinaus werden lediglich die Auswirkungen auf die Körperschaftsteuerbelastungen von H und T beachtet, Gewerbesteuer sowie Solidaritätszuschlag werden vernachlässigt.[476]

[476] Bei Berücksichtigung der GewSt und des SolZ fällt die Steuerersparnis durch das Organschaftsmodell noch höher aus.

(1) Ursprüngliche Struktur:

Gewinnausschüttung i. S. d. § 8b KStG	
steuerpflichtiger Gewinn T	2.000.000
- Körperschaftsteuer T (25%)	**500.000**
= maximale Bruttoausschüttung	1.500.000
Dividendenbezüge (brutto) H	1.500.000
- davon steuerfrei gem. § 8b Abs. 1 KStG	1.500.000
+ steuerpflichtiger Betrag gem. § 8b Abs. 5 KStG (5% d. Bruttoausschüttung)	75.000
= steuerpflichtiger Gewinn vor Körperschaftsteuer bei H	75.000
Körperschaftsteuer H (25%)	**18.750**
Gesamtsteuerbelastung (Körperschaftsteuer T und H)	**518.750**

(2) Geplante Struktur:

Gewinnabführung i. S. d. § 15 KStG - Organschaft	
steuerpflichtiger Gewinn T (wird H zugerechnet)	2.000.000
- **Körperschaftsteuer T (25%)**	**0**
= steuerpflichtiger Gewinn vor Körperschaftsteuer bei H	2.000.000
Körperschaftsteuer H (25%)	**500.000**
Gesamtsteuerbelastung (Körperschaftsteuer T und H)	**500.000**

Beurteilung: Durch das Organschaftsmodell zwischen der Holding als Organträgerin und der Tochter als Organgesellschaft ist es möglich die 5%ige Kostenpauschale gem. § 8b Abs. 5 KStG zu vermeiden. Grund hierfür ist die Qualifikation der Weiterleitung des Organgesellschaftseinkommens; dieses stellt nach h.M. keine Gewinnbeteiligung des Organträgers im Sinne einer (steuerfreien) Ausschüttung unter Anwendung des § 8b KStG, sondern eine Gewinnabführung dar, deren steuerliche Behandlung aus § 15 KStG hervorgeht.[477] Die Gesamtsteuerbelastung kann durch diese Gestaltung um 18.750 verringert werden.[478]

c) Gestaltungen mit einer ausländischen Zwischenholding

i) EU-Zwischenholding einer deutschen Muttergesellschaft zur Steuersatz-Gestaltung (deferral shopping)

Nach Umsetzung der Mutter-Tochter-Richtlinie fragt sich, ob eine Auslandsholding im EU-Bereich für eine deutsche Muttergesellschaft überhaupt noch Vorteile bringt. Denn Gewinnausschüttungen einer EU-Tochtergesellschaft kosten wegen der Mutter-Tochter-Richtlinie keine Quellensteuer

[477] Vgl. *Kußmaul/Zabel*, BB 2004, S. 579 f.

[478] *Dötsch* bezeichnet das Organschaftsmodell als „Königsweg" zur Vermeidung des in § 8b Abs. 5 KStG geregelten Abzugsverbotes. Vgl. *Dötsch/Pung*, DB 2004, S. 154.

mehr und sie sind wegen des Beteiligungsprivilegs bei der deutschen Muttergesellschaft ohnehin grundsätzlich steuerfrei.

Doch könnte es Gestaltungsziel einer zwischengeschalteten EU-Holding sein, einerseits ein im Vergleich zu Deutschland **günstigeres Schachtelprivileg** auszunutzen[479] und dann durch temporäre Abschirmung der Einkünfte[480] den Einkommenstransfer auf Ebene der Holding – vorübergehend – zu unterbrechen und die von der Grundeinheit empfangenen Einkünfte nicht unmittelbar an die Spitzeneinheit weiterzuleiten, sondern zu thesaurieren und zu reinvestieren.[481]

Wird die Dividendenkette (temporär) unterbrochen und die Einkünfte auf Ebene der Holdinggesellschaft thesauriert, stehen dem Unternehmensverbund die Finanzmittel für Reinvestitionen zur Verfügung. Die Holding wird auf diese Weise zu einer „Finanzdrehscheibe" im Konzern. Da die höhere Ertragsteuerbelastung, insbesondere auch verursacht durch die 5%ige Kostenpauschale gem. § 8b Abs. 5 KStG, der inländischen Muttergesellschaft zeitlich hinausgezögert werden kann, entstehen darüber hinaus Steuerstundungs- und Zinseffekte. Dieser „Zinseszins-Effekt" kann dazu führen, dass – trotz der späteren Nachversteuerung bei Weiterausschüttung an die Spitzeneinheit – ein höherer Nettoertrag als bei unmittelbarer Durchschüttung verbleibt.[482]

Eine solche Abschirmung von Einkünften ist prinzipiell auch ohne Zwischenschaltung einer Holding durch unmittelbare Thesaurierung auf der Ebene der Grundeinheit(en) denkbar. Dies gilt allerdings nur dann ohne Einschränkungen, wenn die Spitzeneinheit die Ausschüttungspolitik der betreffenden Grundeinheit(en) autonom beeinflussen kann, was z. B. bei der Beteiligung von Minderheitsaktionären oder einer Joint Venture Gesellschaft regelmäßig nicht möglich sein dürfte. Darüber hinaus ist zu berücksichtigen, dass die Thesaurierung auf der Ebene der Grundeinheit(en) nicht unbedingt

---

479 Viele EU-Standorte gewähren für Dividendeneinkünfte eine 100%ige Freistellung von der Körperschaftsteuer.

480 In der englischsprachigen Literatur wird diese Gestaltungstechnik „primary sheltering" genannt.

481 Vgl. *Kessler*, Handbuch-Steuerplanung, 2003, S. 169.

482 Vgl. *Kessler*, Handbuch-Steuerplanung, 2003, S. 169.

die ökonomisch sinnvollste Alternative sein muss. Sofern die Gewinne der Grundeinheiten einer rentableren Anlage innerhalb oder außerhalb des Konzerns zugeführt werden sollen, erscheint es daher ökonomisch zweckmäßig, eine Holding als „Kapitaldrehscheibe“ (financial pivot) zwischenzuschalten.[483]

Die von der Holding empfangenen Dividenden können dann in einem nächsten Schritt in eine andere Einkunftsart umgeformt werden. Anders als bei der bloßen Umleitung von Einkünften verändert sich bei der Umformungsgestaltung auch die steuerliche Qualifikation der Einkünfte, da die Holding die von ihr vereinnahmten Einkünfte nicht einfach weiterleitet, sondern in Einkünfte einer anderen Einkunftsart transformiert.[484]

Ein typisches Beispiel hierfür ist die Vergabe von verzinslichen Gesellschafterdarlehen seitens der Zwischenholding an Konzerngesellschaften.[485] Hierdurch werden beispielsweise auf der Ebene der Grundeinheit Gewinnausschüttungen in Zinsaufwand umgeformt, die korrespondierenden Zinserträge entstehen dann bei der Holding. Als konkretes Gestaltungsziel für eine solche **Umformung von Gewinnausschüttungen in Zinsen** kommt insbesondere die Generierung von Erträgen in Niedrigsteuerländern in Betracht.[486]

Beispiel:

Eine deutsche Mutter (D-GmbH) hält die Anteile an ihrer italienischen Tochter nicht direkt, sondern über eine österreichische Holding GmbH. Ziel ist es die Dividenden bei der Holding zu 100% statt in Deutschland nur zu 95% steuerfrei zu vereinnahmen und diese dann als Darlehen an die Töchter (bei Bedarf auch an die italienische Vertriebs S.p.A.) weiterzugeben. Durch eine grenzüberschreitende Organschaft sollen erst Steuern bezahlt werden, wenn ein positives Ergebnis erwirtschaftet wird. Die Voraussetzungen der Mutter-Tochter-Richtlinie gelten als erfüllt, so dass keinerlei Quellensteuern anfallen.

---

[483] Vgl. *Kessler*, Handbuch-Steuerplanung, 2003, S. 169.

[484] Vgl. zur Kreditsubstitution durch die Zwischenschaltung einer Holding grundlegend *Keller*, Unternehmungsführung, 1993, S. 84 f.

[485] Vgl. zu den Überlegungen aus Sicht einer US-amerikanischen Spitzeneinheit *Endres/Dorfmüller*, PIStB 2001, S. 94.

[486] Vgl. *Kessler*, Euro-Holding, 1996, S. 86 ff.

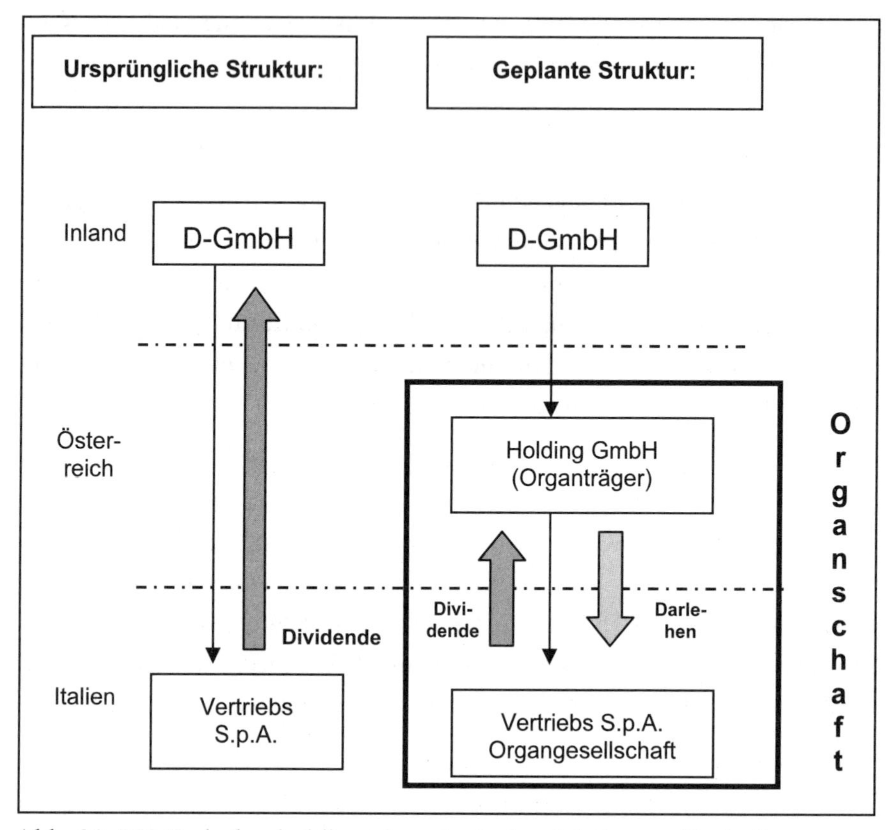

Abb. 38: EU-Zwischenholding einer deutschen Muttergesellschaft

Beurteilung: Zinserträge, die einer Holdinggesellschaft mit Sitz in Österreich zufließen, sind dort mit genau 25% Körperschaftsteuer belastet und damit i. S. d. deutschen Außensteuergesetzes nicht niedrig besteuert. Eine Hinzurechnung der Zinserträge als Zwischeneinkünfte mit Kapitalanlagecharakter kommt daher nicht in Betracht; unerheblich ist, ob die Holdinggesellschaft eigene Mittel oder Kapitalmarktmittel für die Kreditgewährungen verwendet. Die österreichische Holdinggesellschaft kann damit ihre Finanzierungsfunktion[487] ohne steuerliche Sonderbelastungen für die Gesellschafter wahrnehmen.[488]

Dividenden, die die österreichische Holdinggesellschaft von ihren Beteiligungsgesellschaften erhält, unterliegen als Schachtelerträge nicht der österreichischen Besteue-

[487] Es sind die „thin capitalization rules“ der betreffenden Länder zu berücksichtigen.

[488] Vgl. *Laudan*, Handbuch-Steuerplanung, 2003, S. 135.

rung und sind damit i. S. d. deutschen Außensteuergesetzes niedrig besteuert. Gleichwohl kommt es aber zu keiner Hinzurechnung dieser Beteiligungserträge, da nach § 8 Abs. 1 Nr. 8 AStG Dividenden zu den unschädlichen aktiven Einkünften gehören.[489] Die Holding übt durch die Finanzierungsfunktion auch eine wirtschaftliche Tätigkeit[490] aus, daher besteht auch keine Gefahr unter die deutsche Durchgriffsbesteuerung des § 42 AO zu fallen.

Darüber hinaus bietet Österreich[491], im Gegensatz zu Deutschland[492], ab 01.01.2005 die Möglichkeit, **grenzüberschreitende Organschaften** zu errichten (sog. Gruppenbesteuerung). Vorteilhaft ist eine Besteuerung des Unternehmensverbundes vor allem durch die sofortige Ergebniskonsolidierung von Gewinnen und Verlusten im Konzern. Zinseinnahmen der Zwischenholding-GmbH werden durch Zinsausgaben der Töchter kompensiert. Zinsaufwendungen sind in Italien grundsätzlich als Betriebsausgaben voll abzugsfähig.[493] Durch die Begründung einer derartigen Organschaft wird dem Organträger das Einkommen der Organgesellschaften zugerechnet (Verlagerung nach oben). Die Organschaft unterliegt mit dem konsolidierten Ergebnis der Besteuerung. Als Folge müssen erst dann Steuern bezahlt werden, wenn der Konzern als Ganzes ein positives Ergebnis erwirtschaftet. Für internationale Konzerne sind somit die Ansatzpunkte einer grenzüberschreitenden Verlustberücksichtigung (Cross border group relief shopping[494]) gegeben.

Österreich bietet damit für eine Konzernholding mit (auch) Finanzierungsfunktion insgesamt die gewünschten steuerlich günstigen Rahmenbedingungen.[495]

Falls die Auslandserträge als Liquidität bei der deutschen Muttergesellschaft gebraucht werden, die 5%ige Kostenpauschale bei Dividendenausschüttung an die D-GmbH jedoch vermieden werden soll, können die Auslandserträge auch als Darlehen[496] an die Spitzeneinheit gegeben werden. Zinserträge der Zwischen-Holding werden so durch Zinsausgaben der Muttergesellschaft kompensiert.

---

489 Vgl. *Laudan*, Handbuch-Steuerplanung, 2003, S. 135.

490 Es ist nicht erforderlich, dass die Gesellschaft als geschäftsleitende Holding (Konzernleitung) auftritt, sondern es reicht die Wahrnehmung einzelner Funktionen wie die Finanzierung mehrerer Tochtergesellschaften, die Bürgschaftsübernahme, das Ausnutzen von günstigen Finanzierungsmöglichkeiten im Ausland oder der finanziellen Ausstattung von Tochtergesellschaften. Vgl. BFH v. 09.12.1980, BStBl. II 1981, S. 339; BFH v. 29.07.1976, BStBl. II 1977, S. 268; BFH v. 29.7.1976, BStBl. II 1977, S. 268; BFH v. 23.10.1991, BStBl. II 1992, S. 1026. Vgl. auch Kap. C.II.1., S. 119.

491 Zu den Voraussetzungen für die österreichische Gruppenbesteuerung vgl. Kap. D.I.8.g), S. 295. Vgl. *Wörndl/Kornberger*, IStR 2004, S. 579. Siehe auch *Gahleitner/Furherr*, Der Konzern 2005, S. 129 ff.

492 In Deutschland müssen sowohl Organträger als auch Organgesellschaft Sitz und Geschäftsleitung im Inland nachweisen gem. § 14 Abs. 1 S. 1 und § 14 Abs. 1 Nr. 2 KStG.

493 Vgl. *Mennel/Förster*, Steuern, 2005, Italien Rz. 42.

494 Einkauf der grenzüberschreitenden Ergebniskonsolidierung. Vgl. Kap. C.I.4., S. 105.

495 Vgl. *Laudan*, Handbuch-Steuerplanung, 2003, S. 136.

496 Im Rahmen des § 8a KStG.

Trotz Umsetzung der Mutter-Tochter-Richtlinie kann also eine EU-Zwischenholding noch Sinn machen, wenn man ein günstigeres Schachtelprivileg ausnutzen, die Holding als „Kapitaldrehscheibe" einsetzen und damit auch von den Vorteilen einer grenzüberschreitenden Organschaft Gebrauch machen möchte.

ii) Dividenden-Routing über eine Auslandsholding

Ein Gestaltungsziel steueroptimalen Dividenden-Routings könnte die günstigere Durchleitung ausländischer Dividendeneinkünfte über eine Auslandsholding an die deutsche Muttergesellschaft sein. Anstelle der Weiterschüttung an die deutsche Mutter können die Gewinne auch bei der Auslandsholding steuergünstig thesauriert und vom Holdingstandort aus weiter investiert werden – z. B. durch Darlehensvergabe an in- und ausländische Konzerngesellschaften.[497] Dadurch kann zumindest ein **Steueraufschub** und damit ein Liquiditätsvorteil erreicht werden. Da ausländische Dividenden auch bei einer deutschen Mutter-Kapitalgesellschaft aufgrund des Beteiligungsprivilegs zu 95% steuerfrei vereinnahmt werden können, ist die Dividenden-Durchleitung bzw. Gewinnakkumulation durch eine Auslandsholding nur unter folgenden Voraussetzungen vorteilhafter:[498]

(1) wenn günstigere Quellensteuersätze greifen als bei Direktausschüttung an die deutsche Muttergesellschaft;[499]

(2) wenn bei der Holding die Gewinne günstigeren Besteuerungsregeln unterliegen, d. h. die Dividendeneinkünfte zu 100% von der Körperschaftsteuer freigestellt sind anstatt nur zu 95% bei direkter Anbindung der deutschen Mutter.

---

[497] Dadurch können Zwischeneinkünfte mit Kapitalanlagecharakter entstehen, die sofern die weiteren Voraussetzungen der §§ 7-14 AStG erfüllt sind eine Hinzurechnungsbesteuerung auslösen können.

[498] Vgl. *Baumgärtel/Perlet,* Standortfragen, 1994, S. 700.

[499] Vgl. hierzu ausführlich Kap.C.IV., S. 175.

Zu (1):

Die Höhe ausländischer Quellensteuersätze für Gewinnausschüttungen ist von Land zu Land unterschiedlich. Für eine deutsche Muttergesellschaft führt die Quellensteuer durch das Beteiligungsprivileg des § 8b KStG zu einer Definitivbelastung. Kann deshalb durch entsprechendes Dividenden-Routing über einen ausländischen Holdingstandort die Quellensteuerbelastung insgesamt reduziert werden, erhöht sich dadurch der Nettozufluss.[500] Es ist zu bedenken, dass eine Verlängerung der Beteiligungskette durch zwischengeschaltete Gesellschaften zumindest im Nicht-EU-Ausland regelmäßig zu einem "Kaskadeneffekt" ausländischer Quellensteuern führt: Eine Durchschüttung ausländischer Gewinne resultiert bei jedem Rechtsträger grundsätzlich in einer zusätzlichen Quellensteuerbelastung, die gerade bei Müttern in Freistellungsländern nicht anrechenbar ist.

Zu (2):

Zwar werden Beteiligungseinkünfte aus in- und ausländischen Tochtergesellschaften bei der deutschen Mutter regelmäßig durch das Beteiligungsprivileg freigestellt, doch gelten 5% als nichtabzugsfähige Betriebsausgaben. Ist die Tochter zudem in einem Land ansässig mit dem kein DBA besteht, insbesondere bestehen aus deutscher Sicht mit einigen asiatischen und lateinamerikanischen Schwellenländern derzeit keine DBA[501], werden die höheren Quellensteuersätze zur definitiven Belastung für die deutsche Muttergesellschaft. Hier wäre an sich ein Dividenden-Routing über einen Holdingstandort sinnvoll, der Gewinnausschüttungen aus der Tochtergesellschaft zu 100% freistellt und zusätzlich günstigere Quellensteuersätze im DBA vereinbart hat.

---

[500] Sog. "Treaty-shopping"-Gestaltungen; vgl. dazu im Einzelnen Kap. C.IV.3. S. 187 (mit entsprechenden Fallbeispielen).

[501] Z. B. in Asien: Brunei, Kambodscha, Laos, Taiwan; Latein-Amerika: Chile, Costa Rica (Entwurf), Kuba, Panama, Paraguay, Peru. Vgl. zum Stand der deutschen DBA per 01.01.2005: BMF v. 05.01.2005, BStBl. I 2005, S. 298 ff. Siehe dazu auch Anhang A3.

Beispiel:[502]

Eine deutsche Konzernobergesellschaft besitzt eine gewinnbringende Vertriebsgesellschaft (Tochter) in Japan, an der sie direkt beteiligt ist. Die Ausschüttungen an die deutsche Mutter unterliegen bei der japanischen Tochter nach dem DBA Deutschland-Japan einem Quellensteuerabzug von 15%[503]. Die Dividenden sind gem. § 8b Abs. 1 i.V.m § 8b Abs. 5 KStG zu 95% in Deutschland freigestellt.

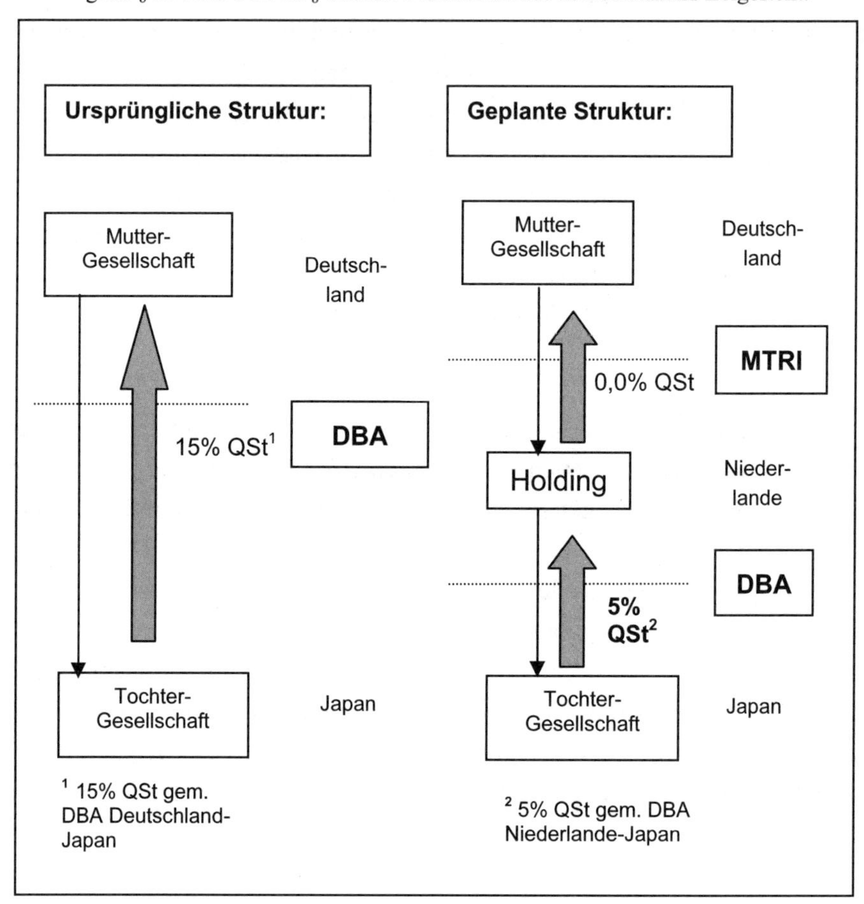

Abb. 39: Dividenden-Routing über eine Auslandsholding

---

[502] In Anlehnung an *Jacobs,* Unternehmensbesteuerung, 2002, S. 822.

[503] Vgl. IBFD, European Tax Handbook 2005, Germany 6.3.5.

Hält die MG ihre Beteiligung dagegen nicht direkt, sondern über eine Holding in den Niederlanden (NL-Holding)[504], reduziert sich die Quellensteuer auf Dividenden nach dem DBA Japan-Niederlande auf 5%[505]. Die Quellensteuerersparnis beträgt somit 10%.

Darüber hinaus gilt für Ausschüttungen der japanischen TG die niederländische Schachtelfreistellung.[506] Die Dividenden können zu 100% steuerfrei vereinnahmt werden, statt der 95% bei Direktbeteiligung der deutschen Mutter. Hier können die Dividenden dann in Form von Darlehen zur Finanzierung der Konzerngesellschaften weitergegeben werden. Die Dividenden könnten zwar auch nach Deutschland ohne niederländische Quellensteuer weiterausgeschüttet werden,[507] doch fiele dann die 5%ige Kostenpauschale an.

Eine Hinzurechnungs- bzw. Zurechnungsbesteuerung i. S. d. §§ 7-14 AStG kommt bei der deutschen MG nicht zur Anwendung, da evtl. Zwischeneinkünfte mit Kapitalanlagecharakter der niederländischen Holding[508] bzw. der japanischen Tochter[509] nicht niedrig i. S. d. § 8 Abs. 3 AStG besteuert sind.[510] Die Holding übt durch die Finanzierungsfunktion darüber hinaus eine wirtschaftliche Tätigkeit[511] aus, daher besteht auch keine Gefahr unter die deutsche Durchgriffsbesteuerung des § 42 AO zu fallen. Durch die Zwischenschaltung der NL-Holding kann hier also durch Thesaurierung auf Ebene der Holding eine Steuerersparnis in Höhe von ca. 12%[512] gegenüber einer Direktbeteiligung erreicht werden.

Damit die Zwischenschaltung einer ausländischen Holding durch eine deutsche Muttergesellschaft steuerlich anerkannt wird, müssen außer dem AStG (§§ 7 bis 14 AStG) die folgenden Restriktionen beachtet werden:

---

504 Die Anteilseinbringung ist grundsätzlich steuerneutral nach den Regeln der §§ 20 ff. UmwStG möglich.

505 Vgl. IBFD, European Tax Handbook 2005, Netherlands 6.3.5.

506 Art. 13 WVB; vgl. dazu näher Kap. D.I.7.b), S. 282.

507 Unter den Voraussetzungen der Mutter-Tochter-Richtlinie; vgl. Kap. D.I.7.c), S. 283.

508 Der Körperschaftsteuersatz in den Niederlanden beträgt 31,5%.

509 Der Körperschaftsteuersatz in Japan beträgt 30%.

510 Eine niedrige Besteuerung liegt gem. § 8 Abs. 3 AStG bei einer Besteuerung im Ausland unter 25% vor.

511 Es ist nicht erforderlich, dass die Gesellschaft als geschäftsleitende Holding (Konzernleitung) auftritt, sondern es reicht die Wahrnehmung einzelner Funktionen wie die Finanzierung mehrerer Tochtergesellschaften, die Bürgschaftsübernahme, das Ausnutzen von günstigen Finanzierungsmöglichkeiten im Ausland oder der finanziellen Ausstattung von Tochtergesellschaften. Vgl. BFH v. 09.12.1980, BStBl. II 1981, S. 339; BFH v. 29.07.1976, BStBl. II 1977, S. 268; BFH v. 29.7.1976, BStBl. II 1977, S. 268; BFH v. 23.10.1991, BStBl. II 1992, S. 1026. Vgl. Kap. C.II.1., S. 119.

512 = 10% QSt-Ersparnis + ca. 2% durch Ausnutzen der 100%igen Dividendenfreistellung d. h. Vermeidung des § 8b Abs. 5 KStG.

- Die ausländische Zwischenholding muss den Ort ihrer Geschäftsleitung (Mittelpunkt der tatsächlichen Oberleitung) tatsächlich im Ausland haben, um eine unbeschränkte Steuerpflicht im Inland zu vermeiden.[513]
- Die ausländische Zwischenholding darf aus Sicht des deutschen Steuerrechts kein funktionsloser Rechtsträger (Briefkastenfirma) sein, da sonst die Kriterien einer rechtsmissbräuchlichen Basisgesellschaft zutreffen können.[514]

Einer Quellensteuer-Reduzierung nach dem betreffenden DBA mit dem ausländischen Holdingstandort darf keine “beneficiary-Klausel” oder explizite Missbrauchsklausel des Abkommens entgegenstehen.[515]

IV. Reduzierung von Quellensteuern

1. Steuerliche Zielvorgabe

Dividenden, wie auch Zinszahlungen und Lizenzgebühren, unterliegen zur Abgeltung der beschränkten Steuerpflicht im Quellenstaat grundsätzlich einer **Bruttoabzugssteuer**[516] (Quellensteuer). Die Höhe der Quellensteuern hängt vom nationalen Steuerrecht ab und schwankt entsprechend von Land zu Land. So beträgt im deutschen Recht die Abzugssteuer für Dividenden (§ 43 Abs. 1 Nr. 1 i. V. m. § 43a Abs. 1 Nr. 1 EStG) und Lizenzzahlungen(§ 50a Abs. 4 Nr. 3 EStG) 20% der Bruttozahlung, für Zinszahlungen an Steuerausländer entfällt in der Regel eine deutsche Quellensteuer.[517] Ist der

---

[513] § 1 Abs. 1 KStG i.V.m. § 10 AO; Zum Ort der Geschäftsleitung vgl. *Schaumburg/Jesse*, Holding-Handbuch, 2004b, § 14 Rz. 155. Zum Konkurrenzverhältnis zwischen dem Ort der Geschäftsleitung und der Missbrauchsklausel des § 42 AO. Vgl. *Jacobs*, Unternehmensbesteuerung, 2002, S. 855 (dort Fn. 64). *Jacobs* kommt (auch) zu dem Ergebnis, dass § 42 AO als Auffangklausel hinter der unbeschränkten Steuerpflicht aufgrund § 1 KStG i.V.m. § 10 AO zurücktritt.

[514] § 42 AO. Vgl. hierzu *Rosenbach*, Holding-Handbuch, 2004, § 16 Rz. 13.

[515] Vgl. Kap. C.IV.2.a), S. 177 Gestaltungsgrenzen bei Treaty Shopping.

[516] In der internationalen Besteuerungspraxis werden Quellensteuern von den Einnahmen auf Bruttobasis erhoben, d. h. ohne Berücksichtigung von Betriebsausgaben und Werbungskosten. Dies führt zu einer Durchbrechung des Nettoprinzips; zur Kritik vgl. *Jacobs*, Unternehmensbesteuerung, 2002, S. 219, m.w.N.

[517] Steuerausländer unterliegen mit ihren Zinserträgen nach § 20 Abs. 1 Nr. 7 EStG grundsätzlich nur dann dem Zinsabschlag, wenn die Zinserträge im Rahmen des § 49 Abs. 1 Nr. 5 EStG der beschränkten Steuerpflicht unterliegen. Zinsen aus Guthaben bei Kreditinstituten sowie aus nicht dinglich gesicherten privaten Forderungen stammende Zinsen, sind bei beschränkt Steuerpflichtigen in Deutschland nicht steuerpflichtig.

ausländische Zahlungsempfänger in einem DBA-Land ansässig, wird die Höhe der nationalen Quellensteuern nach dem DBA zwischen Quellenstaat und Wohnsitzland in unterschiedlichem Umfang reduziert.[518]

Steuerliche Zielsetzung ist es, durch Zwischenschaltung einer Holdinggesellschaft in einem DBA-Land die (Dividenden-) Zahlungsströme[519] umzuleiten und dadurch nationale Quellensteuern zu vermeiden bzw. zu reduzieren. Die Wahl des Sitzstaates der Holding hängt dabei primär von der Ausgestaltung des dort vorhandenen DBA-Netzes ab. Die Zwischenholding dient dabei als „conduit company“[520] zur Erreichung der Abkommensberechtigung. Diese Fälle stellen das klassische Konzept einer steuerlich motivierten Holdingeinschaltung dar und werden auch als **“treaty-shopping”**-Gestaltungen[521] bezeichnet. Es geht “um die Zwischenschaltung eines Steuersubjekts zwischen den Endbezieher der Einkünfte und die Quelle der Einkünfte, um durch diese Verlängerung des Weges einen steuerlichen Vorteil zu erzielen, der bei einem direkten Bezug der Einkünfte nicht gegeben ist.”[522] Es können grundsätzlich zwei Fälle unterschieden werden:[523]

(1) Nicht-DBA-Fall: Besteht zwischen dem Quellen- und dem Wohnsitzstaat des Empfängers der Einkünfte kein DBA, unterliegen die Ausschüttungen ungemindert der Quellensteuer. Um diese zu reduzieren, wird die Beteiligung in eine Zwischenholding eingebracht, die in einem Drittstaat angesiedelt ist, der mit dem Sitzstaat der Tochter- sowie mit dem Sitzstaat der Muttergesellschaft ein DBA zur Verringerung der Quellensteuer abgeschlossen

[518] Zu den unterschiedlichen DBA-Quellensteuersätzen: Für Dividenden vgl. Übersicht bei *Vogel*, DBA-Kommentar, 2003, Art. 10 Rz. 67; für Zinsen *Vogel*, DBA-Kommentar, 2003, Art. 11 Rz. 48; für Lizenzen *Vogel*, DBA-Kommentar, 2003, Art. 12 Rz. 29. Sofern die Voraussetzungen der Zins- und Lizenzgebühren-Richtlinie erfüllt sind, wird ab dem Jahre 2005 rückwirkend bis 2004 keine Quellensteuer mehr auf Zinsen und Lizenzen in der EU erhoben.

[519] Im Folgenden wird grundsätzlich immer von einem Gewinntransfer in Form von Dividenden ausgegangen. Bei Zins- und Lizenzzahlungen ist zu bedenken, dass für diese kein Beteiligungsprivileg bzw. internationales Schachtelprivileg gilt, d. h. diese beim Zahlungsempfänger in der Regel der regulären Besteuerung unterliegen.

[520] Der englische Begriff „conduit“ lässt sich treffend mit „Kanal“ oder „Rohrleitung“ übersetzen.

[521] Es handelt sich insofern um einen speziellen Anwendungsfall des steueroptimalen Dividenden-Routings; vgl. dazu Kap. C.III.1.a), S. 131.

[522] *Jacobs,* Unternehmensbesteuerung, 2002, S. 824.

[523] Vgl. *Jacobs,* Unternehmensbesteuerung, 2002, S. 821 f.

hat. Der Empfänger der Dividende kommt so in den Genuss der Vorteile des Abkommens zwischen Drittstaat und Quellenstaat.

(2) DBA-Fall: Zwischen dem Quellenstaat und dem Sitzstaat der Konzernobergesellschaft besteht zwar ein Doppelbesteuerungsabkommen, die Einkünfte werden aber durch eine Zwischenholding über einen Drittstaat umgeleitet, der günstigere DBA-Regelungen für den Endbezieher bietet.

Eine „treaty shopping"-Gestaltung ist nur dann vorteilhaft, wenn die Summe der Quellensteuern im Sitzstaat der Grundeinheit und im Holdingstandort geringer ist als bei direkter Anbindung der Grundeinheit an die Spitzeneinheit, wobei zusätzliche Kosten der Zwischenholding zu berücksichtigen sind. Denn eine Quellensteuer-Verringerung für eine Muttergesellschaft bringt nur dann einen echten Steuervorteil, wenn empfangene Dividenden nach dem Beteiligungsprivileg bzw. dem internationalen Schachtelprivileg bei ihr von der Besteuerung freigestellt sind. Eine Steueranrechnung ginge damit nämlich ins Leere, womit ausländische Quellensteuern eine echte Zusatzbelastung auslösen. Wenn dagegen das Steuerrecht des Sitzlandes der Spitzeneinheit für Auslandserträge das Anrechnungssystem anwendet, bedeuten einbehaltene Quellensteuern auf Gewinnausschüttungen der Auslandstöchter grundsätzlich keine Mehrbelastung, da die Anrechnung die eigene Steuer entsprechend mindert. Nur in den Fällen, in denen die Anrechnung z. B. wegen einer Verlustposition ins Leere geht oder Anrechnungsüberhänge entstehen, erhöhen ausländische Quellensteuern die steuerliche Gesamtbelastung.[524]

2. Gestaltungsgrenzen bei Treaty-Shopping

a) DBA Normen gegen Treaty-Shopping

Ziel des "treaty shopping" ist es, zwischen einer Gesellschaft im Land A und einer Gesellschaft im Land B einen weiteren Rechtsträger in einem Land C zu schalten, das mit Land A oder B ein günstiges DBA abgeschlossen hat.[525] Was im deutschen Steuerrecht umständlich als missbräuchliche Zwischen-

[524] Vgl. *Kessler,* Holdingstandorte, 2002, S. 85 f.

schaltung ausländischer Gesellschaften zur Erschleichung von Abkommensvorteilen beschrieben wird, heißt im US-amerikanischen Steuerrecht bildhaft "treaty shopping": Jemand kauft sich in ein fremdes DBA ein, um es für seine Vorteile zu benutzen.[526] Da "treaty shopping" eben gerade auf die Zwischenschaltung eines selbständigen, abkommensberechtigten Steuersubjekts abzielt, führt es zu den klassischen Grundfällen steuerlich motivierter Holdinggestaltungen. "treaty shopping" kann in diesem Sinne als ein Mittel steuerlicher Holdingziele verstanden werden. Zu den Grundfällen des "treaty shopping" gehören insbesondere die Inanspruchnahme von Schachtelprivilegien[527] oder die Vermeidung bzw. Reduzierung von Quellensteuern.[528]

Das Phänomen des "treaty shopping" wird von den beteiligten Staaten natürlich nicht gern gesehen, da sie befürchten, durch diese Gestaltungen Steueraufkommen zu verlieren. Dem entspricht die internationale Auffassung, dass die DBA auch dazu dienen sollen, Steuerumgehungen zu verhindern.[529] Die Abkommenspolitik der Industriestaaten der letzten Jahre zielt daher verstärkt darauf ab, "Anti-treaty-shopping"-Klauseln in den DBA zu verankern. Vor allem die Abkommen der USA sind seit den 80er-Jahren durch den massiven Einbau solcher "Anti-treaty-shopping"-Bestimmungen gekennzeichnet.[530] So haben die USA in ihren DBA bereits mit Frankreich, Italien, Spanien, Belgien und auch Deutschland[531] mehr oder weniger umfassende Missbrauchsklauseln vereinbart[532]. Ein Beispiel ist das am 31.12.1993 in Kraft getretene neue DBA der USA mit den Niederlanden, das erstmals versucht, Missbrauchstatbestände umfassend und komplex zu regeln.[533] Nicht nur das nati-

---

525 Vgl. *Peters,* Holdinggesellschaften, 1999, S. 39.

526 Vgl. *Becker,* Erschleichung, 1985, S. 172; *Jacobs,* Unternehmensbesteuerung, 2002, S. 824.

527 Dazu Kap. C.III, S. 131.

528 Dazu Kap. C.IV., S. 175.

529 Vgl. *Kraft,* DBA-Missbrauch, 1991, S. 18, m.w.N. Zum internationalen Phänomen des "Treaty shopping" und der nationalen Rechts- und Abkommenspraxis in den verschiedenen Industriestaaten siehe die Untersuchung von *Becker/Wurm,* Treaty shopping, 1988, S. 19 ff.; Siehe zur missbräuchlichen Inanspruchnahme von DBA auch *Wassermeyer*, IStR 2000, S. 505 ff.

530 Vgl. *Kraft,* DBA-Missbrauch, 1991, S. 100 f.

531 Art. 28 DBA-USA.

532 Vgl. Übersicht bei *Becker/Thömmes,* DB 1991, S. 566.

533 In Art. 26 DBA USA-Niederlande, vgl. dazu eingehend *Galavazi,* IStR 1994, S. 225 ff. Die fragliche Klausel hat im Abkommenstext nicht weniger als 23 Seiten Umfang und klassifiziert 10 verschiedene Arten von Berechtigten.

onale Außensteuerrecht, sondern auch das Abkommensrecht wird dadurch immer komplizierter.

Die deutschen Abkommen enthalten im Vergleich zu den USA regelmäßig noch keine umfassenden Regelungen zum Problem der ungerechtfertigten DBA-Inanspruchnahme (Treaty shopping), sondern beschränken sich meist auf "Beneficiary-Klauseln"[534] oder Aktivitätsvorbehalte[535]. Eine Ausnahme von dieser Abkommenspolitik bilden z. B. die deutschen DBA mit der Schweiz[536], mit Kuwait[537], Kanada[538] und mit den USA[539], die jeweils die Abkommensberechtigung in eigenen Artikeln ausführlich regeln. Diese Einzelregelungen machen insbesondere die Abkommensberechtigung juristischer Personen von bestimmten, meist detaillierten Voraussetzungen abhängig und zielen damit letztlich gegen "treaty-shopping"-Gestaltungen. Es muss m. E. kritisch gesehen werden, wenn solche detaillierten und kasuistisch geprägten Missbrauchsklauseln in die deutschen DBA Eingang finden, die letztlich die Abkommensanwendung und damit die Rechtssicherheit erheblich erschweren oder vom jeweiligen Verwaltungsermessen abhängig machen.[540] Vielmehr existiert im deutschen nationalen Steuerrecht ohnehin

---

[534] Eine typisierende Sonderregel für einfache Missbrauchsfälle enthalten die Art. 10, 11 und 12 MA. Die Ermäßigung der Besteuerung im Quellenstaat wird nach diesen Bestimmungen davon abhängig gemacht, ob der Bezieher der Dividenden, Zinsen oder Lizenzgebühren zugleich „Nutzungsberechtigter" ist. Einer Mittelsperson zwischen Schuldner und Nutzungsberechtigtem werden also die Abkommensvergünstigungen versagt. Dies geschieht in der Erwägung, dass sie möglicherweise nur als „Strohmann" eingeschaltet sein könnte, um die Anwendung des Abkommens künstlich herbeizuführen. Vgl. *Vogel*, DBA-Kommentar, 2003, Art. 1 Rz. 120.

[535] Die meisten neueren deutschen DBA machen die Freistellung davon abhängig, dass die Einnahmen der Tochtergesellschaft ausschließlich, fast ausschließlich oder zu einem festen Anteil aus sog. „aktiven" oder „produktiven Tätigkeiten" stammen. Der Kreis der „aktiven" Tätigkeiten ist nicht in allen DBA einheitlich umschrieben. Die meisten neueren DBA verwenden jedoch eine übereinstimmende Formulierung, nach der als „aktive" Tätigkeiten aufgeführt werden: „Herstellung und Verkauf von Gütern und Waren, technische Beratung oder technische Dienstleistung oder Bank- oder Versicherungsgeschäfte" (so geregelt z. B. im DBA Ägypten, Bangladesch, China, Costa Rica (Entwurf), Ecuador, Mauritius, Mexiko, Philippinen, Sambia, Sri Lanka, Uruguay, Venezuela, Vietnam, Zypern). Vgl. *Vogel*, DBA-Kommentar, 2003, Art. 23 Rz. 74 f. Zu den Aktivitätsvorbehalten in den einzelnen DBA siehe auch Übersicht bei *Vogel*, DBA-Kommentar, 2003, Art. 23 Rz. 90; *Runge*, Handbuch-Steuerplanung, 2003, S. 1715.

[536] Art. 23 DBA-Schweiz.

[537] Art. 23 DBA-Kuwait.

[538] Art. 29 DBA-Kanada (2001).

[539] Art. 28 DBA-USA.

[540] Vgl. ebenso Kritik bei *Jacobs,* Unternehmensbesteuerung, 2002, S. 866 f. zur Missbrauchsklausel des DBA-USA.

bereits ein ausreichendes Instrumentarium, um rein steuerlich geprägte Missbrauchsgestaltungen durch Basis- oder Zwischengesellschaften zu verhindern. Diese Missbrauchsinstrumente sind speziell bei der Durchgriffsbesteuerung nach § 42 AO durch das Abkommensrecht nicht eingeschränkt. Der Dreh- und Angelpunkt eines missbräuchlichen "treaty shopping" muss daher m. E. die wirtschaftliche Substanz der zwischengeschalteten (Holding–) Gesellschaft sein. Solange ein Rechtsträger nicht als bloße funktionslose Domizilgesellschaft anzusehen ist,[541] sondern über einen eigenen Geschäftsbetrieb verfügt, kann auch kein Anhaltspunkt für ein missbräuchliches "Treaty shopping" bestehen.

b) Anti-Richtlinien-Shopping Regelungen in der EU

Da die EU verhindern will, dass ihre Steuerrichtlinien von Nicht-EU-Unternehmen steuerlich "missbraucht" werden, drohen für solche Konstruktionen zur Minimierung der Quellensteuern Anerkennungsprobleme. In Anlehnung an den bildhaft-plastischen Begriff des "treaty shopping" hat sich für Gestaltungen, die die Vorteile von EG-Steuerrichtlinien gezielt ausnutzen wollen, mittlerweile der Begriff "directive shopping" bzw. **"Richtlinien-shopping"** herausgebildet: Eine Person kauft sich in eine EG-Richtlinie ein, um diese für steuerliche Vorteile auszunutzen.[542]

Beispiel:[543]

Eine australische Gesellschaft plant eine Beteiligung an einer deutschen Tochtergesellschaft. Nach dem deutsch-australischen DBA beträgt die Quellensteuer auf Gewinnausschüttungen 15%[544]. Diese Quellensteuer kann durch Zwischenschaltung einer UK-Holding völlig wegfallen. Nach der in § 43b EStG umgesetzten Mutter-Tochter-Richtlinie entfällt die deutsche Quellensteuer für Gewinnausschüttungen an die UK-Ltd. Bei Weiterausschüttung an die australische Mutter fällt nach dem britisch-australischen DBA ebenso keine weitere Quellensteuer an[545].

---

[541] Die Basisrechtsprechung des BFH bietet dazu ausreichende Kriterien, vgl. Kap. C.II.1., S. 119.

[542] Vgl. *Kraft,* IStR 1994, S. 372.

[543] Sachverhalt nach *Knobbe-Keuk*, EuZW 1992, S. 340, z.T. aktualisiert.

[544] Vgl. IBFD, European Tax Handbook 2005, Germany 6.3.5.

[545] Vgl. IBFD, European Tax Handbook 2005, United Kingdom 6.3.1.

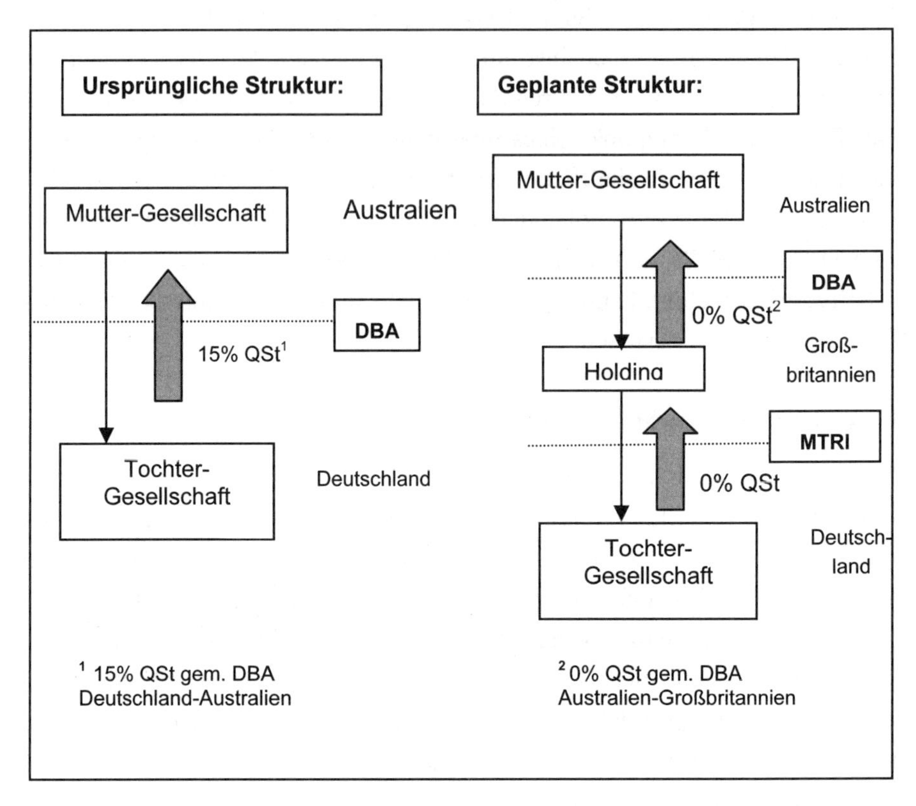

Abb. 40: Anti-Richtlinien-Shopping

Beurteilung: Nach § 50d Abs. 3 EStG könnte Deutschland die Quellensteuer-Reduzierung nach der Mutter-Tochter-Richtlinie auf 0% verweigern, falls für die Einschaltung der UK-Ltd. wirtschaftliche Gründe fehlen oder diese keine eigene Wirtschaftstätigkeit entfaltet. Zumindest die Quellensteuerreduzierung, die den Anteilseignern bei unmittelbarem Dividendenbezug nach dem DBA-Australien zustünde (15% statt regulär 20%), muss aber in jedem Fall gelten.[546]

Es stellt sich hier die generelle Frage, ob es zulässig sein kann, eine EU-Zwischenholding nach einzelstaatlichen Rechtsnormen als missbräuchlich wegen "Richtlinien-shoppings" zu qualifizieren. Wenn die EU-Zwischenholding von einer in einem Drittstaat ansässigen Gesellschaft beherrscht wird, ist nach Meinung von *Knobbe-Keuk* – im Gegensatz zu rein

[546] Vgl. *Vogel*, DBA-Kommentar, 2003, Art. 1 Rz. 124.

EU-internen Holdingkonstruktionen – ein Rückgriff auf die nationalen Missbrauchsnormen zulässig.[547] Freilich kann allein die Tatsache, dass eine EU-Zwischenholding von in einem Drittstaat ansässigen Gesellschafter beherrscht wird, noch kein Rechtsmissbrauch an sich sein, solange vernünftige wirtschaftliche Gründe für die Zwischenschaltung hinzukommen. Und ein wirtschaftlich vernünftiger Grund wäre z. B. die Zusammenfassung aller europäischen Beteiligungsgesellschaften in einer **Euro-Holding**, durch eine Nicht-EU-Spitzeneinheit.[548] Verschiedene EU-Staaten betrachten bereits die direkte oder indirekte Drittstaatsbeherrschung einer EU-Holdinggesellschaft als typisierten Rechtsmissbrauch, mit der Folge, dass sie keine Quellensteuerbefreiung für Gewinnausschüttungen einer in ihrem Land ansässigen Tochtergesellschaft an eine solche Nicht-EU-beherrschte Zwischenholding gewähren.[549] Die jeweilige Muttergesellschaft soll dabei die Beweislast tragen, dass die Zwischenschaltung der EU-Holding nicht missbräuchlich ist. Die Mutter-Tochter-Richtlinie selbst gestattet es den Mitgliedsländern, nationale Bestimmungen anzuwenden, um Missbräuche zu verhindern.[550] Solche speziellen einzelstaatlichen "Anti-Richtlinien-Shopping"-Klauseln bestehen mittlerweile in den Steuerrechtsordnungen verschiedener EU-Länder:

Dänemark:

In Dänemark gibt es eine Reihe von Anti-Missbrauchsvorschriften zu internationalen Steuergestaltungen. Dabei werden auf nationaler Ebene auch begünstigende Regelungen aus Doppelbesteuerungsabkommen wieder zurückgenommen. Es gibt zwar keine allgemeine Missbrauchs-Regelung, aber die Gerichte haben in zahlreichen Fällen eine Art von „substance-over-form“ bestätigt, wenn keine vernünftigen wirtschaftlichen Gründe für die Gestaltung bestehen.

---

[547] Vgl. *Knobbe-Keuk,* EuZW 1992, S. 340; vgl. auch *Vogel*, DBA-Kommentar, 2003, Art. 1 Rz. 112, der keine Bedenken äußert, die innerstaatlichen Rechtsnormen über Missbrauch anzuwenden.

[548] Vgl. *Knobbe-Keuk,* EuZW 1992, S. 340. Siehe auch BFH-Urteil zur Basisrechtsprechung. BFH v. 29.07.1976, BStBl. II 1977, S. 261. Vgl. auch Kap. C.II.1., S. 119.

[549] Vgl. *Peters,* Holdinggesellschaften, 1999, S. 41.

[550] Art. 1 Abs. 2 der Mutter-Tochter-Richtlinie. Eine typisierende Missbrauchsregelung, die zu einer Umkehr der Beweislast führt, ist aber nach Meinung von *Thömmes* (Missbrauchsverhütung, 1994, S. 36 f.) nicht durch die EU-Richtlinienvorgabe gedeckt.

Frankreich:
Die Quellensteuerentlastung nach der Mutter-Tochter-Richtlinie wird grundsätzlich versagt, falls eine in einem anderen EU-Land ansässige Holdinggesellschaft als Dividendenempfängerin direkt oder indirekt von Drittstaatspersonen kontrolliert wird. Die Regelung wird aber dann nicht angewendet, falls nachgewiesen wird, dass das Beteiligungsverhältnis zwischen französischer Tochter und der EU-Zwischenholding nicht hauptsächlich der Quellensteuerreduzierung dient. Nach den Verwaltungsrichtlinien kann ein solcher Nachweis durch eine entsprechende eidesstattliche Versicherung der französischen Tochtergesellschaft geführt werden.[551]

Italien:
Die Quellensteuerentlastung für Gewinnausschüttungen einer italienischen Tochtergesellschaft an eine EU-Zwischenholding, die von Personen außerhalb der EU kontrolliert wird, kann unter bestimmten Voraussetzungen verweigert werden. Ähnlich wie in Frankreich und Spanien ist dies der Fall, wenn die Zwischenholding lediglich zur Quellensteuer-Einsparung dient und keine echten wirtschaftlichen Funktionen ausübt.[552]

Luxemburg:
Das Luxemburger Steuerrecht kennt eine allgemeine Missbrauchsbestimmung. Jedoch kann das luxemburgerische Finanzamt Gestaltungen, die zwar gesetzesgetreu durchgeführt wurden, aber keinen ersichtlichen wirtschaftlich gerechtfertigten Hintergrund haben, als missbräuchlich qualifizieren und dementsprechende Maßnahmen ergreifen. Als missbräuchlich gelten Gestaltungen, die ausschließlich zum Zweck der Steuerumgehung oder -vermeidung veranlasst wurden. Die Steuer wird dann so festgesetzt, als wäre die Transaktion in der geeigneten und zweckmäßigen Form durchgeführt worden.

---

[551] Art. 119ter CGI (zit. nach *Saß,* DB 1994, S. 1590/Fn. 13); siehe auch *Mihaly,* TPIR 1993, S. 17.

Niederlande:
Der Staatssekretär im niederländischen Finanzministerium hat angekündigt, dass die Mutter-Tochter-Richtlinie nicht für Holdings z. B. in Gibraltar oder Madeira (Steuerfreizone) anwendbar sei und insofern für Gewinnausschüttungen niederländischer Tochtergesellschaften die ungemilderte niederländische Quellensteuer von 25% gelte. Der Staatssekretär führte aus, dass in Gibraltar oder Madeira ansässige Holdinggesellschaften deshalb nicht unter die Mutter-Tochter-Richtlinie fallen, weil sie nicht der regulären Besteuerung unterliegen bzw. eine Option auf eine Steuerbefreiung besitzen.[553]

Österreich:
Die Quellensteuerbefreiung nach der Mutter-Tochter-Richtlinie für Gewinnausschüttungen österreichischer Tochtergesellschaften soll in Missbrauchsfällen nicht gewährt werden. Nach einer Verordnung des österreichischen BMF[554] liegt ein Missbrauch vor, wenn eine EU-Holding nur zum Zwecke der Vermeidung der Quellenbesteuerung zwischengeschaltet wurde. Eine Befreiung vom österreichischen Quellensteuerabzug kann jedoch erfolgen, wenn die EU-Holding schriftlich erklärt, dass sie eine Betätigung entfaltet, die über eine bloße Vermögensverwaltung hinausgeht, und dass sie über eigene Arbeitskräfte und Geschäftsräume verfügt.[555]

Spanien:
Gewinnausschüttungen spanischer Tochtergesellschaften an eine EU-Zwischenholding werden dann nicht von der Quellensteuer befreit, wenn die EU-Holding rechtsmissbräuchlich und zur Umgehung der Quellensteuer eingeschaltet wird.[556]

---

552 Gesetzes-Dekret Nr. 136 vom 06.03.1993 gestützt auf das Gesetz Nr. 142 (zit. nach *Saß,* DB 1994, S. 1591/Fn. 14).

553 Siehe TLE vom 12.09.1994, S. 5.

554 öBGBl. 1995, S. 56.

555 Vgl. *Tumpel,* IStR 1995, S. 113.

556 Art. 46 Abs. 1 LIS.

Hält eine Nicht-EU-Konzernspitze ihre Beteiligungen über eine spanische Euro-Eingangsholding in der Form einer ETVE, so wird die Quellensteuerbefreiung verwährt, wenn die Muttergesellschaft in einem als Steueroase qualifizierten Land bzw. Territorium ansässig ist.[557]

Deutschland:

Neben der allgemeinen Missbrauchsnorm des § 42 AO existiert im deutschen Steuerrecht noch die speziellere Anti-treaty-shopping-Vorschrift des § 50d Abs. 3 EStG.[558] Diese Vorschrift ist im Zusammenhang mit der sog. Monaco-Entscheidung[559] des BFH zu sehen, die eine Anwendbarkeit des § 42 AO auf Gestaltungen von beschränkt Steuerpflichtigen nicht vorsah. Das Ergebnis war eine faktische Legitimation von treaty Shopping durch beschränkt Steuerpflichtige. § 50d Abs. 3 EStG zielt speziell auf ausländische Gesellschaften ab, die in einem Vertragsstaat ansässig sind, und versagt den Abkommensschutz. Hierzu muss eine an der ausländischen Gesellschaft beteiligte Person bei einer direkten Beziehung zum Inland einer höheren Steuerbelastung unterliegen und die ausländische Körperschaft gemäß den allgemeinen Kriterien für Basisgesellschaften als rechtsmissbräuchlich qualifiziert werden.[560] Grund hierfür ist, dass diesen Gestaltungen unterstellt wird, lediglich den Wegfall der Kapitalertragsteuer zwischen EU-Gesellschaften („directive shopping") gem. § 43b EStG oder die Reduzierung der Kapitalertragsteuer aufgrund des Abkommenschutzes durch ein DBA („treaty shopping") zum Ziel zu haben. Entscheidend zur Widerlegung eines angenommenen "treaty shopping" ist, dass für die Einschaltung der Zwischenholding wirtschaftliche oder sonst beachtliche Gründe bestehen oder die Holding eine eigene Wirtschaftstätigkeit entfaltet.[561] Es ist also wichtig, der (Zwi-

---

[557] Vgl. *Halla-Villa Jimenez*, RIW 2003, S. 595.

[558] Im Verhältnis zu § 42 AO war § 50d Abs. 3 EStG vor Einführung des § 42 AO Abs. 2 durch das StÄndG 2001 die hinsichtlich Tatbestand und Rechtsfolgen speziellere, den § 42 AO verdrängende Vorschrift. Dies gilt auch nach Änderung der Rechtsprechung zu § 42 AO. Vgl. *Wied*, EStG-Kommentar, 2005, § 50d EStG Rz. 57.

[559] Vgl. BFH v. 29.10.1981, BStBl. II 1982, S. 150.

[560] Vgl. BFH v. 16.01.1976, BStBl. II 1976, S. 401. Vgl. auch Kap. C.II.1., S. 119.

[561] § 50d Abs. 3 EStG lehnt sich bei der Frage nach dem Vorliegen einer wirtschaftlichen Tätigkeit an die Basisrechtsprechung zu § 42 AO an. Vgl. *Wied*, EStG-Kommentar, 2005, § 50d EStG Rz. 61 ff; Vgl. Kap. C.II.1., S. 119.

schen-) Gesellschaft noch andere Aufgaben zuzuweisen als lediglich das Halten einer Beteiligung. Wird sie als Zwischenholding ausgestaltet, wird § 50d Abs. 3 EStG in den meisten Fällen nicht anzuwenden sein, da bei typischen Holdingtätigkeiten wie der Zusammenfassung der Konzernleitung und Konzernfinanzierung keine rechtsmissbräuchliche Basisgesellschaft unterstellt wird.[562]

Falls Beteiligungen an EU-Tochtergesellschaften über eine Euro-Eingangsholding gehalten bzw. gebündelt werden, muss also die Nicht-EU-Spitzeneinheit besonders darauf achten, dass eine Missbrauchsvermutung nach den jeweiligen Klauseln des nationalen Steuerrechts entkräftet wird. Ggf. helfen hierfür spezielle Vereinbarungen zwischen der EU-Holding mit den Töchtern – wie z. B. ein Management-Vertrag –, um die tatsächliche Kontroll- und Managementfunktion der Zwischenholding bekräftigen zu können.

Auf Gestaltungen von unbeschränkt Steuerpflichtigen ist § 50d Abs. 3 EStG nicht anwendbar; diese fallen unter § 42 AO.

3. Treaty Shopping mit Holdinggesellschaften aus deutscher Sicht

a) Im Rahmen der unbeschränkten Steuerpflicht

Es geht hierbei um die Auslandsbeteiligungen einer in Deutschland unbeschränkt steuerpflichtigen Spitzeneinheit (sog. „Outbound"-Investitionen). Zielsetzung ist es, durch Zwischenschaltung einer Holding in einem Drittstaat ausländische Quellensteuern zu reduzieren bzw. zu vermeiden. Der Gewinntransfer zur deutschen Muttergesellschaft wird durch die Zwischenschaltung einer Holding vorteilhafter, wenn für die Dividenden (entsprechend für Lizenzgebühren und Zinszahlungen) günstigere Quellensteuersätze im Vergleich zum Direktbezug ausgenutzt werden können. Durch die Einschaltung einer Zwischenholding in einem Drittstaat wird die Beteiligungskette notwendigerweise verlängert. Diese Verlängerung zur Ausnutzung günstigerer Quellensteuersätze ist allerdings nur unter folgenden Voraussetzungen vorteilhaft:

---

[562] Vgl. BFH v. 29.01.1975, BStBl. II 1975, S. 553; BFH v. 29.07.1976, BStBl. II 1977, S. 261; BFH v. 09.12.1980, BStBl. II 1981, S. 339; BFH v. 23.10.1991, BStBl. II 1992, S. 1026.

(1) Der Vorteil der Quellensteuer-Minderung bzw. -Einsparung darf nicht durch eine Besteuerung des Holdingstandortes auf die durchgeleiteten Dividendeneinkünfte (über-) kompensiert werden;

(2) Die Besteuerung der Dividenden bei der deutschen Muttergesellschaft darf nicht ungünstiger sein als bei Direktbezug.

Zu (1):

Nur wenn die Dividenden bei der Zwischenholding keiner Besteuerung unterliegen, sie also letztlich steuerfrei durchgeschüttet werden können, führt die Zwischenholding zu einem Vorteil gegenüber der Direktbeteiligung. Ausländische Dividendenerträge müssen deshalb nach dem Steuerrecht des Sitzlandes der Holding durch das Schachtelprivileg freigestellt sein. Fallen außerdem bei Weiterausschüttung der Dividenden Abzugssteuern des Holdingstandortes an, müssen diese zumindest günstiger sein als bei Direktbezug.[563]

Beispiel:[564]

Die A-AG besitzt u. a. 100-prozentige Tochtergesellschaften in den Niederlanden, der Ukraine und Japan. Alle drei Gesellschaften sind profitabel, wobei die Gesellschaften in der Ukraine und Japan (trotz der harten lokalen Konkurrenz) jeweils seit Jahren Dividenden ausschütten. Die Dividenden-Quellensteuer von der Ukraine nach Deutschland beträgt 5%[565], von Japan nach Deutschland 15%[566]. Der Steuerberater schlägt vor, die Beteiligungen an diesen beiden Tochtergesellschaften steuerneutral (§ 20 ff. UmwStG) an die niederländische Tochtergesellschaft der A-AG zu übertragen, da insoweit Quellensteuervorteile im Hinblick auf die Dividendenausschüttungen eintreten („treaty shopping"). Die Dividenden-Quellensteuer von der Ukraine nach Holland beträgt 0%[567], von Japan nach Holland 5%[568].

---

563 Vgl. dazu die Darstellung der Regelungen für die einzelnen Länder in Kap. D.I., S. 219.

564 In Anlehnung an *Endres*, Steuerplanung, 2003, S. 170.

565 Vgl. IBFD, European Tax Handbook 2005, Germany 6.3.5.

566 Vgl. IBFD, European Tax Handbook 2005, Germany 6.3.5.

567 Vgl. IBFD, European Tax Handbook 2005, Netherlands 6.3.5.

568 Vgl. IBFD, European Tax Handbook 2005, Netherlands 6.3.5.

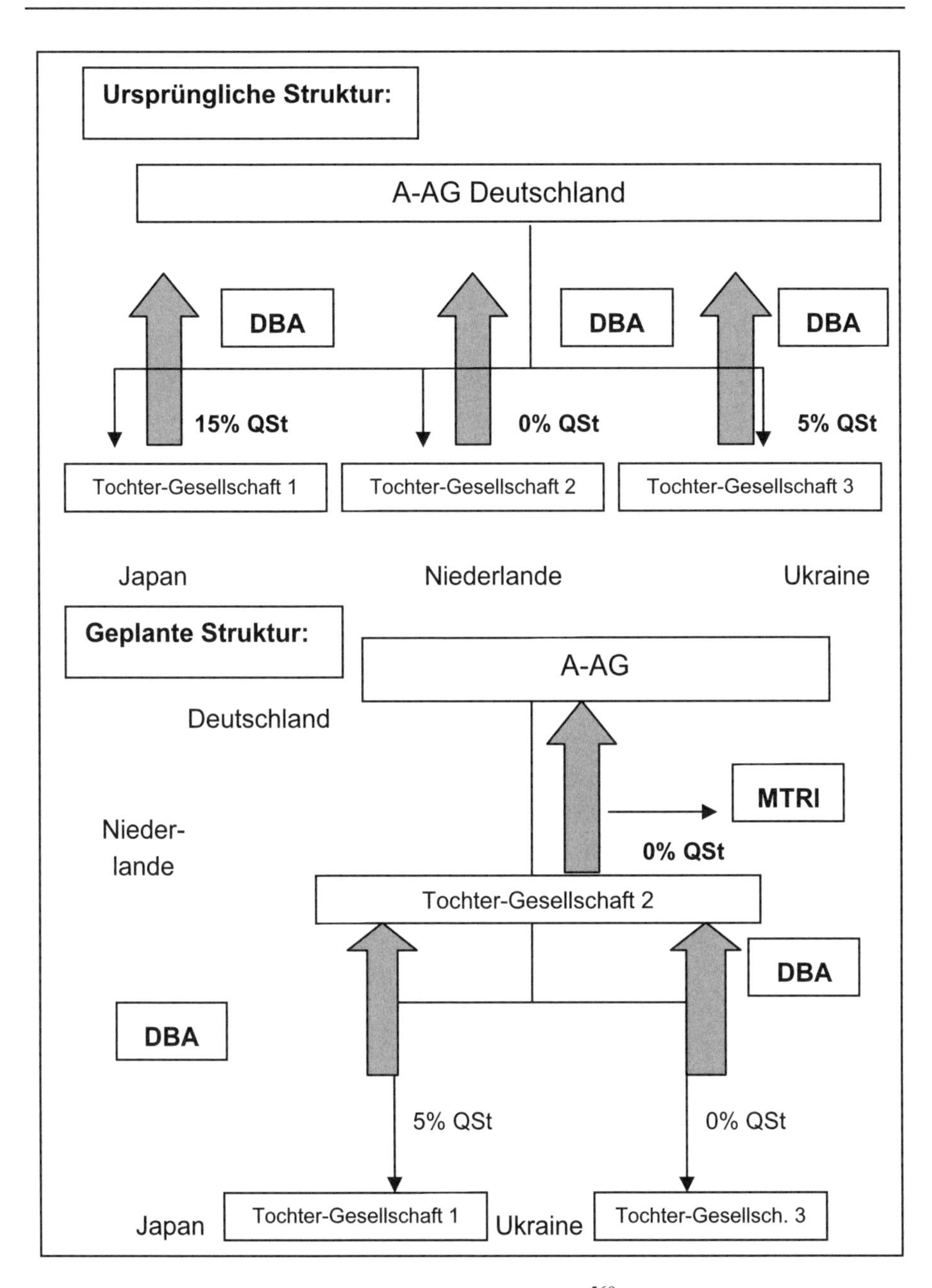

Abb. 41: Treaty Shopping bei bestehendem DBA[569]

[569] In Anlehnung an *Endres*, Steuerplanung, 2003, S. 171.

Da durch die Dividendenbefreiung (Schachtelprivileg)[570] in den Niederlanden auch keine gegenläufigen Besteuerungskonsequenzen zu befürchten sind, erreicht man durch die Zwischenschaltung der holländischen Gesellschaft und mit der Umleitung der Dividenden-Ströme aus Japan und der Ukraine 10%ige und 5%ige Quellensteuerersparnisse. Im Verhältnis zwischen Niederlande und Deutschland wird dabei die Mutter-Tochter-Richtlinie genutzt, die zur Eliminierung jeglicher Quellensteuer im Konzernverbund führt. Die Quellensteuerersparnis beträgt damit 15% gegenüber einem Direktbezug der Dividenden und wird nicht durch die Steuern des Holdingstaats reduziert.

Zu (2):

Eine Quellensteuer-Einsparung bringt für die deutsche Muttergesellschaft im Ergebnis nur dann einen Vorteil, wenn sie die ausländische Quellensteuer auf ihre eigene Steuerschuld nicht anrechnen kann. Da in Deutschland der Dividendentransfer zwischen inländischer Kapitalgesellschaft einerseits und in- oder ausländischer Kapitalgesellschaft andererseits gemäß § 8b Abs. 1 KStG ohne jede Vorbedingung steuerlich freigestellt ist, führen ausländische Quellensteuern wegen fehlender Anrechenbarkeit regelmäßig zu einer effektiven Mehrbelastung.

Beispiel:

Sachverhalt wie im letzten Beispiel. Die 15%ige Quellensteuer-Reduzierung führt bei der deutschen MG zu einer echten Steuereinsparung, da es sowohl bei Direktbeteiligung an den Töchtern wie bei Umleitung der Dividenden über die Niederlande jeweils zur Anwendung des Beteiligungsprivilegs gem. § 8b KStG bei der MG kommt.

Die Gefahr einer Durchgriffsbesteuerung gem. § 42 AO besteht nicht, da die NL-Holding am allgemeinen wirtschaftlichen Verkehr teilnimmt.[571]

Zudem darf durch die Zwischenholding keine deutsche Hinzurechnungsbesteuerung für die Dividenden ausgelöst werden, die zum Verlust der Steuerfreistellung gem. § 8b KStG führt.[572] Eine Hinzurechnungs- bzw. Zurechnungsbesteuerung i. S. d. §§ 7-14 AStG kommt bei der deutschen MG nicht zur Anwendung, da Dividendeneinkünfte der Holding bzw. der Töchter gem. § 8 Abs. 1 Nr. 8 zu den nicht schädlichen aktiven Einkünften gezählt werden, auch führen evtl. Zwischeneinkünfte mit

---

[570] Art. 13 WVB.

[571] Vgl. BFH v. 29.07.1976, BStBl. II 1977, S. 263. Vgl. auch Kap. C.II.1., S. 119.

[572] § 10 Abs. 2 S. 3 AStG.

Kapitalanlagecharakter der Holding[573] bzw. der Töchter[574] nicht zu einer Hinzurechnungs- bzw. Zurechnungsbesteuerung, da diese im Ausland nicht niedrig i. S. d. § 8 Abs. 3 AStG besteuert sind.[575]

Damit die Zwischenschaltung einer ausländischen Holding durch eine deutsche Muttergesellschaft steuerlich anerkannt wird, müssen außer dem AStG[576] die folgenden Restriktionen beachtet werden:

- Die ausländische Zwischenholding muss den Ort ihrer Geschäftsleitung (Mittelpunkt der tatsächlichen Oberleitung) tatsächlich im Ausland haben, um eine unbeschränkte Steuerpflicht im Inland zu vermeiden (§ 1 Abs. 1 i. V. m. § 10 AO).[577]
- Die ausländische Zwischenholding darf aus Sicht des deutschen Steuerrechts kein funktionsloser Rechtsträger (Briefkastenfirma) sein, da sonst die Kriterien einer rechtsmissbräuchlichen Basisgesellschaft zutreffen können.[578]
- Einer Quellensteuer-Reduzierung nach dem betreffenden DBA mit dem ausländischen Holdingstandort darf keine "beneficiary-Klausel" oder explizite Missbrauchsklausel des Abkommens entgegenstehen.[579]

b) Im Rahmen der beschränkten Steuerpflicht (Inbound-Investment)

Auch für ausländische, beschränkt steuerpflichtige Investoren kann es interessant sein, durch "treaty-shopping"-Gestaltungen die deutsche 20%ige Kapitalertragsteuer auf Gewinnausschüttungen (entsprechend für Lizenzzahlungen) zu verringern (§ 43 Abs. 1 Nr. 1 i. V. m. § 43a EStG Abs. 1 Nr. 1;

---

573 Der Körperschaftsteuersatz in den Niederlanden beträgt 31,5%.

574 Der Körperschaftsteuersatz in Japan beträgt 30% und in der Ukraine 25%.

575 Eine niedrige Besteuerung liegt gem. § 8 Abs. 3 AStG bei einer Besteuerung im Ausland unter 25% vor.

576 Hier sind insbesondere die Vorschriften der Hinzurechnungsbesteuerung gem. §§ 7-14 AStG ins Kalkül mit einzubeziehen.

577 Zum Ort der Geschäftsleitung vgl. *Schaumburg/Jesse*, Holding-Handbuch, 2004b, § 14 Rz. 155. Zum Konkurrenzverhältnis zwischen dem Ort der Geschäftsleitung und der Missbrauchsklausel des § 42 AO; Vgl. *Jacobs,* Unternehmensbesteuerung, 2002, S. 855 (dort Fn. 64). *Jacobs* kommt (auch) zu dem Ergebnis, dass § 42 AO als Auffangklausel hinter der unbeschränkten Steuerpflicht aufgrund § 1 KStG i.V.m. § 10 AO zurücktritt.

578 § 42 AO. Vgl. hierzu *Rosenbach,* Holding-Handbuch, 2005, § 16 Rz. 13.

579 Vgl. Kap. C.IV.2.a), S. 177.

§ 50a Abs. 4 Nr. 3 EStG). Dies gilt insbesondere, wenn ein Steuerausländer in einem Nicht-DBA-Land ansässig ist, da hier die ungeschmälerte deutsche Quellensteuer einzubehalten ist.

Beispiel:[580]

Ein in Monaco ansässiger Steuerausländer war wesentlicher Gesellschafter einer deutschen GmbH. Für Gewinnausschüttungen der GmbH nach Monaco war wegen eines fehlenden DBA die volle 25%ige[581] Kapitalertragsteuer einzubehalten. Der Monegasse brachte seine Schachtelbeteiligung in eine Schweizer Holding-AG ein. Nach dem DBA mit der Schweiz war die deutsche Kapitalertragsteuer auf 5%[582] zu reduzieren; die Quellensteuerersparnis betrug damit 20%. Die Schweizer Holding-AG wurde nur ganz gering besteuert.

Beurteilung: Obwohl die Schweizer AG keine eigenen Büroräume und kein eigenes Personal hatte, wurde für die Gewinnausschüttungen vom I. BFH-Senat die reduzierte DBA-Quellensteuer gewährt. Die BFH-Rechtsprechung[583] hatte in diesen Fällen Bedenken, die Kriterien für eine rechtsmissbräuchliche Basisgesellschaft auch für beschränkt Steuerpflichtige anzuwenden, weil es an einer gesellschaftsrechtlichen Beziehung zwischen Inländer und ausländischer Gesellschaft fehle. Die Gründung einer ausländischen Kapitalgesellschaft durch Ausländer sei demnach ein das inländische Steuerrecht nicht berührender Vorgang und entziehe sich der Beurteilung von § 42 AO.[584] Die Reduzierung der deutschen Quellensteuer ist allerdings seit 1994 durch die Anti-treaty-shopping-Vorschrift des § 50d Abs. 3 EStG angreifbar, falls für die Einschaltung der Schweizer Zwischenholding wirtschaftliche Gründe fehlen.[585]

---

[580] Sog. Monaco-Fall, BFH v. 29.10.1981 – I R 89/80, BStBl. II 1982, S. 150.

[581] § 43 Abs. 1 Nr. 1 i.V.m. § 43a EStG Abs. 1 Nr. 1 a.F.

[582] Art. 10 Abs. 2 Buchst. b DBA-Schweiz a.F.

[583] Vgl. auch BFH v. 21.10.1988, BStBl. II 1989, S. 216. Der BFH hat jetzt aber seine im Monaco-Urteil vertretene Rechtsauffassung aufgegeben; d. h. § 42 AO ist auch auf eine von einem Steuerausländer zwischengeschaltete Basisgesellschaft anwendbar, vgl. BFH v. 27.08.1997 - I R 8/97, IStR 1998, S. 113. Vgl. auch Kap. C.II.1., S. 119.

[584] BStBl. II 1982, S. 150/153. Eine in der Praxis weitreichende Ausnahme soll jedoch gelten, wenn die Gesellschaft in bereits bestehende oder neu geschaffene Rechtsbeziehungen des Steuerausländers im Inland eingeschaltet wird; vgl. BFH v. 10.11.1983, BStBl. II 1984, S. 605. *Becker* (Erschleichung, 1985, S. 263) sieht m.E. zutreffend die Missbrauchsschwelle bei beschränkter Steuerpflicht allerdings sehr viel höher angesiedelt als bei unbeschränkter Steuerpflicht; a.A. *Piltz,* BB 1987, Beil. 14, S. 6; kritisch auch *Selling,* RIW 1991, S. 236 f. Vgl. außerdem geänderte BFH-Rechtsprechung v. 27.08.1997, IstR 1998, S. 113.

[585] Vgl. dazu näher Kap. C.IV.2.b), S. 180.

Allerdings bleibt bei dem in der Literatur viel diskutierten Monaco-Fall[586] völlig unklar, wie der Gewinntransfer von der Schweizer Holding zum Endbezieher in Monaco erfolgen soll, ohne dass die ursprüngliche Quellensteuerersparnis wieder verloren geht. Denn auch die Schweiz hat mit Monaco kein DBA abgeschlossen, so dass die Weiterausschüttung der ungeschmälerten 35%igen Schweizer Abzugssteuer (eidgenössische Verrechnungssteuer) unterläge.[587] Dadurch würde die ursprüngliche deutsche Quellensteuer-Ersparnis in Höhe von 20% durch die Schweizer Verrechnungsteuer überkompensiert werden. Deshalb muss der ausländische Endbezieher der Dividenden ebenso darauf achten, dass (1). der Vorteil der deutschen Quellensteuer-Minderung nicht durch eine Besteuerung des Holdingstandortes auf die durchgeleiteten Dividendeneinkünfte (über-)kompensiert wird und (2). seine Endbesteuerung im Ausland nicht ungünstiger ist als bei Direktbezug.

Folgende Beispiele sollen die Gestaltungsziele sowie Restriktionen der Reduzierung von Quellensteuern durch Treaty-Shopping nochmals verdeutlichen.

Beispiel:

Eine Kapitalgesellschaft mit Sitz auf den Niederländischen Antillen hält eine Beteiligung an der Tochter-GmbH mit Sitz in Deutschland. Die von der Tochter-GmbH ausgeschütteten Dividenden unterliegen in Deutschland der vollen 20%igen Kapitalertragsteuer (§ 43 Abs. 1 Nr. 1 i. V. m. § 43a Abs. 1 Nr. 1 EStG) und Solidaritätszuschlag (§ 4 S. 1 SolZG), da die Niederländischen Antillen im Geltungsbereicht des DBA Deutschland-Niederlande nicht miteinbezogen sind.[588]

Wird die Beteiligung in eine Holding in den Niederlanden eingebracht, kann die Kapitalertragsteuer deutlich reduziert werden. Zwischen den Niederlanden und den Niederländischen Antillen werden aufgrund des geschlossenen DBA lediglich 8,3%

---

[586] Vgl. z. B. *Becker,* Erschleichung, 1985, S. 187 f.; *Piltz,* BB Beil. 14/1987, S. 3; *Selling,* DB 1988, S. 933; *ders.* RIW 1991, S. 236; *Kraft,* DBA-Missbrauch, 1991, S. 64 f.; *Zettler,* Treaty-shopping, 1999, S. 97 ff.; *Höppner,* Doppelbesteuerungsabkommen, 1999, S. 129; *Füger*, Handbuch-Steuerplanung, 2003, S. 790 f.

[587] Für im Ausland wohnhafte Leistungsempfänger stellt die Verrechnungssteuer grundsätzlich eine endgültige Belastung dar. Nur Personen, deren Wohnsitzstaat ein DBA mit der Schweiz abgeschlossen hat, haben Anspruch auf die ganze oder teilweise Rückerstattung der 35%igen Verrechnungssteuer. Eine solche Rückerstattung setzt eine Bescheinigung der Steuerbehörden voraus. Vgl. *Mennel/Förster*, Steuern, 2005, Schweiz Rz. 249.

[588] Vgl. Art. 27 DBA-Niederlande.

Quellensteuer erhoben. Zwischen Deutschland und den Niederlanden beträgt die Quellensteuer aufgrund der Mutter-Tochter-Richtlinie im besten Fall 0% und die Dividende ist aufgrund des niederländischen Schachtelprivilegs dort steuerfrei.[589] Bei Weiterausschüttung aus den Niederlanden auf die NL-Antillen beträgt die Quellensteuer nur 8,3%.[590]

Beachte:

Die beschriebene Gestaltungsmöglichkeit erfüllt unter Umständen entweder die Anti-Treaty-Schopping-Vorschrift des § 50d Abs. 3 EStG oder (bei deren Nichtanwendbarkeit) § 42 AO. Eine Reduzierung der Quellensteuer würde somit entfallen. Lösungsmöglichkeit wäre, wenn die NL-Holding eine eigene wirtschaftliche Tätigkeit ausführen würde. Ist dies der Fall beträgt die Quellensteuerersparnis 12,8% gegenüber einem Direktbezug der Dividenden.

[589] Zu den Voraussetzungen für das Niederländische Schachtelprivileg vgl. Kap. D.I.7.b), S. 282.

[590] Vgl. IBFD, European Tax Handbook 2005, Netherlands 6.3.5.

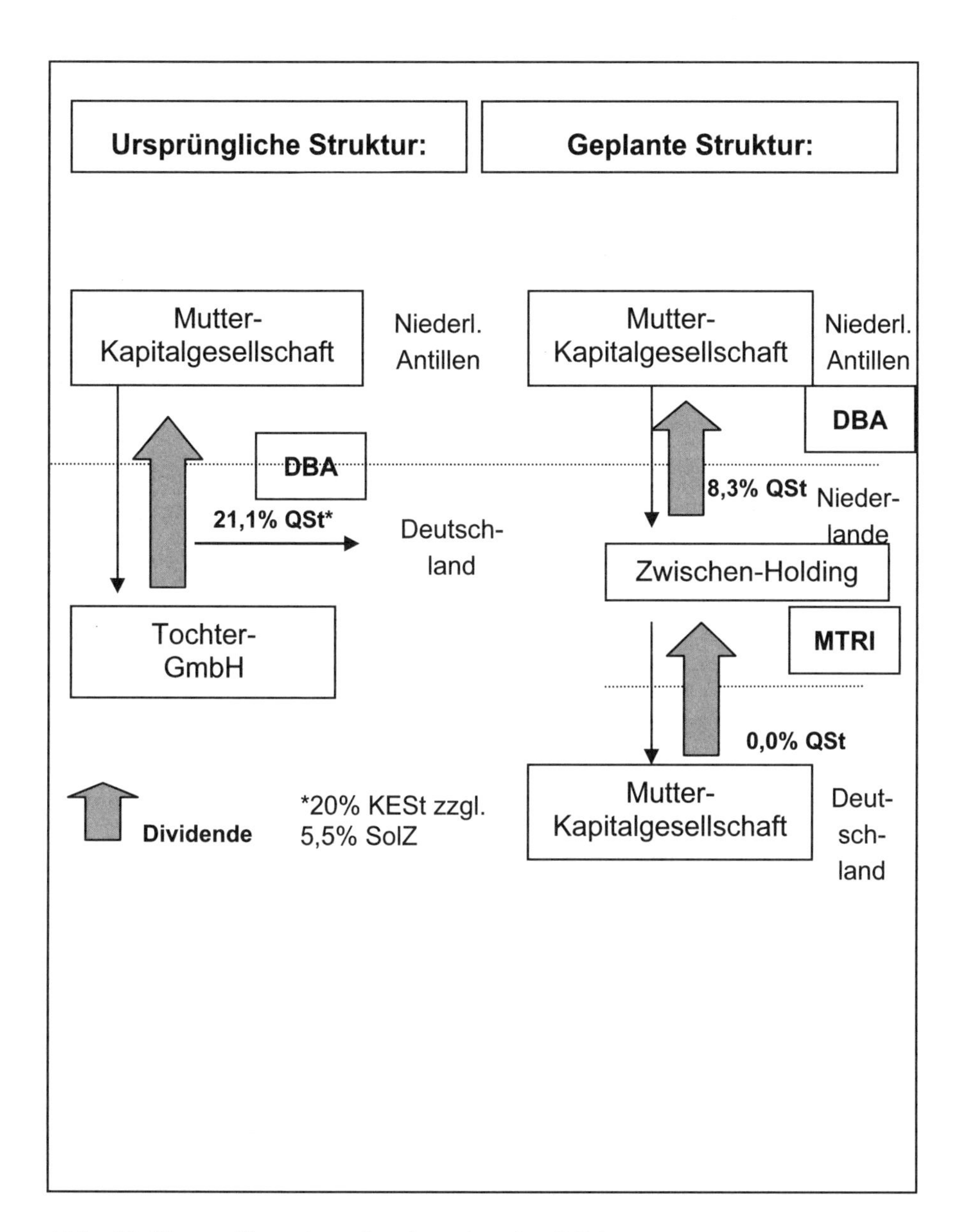

Abb. 42: Treaty Shopping ohne bestehendes DBA

Beispiel:[591]

Eine saudi-arabische Ölgesellschaft ist an einer deutschen AG zu 100% beteiligt. Da zwischen Deutschland und Saudi-Arabien kein DBA besteht, beträgt die deutsche Kapitalertragsteuer auf Gewinnausschüttungen 21,1%[592].

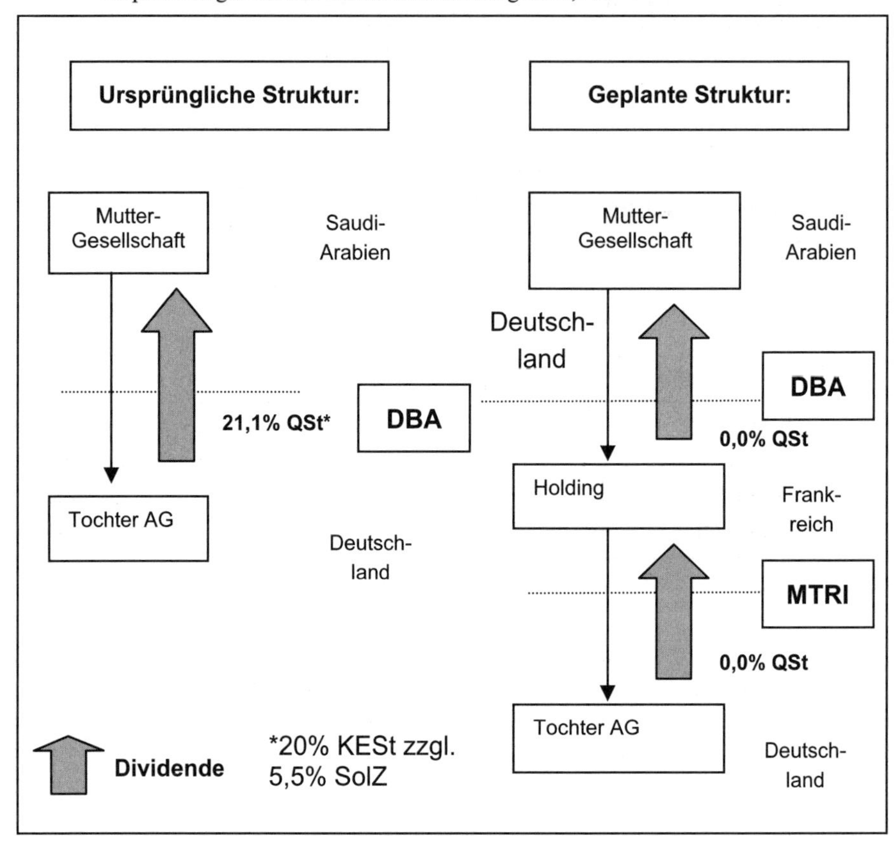

Abb. 43: Treaty Shopping ohne bestehendes DBA

Beurteilung: Hält die saudi-arabische Gesellschaft ihre deutsche Beteiligung über eine französische Holding, fällt nach dem DBA Frankreich-Saudi Arabien keine Quellensteuer[593] mehr an. Auch für Gewinnausschüttungen von Deutschland nach Frankreich fällt ab 01.07.1996 keine Quellensteuer mehr

[591] In Anlehnung an *Kraft,* DBA-Missbrauch, 1991, S. 1 f. z.T. aktualisiert.

[592] = 20% Kapitalertragsteuer + 5,5% Solidaritätszuschlag.

[593] Vgl. IBFD, European Tax Handbook 2005, France 6.3.5.

an (§ 43b EStG).[594] Die Quellensteuerersparnis beträgt damit insgesamt 21,1%. Frankreich gewährt für ausländische Beteiligungserträge ein Schachtelprivileg[595], so dass die Dividenden steuerfrei durchgeschüttet werden können. Die deutsche Quellensteuerbefreiung nach § 43b EStG könnte jedoch verweigert werden, wenn es sich bei der zwischengeschalteten französischen Holding um eine bloße "Durchlaufgesellschaft" zur Erlangung der Vorteile aus der Mutter-Tochter-Richtlinie handelt.[596] Falls die französische Holding dazu dient, alle europäischen Beteiligungsgesellschaften der saudi-arabischen Mutter zusammenzufassen, besteht m. E. kein Anhaltspunkt für einen Missbrauch.[597]

[594] Umsetzung der Mutter-Tochter-Richtlinie. Vgl. auch Kap. B.IV.2.c)i), S. 85.

[595] Art. 216 CGI. Zu den Voraussetzungen des französischen Schachtelprivilegs vgl. *Mennel/Förster*, Steuern, 2005, Frankreich Rz. 272 ff.

[596] Art. 1 Abs. 2 der Mutter-Tochter-Richtlinie i.V.m. § 50d Abs. 3 EStG.

[597] Die Gleiche Ansicht vertreten auch *Höppner,* Doppelbesteuerungsabkommen, 1999, S. 140, m.w.N. und *Wied,* EStG-Kommentar, 2005, § 50d EStG Rz. 61. Nach dem BFH-Urteil v. 29.01.1975, BStBl. II 1975, S. 553 kann ein aufzubauender Konzern ein wirtschaftlicher Grund für die Einschaltung einer Auslandsholding sein.

Beispiel:

Eine in Ägypten ansässige Kapitalgesellschaft ist zu 100% an einer in Deutschland ansässigen Tochterkapitalgesellschaft beteiligt. Nach dem DBA-Ägypten ist die in Deutschland zu entrichtende Quellensteuer (Kapitalertragsteuer) auf 15%[598] des Bruttobetrags der Dividende begrenzt.

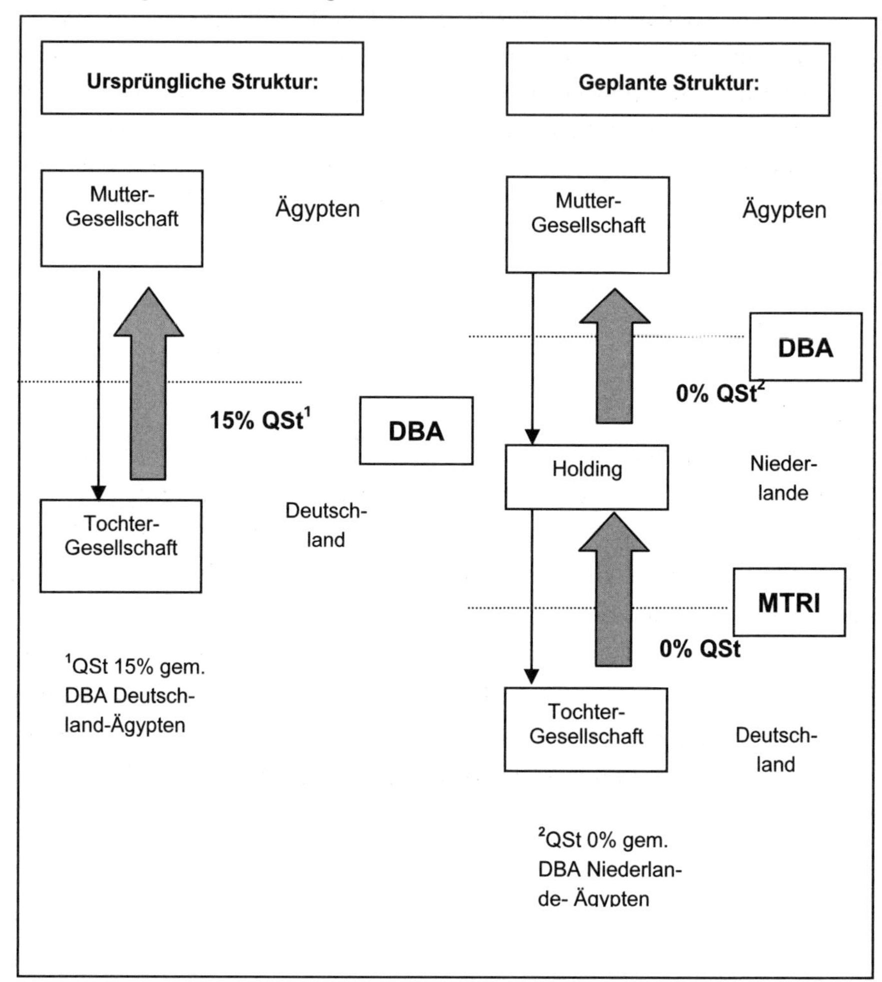

Abb. 44: Treaty Shopping bei bestehendem DBA

598 Vgl. IBFD, European Tax Handbook 2005, Germany 6.3.5.

Beurteilung: Bringt die ägyptische Muttergesellschaft die deutsche Beteiligung in eine niederländische Holding-Kapitalgesellschaft ein, gewähren die Niederlande für ausländische Beteiligungserträge ein Schachtelprivileg[599] und erheben gem. DBA Niederlande-Ägypten auch keine Quellensteuer[600] auf die Bruttodividende, so dass die Dividenden steuerfrei durchgeschüttet werden können. Gemäß der Mutter-Tochter-Richtlinie sind Dividenden, die aus Deutschland in die Niederlande fließen ebenfalls von der Besteuerung ausgenommen. Durch die Zwischenschaltung der NL-Holding kann somit die ursprüngliche Quellensteuerbelastung von 15% komplett vermieden werden, indem das günstigere DBA mit den Niederlanden ausgenutzt wird. Für die deutsche Quellensteuerbefreiung ist jedoch die Anti-Missbrauchsnorm des § 50d Abs. 3 EStG zu beachten.

Außer für Dividenden erhebt Deutschland ebenfalls für **Lizenzzahlungen an Steuerausländer** eine Abzugssteuer von 20% (§ 49 Abs. 1 Nr. 9 i. V. m. § 50a Abs. 4 Nr. 3 EStG) zur Abgeltung der inländischen Steuerpflicht. Treaty-shopping-Gestaltungen beschränkt Steuerpflichtiger können deshalb auch die Überlassung gewerblicher Schutzrechte (Patente, Markenrechte usw.) betreffen. Ein Steuerausländer aus einem Nicht-DBA-Staat überträgt dafür beispielsweise ein Patent auf eine zwischengeschaltete Gesellschaft in einem Drittstaat, mit dem Deutschland ein DBA abgeschlossen hat. Dazu bietet sich als Standort insbesondere die Niederlande an, die als seltene Ausnahme keinerlei Quellensteuer auf Lizenzzahlungen einbehalten, auch wenn der Lizenzgeber in einem Nicht-DBA-Land ansässig ist. Außerdem ergibt sich in diesen Fällen der in den Niederlanden steuerpflichtige Gewinn aus einem bestimmten Prozentsatz der Bruttolizenzeinnahmen.

---

[599] Vgl. auch Kap. D.I.7. (Niederlande), S. 282.

[600] Vgl. IBFD, European Tax Handbook 2005, Netherlands 6.3.5.

Beispiel:

Eine in Hongkong ansässige Ltd. will einer deutschen GmbH Patentrechte gegen Lizenzzahlungen überlassen. Da mit Hongkong kein DBA besteht[601], unterliegen die Lizenzzahlungen der vollen deutschen Abzugssteuer von 21,1%.

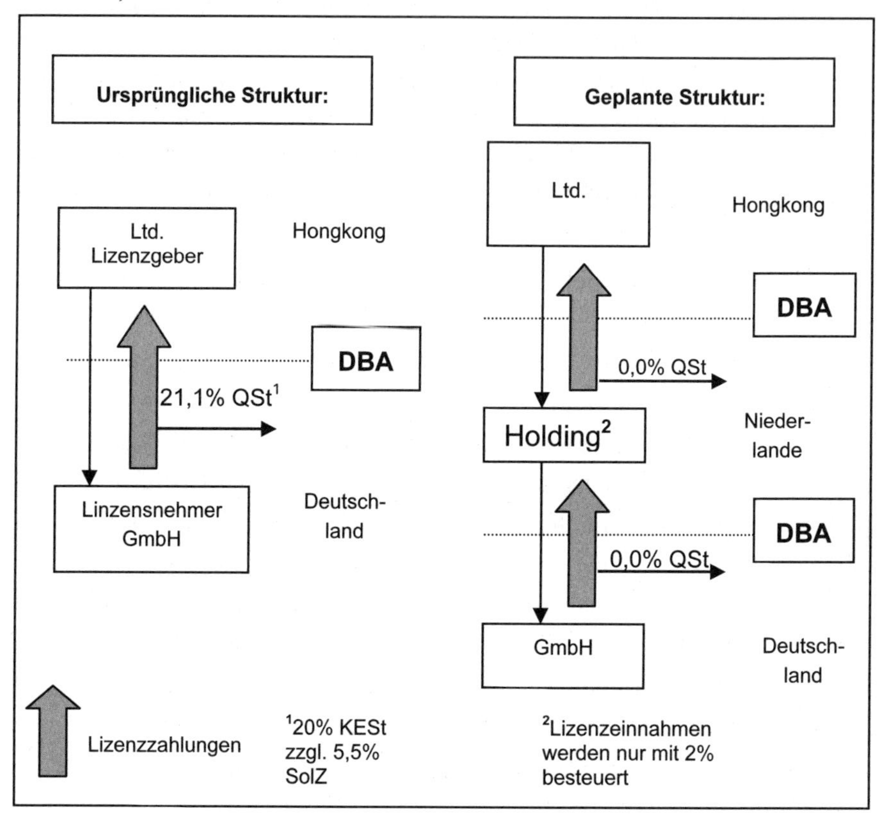

Abb. 45: Treaty Shopping ohne bestehendes DBA bei Lizenzen

Beurteilung: Werden die Patente dagegen einer niederländischen BV als Sub-Lizenzgeber gewährt, fällt in den Niederlanden keine Quellensteuer auf die Lizenzzahlungen der BV nach Hongkong an.[602] Ebenso sind die Lizenzzahlungen der GmbH

---

601 Das DBA mit der Volksrepublik China umfasst nicht das Sonderterritorium Honkong; Vgl. OFD Frankfurt a.M. vom 11.11.1998, IStR 1999 S. 249.

602 Lizenzzahlungen an in- und ausländische Zahlungsempfänger unterliegen keiner Quellensteuer. Vgl. IBFD, European Tax Handbook 2005, Netherlands 6.3.3.

als Lizenznehmer an die niederländische BV nach dem DBA[603] von der deutschen Abzugssteuer befreit. In den Niederlanden wird durch ein "Ruling"[604] für die steuerpflichtigen Lizenzeinnahmen der BV eine fiktive Gewinnmarge bezogen auf die Bruttoeinnahmen angesetzt.[605] Anstelle der 21,1%igen steuerlichen Vorbelastung können die Lizenzzahlungen somit mit einer effektiven niederländischen Steuerbelastung von lediglich ca. 2% an die Hongkong Ltd. transferiert werden. Für die deutsche Quellensteuerbefreiung ist die Anti-Missbrauchsnorm des § 50d Abs. 3 EStG zu beachten.[606]

4. Euro-Holding für Beteiligungen innerhalb der EU

a) Wegfall von Quellensteuern in der EU

Der Wegfall von Quellensteuern zwischen verbundenen Kapitalgesellschaften innerhalb der EU wirkt sich beim Dividendenempfänger im anderen EU-Staat bei bestehendem internationalen Schachtelprivileg oder Beteiligungsprivileg als echte Steuerentlastung aus. Durch die Zwischenschaltung einer EU-Holding verlängert sich die Beteiligungsroute entsprechend, ohne dass dies – nach Umsetzung der Mutter-Tochter-Richtlinie[607] – noch mit zusätzlichen Quellensteuern auf Gewinnausschüttungen erkauft werden muss. Ob der Ansässigkeitsstaat einer EU-Muttergesellschaft empfangene Gewinnausschüttungen aus ausländischen EU-Tochtergesellschaften nach der Freistellungs- oder Anrechnungsmethode entlastet, richtet sich nach dessen nationa-

---

603 Vgl. Art. 15 DBA-Niederlande.

604 Die Niederlande bieten Holdinggesellschaften die Möglichkeit durch sog. „rulings" (Vertragliche Einzelabsprachen mit den örtlichen Finanzbehörden) die Höhe ihrer jährlichen Besteuerungsgrundlage auszuhandeln. Das Ruling Team gibt dann eine verbindliche Steuerschätzung ab. So weiß das Unternehmen vorab, mit welchen Steuerzahlungen es rechnen muss und hat damit eine höhere Planungssicherheit. Vgl. *Merten,* Standortverlagerung, 2004, S. 152.

605 Für Lizenztätigkeiten wird eine Mindestmarge von 7%-2% verlangt. Bei 7% und einem regulären KSt-Satz von 32% ergibt sich eine Effektivbelastung von 2,24% in den Niederlanden. Ab dem 01.04.2001 hat sich die Ruling-Praxis in einigen Bereichen stark geändert. Die Erteilung einer verbindlichen Auskunft über die angemessene Leistungsvergütung erhalten nunmehr nur noch Lizenzgesellschaften, die u. a. eine „Substance" (Personal, Geschäftsführung usw.) in den Niederlanden vorweisen können. Darüber hinaus wird der Begriff „Ruling" durch den für Lizenzgesellschaften geltenden Begriff des APA – „Advance Pricing Agreement" ersetzt. Der Begriff APA deckt aber inhaltlich den des alten rulings ab. *Rubbens sowie Stevens,* Handbuch-Steuerplanung, 2003, S. 1762. Hintergrund der „Neuregelung" war die internationale Kritik an der niederländischen Auskunftspraxis durch den Primarolo-Bericht, wobei es sich bei der „Neuregelung" eher um einen Versuch der Imageaufwertung bei den ausländischen Steuerbehörden handeln dürfte, als um eine echte Verschärfung des niederländischen Steuerrechts. Vgl. dazu ausführlich *Lohuis/Moons*, IStR 2001, S. 703 ff.;

606 Dazu näher Kap. C.IV.2.b), S. 180.

lem Steuerrecht sowie den zwischenstaatlichen DBA-Vereinbarungen. Es sind in der alten EU folgende Ländergruppen für die Besteuerung von Dividendenzuflüssen ausländischer Tochtergesellschaften zu unterscheiden:[608]

- **Freistellungsverfahren:** Belgien, Dänemark, Deutschland, Finnland, Frankreich, Italien[609], Luxemburg, Niederlande, Österreich, Portugal, Schweden und Spanien[610].
- **Anrechnungsverfahren:** Griechenland, Großbritannien, Irland und Spanien.

Die Quellensteuerfreiheit hängt regelmäßig davon ab, dass die Muttergesellschaft bei der Ausschüttung eine bestimmte **Mindestbesitzdauer** erfüllt. Um die Vorteile der Mutter-Tochter-Richtlinie nicht zu gefährden, bedarf es deshalb einer sorgfältigen zeitlichen Ausschüttungsplanung.[611] Die Mindestbesitzzeiten zur Anwendung der Mutter-Tochter-Richtlinie für Beteiligungen in den einzelnen EU-Ländern sind wie folgt:

607 Dazu näher Kap. B.IV.2.c)i), S. 85.

608 Vgl. *Jacobs,* Unternehmensbesteuerung, 2002, S. 165; z.T. aktualisiert.

609 Mit der Steuerreform 2004 ist an die Stelle des Anrechnungsverfahrens das Freistellungsverfahren getreten. Vgl. *Mennel/Förster*, Steuern, 2005, Italien Rz. 156.

610 Mit dem rückwirkenden Inkrafttreten ab dem 25.06.2000 bietet das spanische Körperschaftsteuerrecht mit der (Höhe nach limitierten) *Anrechnungsmethode* sowie der *Freistellungsmethode* zwei Wege (Wahlrecht), um die Doppelbesteuerung bei Dividenden und Gewinnbeteiligungen aus dem Ausland zu vermeiden. Vgl. *Mennel/Förster*, Steuern, 2005, Spanien Rz. 378. Betriebswirtschaftliche Vorteilhaftigkeitsüberlegungen führen jedoch dazu, das Wahlrecht aufgrund des unterbleibenden Heraufschleusungseffektes zugunsten der Freistellungsmethode auszuüben.

611 Art. 3 Abs. 2 der Mutter-Tochter-Richtlinie fordert lediglich, dass eine Beteiligung mindestens 2 Jahre im Besitz der Muttergesellschaft sein muss; durch nationales Recht kann diese Mindestfrist verkürzt werden. Dabei ist streitig, ob die Beteiligungsfrist bereits bei Gewinnausschüttung bestehen muss, wenn in der Folgezeit die Frist erfüllt wird. Vgl. *Vogel*, DBA-Kommentar, 2003, Art. 10 Rz. 79.

Keine	1 Jahr	2 Jahre
Finnland	Belgien	Frankreich
Griechenland	Dänemark	Portugal
Großbritannien	Deutschland	
Irland	Italien	
Schweden	Luxemburg	
	Niederlande	
	Österreich	
	Spanien	

Abb. 46: Mindestbesitzzeiten zur Anwendung der Mutter-Tochter-Richtlinie[612]

b) EU-Zwischenholding einer deutschen Spitzeneinheit

Nach Umsetzung der Mutter-Tochter-Richtlinie in der EU[613] stellt sich aus deutscher Sicht die Frage: Bringt für eine deutsche Konzernspitze mit operativen europäischen Tochtergesellschaften die Zwischenschaltung einer EU-Auslandsholding überhaupt noch Steuerentlastungen? Oder ist es nicht sinnvoller, die Beteiligungen an europäischen Töchtern jeweils direkt von der deutschen Muttergesellschaft zu halten?

Die Zwischenschaltung einer Holding in einem anderen EU-Staat **zur Quellensteuer-Optimierung** lohnt sich für eine deutsche Konzernspitze mit operativen europäischen Tochtergesellschaften grundsätzlich nicht mehr.[614] Ein anderes Ergebnis ergibt sich nur, falls die operative Tochtergesellschaft au-

[612] In Anlehnung an *Jacobs,* Unternehmensbesteuerung, 2002, S. 165; z.T. aktualisiert; siehe IBFD, European Tax Handbook 2005, bei den entsprechenden Ländern.

[613] Zur Umsetzung in den einzelnen EU-Mitgliedstaaten. Vgl. *Jacobs,* Unternehmensbesteuerung, 2002, S. 164 (dort Fn. 41). Vgl. auch Kap. D.I. (Länderprofile), S. 219.

[614] Die Zwischenholding kann aber z. B. dem Ausnutzen eines günstigeren Schachtelprivilegs oder der Errichtung einer grenzüberschr. Organschaft dienen. Vgl. Kap. C.III.2.c), S. 166.

ßerhalb der EU-Gemeinschaft ansässig ist (z. B. in Mexiko). Hier kann durch die richtige Standortwahl der Zwischenholding das Nettoeinkommen auf Ebene der deutschen Spitzeneinheit gegenüber einer Direktbeteiligung höher sein. Durch die Anbindung einer mexikanischen Tochter an eine niederländische Zwischenholding kann gegenüber einer Direktbeteiligung das Nettoeinkommen nach Steuern für die deutsche Mutter-Kapitalgesellschaft sowohl bei Durchschüttung als auch bei Thesaurierung auf Holdingebene erhöht werden. Ursache ist die günstigere Quellensteuer Mexiko-Niederlande (0%)[615] gegenüber Mexiko-Deutschland (5%)[616]. Allerdings kann ein steuerlich ungünstiger Zwischenholding-Standort in diesem Fall das Nettoeinkommen gegenüber einer Direktbeteiligung auch deutlich verringern.

---

[615] Vgl. IBFD, European Tax Handbook 2005, Netherlands 6.3.5.

[616] Vgl. IBFD, European Tax Handbook 2005, Germany 6.3.5.

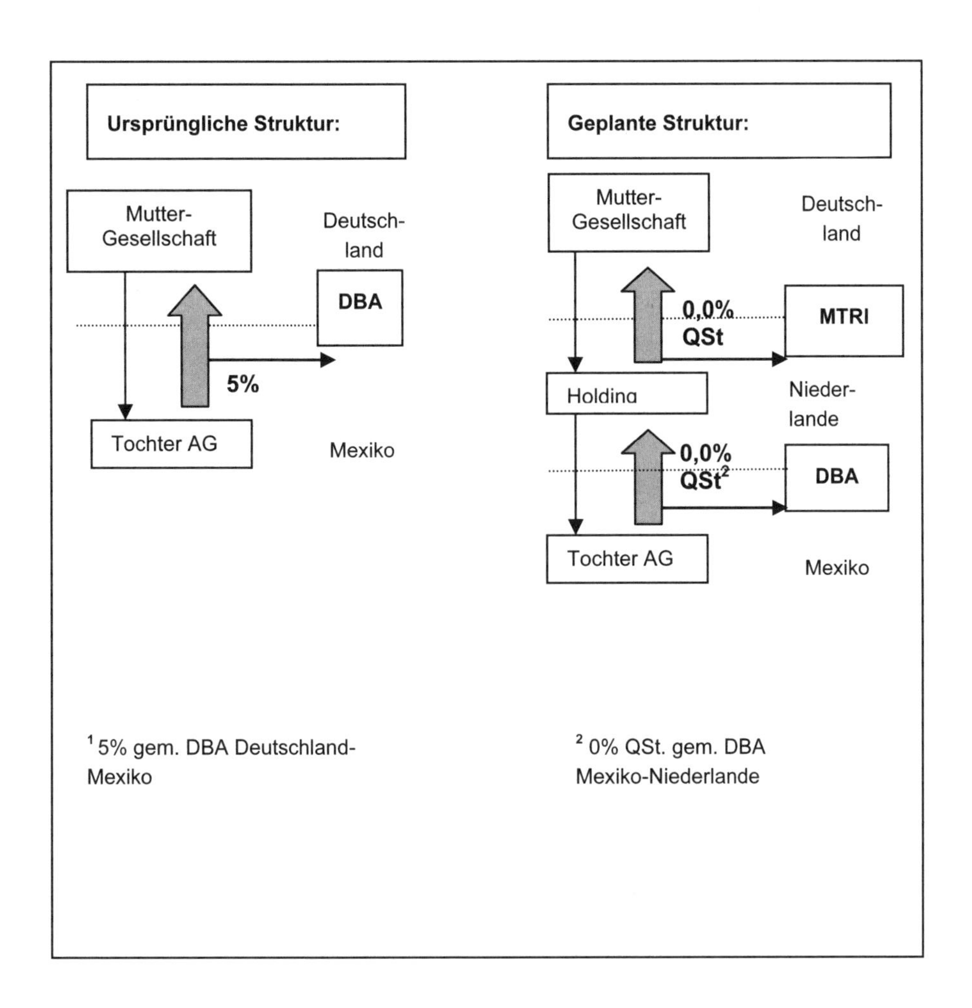

Abb. 47: EU-Zwischenholding einer deutschen Muttergesellschaft

5. Euro-Holding für Mütter oder Töchter aus Drittstaaten

Unter Drittstaaten sind Länder außerhalb der EU-Gemeinschaft zu verstehen. Der Begriff von Eingangs- und Ausgangsholding-Gesellschaften wurde von *Herzig* im Verhältnis zu Drittstaaten geprägt. Darunter ist die Suche nach demjenigen EU-Staat zu verstehen, der als steuerliches Eingangs- oder Ausgangstor mit dem Drittstaat das günstigste DBA hat.[617] Investitionen über eine EU-Zwischenholding im Verhältnis zu Drittstaaten sind demnach für zwei Fälle zu unterscheiden:

a) Eine Spitzeneinheit in einem Drittstaat hält direkt verschiedene europäische Tochtergesellschaften: Hier ist zu untersuchen, ob mit einer zwischengeschalteten EU-Eingangsholding der Nettoertrag nach Steuern durch Quellensteuer-Minimierung für die Drittlandsspitze erhöht werden kann.

b) Eine EU-ansässige Spitzeneinheit ist an ausländischen Nicht-EU-Tochtergesellschaften beteiligt: Es stellt sich die Frage, ob durch die Nutzung einer EU-Ausgangsholding der Nettoertrag nach Steuern aus den Drittstaatstöchtern gegenüber einer Direktbeteiligung verbessert werden kann.

a) Euro-Eingangsholding einer Nicht-EU-Konzernspitze

i) Gestaltungsziele

Falls eine Nicht-EU-Konzernspitze – wie z. B. eine US-multinationale Unternehmung[618] – direkt an verschiedenen operativen Tochtergesellschaften in Europa beteiligt ist, kosten Gewinnausschüttungen jeweils Quellensteuern, deren Höhe von Land zu Land verschieden sind. Die (DBA-)Quellensteuersätze für Schachteldividenden einer EU-Tochter sind für eine Konzernspitze in wirtschaftlich bedeutsamen Drittstaaten wie folgt:

---

[617] Vgl. *Herzig,* DB 1993, S. 5 f.; sowie *Peters,* Holdinggesellschaften, 1999, S. 41.

[618] Viele EU-Staaten haben mit den USA eine Quellensteuer in Höhe von 5% auf Dividenden vereinbart. Allerdings gibt es eine Reihe von Ausnahmen. Typische Inbound-Strukturen in der EU, die eine Repatriierung von Erträgen in die USA ohne Quellensteuer zulassen, nutzen die besonderen Holding-Gesetzgebungen in Spanien oder in Dänemark. Ferner können nach dem am 31.03.2003 in Kraft getretenen neuen DBA zwischen Großbritannien und den USA US-Gesellschaften Erträge auch ohne Erhebung von Quellensteuer über Großbritannien repatriieren. Gleiches gilt unter bestimmten Voraussetzungen nach dem neuen Abkommen zwischen den USA und Luxemburg. Vgl. *Bogenschütz,* Unternehmenskauf, 2004, S. 360 (dort Fn. 109).

Ansässigkeit der EU-Tochtergesellschaft	**Ansässigkeitsland der Nicht-EU-Muttergesellschaft** (Quellensteuersätze für Dividenden in %)			
	USA	Japan	Schweiz	Kanada
Belgien	5	5	10	15
Dänemark	5	10	0	5
Finnland	5	10	0	10
Frankreich	5	0	0	5
Deutschland	5	15	0	5
Griechenland	0	0	0	0
Großbritannien	0	0	5	10
Irland	5	0	0	0
Italien	5	10	15	15
Luxemburg	0	5	0	0
Niederlande	5	5	0	5
Österreich	5	10	0	5
Portugal	5	25 (kein DBA)	10	10
Schweden	5	0	0	5
Spanien (keine ETVE)	10	10	10	15

Abb. 48: DBA-Quellensteuersätze EU-Tochter – Nicht-EU-Konzernspitze[619]

Zwar kann beispielsweise eine US-Mutter diese Quellensteuern wegen der in den USA vorherrschenden Anrechnungsmethode auf ihre Gewinnsteuer anrechnen, so dass sie in der Regel – im Gegensatz zu einem Land mit Freistellungsmethode – keine Zusatzbelastung bedeuten. Die Quellensteuer wird aber dann zur Definitivbelastung, falls die anrechnende Spitzeneinheit eine Verlustposition hat oder teilweise Anrechnungsüberhänge[620] entstehen. Bei Ansässigkeit der Muttergesellschaft in einem Land mit Freistellungsmethode führt die Quellensteuer in jedem Fall zu einer Mehrbelastung. In der Vergangenheit hatte die Verlängerung der Beteiligungsroute durch Zwischengesellschaften quasi eine "Kaskade" von Quellensteuern zur Folge. Deshalb war es oft vorteilhafter, die Beteiligung an einer europäischen Tochter jeweils direkt von der Nicht-EU-Spitzeneinheit zu halten.

Durch die Einführung der Mutter-Tochter-Richtlinie für verbundene Unternehmen in der EU erlangt jedoch ein Sonderfall des „treaty shopping" besondere praktische Relevanz: Im Rahmen des „directive shopping" sind Gesellschaften mit Sitz außerhalb der EU bestrebt, für ihre Tochtergesellschaften in der EU die innereuropäischen Vergünstigungen zu nutzen. Zu diesem Zweck werden die Aktivitäten in einer sog. **Euro-Eingangsholding** gebündelt. „Directive Shopping" beschreibt also das „Hineinkaufen" in den Anwendungsbereich von EU-Richtlinien.[621] Gewinnausschüttungen innerhalb der EU-Mitgliedsstaaten sind nicht mit Quellensteuer belastet. Gewinne, die innerhalb der EU erwirtschaftet wurden, sollen über den Mitgliedsstaat mit dem günstigsten Quellensteuersatz in den Sitzstaat der Spitzeneinheit außerhalb der EU steuerminimal geleitet werden (sogenannte steueroptimale Exit-Lösung).[622]

Als Standort für eine Euro-Eingangsholding bietet sich insbesondere Spanien durch die Anwendung der Spezialnorm für Holdinggesellschaften (ETVE) an.[623]

---

[619] Siehe IBFD, European Tax Handbook 2005, bei den entsprechenden Ländern.

[620] Sog. "excess foreign tax credit situation".

[621] Der Begriff „directive" ist der englische Ausdruck für eine Richtlinie i.S.d. Art. 249 EG-Vertrag.

[622] Vgl. *Kessler*, Euro-Holding, 1996, S. 9., *Peters,* Holdinggesellschaften, 1999, S. 41.

Beispiel:

Die Mutter Ltd. mit Sitz in Kanada[624] ist an vier verschiedene Tochtergesellschaften in Europa beteiligt. Aufgrund der direkten Beteiligung kommt es allerdings zu erheblichen Abzügen von Quellensteuern.[625] Um diese zu reduzieren, ist die Zwischenschaltung einer Euro-Holding zweckmäßig. Durch die Quellensteuerbefreiung innerhalb der europäischen Union (bei Vorliegen der Voraussetzungen der Mutter-Tochter-Richtlinie) sowie die steueroptimale Wahl des Holdingstandortes können somit diese Quellensteuern vermieden werden; derzeit bietet Spanien durch die ETVE die besten Bedingungen. Die spanische Euro-Eingangsholding dient dazu alle europäischen Beteiligungsgesellschaften der kanadischen MG zusammenzufassen, sodass kein Anhaltspunkt für einen Missbrauch besteht.[626]

---

[623] Vgl. Kap.D.I.10. (Spanien), S. 309.

[624] Kanada wendet zur Vermeidung der wirtschaftlichen Doppelbesteuerung unilateral die Anrechnungsmethode an mit internationalem Schachtelprivileg für Einkünfte aus DBA-Ländern; Dies war im Übrigen auch in Deutschland vor Einführung des StSenkG der Fall. Vgl. auch Kap C.III.2.a)iii), S. 142.

[625] Art. 10 Nr. 2 Buchst. a DBA Kanada-Frankreich; Art. 10 Nr. 2 DBA Kanada-Italien; Art. 10 Nr. 1 Buchst. a DBA Kanada-Großbritannien; Art. 10 Nr. 2 DBA Kanada-Deutschland.

[626] Vgl. Kap.C.IV.2.b), S. 180.

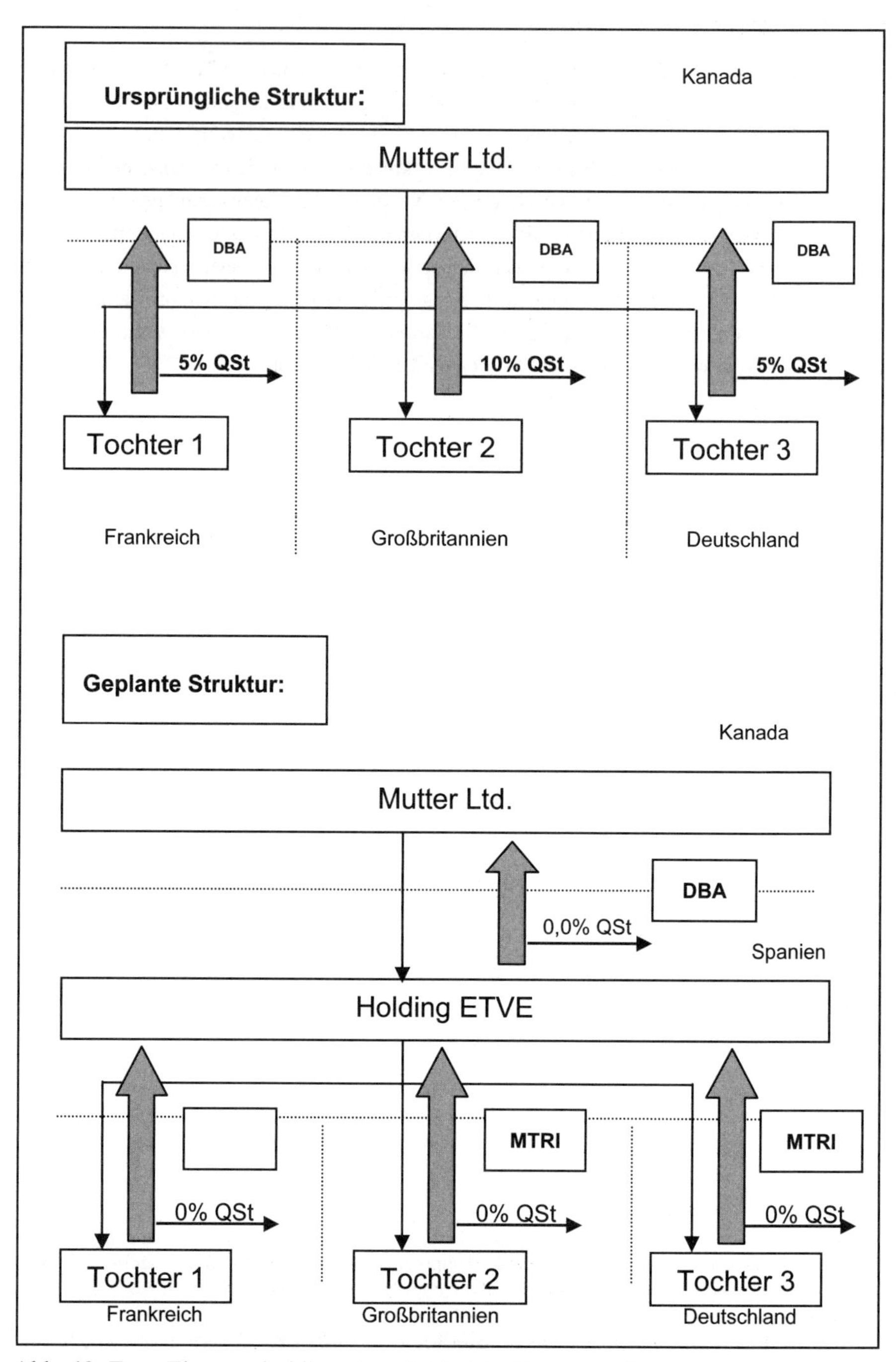

Abb. 49: Euro-Eingangsholding einer Nicht-EU-Konzernspitze

ii) „Sprungbrett"-Gesellschaft

In der Literatur[627] wird im Zusammenhang mit einer Euro-Eingangsholding auch das Gestaltungsmodell der sog. „Sprungbrett"-Gesellschaft[628] diskutiert. Dies bedeutet, dass die Holding an sich keine speziellen Abkommensvorteile in ihrem Sitzland genießt. Sie wird nur deshalb günstig besteuert, weil sie hohe Zinsen oder andere (Dienstleistungs-)Vergütungen an eine in einem anderen Land ansässige (Dienstleistungs-)Gesellschaft zahlt. Während diese Entgelte in dem Abkommensland der "Sprungbrett"-Gesellschaft als Betriebsausgaben steuerlich abzugsfähig sind, werden sie bei der (Dienstleistungs-)Gesellschaft in aller Regel niedrig besteuert. Das Holding-Land wird auf diese Weise als "Sprungbrett" genutzt.[629]

[627] Vgl. z. B. *Mihaly,* TPIR 1993, S. 9 ff.; *Becker,* Erschleichung, 1985, S. 173; *Piltz,* BB Beil. 14/1987, S. 3 (Fall 10); *Zettler,* Treaty-shopping, 1999, S. 188 ff.; *Carlé,* KÖSDI 1999, S. 1258; *Füger*, Handbuch-Steuerplanung, 2003, S. 788.

[628] Wird auch als "Stepping-Stone-Conduit" umschrieben; vgl. *Becker,* Erschleichung, 1985, S. 173; *Piltz,* BB Beil. 14/1987, S. 3 (Fall 10).

[629] Vgl. *Becker,* Erschleichung, 1985, S. 173.

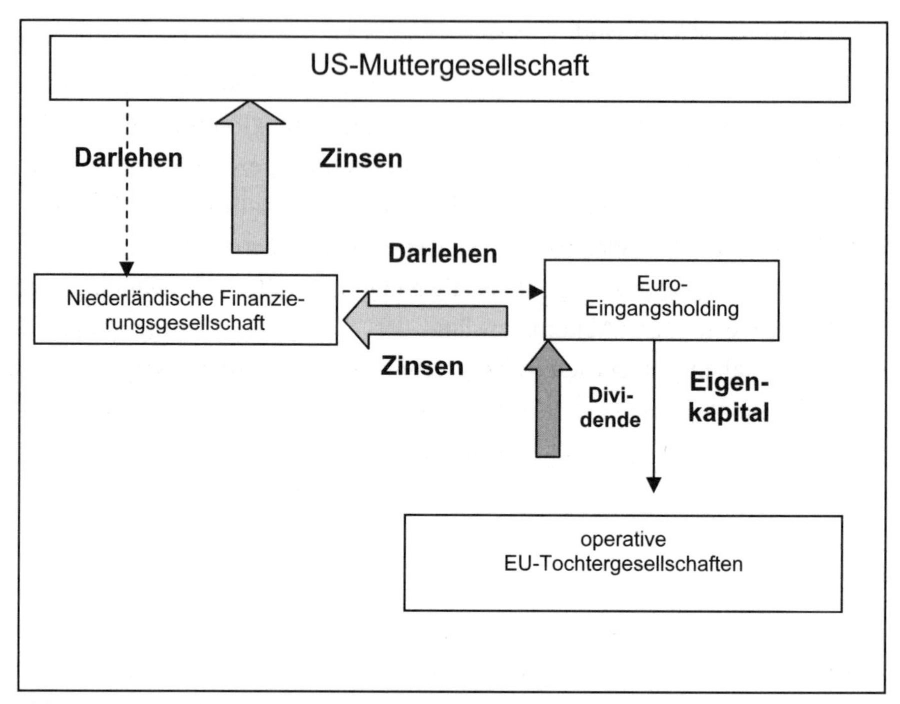

Abb. 50: Euro-Eingangsholding – „Stepping-Stone-Conduit“

Unter Einsatz einer niederländischen **Finanzierungsgesellschaft**[630] wird aus Sicht einer US-Spitzeneinheit angeführt, dass sich dadurch unter bestimmten Voraussetzungen eine geringere Quellenbesteuerung hinsichtlich der Dividenden der operativen EU-Grundeinheiten als bei Direktbezug erzielen lässt.[631]

Die Dividenden der operativen EU-Grundeinheiten – die bei Direktanbindung einer Quellensteuer unterliegen würden – werden hierbei an eine Euro-Eingangsholding steuerneutral gem. der Mutter-Tochter-Richtlinie ausgeschüttet. Auf Ebene der EU-Zwischenholding erfolgt eine Umformung der Dividenden in Zinsen an die niederländische Finanzierungsgesellschaft, die ein Darlehen der US-Muttergesellschaft an die EU-Zwischenholding durchgereicht hat. Die Zinszahlungen unterliegen bei geeigneter Standortwahl der

[630] Bevorzugte Standorte für internationale Finanzierungsgesellschaften sind insbesondere aus steuerlichen Gesichtspunkten Belgien, die Niederlande und Irland. Vgl. *Prinz*, Unternehmenskauf, 2004, S. 179.

Holding keiner Quellensteuer,[632] während bei Weiterleitung der Dividenden an die US-Mutter Quellensteuer einbehalten würde. Die niederländische Finanzierungsgesellschaft kann ihrerseits die Zinszahlungen an die US-Mutter quellensteuerfrei[633] vornehmen. Im Idealfall wird somit auf die an die US-Spitzeneinheit weitergeleiteten Dividenden der EU-Grundeinheiten keine Quellensteuer einbehalten.

Seit der Verabschiedung der speziellen Steuerregimes für Holdinggesellschaften in Dänemark und Spanien bzw. nach dem neuen DBA zwischen den USA und Luxemburg bzw. Großbritannien ist diese aufwändige Struktur für die quellensteuerfreie Weiterleitung der Dividenden der EU-Grundeinheiten an eine US-Spitzeneinheit jedoch nicht mehr angemessen. Denn die Durchleitung der Dividenden kann nunmehr quellensteuerfrei über eine Zwischenholding obiger Standorte erfolgen, ohne dass es der komplexen Gestaltungsstruktur der „Stepping-Stone-Conduit" bedarf.[634]

Auch hinsichtlich der Ausnutzung des bestehenden Steuergefälles stellt die Einschaltung einer (niederländischen) Konzernfinanzierungsgesellschaft aus US-Sicht grundsätzlich kein interessantes Gestaltungsziel dar, denn aufgrund der in den USA praktizierten Anrechnungsmethode unterliegen ausländische Beteiligungserträge, unabhängig davon, ob sie der US-Spitzeneinheit als Zinsen oder Dividenden zufließen, dem jeweils höheren Steuerniveau der beteiligten Staaten. Eine Gesamtsteuerbelastung unter 35%, dem derzeit gültigen US-Körperschaftsteuer(höchst)satz[635] ist daher nicht möglich.[636]

Ein weiterer Nachteil hinsichtlich der Einschaltung einer niederländischen Finanzierungsgesellschaft sind die damit verbundenen außersteuerlichen Kosten (Verwaltung, Personal etc.), die nicht durch entsprechende Steuerminderbelastungen kompensiert werden.

---

631 Vgl. *Schänzle*, Steuerorientierte Gestaltung, 2000, S. 246.

632 Ab dem Jahre 2005 wird rückwirkend bis 2004 keine Quellensteuer mehr auf Zinsen und Lizenzen in der EU erhoben, sofern die Voraussetzungen der Zins- und Lizenzgebühren-Richtlinie erfüllt sind.

633 DBA USA-Niederlande.

634 Vgl. *Schänzle*, Steuerorientierte Gestaltung, 2000, S. 247.

635 Auf Einkommensteile über $ 10 Mio. Vgl. *Mennel/Förster*, Steuern, 2005, USA Rz. 248.

636 Vgl. *Schänzle*, Steuerorientierte Gestaltung, 2000, S. 247.

b) Euro-Ausgangsholding einer EU-Konzernspitze

Die Einschaltung einer Euro-Ausgangsholding in einem anderen EU-Land kann für eine deutsche oder andere EU-Spitzeneinheit dann von Vorteil sein, wenn der Ansässigkeitsstaat dieser Holding für Dividenden von Töchtern aus Drittstaaten ein günstigeres DBA mit diesen Drittstaaten als das Ansässigkeitsland der Spitzeneinheit vereinbart hat. Aus deutscher Sicht bieten insbesondere die Niederlande, Dänemark und Österreich im Vergleich günstige DBA-Quellensteuersätze für Schachteldividenden aus folgenden wichtigen Drittländern:

Ansässigkeitsland der Nicht-EU-Tochtergesellschaft	**Ansässigkeitsland der EU-Muttergesellschaft (Quellensteuersätze für Dividenden %)**			
	Deutschland	Niederlande	Dänemark	Österreich
Australien	15	15	15	15
Brasilien	15	15	25	15
China	10	10	10	7
Japan	15	5	10	10
Kanada	5	5	5	5
Schweiz	0	0	0	0
USA	5	5	5	5

Abb. 51: DBA-Quellensteuersätze Nicht-EU-Tochter – EU-Konzernspitze[637]

Deshalb ist es beispielsweise für eine deutsche Muttergesellschaft mit einer Tochtergesellschaft in Japan günstiger, diese Beteiligung nicht direkt, sondern über eine niederländische Ausgangsholding zu halten. Dadurch wird die ausländische Quellensteuer auf Gewinnauschüttungen von 15% auf 5% reduziert; die Weiterschüttung aus den Niederlanden nach Deutschland löst keine Quellensteuer mehr aus. Aufgrund der Freistellung der Dividenden gem. § 8b KStG führt diese Reduzierung in Höhe von 10% für eine deutsche Mutter zu einer effektiven Steuereinsparung.[638]

Entsprechend kann ebenso eine Spitzeneinheit eines anderen EU-Landes eine Quellensteuer-Reduzierung erreichen, wenn sie ihre Beteiligungen außerhalb der EU über eine EU-Zwischenholding hält, deren Standort ein

637 Siehe IBFD, European Tax Handbook 2005 (bei den entsprechenden Ländern).

638 Vgl. Kap. C.IV.3.a) (Beispiel), S. 188.

DBA-Netz mit günstigeren Quellensteuersätzen für Zahlungen aus dem Ausland bietet.

Beispiel:

Ist eine italienische Muttergesellschaft an einer norwegischen Tochtergesellschaft beteiligt, unterliegen Gewinnausschüttungen der Tochter nach dem DBA Italien-Norwegen einer norwegischen Quellensteuer von 15%[639]. Dividenden aus dem Ausland sind in Italien schachtelprivilegiert[640]; die norwegische Quellensteuer ist damit mit 15% nicht anrechenbar. In diesem Fall wäre es günstiger, die Beteiligung nicht direkt, sondern über eine niederländische oder auch dänische Zwischenholding zu halten, da in beiden Fällen nach den DBA überhaupt keine norwegische Quellensteuer anfällt.[641] Die Weiterschüttung nach Italien ist nach der Mutter-Tochter-Richtlinie ebenso quellensteuerfrei. Die Zwischenschaltung einer Euro-Ausgangsholding führt im Vergleich zur direkten Beteiligung an der norwegischen Tochter damit bei der italienischen Muttergesellschaft zu einer echten Steuereinsparung in Höhe der 15%igen Quellensteuer.

---

[639] Vgl. IBFD, European Tax Handbook 2005, Norway 6.3.5.

[640] Mit der Steuerreform 2004 entfiel das Anrechnungsverfahren, und der Anteilseigner begründet keinerlei Anspruch auf die Steuergutschrift auf Dividenden. Stattdessen kann das Freistellungsverfahren in Anspruch genommen werden. Die von Kapitalgesellschaften ausgeschütteten Dividenden sind zu 95% bei der Mutter (bzw. Holding) steuerfrei. Der restliche Betrag von 5% wird beim Empfänger zum Zeitpunkt des Zuflusses mit der KSt von 33% belastet. Die Freistellung ist an keinerlei besondere Bedingungen gekoppelt, wie insbesondere an qualifizierte Beteiligungen oder eine Mindesthaltedauer. Sie gilt des Weiteren für inländische und ausländische Beteiligungen, entfällt allerdings für Gewinnausschüttungen von Gesellschaften in Niedrigsteuerländern (mit Ausnahmen). Vgl. *Mennel/Förster*, Steuern, 2005, Italien Rz. 156.

[641] Vgl. IBFD, European Tax Handbook 2005, Norway 6.3.5.

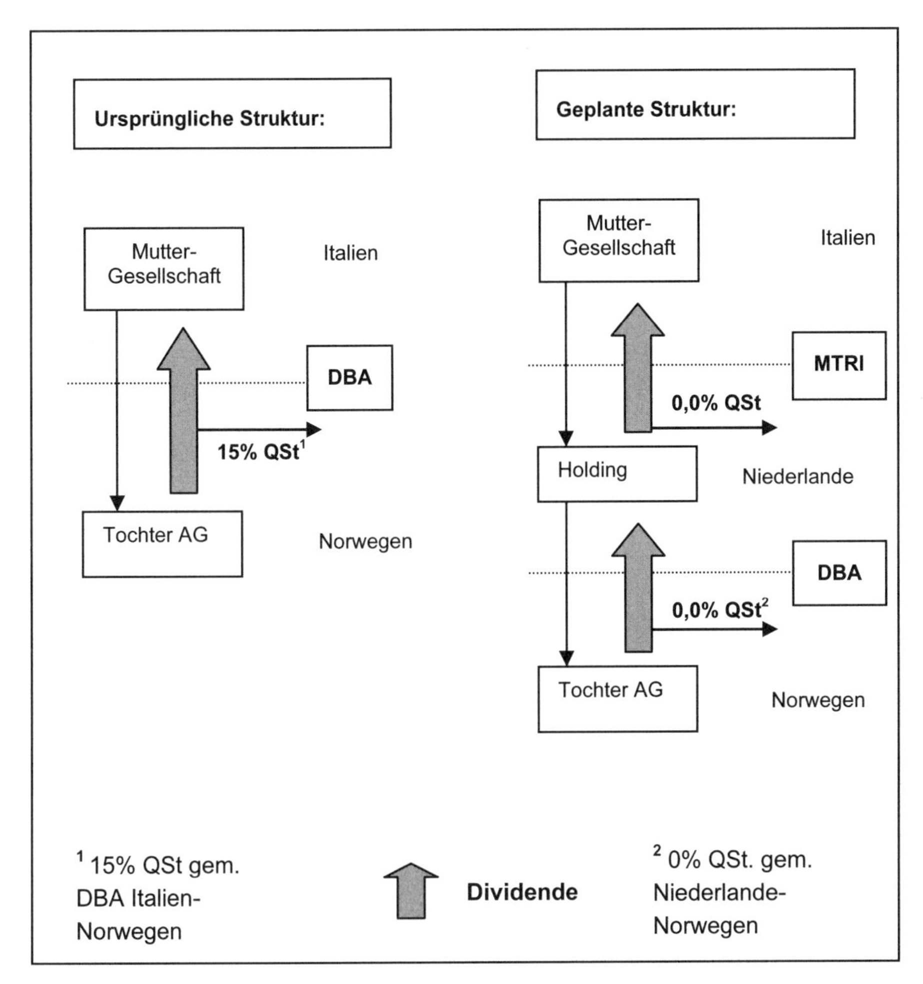

Abb. 52: Euro-Ausgangsholding einer EU-Konzernspitze

Damit die EU-Zwischenholding steuerlich anerkannt wird, sind die nationalen Missbrauchsbestimmungen des Landes der Muttergesellschaft zu beachten. Folgende Voraussetzungen spielen dabei regelmäßig eine Rolle:

- Die Holding muss den Ort ihrer Geschäftsleitung tatsächlich im Ausland haben.[642]

[642] Vgl. am Schluss des Kap. C.IV.3.a), S. 191.

- Die Holding darf aus Sicht des jeweiligen nationalen Steuerrechts des Anteilseigners nicht missbräuchlich sein (z. B. keine funktionslose Briefkastenfirma).[643]
- Einer Quellensteuer-Reduzierung nach dem betreffenden DBA mit dem ausländischen Holdingstandort darf keine "beneficiary-Klausel" oder explizite Missbrauchsklausel des Abkommens entgegenstehen.[644]

[643] Vgl. Kap. C.II.1 und C.IV.2.b), S. 119 und 180.
[644] Vgl. Kap. C.IV.2.b), S. 180.

D. Europäische Holding-Standorte im Vergleich

I. Länderprofile

Nachfolgend werden zehn europäische Länder (Deutschland, Belgien, Dänemark, Frankreich, Großbritannien, Luxemburg, die Niederlande, Österreich, die Schweiz und Spanien) in Bezug auf die holdingrelevanten Regelungen erläutert und auf ihre Eignung als Holdingstandort untersucht. Auf den Standort Deutschland wird detaillierter eingegangen und er stellt den Ausgangspunkt für die Vergleiche dar.

Quellen (soweit nicht anders genannt):

International Fiscal Bureau of Fiscal Documentation (Hrsg.): European Tax Handbook 2005, Amsterdam: IBFD, 2005; *Mennel, A./Förster, J.* (Hrsg.): Steuern in Europa, Amerika und Asien, Herne/Berlin: NWB, 1980/2005 (Loseblattausgabe, Stand: 57. Lieferung).

1. Deutschland

a) Normalsteuerbelastung

Körperschaftsteuersystem: *Klassisches System*, d. h. grundsätzlich volle Besteuerung auf Ebene der Gesellschaft und des Gesellschafters ohne Anrechnung der Körperschaftsteuer auf die persönliche Einkommensteuer des Gesellschafters. Die Doppelbesteuerung ausgeschütteter Gewinne wird jedoch durch die hälftige Einbeziehung der Dividenden in die steuerliche Bemessungsgrundlage natürlicher Personen bzw. durch die Freistellung der Dividenden auf Ebene der empfangenden Körperschaft reduziert bzw. vermieden.[645]

Körperschaftsteuertarif: Die Körperschaftsteuer beträgt 25% des zu versteuernden Einkommens unabhängig davon ob die Gewinne ausgeschüttet oder thesauriert werden (§ 23 Abs. 1 KStG).

---

[645] Sog. Halbeinkünfteverfahren gem. § 3 Nr. 30 EStG; soll ab 2009 durch eine Abgeltungssteuer von 25% ersetzt werden.

Zusätzlich wird seit 1995 ein Solidaritätszuschlag zur Körperschaftsteuer erhoben, der im Regelfall mit 5,5% der festgesetzten Körperschaftsteuer zu bemessen ist (§§ 1, 3 und 4 S. 1 SolZG, § 1 SolZG). Daraus ergibt sich eine körperschaftsteuerliche Effektivbelastung von derzeit **26,38%** (zuzüglich GewSt-Belastung von 13-20%).

Behandlung von Verlusten: Verluste werden zunächst bis zur Höhe von 511.500 Euro mit Gewinnen des unmittelbar vorangegangenen Veranlagungszeitraums abgezogen (1-jähriger Verlustrücktrag gemäß § 8 Abs. 1 S. 1 KStG i. V. m. § 10d Abs. 1 S. 1 EStG).

Die darüber hinausgehenden, noch nicht abgezogenen Verluste mindern bis zu einem Betrag von 1 Mio. Euro und der 1 Mio. Euro übersteigende Betrag bis zu 60% jährlich die Gewinne der folgenden Veranlagungszeiträume (unbegrenzter Verlustvortrag gemäß § 8 Abs. 1 S. 1 KStG i. V. m. § 10d Abs. 2 S. 1 EStG). Beträge, welche diese Höchstgrenze übersteigen, müssen versteuert werden; 40% der 1 Mio. Euro übersteigenden Beträge werden einer sog. Mindestbesteuerung unterworfen.

Kommunalsteuern: Gewerbliche Unternehmen, die im Inland betrieben werden, unterliegen der Gewerbesteuer, wobei ein Gewerbetrieb anhand der Kriterien des Einkommensteuergesetzes festzulegen ist (§ 2 Abs. 1 S. 1 und 2 GewStG).[646] Die Tätigkeit von Kapitalgesellschaften gilt Kraft Rechtsform stets und in vollem Umfang als Gewerbebetrieb (§ 2 Abs. 2 S. 1 GewStG).

Bemessungsgrundlage für die Gewerbesteuer ist der Gewerbeertrag. Dieser berechnet sich aus dem Gewinn des Gewerbebetriebs nach den Vorschriften des Einkommen- und Körperschaftsteuergesetzes (§ 7 GewStG) sowie verschiedenen gewerbesteuerspezifischen Hinzurechnungen und Kürzungen (§§ 8 und 9 GewStG).

Der Gewerbeertrag vermindert sich bis zu einem Betrag von 1 Mio. Euro um Fehlbeträge, die sich aus der Ermittlung des Gewerbeertrags der Vorjahre ergeben haben. Die darüber hinausgehenden Beträge können bis zu maximal

[646] § 15 Abs. 2 S. 1 EStG: „Eine selbständige nachhaltige Betätigung, die mit der Absicht, Gewinn zu erzielen, unternommen wird und sich als Beteiligung am allgemeinen wirtschaftlichen Verkehr darstellt, ist Gewerbebetrieb, wenn die Betätigung weder als Ausübung von Land- und Forstwirtschaft noch als Ausübung eines freien Berufs noch als eine andere selbständige Arbeit anzusehen ist."

60% durch vorgetragene Gewerbeverluste vermindert werden (§ 10a GewStG).

Der sich daraus ergebende Gewerbeertrag dient als Grundlage für die Ermittlung der Gewerbesteuer. Diese errechnet sich wie folgt:

- Zunächst muss der sogenannte Steuermessbetrag ermittelt werden. Diesen erhält man durch Multiplikation der Steuermesszahl mit dem Gewerbeertrag (§ 11 Abs. 1 S. 1 und 2 GewStG). Die Steuermesszahl für den Gewerbeertrag beträgt bei Kapitalgesellschaften immer 5% (§ 11 Abs. 2 Nr. 2 GewStG).[647]
- Die Gewerbesteuer ergibt sich letztendlich durch Multiplikation der Steuermesszahl mit dem von der Gemeinde des Gewerbebetriebs festgelegten Hebesatz (§ 16 GewStG). Bei den derzeit gültigen Hebesätzen ergibt sich eine **Effektivbelastung** von Kapitalgesellschaften mit Gewerbesteuer von **ca. 13%-20%** (unter Berücksichtigung, dass die Gewerbesteuer als Betriebsausgabe bei der Gewinnermittlung voll abzugsfähig ist und sie dadurch auch ihre eigene Bemessungsgrundlage mindert).

Substanzsteuern: In Deutschland existieren derzeit keine Substanzsteuern. Die Vermögensteuer wird aufgrund des Beschlusses des Bundesverfassungsgerichts[648] wegen ihrer teilweisen Verfassungswidrigkeit seit 1997 nicht mehr erhoben. Die Gewerbekapitalsteuer wurde abgeschafft.

b) Besteuerung vereinnahmter Beteiligungserträge der Holding

Schachtelprivileg: Beteiligungserträge, die eine inländische Kapitalgesellschaft von einer inländischen oder ausländischen Kapitalgesellschaft oder Betriebsstätte erhält, sind ohne jede weitere Vorbedingung (beispielsweise Einhaltung einer Mindestbeteiligungsquote, Haltefrist oder Aktivität der Tochtergesellschaft) gemäß § 8b Abs. 1 KStG steuerlich freigestellt.[649] Sie bleiben

---

[647] Bei Einzelunternehmen und Personengesellschaften beträgt die Steuermesszahl abhängig von der Höhe des Gewerbeertrags nach einem Freibetrag von 24.500 EUR 1% und steigt dann in Schritten von 12.000 EUR um je 1% auf maximal 5%.

[648] Vgl. BVerfG, Beschluss vom 22.06.1995, BStBl. II 1995, S. 655.

[649] Die Beteiligungsertragsbefreiung gilt für alle Körperschaften, Personenvereinigungen und Vermögensmassen i.S.d. §§ 1 und 2 KStG.

bei der Ermittlung des Einkommens ohne Ansatz. Ohne Bedeutung ist auch, ob zwischen der ausschüttenden und empfangenden Kapitalgesellschaft eine Personengesellschaft zwischengeschaltet ist (§ 8b Abs. 6 KStG).

Unter die genannte Freistellung fallen alle Arten von Dividendenzahlungen, d. h. sowohl offene als auch verdeckte Gewinnausschüttungen sowie Leistungen aus Kapitalherabsetzungen und Liquidation, soweit diese Beträge i. S. d. § 28 Abs. 2 S. 3 KStG als verwendet gelten (§ 8b Abs. 1 KStG i. V. m. § 20 Abs. 1 Nr. 1, 2, 9 und 10a EStG).

5% der Dividenden gelten allerdings fiktiv als nichtabziehbare Betriebsausgaben, so dass die Steuerfreistellung im Ergebnis lediglich 95% beträgt (§ 8b Abs. 5 KStG). Problematisch an dieser Nachversteuerung ist, dass im Falle eines mehrstufigen Konzerns die Beteiligungserträge auf jeder Ebene diesem fiktiven, nicht abzugsfähigen Betriebsausgabenabzug unterliegen und sich dadurch die Belastung bei steigender Konzerntiefe kumuliert. Jede Konzernstufe „kostet" dabei ca. 1% bis 1,2% der Beteiligungserträge; in der Literatur wird hierbei vom sogenannten **Kaskadeneffekt** gesprochen.[650]

Erhält die Holding von einer inländischen Tochterkapitalgesellschaft Dividenden, so erfolgt dies abzüglich der 20% Kapitalertragsteuer und des darauf entfallenen Solidaritätszuschlag (§ 43 Abs. 1 S. 3 i. V. m. § 43a Abs. 1 Nr. 1 EStG, § 3 Abs. 1 Nr. 5 SolZG). Im Rahmen der Körperschaftsteuerveranlagung können diese Beträge dann wieder in voller Höhe angerechnet werden (§ 8 Abs. 1 KStG i. V. m. § 36 Abs. 2 S. 2 Nr. 2 EStG). Eine für Holdingsgesellschaften bedeutende Regelung enthält § 44a Abs. 5 EStG, wonach die Einbehaltung der Kapitalertragsteuer nach § 43 Abs. 1 EStG nicht zu erfolgen hat, wenn die Kapitalerträge beim Empfänger Betriebseinnahmen darstellen und die abgezogene Kapitalertragsteuer auf Dauer höher ist als die gesamte festzusetzende Körperschaftsteuer.[651]

Dividendenzahlungen von **ausländischen Beteiligungs-gesellschaften** an die Holding fallen ebenfalls unter die Regelung des § 8b Abs. 1 KStG, wodurch das in vielen DBA festgelegte internationale Schachtelprivileg quasi ins Leere

[650] Vgl. u. a. *Förster/Ott*, Steuerforum, 2004, S. 33; *Kaminski/Strunk*, BB 2004, S. 691.

geht. Ausländische Dividenden werden somit ebenfalls steuerfrei vereinnahmt und 5% der Dividenden gelten als nicht abzugsfähige Betriebsausgaben. Die ausländischen Dividenden werden allerdings abzüglich der im Sitzland der Tochtergesellschaft geltenden Quellensteuer ausgeschüttet. Diese kann nicht auf die sich im Inland ergebende Körperschaftsschuld der Holding angerechnet werden und stellt somit eine Minderung des steuerfreien Beteiligungsertrags dar.[652] Eine Reduzierung der Quellensteuer ergibt sich nur, wenn Deutschland (als Sitzland der Holding) mit dem Sitzland der Tochtergesellschaft ein Doppelbesteuerungsabkommen geschlossen hat, in dem die Reduzierung der Quellensteuer auf derartige Schachteldividenden vereinbart wird.[653] Hat die Tochtergesellschaft ihren Sitz innerhalb der EU, entfällt – im Falle der nationalen Umsetzung der Mutter-Tochter-Richtlinie – der Abzug von Quellensteuer, wenn die jeweiligen Mindestbeteiligungshöhen und Mindesthaltefristen vorliegen.[654]

Die Dividendenfreistellung greift nicht, wenn es sich bei der empfangenden Kapitalgesellschaft um ein Unternehmen der Lebens- oder Krankenversicherung (§ 8b Abs. 7 KStG) oder um ein Finanzunternehmen[655] handelt, das die Kapitalanteile mit dem Ziel der kurzfristigen Erzielung eines Eigenhandelserfolgs erworben hat. Die zuletzt genannte Ausnahme gilt jedoch nicht für Holdinggesellschaften, die ihren Beteiligungsbesitz **langfristig dem Anlagevermögen** gewidmet haben.[656]

Bei der Ermittlung des Gewerbeertrags der Holding gilt grundsätzlich die Steuerbefreiung der erhaltenden Dividenden bzw. die Versteuerung von 5% der fiktiven Betriebsausgaben (§ 8b Abs. 1 und Abs. 5 i. V. m. § 7 GewStG). Allerdings sieht § 8 Nr. 5 GewStG die Hinzurechnung von sogenannten Streubesitz- oder Portfoliodividenden vor. Um diese Hinzurechnung und so-

---

651 Vgl. *Schaumburg/Jesse*, Holding-Handbuch, 2004a, § 13, Rz. 243 mit weiteren Erläuterungen zu § 44a bs. 5 EStG in Fn. 2.

652 Vgl. *Spitz*, Beratungshinweise, 2001, S. 152; *Töben*, FR 2000, S. 919 ff.

653 Vgl. *Fischer/Kleineidam/Warneke*, Steuerlehre, 2005, S. 228 f.

654 Vgl. Ausführungen zur Mutter-Tocher-Richtlinie, Kap. B.IV.2.c)i), S. 85.

655 § 8b Abs. 7 KStG.

656 Vgl. *Schaumburg/Jesse*, Holding-Handbuch, 2004a, § 13, Rz. 51. Kritisch zu § 8b Abs. 7 KStG i.V.m. Holdinggesellschaften: *Pyszka/Brauer*, BB 2002, S. 1669 ff.; *Pyszka*, BB 2002, S. 2049 ff.; *Mensching*, DB 2002, S. 2347 ff.; *Müller*, BB 2003, S. 1309 ff.

mit die Belastung der Dividenden mit Gewerbesteuer zu vermeiden, müssen folgende Bedingungen erfüllt sein:[657]

- Die Muttergesellschaft (Holding) muss zu mindestens 10% unmittelbar am Grund- oder Stammkapitals der inländischen Tochterkapitalgesellschaft über den gesamten Erhebungszeitraum (d. h. mindestens 12 Monate) beteiligt sein (§ 8 Nr. 5 i. V. m. § 9 Nr. 2a GewStG);
- Die Muttergesellschaft muss zu mindestens 10% unmittelbar am Nennkapitals der Tochtergesellschaft mit Sitz und Geschäftsleitung im Ausland über den gesamten Erhebungszeitraum beteiligt sein. Ferner muss die Tochtergesellschaft entweder Bruttoerträge ausschließlich oder fast ausschließlich aus aktiver Tätigkeit (i. S. d. § 8 Abs. 1 Nr. 1 bis 6 AStG) erzielten oder Beteiligungen an Gesellschaften halten, die Bruttoerträge aus aktiven Tätigkeiten erzielen (§ 8 Nr. 5 i. V. m. § 9 Nr. 7 GewStG).

Neben diesem **gewerbesteuerlichen Schachtelprivileg** für Tochtergesellschaften sieht § 9 Nr. 7 S. 4 GewStG ein vergleichbares Schachtelprivileg für Enkelgesellschaften vor.

Die gewerbesteuerliche Hinzurechnung nach § 8 Nr. 5 GewStG läuft allerdings in Leere, wenn die Doppelbesteuerungsabkommen in diesen Fällen eine Steuerfreistellung der Dividenden ohne Aktivitätsvorbehalt vorsehen; das internationale Schachtelprivileg wirkt sich somit auf die Gewerbesteuer aus.[658]

c) Besteuerung der Ausschüttung aus der Holdinggesellschaft

Ausschüttungen deutscher Kapitalgesellschaften an unbeschränkt steuerpflichtige natürliche Personen oder Kapitalgesellschaften erfolgt abzüglich der 20%igen Kapitalertragsteuer (§ 43 Abs. 1 Nr. 1b EStG) sowie des darauf fälligen Solidaritätszuschlags; beide Abzüge können im Rahmen der Veranlagung zur Einkommen- bzw. Körperschaftsteuer angerechnet werden. Die inländische Muttergesellschaft kann die Dividenden nach den Vorschriften des § 8b Abs. 1 und 5 KStG steuerfrei vereinnahmen.

---

[657] Vgl. *Fischer/Kleineidam/Warneke*, Steuerlehre, 2005, S. 414 ff.

[658] Vgl. *Schaumburg/Jesse*, Holding-Handbuch, 2004b, § 14, Rz. 10.

Erfolgt die Ausschüttung an natürliche Personen oder die Muttergesellschaft im Ausland, erfolgt ebenfalls der Abzug der 20%igen Kapitalertragsteuer als Quellensteuer, wenn nicht ein mit dem Ansässigkeits- oder Sitzstaat der Anteilseigner oder Muttergesellschaft geschlossenes Doppelbesteuerungsabkommen eine geringere Quellensteuer vorsieht. Auf Antrag unterbleibt bei Ausschüttungen an ausländische EU-Kapitalgesellschaften eine Erhebung der Kapitalertragsteuer, wenn eine Mindestbeteiligungsquote von 20% und eine Mindestbesitzzeit von zwölf Monaten gegeben sind (§ 43b Abs. 1 und 2 EStG); unter bestimmten Voraussetzungen reicht eine Beteiligungshöhe von 10% aus (vgl. § 43b Abs. 3 EStG).

d) Besteuerung von Zins- und Lizenzzahlungen der Holding

Zinszahlungen:

Zinsen für die Überlassung von Fremdkapital sind Betriebsausgaben soweit diese betrieblich veranlasst sind. Sie unterliegen in Deutschland einer 30%igen Quellensteuer (Zinsabschlag- oder Kapitalertragsteuer; § 43 Abs. 1 Nr. 7 i. V. m. § 43a Abs. 1 Nr. 3 EStG) sowie des darauf entfallenden Solidaritätszuschlags (§ 3 Abs. 1 Nr. 5 SolZG). Diese kann von der in Deutschland ansässigen Kapitalgesellschaft auf die Körperschaftsteuerschuld und den geschuldeten Solidaritätszuschlag angerechnet werden. Für den ausländischen Gläubiger stellt die einbehaltene Kapitalertragsteuer (einschließlich Solidaritätszuschlag) eine nicht abzugsfähige Quellensteuer dar; die Zinszahlungen ins Ausland sind im Sitzland des Gläubigers entweder aufgrund von Doppelbesteuerungsabkommen oder nationalen Normen in der Regel steuerbefreit, wobei im DBA-Fall die Reduzierung der Quellensteuer auf 20% bis 5% erfolgt.[659]

Die Zinsen sind vollständig von der Kapitalertrags-/Quellensteuer befreit, wenn es sich um Zinsen zwischen verbundenen Unternehmen handelt, die beide ihren Sitz innerhalb der Europäischen Union haben (§ 50g EStG).[660]

---

[659] Vgl. *Fischer/Kleineidam/Warneke*, Steuerlehre, 2005, S. 230 f.

[660] § 50g EStG als deutsche Umsetzung der Richtlinie 2003/49/EG des Rates vom 03. Juni 2003 (ABl. EU Nr. L 157 S. 49) geändert durch die Richtlinie 2004/66/EG des Rates vom 26. April 2004 (ABl. EU Nr. L 168 S. 35).

Verbundene Unternehmen liegen dann vor, wenn eine unmittelbare Beteiligung von 25% am Kapital des anderen Unternehmens gehalten wird (§ 50g Abs. 3 Nr. 5b EStG).[661]

Lizenzzahlungen:

Lizenzzahlungen stellen in der Regel Betriebsausgaben (i. S. d. § 4 Abs. 4 EStG) dar, die der inländische Lizenzgeber als Betriebseinnahmen ohne Abzüge vereinnahmt und zu versteuern hat.

Lediglich Lizenzzahlungen an **ausländische Lizenzgeber** unterliegen einer Quellensteuer von 20% zuzüglich Solidaritätszuschlag (§ 50a Abs. 1 S. 4 EStG). Das Besteuerungsrecht wird durch die jeweiligen Doppelbesteuerungsabkommen dem Ansässigkeitsstaat des Lizenzgebers zugewiesen und in der Regel auf 15% bis 0% reduziert.[662] Bei Lizenzzahlungen zwischen verbundenen Unternehmen innerhalb der Europäischen Union werden aufgrund der **Zins-Lizenz-Richtlinie** (umgesetzt in § 50g EStG) keine Quellensteuer erhoben.

e) Besteuerung von Veräußerungsgewinnen der Holding

Veräußerungsgewinne aus Inlands- und Auslandsbeteiligungen, die unbeschränkt oder beschränkt steuerpflichtige Kapitalgesellschaften erzielen, sind von der Körperschaftsteuer befreit (§ 8b Abs. 2 S. 1 KStG). Diese Steuerfreiheit wird, wie die Steuerfreistellung von Dividenden ohne jede Vorbedingung gewährt, d. h. es wird weder eine Mindestbeteiligungsgrenze noch eine Mindesthaltefrist vorausgesetzt.

Eine Veräußerung im Sinne des § 8b Abs. 2 KStG liegt nur bei der Übertragung des wirtschaftlichen Eigentums auf einen anderen Rechtsträger gegen Entgelt vor, wobei neben der „klassischen" Veräußerung im Rahmen eines Kaufvertrags auch der Tausch oder die Einbringung in Kapital- oder Personengesellschaften gegen Gewährung von Gesellschaftsrechten diesen Tatbestand erfüllen.[663] Der Veräußerungsgewinn errechnet sich dabei aus dem Un-

---

[661] Vgl. *Dettmeier/Dörr*, BB 2004, S. 2383 mit weiteren Erläuterungen.

[662] Vgl. *Fischer/Kleineidam/Warneke*, Steuerlehre, 2005, S. 238.

[663] Vgl. *Schumacher*, Veräußerung von Anteilen, 2004, S. 7.

terschiedsbetrag von Veräußerungspreis (oder des an dessen Stelle tretenden Werts) und Buchwert der Beteiligung zum Veräußerungszeitpunkt, der um die Veräußerungskosten erhöht wird (§ 8b Abs. 2 S. 3 KStG).

Wie auch bei der Dividendenfreistellung gelten 5% des Veräußerungsgewinns als Ausgaben, die nicht als Betriebsausgaben abgezogen werden dürfen (§ 8b Abs. 3 S. 1 KStG). Die Steuerbefreiung beträgt also effektiv nur 95%, 5% des Veräußerungsgewinns müssen versteuert werden. Dadurch wird verhindert, dass die 5%ige Steuerpflicht der Dividenden durch die Thesaurierung der Gewinne mit anschließendem Verkauf der Beteiligung (Ballooning) umgangen wird.[664]

Die Steuerbefreiung greift jedoch nicht, wenn die Veräußerungsgewinne auf früheren steuerwirksamen Teilwertabschreibungen beruhen und nicht wieder im Wege einer Wertaufholung ausgeglichen wurden (§ 8b Abs. 2 S. 4 KStG). Unter Umständen kann deshalb, trotz der 5%igen Nachversteuerung des Veräußerungserlöses, eine Wertaufholung vor der Veräußerung sinnvoll sein.[665]

Die Steuerbefreiung der Veräußerungsgewinne ist ferner ausgeschlossen, wenn folgende Sachverhalte vorliegen (§ 8b Abs. 3 S. 1 Nr. 1 und 2 KStG):

- Es handelt sich um einbringungsgeborene Anteile i. S. d. § 21 UmwStG oder
- um Anteile, die zu einem Wert unter dem Teilwert unmittelbar oder mittelbar über eine Mitunternehmerschaft des Einbringenden erworben werden, der nicht zu den nach § 8b Abs. 2 KStG begünstigten Steuerpflichtigen gehört (persönliche Sperre).

Dies gilt allerdings nicht, wenn die Anteilsveräußerung nach Ablauf der siebenjährigen Sperrfrist erfolgt oder soweit die einbringungsgeborenen Anteile aus der Einbringung mehrheitsvermittelnder Anteile an Kapitalgesellschaften i. S. d. § 20 Abs. 1 S. 2 oder § 23 Abs. 4 UmwStG resultieren (§ 8b Abs. 3 S 2 Nr. 1 und 2 KStG).[666]

---

[664] Vgl. *Förster/Ott*, Steuerforum, 2004, S. 36; vgl. auch unten 1.h) Abzug von Beteiligungsaufwendungen.

[665] Vgl. *Endres*, PIStB 2004, S. 50.

[666] Vgl. *Förster/Ott*, Steuerforum, 2004, S. 38.

Die Veräußerung von Kapitalanteilen durch Finanzunternehmen, zu denen auch Holdinggesellschaften gehören können, mit dem Ziel der kurzfristigen Erzielung eines Eigenhandelserfolgs (§ 8b Abs. 7 KStG), sind ebenso von der Steuerbefreiung ausgeschlossen wie Veräußerungen von Anteilen, die den Kapitalanlagen von Kranken- und Lebensversicherungsunternehmen zuzurechnen sind (§ 8b Abs. 8 KStG).[667]

Der Veräußerungsgewinn i. S. d. § 8b Abs. 2 KStG unterliegt auch nicht der GewSt, mit Ausnahme des 5%igen fiktiven Betriebsausgabenabzugsverbots (§ 8b Abs. 3 S. 1 KStG).

f) Abzug von Veräußerungsverlusten und Teilwertabschreibungen

Veräußerungsverluste, Teilwertabschreibungen und Verluste bei der Auflösung der Gesellschaft bleiben als „Gewinnminderungen" i. S. d. § 8b Abs. 3 S. 3 KStG steuerlich unberücksichtigt.[668] Lediglich die Steuerpflicht des Veräußerungsgewinns nach § 8b Abs. 4 KStG könnte dazu führen, dass derartige Gewinnminderungen bei der Einkommensermittlung der Kapitalgesellschaft angesetzt werden können.[669]

g) Konsolidierte Besteuerung

Miteinander verbundene Kapitalgesellschaften können unter bestimmten Voraussetzungen eine vertikale Gewinn- und Verlustrechnung vornehmen. Die für Holdings bedeutsame zusammengefasste Besteuerung ist unter den Voraussetzungen einer **Organschaft** möglich. Damit wird der wirtschaftlichen Einheit des Holdingkonzerns Rechnung getragen. Aufgrund des Rechtsinstituts der deutschen Organschaft lässt sich die steuerliche Ergebnisverrechnung für eine inländische (Teil-)Konzerngruppe erreichen.[670]

Im Bereich der Ertragsteuern muss zwischen der körperschaftsteuerlichen (§§ 14 bis 19 KStG) und gewerbesteuerlichen Organschaft (§ 2 Abs. 2 S. 2 f.

---

[667] Vgl. *Schaumburg/Jesse*, Holding-Handbuch, 2004a, § 13, Rz. 62.

[668] Hierzu BMF-Schreiben v. 28.4.2003, BStBl. I 2003, 292, Rz. 25 ff.

[669] Vgl. *Schaumburg/Jesse*, Holding-Handbuch, 2004b, § 14, Rz. 127.

[670] Vgl. §§ 14-19 KStG.

GewStG) unterschieden werden, wobei für beide folgende einheitlichen Voraussetzungen[671] zu erfüllen sind:

- Die Organgesellschaft muss eine Kapitalgesellschaft (AG, KGaA oder GmbH bzw. SE[672]) sein (§ 14 S. 1, § 17 KStG).
- Die **Organgesellschaft** muss finanziell in den Organträger eingegliedert sein, d. h. der Organträger muss von Beginn des Wirtschaftsjahres an ununterbrochen entweder unmittelbar oder mittelbar über die Mehrheit der Stimmrechte aus den Anteilen der Organgesellschaft verfügen (§ 14 Abs. 1 S. 1 Nr. 1 KStG).
- Der **Organträger** muss entweder eine unbeschränkt steuerpflichtige Person oder Personengesellschaft oder eine nicht steuerbefreite Körperschaft, Personenvereinigung oder Vermögensmasse i. S. d. § 1 KStG mit Geschäftsleitung im Inland sein (§ 14 Abs. 1 S. 1 Nr. 2 KStG). Mit Wirkung ab 08.10.2004 kann auch die europäische Aktiengesellschaft „Societas Europaea" Organträger sein. Dabei muss der Organträger selbst ein gewerbliches Unternehmen sein. Kapitalgesellschaften sind kraft Gesetz (§ 2 Abs. 2 S. 1 GewStG) stets gewerblich tätig. Natürliche Personen oder Personengesellschaften sind dann gewerblich tätig, wenn diese eine gewerbliche Tätigkeit i. S. d. § 15 Abs. 2 S. 1 EStG ausüben. Dabei reicht eine nur geringe gewerbliche Tätigkeit aus (§ 15 Abs. 3 Nr. 1 EStG), wohingegen gewerblich geprägte Personengesellschaften (§ 15 Abs. 3 Nr. 2 EStG) nicht allein aufgrund der Rechtsform Organträger sein können.[673]
- Zwischen Organgesellschaft und Organträger muss ein **Ergebnisabführungsvertrag** geschlossen werden (§ 14 Abs. 1 Nr. 3 KStG). Dieser muss sich an den Normen der §§ 291 ff. AktG orientieren; für GmbHs gelten gemäß § 17 KStG diese Vorschriften analog. Im Ergebnisabführungsvertrag verpflichtet sich die Organgesellschaft, ihren gesamten Gewinn für mindestens fünf Jahre an den Organträger abzuführen. Umgekehrt muss der Organträger Verluste ausgleichen, die bei der Organgesellschaft ent-

---

[671] Vgl. *Orth*, WPg-Sonderheft 2003, S 16.

[672] Europäische Aktiengesellschaft „Societas Europaea" (SE).

[673] Vgl. auch Personengesellschafen als Holding, oben Kap. B.III.4.c), S. 56.

standen sind. In einem mehrstufigen Konzern kann die Muttergesellschaft – bei Vorliegen der finanziellen Eingliederung zwischen Mutter- und Tochtergesellschaft sowie Tochter- und Enkelgesellschaft – den Ergebnisabführungsvertrag direkt mit der Enkelgesellschaft abschließen.[674]

Bei der **körperschaftsteuerlichen Organschaft** wird das gesamte, von der Organgesellschaft ermittelte Einkommen dem Organträger zugerechnet (§ 14 S. 2 KStG). Vororganschaftliche Verluste der Organgesellschaften können dabei nicht abgezogen werden (§ 15 S. 1 Nr. 1 KStG). Vororganschaftliche Verluste des Organträgers können dagegen während des Bestehens der Organschaft sowohl mit eigenem positiven Einkommen des Organträgers als auch mit dem ihm zugerechneten positiven Einkommen der Organgesellschaft verrechnet werden. Bezüge, Gewinne oder Gewinnminderungen i. S. d. § 8b KStG oder mit diesen in Zusammenhang stehenden Aufwendungen i. S. d. § 3c EStG sind (dann) erst bei der Ermittlung des Einkommens des Organträgers zu berücksichtigen. Im Falle einer Kapitalgesellschaft als Holding-Organträger kann diese derartige Beträge steuerfrei vereinnahmen bzw. 5% als nicht-abzugsfähige Betriebsausgaben ansetzen und die entstandenen Beteiligungserträge davon abziehen. Der Organträger muss anschließend das bei ihm ermittelte Einkommen versteuern. Der von der Organgesellschaft überwiesene Gewinn bzw. erhaltene Verlustausgleich hat dabei keine Auswirkung auf das Einkommen. Im Gegenzug erhöht der erhaltene Gewinn bzw. vermindert der gezahlte Verlustausgleich das Einkommen des Organträgers. So kommt es zu keiner Doppelbesteuerung innerhalb des Organkreises.[675]

Im Gegensatz zur körperschaftsteuerlichen Organschaft, bei der die Organgesellschaft ihre Steuersubjekteigenschaft nicht verliert, gilt bei der **gewerbesteuerlichen Organ**schaft die Organgesellschaft nur noch als Betriebsstätte des Organträgers (§ 2 Abs. 2 S. 2 GewStG). Der Gewerbeertrag wird getrennt ermittelt, Schuldner der Gewerbesteuer ist aber allein der Organträger, der den insgesamt ermittelten Gewerbeertrag zu versteuern hat. Der Ausgleich einer entstandenen Gewerbesteuerschuld der Organgesellschaft wird dann auf dem

[674] Vgl. *Schaumburg/Jesse*, Holding-Handbuch, 2004a, § 13, Rz. 277.

[675] Vgl. *Orth*, WP-Sonderheft 2003, S 17.

Wege vertraglich vereinbarter Gewerbesteuerumlagen verrechnet. Diese stellen bei der Organgesellschaft Betriebsausgaben dar.[676]

Eine **grenzüberschreitende Organschaft** ist im deutschen Steuerrecht nicht vorgesehen. Die obigen Ausführungen gelten jedoch entsprechend, wenn sich eine Organgesellschaft dazu verpflichtet, ihren gesamten Gewinn an ein ausländisches Unternehmen abzuführen. Weiterhin muss dieser ausländische Organträger eine inländische unbeschränkt steuerpflichtige Zweigniederlassung haben und gewerblich tätig sein. Dieser Niederlassung wird dann das Einkommen der Organgesellschaft zugerechnet, wenn der Ergebnisabführungsvertrag über diese Niederlassung läuft und die finanzielle Eingliederung mit der Niederlassung erfüllt ist (§ 18 KStG). Die Vorschriften der §§ 14 bis 17 KStG müssen sinngemäß erfüllt sein.[677]

h) Abzug von Beteiligungsaufwendungen / Gesellschafterfremdfinanzierung

Beteiligungsaufwendungen:

Wie bereits erwähnt stellen 5% der steuerfreien Bezüge i. S. d. § 8b Abs. 1 KStG – unabhängig vom tatsächlichen Aufwand und unabhängig davon, ob sie von einer ausländischen oder inländischen Gesellschaft bezogen werden – nicht abzugsfähige Betriebsausgaben dar (§ 8b Abs. 5 S 1 KStG). Darüber hinausgehende Beteiligungs- oder Refinanzierungsaufwendungen der Holding sind in vollem Umfang steuerlich abzugsfähig, da die Anwendung des § 3c EStG auf steuerfreie Beteiligungserträge explizit ausgeschlossen ist (§ 8b Abs. 5 S. 2 KStG). Diese Regelung ist daher besonders für (Holding-) Kapitalgesellschaften von Vorteil, die hohe Aufwendungen im Zusammenhang mit ihren Beteiligungen haben[678], weil dadurch die Nachversteuerung des nicht-abzugsfähigen 5%-Anteils reduziert wird bzw. entfällt.[679]

---

[676] Vgl. *Schaumburg/Jesse*, Holding-Handbuch, 2004a, § 13, Rz. 289 ff.

[677] Vgl. *Walter*, Handbuch-Steuerplanung, 2003, S. 652 ff.

[678] Vgl. *Förster/Ott*, Steuerforum, 2004, S. 33.

[679] Kritisch zum Verhältnis von § 8b KStG und § 3c EStG: *Beck*, Besteuerung von Beteiligungen, 2004, S. 178 ff.

Thin capitalization rules:

Das deutsche Körperschaftsteuerrecht enthält in § 8a KStG eine Korrekturvorschrift im Bereich der Gesellschafterfremdfinanzierung. Damit soll die Ausstattung deutscher Tochterkapitalgesellschaften mit zu geringem Eigenkapital („thin capitalization") verhindert werden. Unter den folgenden Voraussetzungen werden Vergütungen für Fremdkapital steuerlich nicht anerkannt und in eine verdeckte Gewinnausschüttung umqualifiziert:[680]

- Das Fremdkapital erhält eine Kapitalgesellschaft im Sinne des § 1 Nr. 1 KStG (§ 8a Abs. 1 S 1 KStG). Dabei ist es unerheblich, ob diese beschränkt oder unbeschränkt steuerpflichtig (§ 1 oder § 2 KStG) ist.[681]
- Der Fremdkapitalgeber (in- oder ausländische natürliche oder juristische Person) ist wesentlich an der Kapitalgesellschaft beteiligt (§ 8a Abs. 1 S. 1 KStG). Dies ist ab einer Beteiligungshöhe ab 25% des Grund- oder Stammkapital gegeben (§ 8a Abs. 3 KStG).[682] Dabei können die Anteilseigner mittelbar oder unmittelbar an der Gesellschaft beteiligt sein, eine Mindesthaltefrist ist nicht festgelegt.[683] Ferner fallen auch „nahestehende Personen" (i. S. d. § 1 Abs. 2 AStG) oder Personen, auf die der Anteilseigner zurückgreifen kann, unter diese Regelung (§ 8a Abs. 1 S 2 KStG). Damit sind insbesondere in- und ausländische Mutter-, Tochter- oder Schwestergesellschaften des Anteilseigners gemeint.[684] In diesem Zusammenhang gelten auch über Zwischengesellschaften gehaltene Beteiligungen als direkte Beteiligungen.[685]
- Die jährlichen Zinsen der betreffenden Gesellschaft betragen mehr als 250.000 Euro (Freigrenze gem. § 8a Abs. 1 S. 1 KStG) oder werden nicht in einem Bruchteil des Kapitals bemessen, d. h. sie sind gewinn- oder umsatzabhängig (§ 8a Abs. 1 Nr. 1 KStG). Im Falle der Bruchteilsbemessung

[680] Vgl. *Dörr* u. a., NWB 2004, Nr. 34, S. 1 ff.

[681] Vgl. *Dörr* u. a., NWB 2004, Nr. 34, S. 8 f.; BMF, Schreiben vom 15. 07.2004, DB 2004, S. 1691 f.

[682] Vgl. *Dötsch/Pung*, DB 2004, S. 91.

[683] Vgl. *Dörr* u. a., NWB 2004, Nr. 34, S. 10.

[684] Vgl. *Schaumburg/Jesse*, Holding-Handbuch, 2004a, § 13, Rz. 82.

[685] Vgl. BMF, Schreiben vom 15. 07.2004, DB 2004, S. 1692; *Silber*, NWB 2005, S. 1453; kritisch zur Zurechnung nachgeordneter Gesellschaften: *Hohenlohe/Heurung/Rautenstrauch*, BB 2005, S. 801 ff.

der Zinsen– darf das Fremdkapital das anteilige Eigenkapital um das **Eineinhalbfache** nicht übersteigen (sogenannter „safe haven“ gemäß § 8a Abs. 1 Nr. 2 KStG).[686] Die Ermittlung des anteiligen Eigenkapitals erfolgt dabei unter Bezug auf die handelsrechtlichen Vorschriften, wobei noch ausstehende Einlagen und der Buchwert der Beteiligung bei der Ermittlung abgezogen werden.[687] Diese Buchwertkürzung entfällt allerdings, wenn es sich um eine Holdinggesellschaft i. S. d. § 8a Abs. 4 KStG handelt. Diese liegt vor, wenn die Haupttätigkeit der Kapitalgesellschaft es ist, Beteiligungen an anderen Kapitalgesellschaften zu halten und diese zu finanzieren oder wenn deren Vermögen zu mehr als 75% der Bilanzsumme aus Beteiligungen an Kapitalgesellschaften besteht.

Liegen diese Voraussetzungen kumuliert vor, können die Zinsen nicht als Betriebsausgaben abgezogen werden. Sie erhöhen stattdessen als verdeckte Gewinnausschüttung das zu versteuernde Einkommen der Kapitalgesellschaft (§ 8a Abs. 1 KStG). Dies kann auch nicht durch die Zwischenschaltung einer Personengesellschaft verhindert werden (§ 8a Abs. 5 KStG).

Des weiteren liegen verdeckte Gewinnausschüttungen immer dann vor, wenn Vergütungen für Fremdkapital gezahlt werden, das zum Erwerb von Beteiligungen aufgenommen wurde und der Veräußerer der Beteiligung sowie der Fremdkapitalgeber wesentlich beteiligte Anteilseigner, nahestehende Personen oder rückgriffsberechtigte Dritte sind (sog. konzerninterner Anteilserwerb i. S. d. § 8a Abs. 6 KStG).[688]

i) DBA-Netzwerk

Deutschland verfügt über eine sehr ausgeprägtes Netz von Doppelbesteuerungsabkommen. Derzeit sind mit 75 Staaten Abkommen auf dem Gebiet der Steuern vom Ertrag und Vermögen geschlossen. Darunter gehören neben allen 24 weiteren Staaten der Europäischen Union beispielsweise die klassischen Industriestaaten USA, Kanada und Australien, viele afrikanische und südame-

---

[686] Ausgenommen hiervon sind Mittelaufnahmen von Kreditinstituten zur Finanzierung von Geschäften i.S.d. § 1 KWG (§ 8a Abs. 1 Nr. 2 S. 2 KStG).

[687] Vgl. *Prinz*, Handbuch-Steuerplanung, 2003, S. 673; *Dörr* u. a., NWB 2004, Nr. 34, S. 11 f.

[688] Vgl. *Dötsch/Pung*, DB 2004, S. 1691.

rikanische Staaten sowie Staaten des nahen, mittleren und fernen Ostens.[689] Doppelbesteuerungsabkommen mit typischen Steueroasen, wie beispielsweise Monaco, Bermudas oder den Cayman Islands bestehen nicht.

j) Missbrauchsbestimmungen

Im deutschen Steuerrecht sind verschiedene Missbrauchsvorschriften normiert, die sowohl den gezielten Missbrauch von Gestaltungen zur Steuerverkürzung und den Abfluss von Besteuerungssubstrat in niedrig besteuerte Länder verhindern bzw. einschränken sollen. Von diesen werden im Folgenden die für Holdinggesellschaften wichtigsten Abwehrmaßnahmen näher erläutert.

§ 42 AO stellt die allgemeine Missbrauchsvorschrift des deutschen Steuerrechts dar. Demnach liegt ein **Gestaltungsmissbrauch** i. S. d. § 42 Abs. 1 S. 1 AO (nach ständiger Rechtsprechung des BFH) dann vor, wenn die gewählte rechtliche Gestaltung unangemessen ist, der Steuerminderung dienen soll und nicht durch wirtschaftliche oder sonstige beachtliche Gründe zu rechtfertigen ist.[690] Unangemessenheit liegt vor, wenn der Steuerpflichtige die vom Gesetzgeber vorgegebene typische Gestaltung zur Erreichung bestimmter wirtschaftlicher Ziele nicht wählt, sondern eine Gestaltung vornimmt, die keinem wirtschaftlichen Zweck dient.[691] Liegt ein Missbrauch im Sinne des § 42 AO vor, so entsteht der Steueranspruch so, als wäre die wirtschaftlich angemessene Gestaltung von vorneherein gewählt worden.

Diese doch recht allgemein gefasste Norm des § 42 AO greift erst, wenn die Möglichkeiten anderer Steuergesetze nicht anwendbar sind.

Unter die speziellen Missbrauchsvorschriften zur Bekämpfung der Steuerumgehung fällt insbesondere § 50d Abs. 3 EStG („Anti-treaty-shopping“ Klausel). Diese dient in erster Linie dazu, die missbräuchliche Ausnutzung der Quellensteuerreduzierungen zu verhindern, die sowohl im nationalen Steuerrecht als auch in den Doppelbesteuerungsabkommen vorgesehen ist. Davon betroffen sind insbesondere die ins deutsche Steuerrecht transformierten Be-

---

[689] Vgl. die Länderübersicht im BMF-Schreiben, IV B 5 – S-1301 – 1/06, vom 11.01.2006

[690] Vgl. *Tipke/Lang*, Steuerrecht, 2002, § 5 Rz. 99.

[691] BFH, Urteil vom 08.05.2003, DB 2003, S. 1716 m.w.N. zu BFH-Urteilen zu § 42 AO.

stimmungen der Mutter-Tochter-Richtlinie und der Zins-Lizenz-Richtlinie. § 50d Abs. 1 und 2 EStG sieht für den Fall von bestehenden Doppelbesteuerungsabkommen bei Zins- und Lizenzzahlungen die Reduzierung, Erstattung oder den Verzicht von Quellensteuern vor. Auf dem Wege des **„directive shopping"** oder **„treaty shopping"** ist es beschränkt steuerpflichtigen Zahlungsempfängern möglich, diese Vergünstigungen durch Zwischenschaltung einer ausländischen Kapitalgesellschaft zu sichern.[692] Um diese missbräuchliche Inanspruchnahme zu verhindern, sieht § 50d Abs. 3 EStG vor, dass der ausländischen Gesellschaft die ganze oder teilweise Entlastung nicht zusteht, wenn an ihr Personen beteiligt sind, denen die Entlastung bei einem direkten Bezug der Einkünfte nicht zugestanden hätte, für die Einschaltung der ausländischen Gesellschaft sowohl wirtschaftliche als auch sonstige beachtliche Gründe fehlen und sie keine Wirtschaftstätigkeit ausübt.[693] § 50g Abs. 4 EStG enthält zudem die spezielle Missbrauchsvorschrift für Zinsen und Lizenzen bei verbundenen Unternehmen, wobei die Bestimmungen des § 50d Abs. 3 EStG davon unberührt bleiben.

Die Hinzurechnungsbesteuerung (§§ 7 – 14 AStG) stellt eine weitere Spezialvorschrift dar, die sich insbesondere mit dem Problem von zwischengeschalteten Basisgesellschaften in Niedrigsteuerländern befasst. Falls die folgenden Voraussetzungen vorliegen, wird die Abschirmwirkung der ausländischen Gesellschaft nicht anerkannt und das durch sie erzielte Einkommen wird direkt den inländischen, unbeschränkt steuerpflichtigen Anteilseignern zugerechnet:[694]

- *Inländerbeherrschung*: Die ausländische Gesellschaft wird von einem unbeschränkt steuerpflichtigen Anteilseigner (natürliche oder juristische Person i. S. d. § 1 EStG bzw. § 1 KStG) beherrscht (§ 7 Abs. 1 AStG), d. h. der unbeschränkt Steuerpflichtige ist allein oder gemeinsam mit anderen unbeschränkt Steuerpflichtigen zu mehr als 50% an der ausländischen Gesellschaft beteiligt. Ferner sind Stimmrechte zu beachten, die dem Steuerpflichtigen zuzurechnen sind, sowie die mittelbar über Gesell-

---

[692] Vgl. oben Kap. C.I.3.a)

[693] Vgl. *Cloer*, PIStB 2005, S. 97; auch Rose/Glorius-Rose, DB 2003, S. 409 f. mit Anmerkungen zur Rechtsprechung des BFH über zwischengeschaltete Basisgesellschaften.

schaften gehaltenen Anteile an der ausländischen Gesellschaft (§ 7 Abs. 2 AStG). Der Tatbestand wird ebenso verwirklicht, wenn die Anteile über eine oder mehrere Personengesellschaften (§ 7 Abs. 3 AStG) oder von weisungsbebundenen Personen gehalten werden (§ 7 Abs. 4 AStG). Eine Verschärfung tritt dann ein, wenn die ausländische Gesellschaft Zwischeneinkünfte mit Kapitalanlagecharakter erzielt; die Hinzurechnung beim Anteilseigner erfolgt dann bereits ab einer Beteiligungshöhe von 1%, wenn diese Einkünfte mehr als 10% der Einkünfte der Gesellschaft ausmachen und 62.500 EURO übersteigen (§ 7 Abs. 6 AStG). Zwischeneinkünfte mit Kapitalanlagecharakter entstehen insbesondere durch das Halten, der Verwaltung, Werterhaltung oder Werterhöhung von Zahlungsmitteln, Forderungen, Wertpapieren, Beteiligungen oder ähnlichen Vermögenswerten (§ 7 Abs. 6a AStG).[695]

- *Die ausländische Gesellschaft erzielt passive Einkünfte (§ 8 Abs. 1 AStG)*: Das Außensteuergesetz grenzt die passiven Einkünfte in der Weise ab, dass es die aktiven Einkünfte abschließend nennt. Die in § 8 Abs. 1 AStG genannten Tätigkeiten sind grundsätzlich aktiv, wobei bei manchen zahlreiche Einschränkungen und Ausnahmen zusätzlich zu erfüllen sind.

- *Die Einkünfte unterliegen einer niedrigen Besteuerung (§ 8 Abs. 3 AStG)*: Eine niedrige Besteuerung liegt immer dann vor, wenn entweder die Belastung der ausländischen Einkünfte mit Ertragsteuern nicht mehr als 25% beträgt oder die Steuerbelastung um Steuern vermindert wird, welche die Gesellschaft selbst zu tragen hat.

Erzielt eine ausländische Gesellschaft lediglich passive Einkünfte in Höhe von maximal 10% der gesamten Bruttoerträge, maximal 62.000 EURO, so kann eine Hinzurechnung beim Anteilseigner unterbleiben (Freigrenze bei gemischten Einkünften gemäß § 9 AStG).

Liegen die obigen Voraussetzungen der §§ 7 und 8 AStG vor und wird die Freigrenze des § 9 AStG überschritten, so werden dem Anteilseigner die Einkünfte der ausländischen Gesellschaft hinzugerechnet, wobei anzumerken ist,

---

[694] *Haarmann*, WPg-Sonderheft 2003, S68.

[695] Vgl. *Schaumburg/ Jesse*, Holding-Handbuch, 2004a, § 13, Rz. 84.

dass für die Besteuerung des Hinzurechnungsbetrags die Steuerbefreiungen des § 8b KStG nicht anzuwenden sind (§ 10 Abs. 2 AStG).

k) Zusammenfassende Würdigung des Holdingstandortes Deutschland

Als wohl größter Vorteil des Holdingstandortes Deutschland ist die (fast vollständige) **Steuerfreistellung** von **in- und ausländischen Einkünften aus Dividenden und Veräußerungsgewinnen** ohne zusätzliche Voraussetzungen bezüglich einer Mindestbeteiligungsquote oder Mindesthaltefrist (nationales und internationales Schachtelprivileg) zu sehen. Diese Beträge stehen der Holding – im Falle der Nichtausschüttung bzw. Nichtweiterleitung an eine Muttergesellschaft – zu 95% für Reinvestitionen zur Verfügung. Des weiteren können Aufwendungen, die im Zusammenhang mit den Beteiligungen anfallen, in voller Höhe abgezogen werden; diese wirken sich aber nur dann aus, wenn die Holding auch noch andere steuerpflichtige Einkünfte erzielt.

Durch die Umsetzung der EU-Mutter-Tochter-Richtlinie, der EU-Zins-/Lizenzrichtlinie sowie des umfangreichen DBA-Netzwerkes sind sowohl Dividendenzahlungen als auch Zins- und Lizenzzahlungen, insbesondere innerhalb eines europäischen Unternehmensverbundes, nicht mit liquiditätsschädlichen Quellensteuerabzügen belastet. Die dabei geforderten Mindestbeteiligungshöhen und –zeiten dürften für einen international tätigen Konzern keine große Hürde darstellen.

Allerdings stehen diesen positiven Bedingungen erhebliche steuerliche Nachteile gegenüber:

- So unterliegen dennoch 5% der Dividenden bzw. Veräußerungsgewinnen der deutschen Körperschaftsteuer, wodurch es bei mehrstufigen Konzernen zu einer definitiven Mehrbelastung der ursprünglichen Dividendeneinnahme auf jeder Stufe kommt. Auch wirkt das Abzugsverbot von Teilwertabschreibungen sowie Veräußerungs- und Liquiditätsverlusten investitionshemmend. Ferner sind Zinsen für Fremdkapital von Gesellschaftern der Kapitalgesellschaft nur innerhalb des sehr niedrigen save haven von 1,5:1 steuermindernd abzugsfähig, wodurch der Finanzierungsspielraum der Tochtergesellschaft erheblich eingeschränkt wird.

- Im Rahmen der konsolidierten Besteuerung können nur von inländischen Tochtergesellschaften erzielte Verluste steuermindernd berücksichtigt werden; Verluste von ausländischen Gesellschaften wirken sich nicht auf das steuerliche Einkommen der Muttergesellschaft aus.
- Weiterhin müssen die im deutschen Steuerrecht sehr detailliert geregelten Bestimmungen gegen den Missbrauch von steuerlichen Sachverhaltsgestaltungen genau beachtet werden. Bei einer nicht gesetzeskonformen Strukturierung des Konzerns drohen große steuerliche Risiken mit dem Effekt, dass der Abfluss dieser liquiden Mitteln die Finanzkraft und die Investitionsfähigkeit schwächt. Darüber hinaus werden ausländische Investoren oft von der mangelnden Verlässlichkeit der Gesetzgebung[696] abgeschreckt, da ein dauerhaftes und damit planerisches Steuerumfeld größere Bedeutung hat als kurzfristige, aber von Gesetzesänderungen bedrohte Steuervorteile.[697] Auch gilt Deutschland nach wie vor als ein Hochsteuerland für Unternehmen (ca. 35 – 40% Effektivbelastung unter Berücksichtigung der GewSt).

Aufgrund dessen besteht gegenüber den klassischen Holdingstandorten wie den Niederlanden und Luxemburg noch eine erheblicher Nachholbedarf, um Holdinggesellschaften dauerhaft nach Deutschland zu locken.[698] Der erste Schritt in diese Richtung könnte der Weg hin zu einem transparenterem und verlässlicherem Steuerrecht sein, vor allem mit niedrigeren Steuern für Unternehmen.

2. Belgien

a) Normalsteuerbelastung

Körperschaftsteuersystem: Das belgische Körperschaftsteuersystem[699] ist ein *klassisches System*, d. h. grundsätzlich volle Besteuerung auf Ebene der

---

[696] Vgl. *Mertens*, Standortverlagerung, 2004, S. 99.

[697] Vgl. *Rosenbach*, Holding-Handbuch, 2004, § 16, Rz. 9.

[698] Vgl. *Streu*, Handbuch-Steuerplanung, 2003, S. 156 f.

[699] Zu den Änderungen des belgischen Steuerrechts siehe *Narraina/Tas/Paquet*, IWB 2004, Fach 5 (Belgien), Gruppe 2, S. 243 ff.

Gesellschaft und des Gesellschafters, ohne Anrechnung der Körperschaftsteuer auf die persönliche Einkommensteuer des Gesellschafters. Allerdings wird die Doppelbesteuerung durch den Abzug von vereinnahmten Beteiligungserträgen bei Kapitalgesellschaften gemildert und bei natürlichen Personen gilt ein ermäßigter Steuersatz auf empfangene Dividenden.

Körperschaftsteuertarif: Der Körperschaftsteuersatz beträgt 33% (ab einem Einkommen von 322.500 Euro) zzgl. 3% Krisensteuer. Die Effektivbelastung beträgt somit **33,99%.**

Behandlung von Verlusten: Ein Verlustvortrag ist unbegrenzt möglich, jedoch nicht, wenn ein Wechsel der Besitzverhältnisse erfolgte, der nicht wirtschaftlich und finanziell notwendig war. Verluste können nicht rückgetragen werden.

Kommunalsteuern: keine

Substanzsteuern: keine

b) Besteuerung vereinnahmter Beteiligungserträge der Holding

Abzugssystem (modifiziertes Schachtelprivileg): Das belgische Steuerrecht gewährt inländischen Kapitalgesellschaften (Holdinggesellschaften)[700] ein Abzugssystem für vereinnahmte in- und ausländische Beteiligungserträge[701], das in der Regel zum gleichen Ergebnis wie eine Schachtelfreistellung führt. Demnach sind 95% der von einer in Belgien ansässigen Holdinggesellschaft empfangenen Dividenden steuerfrei, d. h. sie werden von deren Einkommen abgezogen, nachdem sie zunächst ins steuerbare Einkommen miteingerechnet wurden. Der nichtbefreite Teil von 5% unterliegt der belgischen Körperschaftsteuer von 33% (zzgl. 3% Krisensteuer). Bei mehrstufigen belgischen Konzernen führt dieses System zu einer definitiven Mehrbelastung der ursprünglichen Dividendeneinnahme auf jeder Stufe. Erzielt die belgische Hol-

[700] Begünstigt sind auch belgische Betriebsstätten ausländischer Kapitalgesellschaften sowie alle belgischen Gesellschaften mit eigener Rechtspersönlichkeit wie GmbH, AG, offene Handelsgesellschaften und Kommanditgesellschaften. Vgl. *Kessler*, Euro-Holding, 1996, S. 107, m.w.N.

[701] Begünstigt sind alle offenen und verdeckten Gewinnausschüttungen, Ausschüttungen auf Vorzugsaktien sowie Liquidationsraten und Kapitalrückzahlungen im Rahmen einer Kapitalherabsetzung, soweit diese nach belgischem oder ausländischem Recht wie Dividenden behandelt werden. Vgl. *Kessler*, Euro-Holding, 1996, S. 141, m.w.N.

dinggesellschaft einen Verlust aus anderen Quellen, d. h. ist nicht genügend positives Einkommen für den Dividendenabzug vorhanden, mindern die Beteiligungserträge den vortragsfähigen Verlust in voller Höhe, ohne dass die Dividenden abgezogen oder zurück- bzw. vorgetragen werden könnten. Dieser nachteilige Effekt kommt jedoch nur bei einer gemischten Holding zur Anwendung und nicht bei einer rein beteiligungshaltenden Holding.

Voraussetzungen:

- Mindestbeteiligungshöhe von 10% an der ausschüttenden Gesellschaft oder Anschaffungswert der Anteile von mindestens 1,2 Mio. Euro. Außerdem ist es erforderlich, dass die Anteile während eines ununterbrochenen Zeitraums von einem Jahr gehalten werden.
- Die Anteile müssen zudem den Charakter von Finanzanlagen nach dem belgischen Buchhaltungsrecht haben und müssen in vollem Eigentum gehalten werden.
- Die vereinnahmten Beteiligungeinkünfte müssen der belgischen Körperschaftsteuer oder einer vergleichbaren Steuer unterlegen haben (sog. „subject-to-tax"-Klausel). Ein ausländisches Steuersystem wird als erheblich günstiger angesehen als in Belgien, wenn entweder der nominale oder der effektive Körperschaftsteuersatz in diesem Land gemäß des allgemeinen Rechts niedriger ist als 15%, oder in den durch den belgischen König zu bestimmenden Fällen.[702] Das Schachtelprivileg wird somit nicht angewandt, wenn die ausschüttende Gesellschaft in einem Steuerparadies liegt oder es sich um speziell begünstigte Holding- und Finanzierungsgesellschaften und „Durchlaufgesellschaften" handelt, deren Einkünfte bei direktem Bezug nicht unter das belgische Schachtelprivileg fallen würden. Dazu gehören z. B. Ausschüttungen traditioneller Luxemburger Holdinggesellschaften (1929er Holding).

[702] Zur definitiven vom belgischen König erlassenen Länderliste siehe *Narraina/Tas/Paquet*, IWB 2004, Fach 5 (Belgien), Gruppe 2, S. 244 f.

c) Besteuerung der Ausschüttung aus der Holdinggesellschaft

Ausschüttung an Inländer: Ausgeschüttete Gewinne werden grundsätzlich mit einer belgischen Quellensteuer von 25% („précompte mobilier") belastet.

Keine Quellensteuer wird bei Weiterausschüttungen im Inland erhoben, wenn sowohl die vereinnahmende Muttergesellschaft als auch die Tochtergesellschaft der belgischen Körperschaftsteuer unterliegen und die Muttergesellschaft eine Beteiligung von mindestens 25% am Kapital der Tochtergesellschaft während mindestens einem Jahr gehalten hat.

Ausschüttung an Ausländer: Ebenso wird auf Dividendenausschüttungen[703] an eine EU-Muttergesellschaft aufgrund der Mutter-Tochter-Richtlinie keine Quellensteuer erhoben. Voraussetzung ist, dass es sich um eine Beteiligung von mindestens 25% handelt und dass diese Beteiligung während mindestens einem Jahr gehalten wurde.[704] Weiterhin muss eine Bescheinigung vorgelegt werden, um in den Genuss der Steuerbefreiung zu gelangen.

Dividenden an Mütter in Ländern ohne DBA mit Belgien unterliegen der vollen (nicht rückforderbaren) Quellensteuer von 25%.

Im Falle von Doppelbesteuerungsabkommen wird die Quellensteuer regelmäßig auf 15% bis 5% reduziert.

d) Besteuerung von Zins- und Lizenzzahlungen der Holding

Generell unterliegen Zins- und Lizenzzahlungen einer belgischen Quellensteuer von 15%.[705]

Auf Lizenzzahlungen an inländische Lizenzgeber wird keine Quellensteuer erhoben und bei Zinszahlungen an inländische Gläubiger wird bei Zahlungen

[703] Begünstigt sind alle offenen Ausschüttungen auf Stamm- und Vorzugsanteile sowie Liquidationsausschüttungen und der Rückkauf von Anteilen. Vgl. *Kessler*, Euro-Holding, 1996, S. 233 f., m.w.N.

[704] Ist die Mindesthaltedauer im Zeitpunkt der Ausschüttung noch nicht erreicht, wird die Quellensteuer vorsorglich einbehalten. Bei nachträglicher Erfüllung der Mindesthaltedauer zahlt die Tochtergesellschaft den einbehaltenen Betrag an die Muttergesellschaft aus. Veräußert die Muttergesellschaft die Aktien der Tochtergesellschaft vor Ablauf der Jahresfrist, muss die Tochtergesellschaft die Quellensteuer zzgl. 7% gesetzlicher Verzugszinsen pro Jahr zahlen.

[705] Für Lizenz- und Zinsverträge vor dem 1.3.1990 gilt ein Satz von 25%.

an eine Gesellschaft, die der belgischen Körperschaftsteuer unterliegt, ebenfalls auf eine Einbehaltung von Quellensteuern verzichtet.

Auf Basis der belgischen Doppelbesteuerungsabkommen kann die Quellensteuer auf Zinsen unter verschiedenen Voraussetzungen auf 10% und bei Lizenzen auf 10% bis 0% reduziert werden

In Anwendung der Europäischen Richtlinie für Zinsen und Lizenzgebühren wird auf Zinsen und Lizenzgebühren, die zwischen verbundenen Unternehmen gezahlt werden, keine Quellensteuer erhoben. Gemäß der belgischen Gesetzgebung sind zwei Gesellschaften verbunden, wenn: a) eine der beiden Gesellschaften während einem ununterbrochenen Zeitraum von mindestens einem Jahr eine direkte oder indirekte Beteiligung von mindestens 25% in dem Kapital der anderen Gesellschaft hat oder b) eine dritte Gesellschaft, die ihren Sitz innerhalb der EU hat, während einer ununterbrochenen Periode von mindestens einem Jahr eine direkte oder indirekte Beteiligung von mindestens 25% in dem Kapital von jeder der Gesellschaften hält.

e) Besteuerung von Veräußerungsgewinnen der Holding

Veräußerungsgewinne aus in- und ausländischen Beteiligungen sind, unabhängig von der Beteiligungshöhe, bei einer belgischen Holding-Kapitalgesellschaft **vollständig steuerbefreit**. Zu den begünstigten Veräußerungsgewinnen zählen Erträge aus der vollständigen und teilweisen Veräußerung von Anteilen sowie auch Gewinne aus Tauschgeschäften und der Einbringung gegen Gewährung von Gesellschaftsrechten. Keine zu 100% steuerbefreiten Veräußerungsgewinne sind Liquidationserträge und Erträge aus der Einziehung oder dem Rückkauf eigener Anteile. Die übrigen Voraussetzungen für die Steuerbefreiung sind identisch mit denen des Schachtelprivilegs bzw. Abzugsverfahren für vereinnahmte Dividenden (vgl. oben 2.b) Besteuerung vereinnahmter Beteiligungserträge).

Die Veräußerungsgewinnbefreiung bezieht sich nur auf den Veräußerungsgewinn nach Abzug einer früher geltend gemachten Teilwertabschreibung.

f) Abzug von Veräußerungsverlusten und Teilwertabschreibungen

Veräußerungsverluste aus Beteiligungen dürfen nicht verrechnet werden, während Liquidationsverluste bis zur Höhe des eingezahlten Kapitals der liquidierenden Gesellschaft steuermindernd wirken. Teilwertabschreibungen auf Beteiligungen sind steuerlich nicht abzugsfähig.

g) Konsolidierte Besteuerung

Eine steuerliche Konsolidierung ist in Belgien nicht möglich. Die belgische Regierung hat zwar bereits im Jahr 2002 ihre Absicht angekündigt, eine Gruppenbesteuerung einzuführen; es hat jedoch bis dato noch keinen konkreten Vorschlag gegeben.

h) Abzug von Beteiligungsaufwendungen / Gesellschafterfremdfinanzierung

Beteiligungsaufwendungen: Alle mit dem Erwerb und dem Halten von Beteiligungen zusammenhängenden Aufwendungen der Holding sind abzugsfähig.

Zinszahlungen können jedoch nicht als Betriebsausgaben abgezogen werden, wenn der Begünstigte in seinem Sitzstaat nicht oder einem besonders günstigem Steuersystem unterworfen ist, ausgenommen die Zahlungen, die einem normalen Geschäftsbetrieb entsprechen und „normale" Grenzen nicht überschreiten.

Thin capitalization rules: Der Teil der Zinszahlungen, der den am Markt geltenden Zinssatz überschreitet, ist grundsätzlich nicht abzugsfähig. Unerheblich ist dabei, ob die Zinsen an eine verbundene oder an eine unabhängige Gesellschaft gezahlt werden.

Außerdem gelten Zinszahlungen, die an eine Gesellschaft gezahlt werden, die nicht der Besteuerung unterworfen wird oder einer günstigeren Sonderbesteuerung unterliegt, als insoweit nicht abzugsfähig als das Verhältnis von Fremdkapital zu Eigenkapital von **7:1** überschritten wird.

Für Zinszahlungen an Gesellschafter, die kein Körperschaftsteuersubjekt sind oder an Direktoren, ist ein Verhältnis von Fremdkapital zu Eigenkapital von 1:1 für die Abzugsfähigkeit von Zinsen zu beachten.

i) DBA-Netzwerk

Das belgische DBA-Netz umfasst derzeit 83 Doppelbesteuerungsabkommen.

j) Missbrauchsbestimmungen

Um der Steuerumgehung zuvorzukommen gibt es eine allgemeine Missbrauchsbestimmung. Laut dieser kann die Qualifikation, die Parteien einer Handlung geben, der Steuerverwaltung gegenüber nicht geltend gemacht werden, wenn diese beweisen kann, dass diese Qualifikation das Ziel hat Steuern zu vermeiden. Der Steuerzahler kann jedoch diesen Beweis überwinden, wenn er nachweist, dass die Gestaltung aufgrund von finanziellen oder wirtschaftlichen Gründen erfolgte.

Eine Hinzurechnungsbesteuerung gibt es in Belgien nicht.

k) Zusammenfassende Würdigung des Holdingstandortes Belgien

Belgiens Attraktivität als Holdingstandort resultiert vor allem aus der **vollständigen Steuerbefreiung für Veräußerungsgewinne** aus Beteiligungen. Diese sind ohne Erfüllung von einer Mindestbeteiligungshöhe 100% steuerfrei vereinnahmbar wenn die Beteiligung während eines ununterbrochenen Zeitraums von einem Jahr gehalten wurde. Alle mit dem Erwerb und dem Halten von Beteiligungen verbundenen Aufwendungen der Holding sind dennoch steuerlich abzugsfähig. Darüber hinaus verfügt Belgien über ein umfangreiches DBA-Netz, großzügige Regelungen zur Gesellschafterfremdfinanzierung und es gibt keine Hinzurechnungsbesteuerung.

Auch die Gesellschaftsform der belgischen **Koordinationszentre**n ist steuerlich interessant, weil diese nur einer geringen Ertragsbesteuerung unterliegen und Betriebsausgaben gegengerechnet werden können.[706]

---

[706] Vgl. *Merten*, Standortverlagerung, 2004, S. 34; *Fischer/Kleineidam/Warneke*, Steuerlehre, 2005, S. 581 f.

Nachteilig wirkt sich jedoch das Abzugssystem aus, wenn es bei gemischten Holdings zu Verlusten kommt, da dann die Dividenden nicht abgezogen werden können und es somit zu keiner Steuerbefreiung der vereinnahmten Beteiligungserträge kommt. Auch wenn das Abzugssystem greift, kommt es nicht zu einer 100%igen, sondern nur zu einer **95%igen Freistellung der Dividenden**. Bei einem mehrstufigen Konzern führt das zu einer definitiven Mehrbelastung auf jeder Stufe. Darüber hinaus fordert Belgien für den Beteiligungsabzug, dass die Dividenden einer der belgischen Körperschaftsteuer vergleichbaren Steuer unterlegen haben, so dass das Schachtelprivileg beispielsweise nicht angewandt wird, wenn es sich um Ausschüttungen traditioneller Luxemburger Holdinggesellschaften handelt.

Als großer Nachteil ist auch die fehlende Möglichkeit der steuerlichen Konsolidierung zu sehen, da Verluste zwischen verbundenen Gesellschaften nicht ausgeglichen werden können. Auch Veräußerungsverluste und Teilwertabschreibungen können steuerlich nicht berücksichtigt werden.

Obwohl Belgien weder Substanzsteuern noch Kommunalsteuern erhebt, ist die Körperschaftsteuer mit 33% (+ 3% Krisensteuer) als zu hoch einzustufen, was sich ebenfalls negativ auswirkt, wenn die Holding neben Beteiligungserträgen noch anderes steuerpflichtiges Einkommen (z. B. Zinsen, Lizenzen) erzielt.

Diese Nachteile kompensieren m. E. die oben genannten Vorteile, so dass Belgien im Vergleich zu den traditionellen Holdingstandorten wie Luxemburg, den Niederlanden und der Schweiz als Holdingstandort weniger attraktiv ist.

3. Dänemark

a) Normalsteuerbelastung

Körperschaftsteuersystem: Das dänische Körperschaftsteuersystem ist ein *klassisches System*, d. h. grundsätzlich volle Besteuerung auf Ebene der Gesellschaft und des Gesellschafters ohne Anrechnung der Körperschaftsteuer auf die persönliche Einkommensteuer des Gesellschafters. Allerdings werden natürliche Personen hinsichtlich bezogener Dividenden mit reduzierten Steuersätzen besteuert und für ausgeschüttete Dividenden an inländische Kapitalgesellschaften bestehen Schachtelprivilegien.

Körperschaftsteuertarif: Der Körperschaftsteuersatz beträgt derzeit **28%.**[707]

Behandlung von Verlusten: Verluste können unbeschränkt vorgetragen werden. Ein Verlustrücktrag ist nicht möglich.

Kommunalsteuern: keine

Substanzsteuern: keine

b) Besteuerung vereinnahmter Beteiligungserträge der Holding

Schachtelprivileg: Steuerfreistellung für Gewinnausschüttungen[708] inländischer und ausländischer Kapitalgesellschaften an eine dänische Holding- bzw. Mutter-Kapitalgesellschaft. Außer dänischen Kapitalgesellschaften sind auch andere Personenvereinigungen, die nicht der Einkommensteuer unterliegen, sowie bestimmte Genossenschaften und Sparkassen schachtelbegünstigt.

Voraussetzungen:

- Die Dividenden erhaltende Kapitalgesellschaft hält mindestens 20% der Anteile an der ausschüttenden Gesellschaft.[709]
- Die Mindesthaltedauer beträgt 12 Monate und kann auch nachträglich erfüllt werden.
- Es wird keine ausreichende Vorbelastung der Dividende im Ausland vorausgesetzt.

Sofern die Voraussetzungen für das Schachtelprivileg nicht vorliegen, werden grundsätzlich 66% der in- und ausländische Dividenden-Einkünfte der däni-

[707] Vgl. *Schulze*, IWB 2005, Fach 5 (Dänemark), Gruppe 2, S. 163.

[708] Begünstigt sind offene und verdeckte Gewinnausschüttungen, Ausschüttungen auf Vorzugsaktien, Liquidationsraten und Kapitalrückzahlungen im Rahmen einer Kapitalherabsetzung; vgl. näher *Kessler*, Euro-Holding, 1996, S. 142, m.w.N.

[709] Die von Dänemark abgeschlossenen Doppelbesteuerungsabkommen sehen regelmäßig vorteilhaftere Regelungen für die Gewährung des Schachtelprivilegs vor. So wird beispielsweise aufgrund des Doppelbesteuerungsabkommens Dänemark-Deutschland, die Dividendenfreistellung bereits ab einer **Mindestbeteiligungsquote 10%** gewährt. Vgl. *Günkel*, WPg-Sonderheft, S 46.

schen Körperschaftsteuer i. H. v. 28% unterworfen. Dabei gilt die Anrechnungsmethode für im Ausland gezahlte Steuern.

Ausnahmen gelten jedoch für ausländische Finanzierungsgesellschaften.[710] Eine Freistellung und die Besteuerung zu 66% erfolgt nicht, wenn die Aktivität der nicht ansässigen ausschüttenden Gesellschaft hauptsächlich finanzieller Natur ist und die Gewinne dieser Gesellschaft im Ausland einer deutlich geringeren Besteuerung unterlegen hat als bei entsprechender Besteuerung in Dänemark. Ausschüttungen von diesen Gesellschaften sind in Dänemark in vollem Umfang steuerpflichtig. Ausländische Quellensteuern können dabei in voller Höhe angerechnet werden.

c) Besteuerung der Ausschüttung aus der Holdinggesellschaft

Ausschüttung an Inländer: Ausgeschüttete Gewinne werden grundsätzlich mit einer dänischen Quellensteuer von 19,8% belastet. Keine Quellensteuer wird bei Ausschüttungen an eine inländische Muttergesellschaft erhoben, die eine Beteiligung von mindestens 20% während mindestens einem Jahr vor dem Ausschüttungsbeschluss bzw. während des ganzen Steuerjahres gehalten hat.

Ausschüttungen an Ausländer: Auf Dividendenausschüttungen an eine EU-Muttergesellschaft wird aufgrund der Mutter-Tochter-Richtlinie unter denselben Voraussetzungen keine Quellensteuer erhoben. Dividenden an Mütter in Länder ohne DBA mit Dänemark unterliegen der vollen (nicht rückforderbaren) Quellensteuer von 28%. Im Falle von Doppelbesteuerungsabkommen wird die Quellensteuer i. d. R. auf 20% bis 0% reduziert.[711]

[710] Diese unterliegen der dänischen Hinzurechnungsbesteuerung. Vgl. unten Kap. D.I.3.j), S. 253. Davon betroffen sind hauptsächlich Konzern-Finanzierungsgesellschaften in den Niederlanden, Irland und Belgien die in ihrem Ansässigkeitsstaat einem besondern Steuerregime unterliegen; vgl. *Schänzle*, Konzernstrukturen, 2000, S. 190.

[711] Unter der Geltung von Doppelbesteuerungsabkommen wird in den meisten Fällen keine Quellensteuer einbehalten. In Ausnahmefällen behält Dänemark jedoch das volle Besteuerungsrecht, z. B. wenn die empfangende Gesellschaft zwar im Vertragsstaat ansässig ist, aber nicht auch die Geschäftsleitung.

d) Besteuerung von Zins- und Lizenzzahlungen der Holding

Zinszahlungen: Bei Zinszahlungen an inländische Gläubiger wird keine Quellensteuern erhoben.

Zinszahlungen an ausländische Gläubiger unterliegen keiner generellen Quellensteuer. Es wird jedoch eine Quellensteuer von 30% einbehalten, wenn die Zinsen an eine ausländische Gesellschaft die mit der inländischen verbunden ist, einer erheblich niedrigeren Besteuerung unterliegt und deren Tätigkeit hauptsächlich finanzieller Natur ist (sog. Finanzierungsgesellschaften) gezahlt werden. Als verbunden gelten zwei Gesellschaften, wenn eine ansässige Gesellschaft direkt oder indirekt 50% der Anteile hält oder über mehr als 50% der Stimmrechte verfügt.

Auf Basis der Doppelbesteuerungsabkommen wird die Quellensteuer ggf. reduziert.

Auf Zinszahlungen wird keine Quellensteuer erhoben, wenn die empfangenden Gesellschaften ihren Sitz in einem anderen EU-Staat haben, die Voraussetzungen der EU-Richtlinie erfüllt werden und wenn die Gesellschaften zusammenhängend für die Dauer von mindestens einem Jahr verbunden waren, bevor die Zahlung erfolgt. Als verbunden gelten Gesellschaften, wenn entweder die empfangende oder die leistende Gesellschaft mindestens 25% des Kapitals an der jeweilig anderen Gesellschaft hält oder wenn eine dritte Gesellschaft mindestens 25% des Kapitals an beiden Gesellschaften besitzt.

Lizenzzahlungen: Lizenzzahlungen an inländische Lizenzgeber unterliegen keiner Quellensteuer.

Bei Lizenzzahlungen auf gewerbliche Schutzrechte an ausländische Gesellschaften wird eine Quellensteuer von 30% erhoben. Nach den dänischen DBA kann die Quellesteuer unter bestimmten Voraussetzungen auf 20% bis 0% reduziert werden.

Auf Lizenzzahlungen wird keine Quellensteuer erhoben, wenn die empfangenden Gesellschaften ihren Sitz in einem anderen EU-Staat haben, die Voraussetzungen der EU-Richtlinie erfüllt werden und wenn die Gesellschaften zusammenhängend für die Dauer von mindestens einem Jahr verbunden waren, bevor die Zahlung erfolgt. Als verbunden gelten Gesellschaften, wenn entweder die empfangende oder die leistende Gesellschaft mindestens 25% des Kapitals an der jeweilig anderen Gesellschaft hält oder wenn eine dritte Gesellschaft mindestens 25% des Kapitals an beiden Gesellschaften besitzt.

e) Besteuerung von Veräußerungsgewinnen der Holding

Gewinne aus der Veräußerung von Anteilen werden nur besteuert, wenn sie weniger als drei Jahre gehalten wurden.

Veräußerungsgewinne einer dänischen Kapitalgesellschaft aus in- und ausländischen Beteiligungen sind steuerfrei, wenn die veräußerten Anteile mindestens für die Dauer von drei Jahren vor dem Verkauf gehalten wurden. Eine Mindestbeteiligung wird nicht vorausgesetzt.

Die Befreiung gilt nicht für ausländische Finanzierungsgesellschaften, die einer niedrigen Besteuerung unterliegen. In diesem Fall wird der realisierte steuerpflichtige Gewinn um 1% für jedes Besitzjahr, mindestens aber um 10% erhöht.

f) Abzug von Veräußerungsverlusten und Teilwertabschreibungen

Behandlung von Veräußerungsverlusten: Veräußerungsverluste, die innerhalb der dreijährigen Haltefrist realisiert werden, können nur mit steuerpflichtigen Gewinnen aus der Veräußerung ähnlicher Wirtschaftsgüter verrechnet werden. Für einen aus derartigen Veräußerungsverlusten resultierenden Verlustvortrag, der zeitlich unbegrenzt möglich ist, gelten die gleichen Beschränkungen.

Wird eine Beteiligung nach Ablauf der dreijährigen Haltefrist veräußert, ist eine Verlustnutzung ausgeschlossen.

Teilwertabschreibungen: Teilwertabschreibungen auf Anteile an Kapitalgesellschaften sind steuerlich nicht zulässig.

g) Konsolidierte Besteuerung

In Dänemark ansässige Kapitalgesellschaften müssen die konsolidierte Besteuerung in Anspruch nehmen, wenn eine Gesellschaft eine andere Gesellschaft aufgrund der Beteiligungshöhe (mehr als 51%), der Stimmrechtsverteilung oder einer besonderen Vereinbarung kontrollieren kann.[712] Damit können Verluste einer konsolidierten Gesellschaft unmittelbar mit den Gewinnen einer anderen ebenfalls zum steuerlichen Konsolidierungskreis gehörenden Gesellschaft verrechnet werden. Verluste aus der Zeit vor der Organschaft können aber nur mit Gewinnen derselben Gesellschaft ausgeglichen werden. Ausschüttungen zwischen den Gesellschaften sind unbeachtlich.

Ausländische Tochtergesellschaften können unter den gleichen Voraussetzungen in die Konsolidierung einbezogen werden, wobei die ausländischen Gesellschaften dänischen Gesellschaften in der Rechtsform einer AG (Aktieselskab - A/S) oder GmbH (Anpartsselskab - ApS) vergleichbar sein müssen. Als Organträger kommen jedoch nur in Dänemark ansässige und somit unbeschränkt steuerpflichtige Kapitalgesellschaften in Frage, die sowohl Konzernspitze als auch Zwischenholding eines Konzerns sein können.[713] Die in den Konsolidierungskreis einbezogenen ausländischen Tochtergesellschaften müssen ihren Gewinn nach den dänischen Gewinnermittlungsvorschriften bestimmen. Für die **internationale Zusammenveranlagung** besteht ein Wahlrecht, welches durch Stellen eines entsprechenden Antrags bei den zuständigen Finanzbehörden ausgeübt werden kann. Wird die Option zur konsolidierten Besteuerung ausgeübt, so ist die Wahl für zehn Jahre bindend. Das Wahlrecht besteht allerdings nach dem entweder-oder-Prinzip (sog. „all-in-all-out-Prinzip“), d. h. bei einer Zusammenveranlagungswahl müssen alle Konzerngesellschaften und ausländischen Betriebsstätten einbezogen werden. Damit gehen nicht nur untergeordnete Töchter in die dänische Besteuerung ein, sondern auch über- oder gleichgeordnete ausländische Gesellschaften oder Betriebsstätten.[714] Mit der Einbeziehung ist die ausländische Gesellschaft mit ihrem Einkommen in Dänemark steuerpflichtig, wobei hinsichtlich der ausländischen Steuer die Steueranrechnung gewährt wird. Dividenden der ausländischen Gesellschaft werden negiert, soweit sie aus dem steuerpflichtigen Einkommen des betreffenden Wirtschaftsjahres hätten gezahlt werden

---

[712] Vgl. *Schulze*, IWB 2005, Fach 5 (Dänemark), Gruppe 2, S. 433.

[713] Vgl. *Hirschler/Schindler*, IStR 2004, S. 506.

[714] Sowohl aufgrund des damit verbundenen Verwaltungsaufwands als auch der langen Bindung für zehn Jahre, die wirtschaftlich nicht mehr überschaubar sind, werden wohl viele Konzern von der internationalen Zusammenveranlagung Abstand nehmen. Vgl. *Schulze*, IWB 2005, Fach 5 (Dänemark), Gruppe 2, S. 164.

können. Verluste der nicht ansässigen Gesellschaft aus den Jahren vor der Organschaft dürfen nicht vorgetragen werden. Bei Beendigung der Organschaft mit einer ausländischen Gesellschaft werden Verluste, die mit Gewinnen der anderen Konzerngesellschaften verrechnet wurden, in dem Umfang nachversteuert, in dem sie das steuerpflichtige Einkommen, das die Verlustgesellschaft nach der Verrechnung erzielt hat, übersteigen.

Sowohl für die nationale als auch für die internationale Gruppenbesteuerung wird als Voraussetzung gefordert, dass es eine Verwaltungsgesellschaft im Konzern geben muss, die als Zustellungsbevollmächtigter für alle anderen Gesellschaften bei der Finanzverwaltung auftritt und für die insgesamt geschuldete Steuer haftet.[715] Des Weiteren ist die Verwaltungsgesellschaft für eine adäquate Steuerumlage innerhalb der beteiligten Konzerngesellschaften verantwortlich. Weitere Voraussetzung für die nationale und internationale Veranlagung ist zudem, dass sämtliche Gesellschaften ein übereinstimmendes Wirtschaftsjahr aufweisen müssen.

h) Abzug von Beteiligungsaufwendungen / Gesellschafterfremdfinanzierung

Aufwendungen im Zusammenhang mit Schachtelbeteiligungen:

Finanzierungsaufwendungen im Zusammenhang mit dem Erwerb von Anteilen an einer anderen Gesellschaft sind trotz des Schachtelprivilegs abzugsfähig.

Es besteht jedoch eine gesetzliche Abzugsbeschränkung für Finanzierungskosten, Kursverluste und ähnliche Aufwendungen zum Erwerb bestimmter niedrig besteuerter oder „passiver" Auslands-Beteiligungsgesellschaften. Dies betrifft insbesondere Gesellschaften in Niedrigsteuerländern oder ausländische Finanzierungsgesellschaften. Beteiligungsaufwendungen dieser Gesellschaften sind im Rahmen der Hinzurechnungsbesteuerung (vgl. unten 3.j) Missbrauchsbestimmungen) nicht steuerlich abzugsfähig.

---

[715] I.d.R. wird es sich dabei um die oberste dänische Muttergesellschaft handeln. Vgl. *Schulze*, IWB 2005, Fach 5 (Dänemark), Gruppe 2, S. 164.

Thin capitalization rules:

Die Regelungen zur Unterkapitalisierung gelten für in Dänemark ansässige Gesellschaften, die eine Verbindlichkeit gegenüber einer beherrschenden ausländische Gesellschaft haben. Beherrschung liegt vor, wenn direkt oder indirekt mindestens 50% der Anteile am Kapital bzw. der Stimmrechte gehalten werden.

Die zulässige debt-to-eqity ratio beträgt **4:1**.

Bei Überschreiten des „safe havens“ sind die entsprechenden Zinsen nicht abzugsfähig, es sei denn, die Gesellschaft weist eine Finanzierungsmöglichkeit bei unverbundenen Dritten nach. Nicht abzugsfähige Zinsen werden weder für Zwecke des dänischen Steuerrechts noch von DBA in Dividenden umqualifiziert.

Die Regelungen gelten auch für inländische Darlehensgeber, wenn es sich dabei um juristische Personen handelt und der Darlehensbetrag 10 Mio. DKK[716] übersteigt.

i) DBA-Netzwerk

Das DBA-Netz Dänemarks umfasst 74 DBA.

j) Missbrauchsbestimmungen

In Dänemark gibt es eine Reihe von Missbrauchsvorschriften zu internationalen Steuergestaltungen. Dabei werden auf nationaler Ebene auch begünstigende Regelungen aus Doppelbesteuerungsabkommen wieder zurückgenommen. Es gibt zwar keine allgemeine Missbrauchs-Regelung, aber die Gerichte haben in zahlreichen Fällen eine Art von „substance-over-form“ bestätigt, wenn keine vernünftigen betrieblichen Gründe für die Gestaltung bestehen.

Dänemark kennt ebenfalls eine **Hinzurechnungsbesteuerung**[717]. Das Einkommen einer kontrollierten ausländischen Tochtergesellschaft unterliegt der

---

716 Gem. EZB-Kurs vom 31.10.2006 ≈ 1.341.597,57 Euro.

717 Für weitere Einzelheiten der dänischen „CFC Legislation“ siehe *Schönfeld*, Hinzurechnungsbesteuerung, 2005, S. 545 ff., m.w.N.

Besteuerung in Dänemark, wenn die kontrollierte Tochtergesellschaft einer wesentlich niedrigeren Besteuerung als der in Dänemark unterliegt und das Einkommen der Tochter im Wesentlichen finanzieller Art ist.

Eine nicht ansässige Tochter wird kontrolliert, wenn eine ansässige Gesellschaft direkt oder indirekt 25% der Anteile hält oder über mehr als 50% der Stimmrechte verfügt.

Die Bedingung einer „wesentlich niedrigeren Besteuerung" liegt vor, wenn die ausländische Steuer weniger als 75% des dänischen Körperschaftsteuersatzes von 28%, d. h. weniger als 21% beträgt.

Die Geschäftstätigkeit einer Gesellschaft wird als „hauptsächlich finanzieller Natur" betrachtet, wenn mehr als $^3/_4$ des Einkommens der Gesellschaft aus Finanzeinnahmen oder mehr als $^3/_4$ des Marktwertes ihres Anlagevermögens aus Finanzanlagen bestehen. Finanzeinnahmen umfassen Dividenden, Zinsen, Veräußerungsgewinne, Lizenzen, Einkünfte aus Finanzierungs-Leasing und Versicherungsprämien.

Liegen die oben erläuterten Voraussetzungen vor, wird die dänische Muttergesellschaft mit dem Netto-Finanzgewinn der nicht ansässigen Tochtergesellschaft steuerpflichtig, der der höchsten Beteiligungsquote in dem betreffenden Steuerjahr entspricht.

k) Zusammenfassende Würdigung des Holdingstandortes Dänemark

In Dänemark sind sowohl Veräußerungsgewinne als auch Beteiligungserträge zu **100% steuerbefreit**, wenn die geforderten Voraussetzungen erfüllt werden. Darüber hinaus stellt die Möglichkeit einer **grenzüberschreitenden Organschaft**, d. h. auch Verluste ausländischer Tochtergesellschaften können berücksichtigt werden, einen attraktiven Holding-Standortvorteil dar.

Die Gesellschafterfremdfinanzierungsregelungen sind im internationalen Vergleich relativ großzügig. Zudem sind Finanzierungsaufwendungen im Zusammenhang mit dem Erwerb von Anteilen an einer anderen Gesellschaft trotz des Schachtelprivilegs steuerlich abzugsfähig.

Positiv zu sehen ist auch das weitreichende DBA-Netz, das die Quellensteuern bei Dividendenausschüttungen oder Lizenzzahlungen der Holding weitgehend vermeidet bzw. reduziert.

Mit einer Körperschaftsteuerbelastung von 28% liegt Dänemark noch im guten Mittelfeld und es werden weder Substanz- noch Kommunalsteuern erhoben.

Nachteile ergeben sich jedoch aus der Hinzurechnungsbesteuerung und der fehlenden Möglichkeit Teilwertabschreibungen auf Beteiligungen vorzunehmen. Darüber hinaus sind Veräußerungsverluste ab einer dreijährigen Haltedauer steuerlich nicht mehr nutzbar.

Beim Schachtelprivileg greift zwar keine subject-to-tax-Klausel oder ein Aktivitätsvorbehalt, allerdings wird die Freistellung erst ab einer Mindestbeteiligungshöhe von 20% und einer Mindestbesitzzeit von einem Jahr gewährt. Auch bei Veräußerungsgewinnen wird eine Mindesthaltedauer gefordert, die drei Jahre beträgt. Diese Bedingungen können sich im Einzelfall als ungünstig erweisen.

Letztendlich ist noch darauf hinzuweisen, dass Dänemark die Regelungen zur grenzüberschreitenden Organschaft verschärft hat. So führen die neuen Regelungen dazu, dass entweder keine oder alle ausländischen Tochtergesellschaften bzw. Betriebsstätten in die Konsolidierung einbezogen werden müssen und die Wahl für zehn Jahre bindend ist. Dadurch verliert die grenzüberschreitende Organschaft an Attraktivität, da es einerseits zu einem hohen Verwaltungsaufwand – insbesondere für Konzerne mit vielen Tochtergesellschaften – kommt und andererseits ein 10-Jahres-Zeitraum wirtschaftlich kaum mehr überschaubar ist.[718]

[718] Vgl. *Schulze*, IWB 2005, Fach 5 (Dänemark), Gruppe 2, S. 164.

4. Frankreich

a) Normalsteuerbelastung

Körperschaftsteuersystem: Das französische Körperschaftsteuersystem ist ein *klassisches System*[719], d. h. grundsätzlich volle Besteuerung auf Ebene der Gesellschaft und des Gesellschafters ohne Anrechnung der Körperschaftsteuer. Die Doppelbesteuerung ausgeschütteter Gewinne wird jedoch durch die nur hälftige Einbeziehung der Dividenden in die steuerliche Bemessungsgrundlage natürlicher Personen bzw. durch die Freistellung der Dividenden auf Ebene der empfangenden Körperschaft reduziert bzw. vermieden.[720]

Körperschaftsteuertarif: Der allgemeine Körperschaftsteuersatz beträgt **$33^1/_3$%.**[721] Darauf wird ein Zuschlag (contribution additionelle)[722] von 1,5% und ein Sozial-Zuschlag (contribution sociale)[723] von 3,3% auf die Körperschaftsteuer erhoben. Die Effektivbelastung beträgt somit **33,83%** bzw. **34,93%.**

Für langfristige Veräußerungsgewinne gilt ein ermäßigter Steuersatz von 15%.[724]

Behandlung von Verlusten: Verluste können auf Antrag in die drei vorangegangenen Wirtschaftsjahre zurückgetragen werden. Ein Verlustvortrag ist zeitlich unbegrenzt möglich.

Kommunalsteuern: Gewinnunabhängige Gewerbesteuer (tax professionelle) auf den Mietwert der Sachgüter des Anlagevermögens (abzugsfähig). Die

---

[719] Das Anrechnungssystem wurde mit Wirkung zum 1.1.2005 abgeschafft.

[720] Ab 2005 fallen „avoir fiscale" und „précompte mobilier" fort und werden durch ein dem deutschen Steuerrecht entlehntes Halbeinkünfteverfahren bzw. der Steuerbefreiung ersetzt.

[721] Bei Gesellschaften deren Anteile des gesamten Wirtschaftsjahres zu mindestens 75% von natürlichen Personen gehalten werden oder von Gesellschaften, die wiederum zu mindestens 75% von natürlichen Personen gehalten werden unterliegen die ersten 38.120 Euro einem ermäßigten Steuersatz von 15% und sie sind von der „contribution sociale" von 3,3% befreit.

[722] Ab 2006 wird die „contribution additionelle" völlig wegfallen.

[723] Jedoch nur, soweit die auf der Basis des Normalsteuersatzes von $33^1/_3$% und des nicht um Zuschläge erhöhten ermäßigten Steuersatzes von 15% berechnete Steuer 763.000 Euro übersteigt.

[724] Auch auf diese Einkünfte fällt eine „contribution additionelle" an; die Erhebung der „contribution sociale" erfolgt unter den gleichen Kriterien wie oben dargestellt. Zu den Voraussetzungen für die Anwendung des ermäßigten Steuersatzes siehe unten Kap. D.I.4.e), S. 258.

Steuersätze sind von Gemeinde zu Gemeinde höchst unterschiedlich, sie dürfen jedoch 1,5% bis 4% abhängig vom Umsatz nicht übersteigen.

Substanzsteuern: keine

b) Besteuerung vereinnahmter Beteiligungserträge der Holding

Schachtelprivileg: In- und ausländische empfangene Dividenden sind auf Antrag bei Kapitalgesellschaften und bei für die Körperschaftsteuer optierenden Personengesellschaften bis auf die Besteuerung eines Kostenanteils von 5% der Dividende steuerbefreit, wenn folgende *Voraussetzungen* erfüllt sind:

- Die Muttergesellschaft ist mit mindestens 5% der stimmberechtigten Aktien an der ausschüttenden Gesellschaft beteiligt.
- Die Muttergesellschaft muss sich zum zweijährigen Halten der Beteiligung verpflichten, es sei denn, der Erwerb der Beteiligung erfolgt durch Zeichnung bei Ausgabe.
- Auf die Stimmberechtigung der Anteile kommt es bei einer mindestens 25%igen Beteiligung an einer EU-ansässigen Gesellschaft nicht an.

c) Besteuerung der Ausschüttung aus der Holdinggesellschaft

Bei Ausschüttungen an inländische Gesellschaften fällt keine Quellensteuer an.

Dividenden an ausländische Gesellschaften unterliegen grundsätzlich einer Quellensteuer in Höhe von 25%. Ist der Ausschüttungsempfänger in einem Land ansässig, das mit Frankreich ein Doppelbesteuerungsabkommen geschlossen hat, sieht die Mehrzahl der französischen Doppelbesteuerungsabkommen die Ermäßigung oder vollständige Aufhebung der Quellensteuer vor.[725]

Ausschüttungen an eine EU-Muttergesellschaft sind entsprechend der Mutter-Tochter-Richtlinie vollständig von der Quellensteuer befreit. Die Befreiung setzt eine unmittelbare Beteiligung von mindestens 20% an den Stimmrechten der ausschüttenden Gesellschaft voraus, die zum Zeitpunkt der Ausschüttung seit mindestens zwei Jahren bestanden haben muss. Weiterhin muss die Tochtergesellschaft in ihrem Ansässigkeitsstaat der Körperschaftsteuer unterliegen und die Muttergesellschaft darf nicht direkt oder indirekt von einer nicht EU-ansässigen Gesellschaft kontrolliert werden, es sei denn es kann nachgewiesen werden, dass die Zwischengesellschaft nicht nur zur Quellensteuerbefreiung eingeschalten wurde.

d) Besteuerung von Zins- und Lizenzzahlungen der Holding

Zinszahlungen:

Zinszahlungen an inländische Gläubiger unterliegen keiner Quellensteuer.

Zinszahlungen an ausländische Gläubiger unterliegen einer französischen Quellensteuer von 16%. Allerdings existieren zahlreiche Ausnahmen in Abhängigkeit von der Art der zugrundeliegenden Kapitalforderung. Auf Basis der französischen Doppelbesteuerungsabkommen kann diese Quellensteuer für bestimmte Länder unter verschiedenen Voraussetzungen auf 15% bis 0% reduziert werden.

In Anwendung der Europäischen Richtlinie für Zinsen und Lizenzgebühren wird auf Zinsen, die zwischen verbundenen Unternehmen gezahlt werden, keine Quellensteuer erhoben. Gemäß der französischen Gesetzgebung sind zwei Gesellschaften verbunden, wenn: a) eine der beiden Gesellschaften während einem ununterbrochenen Zeitraum von mindestens einem Jahr eine direkte Beteiligung von mindestens 25% in dem Kapital der anderen Gesellschaft hat oder b) eine dritte Gesellschaft, die ihren Sitz innerhalb der EU hat, während einer ununterbrochenen Periode von mindestens zwei Jahren eine direkte Beteiligung von mindestens 25% in dem Kapital von jeder der Gesellschaften hält.

---

[725] Bei Ausschüttungen an eine deutsche Kapitalgesellschaft, die zu mindestens 10% beteiligt ist, hebt Art. 9 DBA-Frankreich die Quellensteuer beispielsweise völlig auf.

Lizenzzahlungen:

Lizenzzahlungen an inländische Lizenzgeber unterliegen keiner Quellensteuer.

Lizenzzahlungen an ausländische Lizenzgeber unterliegen einer 33 1/3%igen . Nach den französischen Doppelbesteuerungsabkommen kann die Quellensteuer unter verschiedenen Voraussetzungen jedoch auf 25% bis 0% reduziert werden.

In Anwendung der Europäischen Richtlinie für Zinsen und Lizenzgebühren wird auch auf Lizenzzahlungen, die zwischen verbundenen Unternehmen gezahlt werden, keine Quellensteuer erhoben, wenn die oben genannten Voraussetzungen erfüllt sind.

e) Besteuerung von Veräußerungsgewinnen der Holding

Veräußerungsgewinne sind generell regulär steuerpflichtig, d. h. sie unterliegen der französischen Körperschaftsteuer von $33^{1}/_{3}$% zzgl. Zuschläge.

Für Gewinne aus der Veräußerung von Beteiligungen an in- und ausländischen Tochtergesellschaften kommt jedoch ein ermäßigter Steuersatz von 8%[726] (zzgl. Zuschläge) zur Anwendung, wenn die Beteiligung mindestens 5% beträgt oder die Anschaffungskosten mindestens 22,8 Mio. Euro betragen haben. Die Mindesthaltedauer beträgt zwei Jahre.

Die Vorzugsbesteuerung setzte bisher voraus, dass der Veräußerungsgewinn nicht ausgeschüttet, sondern einer besonderen Rücklage zugeführt wurde. Diese Rücklage muss für ab dem 1.1.2004 beginnende Wirtschaftsjahre nicht mehr gebildet werden.

f) Abzug von Veräußerungsverlusten und Teilwertabschreibungen

Veräußerungsverluste aus Anteilen, die weniger als zwei Jahre gehalten wurden, können unbeschränkt abgezogen werden.

---

[726] Seit 2006 (vorher 15%) und ab 2007 wird das Schachtelprivileg (95%ige Steuerfreistellung) auf Veräußerungsgewinne aus Beteiligungen ausgedehnt.

Langfristige Veräußerungsverluste (Beteiligungsdauer mindestens zwei Jahre) aus der Veräußerung von Anteilen an Tochtergesellschaften (Mindestanteil 5% oder Anschaffungskosten von mindestens 22,8 Mio. Euro) können lediglich mit einer bestehenden Sonderrücklage oder mit Veräußerungsgewinnen der gleichen Art in den folgenden zehn Jahren ausgeglichen werden.

Ausschüttungsbedingte Teilwertabschreibungen sind nicht zulässig. Verlustbedingte Teilwertabschreibungen können mit Veräußerungsgewinnen verrechnet werden.

g) Konsolidierte Besteuerung

In Frankreich besteht optional die Möglichkeit einer **nationalen Gruppenbesteuerung** zwischen Konzerngesellschaften (régime de l'intégration fiscale) und **grenzüberschreitend** besteht die Möglichkeit zur Einbeziehung ausländischer Tochtergesellschaften und Betriebsstätten (régime du bénéfice consolidé).[727]

Voraussetzung der konsolidierten Besteuerung des Konzerngewinns bei Inlandsgesellschaften ist, dass die Muttergesellschaft mindestens zu 95% unmittelbar oder mittelbar an ihren Untergesellschaften beteiligt ist und die Option für fünf Jahre erfolgt. Die Beteiligungsquote ist vom Beginn des einheitlichen Wirtschaftsjahres sowohl hinsichtlich des Kapitals, des Dividendenanspruchs als auch hinsichtlich der Stimmrechte zu erfüllen. Die Muttergesellschaft muss für die konsolidierte Besteuerung einen Antrag stellen, in welchem sie, falls die Beteiligungsvoraussetzungen vorliegen und die Tochtergesellschaften ihr schriftliches Einverständnis gegeben haben, den Konsolidierungskreis selbst festlegen kann. Im Falle der konsolidierten Besteuerung werden die Ergebnisse der Tochtergesellschaften getrennt ermittelt und bei der Muttergesellschaft zu einem Gesamtergebnis zusammengefasst. Verluste aus der Zeit vor der Konsolidierung können nur bei der jeweiligen Gesellschaft berücksichtigt und nicht direkt mit dem steuerlichen Gesamtergebnis des Konzerngruppe verrechnet werden. Da sie auf Ebene der jeweiligen Konzerngesellschaften vortragsfähig bleiben und in Gewinnjahren das Einzelergebnis der

---

[727] Vgl. *Hirschler/Schindler*, IStR 2004, S. 507; zu weiteren Einzelheiten der konsolidierten Ertragsbesteuerung siehe *Geiger*, IWB 2003, Fach 5 (Frankreich), Gruppe 2, S. 1336 ff.

Gesellschaft mindern, wirken sie sich in den Folgejahren indirekt auf das Gesamtergebnis des Konzerns aus. Zwischenergebnisse aus dem konzerninternen Lieferungs- und Leistungsverkehr sind hierbei grundsätzlich zu neutralisieren. Interne Gewinnausschüttungen sind steuerfrei.

Gruppenträger bei der **grenzüberschreitenden Gruppenbesteuerung** zwischen Kapitalgesellschaften kann nur eine der französischen Körperschaftsteuer unterliegende Gesellschaft sein, die an der Spitze des Konzerns steht.[728] Voraussetzung für die Gruppenbesteuerung ist, dass der Gruppenträger an den Gruppengesellschaften mittelbar oder unmittelbar zu mindestens 50%[729] beteiligt ist. Weiterhin bedarf die grenzüberschreitende Konsolidierung der Zustimmung des Ministeriums für Wirtschaft, Finanzen und Industrie.[730] Auch Personengesellschaften können an einer Gruppe teilnehmen; in diesem Fall wird keine Mindestbeteiligung gefordert. Im Rahmen des „régime du bénéfice consolidé" haben die ausländischen Gesellschaften ihre Ergebnisse unter Beachtung der französischen Besteuerungsregeln zu ermitteln. Die Verlustverrechnung ist ab Beginn der Konsolidierung nur noch bei der Spitzeneinheit möglich. Selbst beim Ausscheiden einer Gesellschaft aus der Gruppe verbleiben die während der Organschaft entstandenen Verluste beim Gruppenträger. Verluste aus der Zeit vor der Konsolidierung können jedoch nur bei der jeweiligen Gesellschaft berücksichtigt werden.[731] Innerkonzernliche Transaktionen werden wie bei der nationalen Gruppenbesteuerung auf Ebene der Muttergesellschaft neutralisiert. Die Konsolidierung besteht für einen Zeitraum von fünf Jahren und kann danach um jeweils drei Jahre verlängert werden.

---

[728] Die Gruppenbesteuerung ist bei Gesellschaften mit ausländischer Konzernspitze nicht anwendbar. Vgl. *Hirschler/Schindler*, IStR 2004, S. 507 f.

[729] Eine geringere Beteiligung an einer ausländischen Gesellschaft ist dann ausreichend, wenn sie der dortigen Höchstbeteiligungsquote entspricht.

[730] Der grenzüberschreitenden Konsolidierung in Frankreich kommt in der Praxis nur eingeschränkte Bedeutung zu, da das Ministerium bislang nur wenigen Großunternehmen wie beispielsweise „Aventis" die Genehmigung erteilt hat. Vgl. *Hirschler/Schindler*, IStR 2004, S. 507.

[731] Vgl. *Hirschler/Schindler*, IStR 2004, S. 507.

h) Abzug von Beteiligungsaufwendungen / Gesellschafterfremdfinanzierung

Beteiligungsaufwendungen:

Aufwendungen im Zusammenhang mit befreitem Einkommen, also auch Beteiligungsaufwendungen, sind **nicht** abzugsfähig.

Thin capitalization rules:

Die Abzugsfähigkeit von Zinsen auf Gesellschafterdarlehen unterliegt drei Beschränkungen:

- Der Zinssatz darf nicht höher als der entsprechende Referenzsatz sein, der z. B. 2003 5,05% betrug.
- Weiterhin sind Zinszahlungen an Gesellschafter, die die finanzierte französische Gesellschaft rechtlich oder faktisch beherrschen (mehr als 50% der Anteile an der Gesellschaft halten), nur abzugsfähig, soweit die Darlehenssumme **maximal 150%** des Stammkapitals der Gesellschaft beträgt. Wird diese Schwelle überschritten, werden die entsprechenden Zinsaufwendungen wie Gewinnausschüttungen behandelt.
- Und drittens sind Zinsen auf Gesellschafterdarlehen nur abzugsfähig, wenn das Stammkapital voll eingezahlt ist.

Die „thin capitalization rules" finden jedoch keine Anwendung, wenn die Zinsen an eine Muttergesellschaft gezahlt werden, die der regulären französischen Körperschaftsteuer unterliegt oder an eine EU-Muttergesellschaft oder eine Muttergesellschaft die in einem Land ansässig ist, das ein Doppelbesteuerungsabkommen mit Frankreich geschlossen hat, das eine Antidiskriminierungsregelung enthält.

i) DBA-Netzwerk

Das französische DBA-Netz umfasst 112 Doppelbesteuerungsabkommen.

j) Missbrauchsbestimmungen

Es gibt zwei allgemeine Missbrauchs-Theorien – die Theorie der anormalen Management-Handlungen und den Missbrauch von Gesetzesrecht. Aufgrund der erstgenannten Theorie kann die Steuerverwaltung die Steuer für die Gesellschaften in Hinblick auf Managemententscheidungen, die im Gegensatz zu den Geschäftsinteressen standen, neu festsetzen. Die zweite Theorie ermächtigt die Steuerverwaltung die Steuer für Gesellschaften neu festzusetzen, wenn legale Handlungen zum einen künstlich gestaltet wurden oder nur dazu dienten, die Steuer zu reduzieren.

In Frankreich existiert auch eine **Hinzurechnungsbesteuerung**.[732] Eine französische Gesellschaft, die direkt oder indirekt eine Beteiligung an einer ausländischen Gesellschaft hält, die von einer niedrigeren Besteuerung profitiert und deren Tätigkeit überwiegend, d. h. zu mehr als 50%, aus Finanzaktivitäten besteht, kann in Frankreich mit dem erhaltenen Einkommen dieser Gesellschaft zur Steuer veranlagt werden. Die Schwelle für die Hinzurechnungsbesteuerung liegt bei einer Beteiligungshöhe von 50%[733]. Eine niedrigere Besteuerung liegt vor, wenn die Steuerbelastung um mehr als ein Drittel niedriger ist als die Belastung die sich ergeben würde, wenn das Einkommen der französischen Körperschaftsteuer unterworfen würde. Verluste aus solchen „Controlled Foreign Companies" (CFC) können nur mit Verlusten der gleichen CFC ausgeglichen werden, also nicht mit den Gewinnen der französischen Anteilseigner verrechnet werden.

Um die Doppelbesteuerung zu vermeiden kann die von der ausländischen Gesellschaft im Ausland entrichtete Steuer im Verhältnis der Beteiligung der französischen Gesellschaft auf die französische Körperschaftsteuer angerecht werden, wenn sie ihrer Natur nach der französischen Körperschaftsteuer entspricht.

Eine Gesellschaft kann die Besteuerung in Frankreich jedoch vermeiden, wenn sie einen Nachweis dafür bringt, dass die Tätigkeit der ausländischen Tochtergesellschaft nicht hauptsächlich die Verschiebung von Gewinnen in ein Niedrigsteuerland zum Zweck hat. Innerhalb der EU werden noch unnatürliche Gestaltungen von der Hinzurechnungsbesteuerung berührt.

---

[732] Zu weiteren Einzelheiten der CFC vgl. *Schönfeld*, Hinzurechnungsbesteuerung, 2005, S. 567 ff., m.w.N.

[733] Wenn mehr als 50% der Anteile der ausländischen Gesellschaften von französischen Unternehmen gehalten werden oder direkt oder indirekt von französischen Gesellschaften kontrolliert werden greift die Hinzurechnungsbesteuerung bereits ab einer Beteiligungshöhe von 5%.

k) Zusammenfassende Würdigung des Holdingstandortes Frankreich

Der größte Vorteil des Holdingstandortes Frankreich ist die (fast vollständige) Steuerbefreiung von in- und ausländischen Einkünften aus Dividenden (nationales und internationales Schachtelprivileg). Des weiteren bietet Frankreich die Möglichkeit der **grenzüberschreitenden Organschaft**, wodurch auch Verluste ausländischer Tochtergesellschaften und Betriebsstätten bei der französischen Muttergesellschaft berücksichtigt werden können. Dieser Vorteil ist jedoch vorsichtig zu beurteilen, da die grenzüberschreitende Konsolidierung der Zustimmung des Ministeriums für Wirtschaft, Finanzen und Industrie bedarf und diese bisher nur in Einzelfällen erteilt wurde.

Durch die Umsetzung der Mutter-Tochter-Richtlinie, der Zins-/Lizenzrichtlinie sowie des umfangreichen DBA-Netzwerkes werden sowohl Dividenden- als auch Zins- und Lizenzzahlungen, insbesondere innerhalb eines europäischen Unternehmensverbundes, nicht mit Quellensteuerabzügen belastet. Allerdings wird für die Anwendung der Mutter-Tochter-Richtlinie eine Mindesthaltedauer von zwei Jahren und eine Mindestbeteiligungsquote von 20% gefordert, was im internationalen Vergleich als zu hoch einzustufen ist, da die meisten Länder niedrigere Beteiligungsquoten und Haltedauern fordern.

Auch die folgenden steuerlichen Nachteile sprechen eher gegen Frankreich als Standort.

Veräußerungsgewinne werden nicht zu 100% steuerfrei gestellt, sondern lediglich bei Erfüllung der entsprechenden Voraussetzungen mit einem ermäßigten Steuersatz besteuert. Darüber hinaus unterliegen immer 5% der Dividendeneinnahmen der französischen Körperschaftsteuer, wodurch es bei mehrstufigen Konzernen zu einer Mehrbelastung der ursprünglichen Dividendeneinnahmen auf jeder Stufe kommt. Auch sind Finanzierungskosten im Zusammenhang mit steuerbefreitem Einkommen nicht abzugsfähig und Zinsen für Fremdkapital von Gesellschaftern der Kapitalgesellschaft sind nur innerhalb des sehr niedrigen „safe haven" von 1,5:1 steuermindernd abzugsfähig, wodurch der Finanzierungsspielraum erheblich eingeschränkt wird.

Weitere Nachteile sind der im internationalen Vergleich relativ hohe Körperschaftsteuersatz von 33,33% (+Zuschläge), die Gewerbesteuer und die in Frankreich erhobene pauschale Mindestkörperschaftsteuer, die körperschaftsteuerpflichtige französische Unternehmen für jedes Wirtschaftsjahr entrichten müssen, auch wenn sie keinen Gewinn erzielen.[734]

5. Großbritannien

a) Normalsteuerbelastung

Körperschaftsteuersystem: Das britische Körperschaftsteuersystem ist ein *Teilanrechnungssystem*, d. h. partielle Anrechnung der Körperschaftsteuer der ausschüttenden Gesellschaft auf die persönliche Einkommensteuer des Gesellschafters. Mit einer Dividendenausschüttung einer britischen Kapitalgesellschaft an eine natürliche Person ist gleichzeitig eine Steuergutschrift i. H. v. $^{1}/_{9}$ der Dividende („tax credit“) verbunden. Diese ist zusammen mit der Dividende im Rahmen der Einkommensteuer zu versteuern, dafür kann die Steuergutschrift wieder von der Steuerschuld abgezogen werden.

Körperschaftsteuertarif:

Das britische Körperschaftsteuerrecht kennt drei unterschiedliche Steuersätze:

- 0% „starting rate“ für Einkünfte bis zu 10.000 GBP[735],
- 19% „small companies rate“ für Einkünfte zwischen 50.000 und bis zu 300.000 GBP,
- **30% „main rate“** für Einkünfte über 1, 5 Mio. GBP.

Behandlung von Verlusten: 3jähriger Verlustrücktrag; unbeschränkter Verlustvortrag (gegen Gewinne derselben Art).

Kommunalsteuern: keine

Substanzsteuern: keine

---

[734] Sie beträgt abhängig von Jahresumsatz und Finanzerträgen zwischen 780 Euro und 30.000 Euro. Vgl. auch *Schramm*, RIW 2002, S. 856.

[735] Gem. EZB-Kurs vom 31.10.2006: 10.000 GBP ≈ 14.959 Euro; 50.000 GBP ≈ 74.794,32 Euro; 300.000 GBP ≈ 448.765,89 Euro; 1.500.000 GBP ≈ 2.243.829,47 Euro.

b) Besteuerung vereinnahmter Beteiligungserträge der Holding

Schachtelprivileg: Dividenden, die eine inländische (Holding-) Kapitalgesellschaft von einer anderen inländischen Gesellschaft bezieht, stellen bei der empfangenden Gesellschaft steuerfreies („franked income“) dar. Für die Steuerbefreiung ist weder eine Mindestbeteiligungsquote noch eine Mindestbesitzzeit erforderlich.

Anrechnungsverfahren: Für Gewinnausschüttungen aus ausländischen Beteiligungen wird kein Schachtelprivileg gewährt; diese sind somit steuerpflichtiges Einkommen. Die britische Holding kann hier eine bis zur Höhe der britischen Körperschaftsteuer (derzeitiger Regelsteuersatz 30%) begrenzte Anrechnung der im Ausland gezahlten Quellen- und Gewinnsteuern geltend machen, die auf das steuerpflichtige Einkommen der Holding entfallen.

Ist das ausländische Steuerniveau niedriger als das britische, kommt es in Höhe der Differenz zur Erhebung britischer Körperschaftsteuer. Ist das ausländische Steuerniveau höher, verbleiben nicht ausgeschöpfte Anrechungsüberhänge.

Seit 2001 können britische Kapitalgesellschaften, welche unmittelbar Anteile an ausländischen Tochtergesellschaften halten, als sog. „Mixer-Gesellschaften“[736] diese Anrechnungsüberhänge ausgleichen. Der Anrechnungshöchstbetrag ist zwar weiterhin auf die Höhe der darauf entfallenden britischen Körperschaftsteuer beschränkt, aber sofern das ausländische Steuerniveau diesen Höchstbetrag übersteigt, entsteht eine Steuergutschrift (EUFT = „Excess Unrelieved Foreign Tax“), die mit der auf andere Beteiligungserträge der britischen Gesellschaft anfallenden Körperschaftsteuer verrechnet werden kann. Bei der Ermittlung des EUFT-Betrags wird die ausländische Ertragssteuer allerdings nicht uneingeschränkt, sondern maximal in Höhe von 45% als Vorbelastung anerkannt. Durch die entsprechende Bündelung von Beteiligungen aus hoch- und niedrigbesteuerten Gesellschaften („onshore pooling“) ist es somit möglich, Anrechungsüberhänge bis zu einer Vorbelastung von 45% mit nicht ausgeschöpften Anrechnungshöchstbeträgen aus Beteiligungserträgen mit unter der britischen Körperschaftsteuer liegender Vor-

---

[736] Vgl. oben Kap. C.I.7., S. 114.

belastung zu verrechnen. Nicht verrechnete Steuergutschriften sind drei Jahre rücktrags- und unbeschränkt vortragsfähig und können auf andere Konzerngesellschaften („group companies“) übertragen werden.[737]

Voraussetzung: Die indirekte Anrechnung ausländischer Ertragssteuern setzt voraus, dass die britische Mutter- bzw. Holdinggesellschaft mindestens 10% der Stimmrechte[738] an der ausschüttenden Gesellschaft direkt oder indirekt kontrolliert. Eine Mindesthaltedauer wird nicht vorausgesetzt.

c) Besteuerung der Ausschüttung aus der Holdinggesellschaft

Dividendenausschüttungen einer in Großbritannien ansässigen Kapitalgesellschaft unterliegen keiner Quellenbesteuerung. Somit kann eine britische Zwischenholding ihre Erträge auch an eine Muttergesellschaft außerhalb der EU ohne Quellenbesteuerung ausschütten. Soweit jedoch ein ausländischer Gesellschafter aufgrund eines entsprechenden Doppelbesteuerungsabkommens zur Erstattung des Körperschaftsteueranrechnungsguthabens berechtigt ist, wird in Übereinstimmung mit dem Abkommen Quellensteuer auf die Dividende und das Anrechnungsguthaben erhoben.[739]

d) Besteuerung von Zins- und Lizenzzahlungen der Holding

Zinszahlungen:

Auf Zinszahlungen an inländische Gesellschaften wird keine Quellensteuer erhoben.

Zinszahlungen an nicht ansässige Gesellschaften unterliegen einer britischen Quellensteuer von 20%. Auf Basis der britischen Doppelbesteuerungsabkommen kann die Quellensteuer für bestimmte Länder unter verschiedenen Voraussetzungen auf 15% bis 0% reduziert werden.

---

[737] Vgl. *Jacobs*, Unternehmensbesteuerung, 2002, S. 836.

[738] Bei einer Dividende aus einer mindestens 25%igen EU-Beteiligung besteht die Möglichkeit der indirekten Steueranrechnung entsprechend der Mutter-Tochter-Richtlinie, auch wenn der Stimmrechtsanteil 10% unterschreitet.

[739] Vgl. *Rosenbach*, Holding-Handbuch, 2004, § 16, Rz. 171.

Auf Zinszahlungen wird aufgrund der EU-Zins-/Lizenzrichtlinie keine Quellensteuer erhoben, wenn die empfangende Gesellschaft ihren Sitz in einem anderen EU-Staat hat und entweder die empfangende oder die leistende Gesellschaft mindestens 25% des Kapitals an der jeweilig anderen Gesellschaft hält oder wenn eine dritte Gesellschaft mindestens 25% des Kapitals an beiden Gesellschaften besitzt.

Lizenzzahlungen:

Lizenzzahlungen an ansässige Gesellschaften unterliegen keiner Quellensteuer.

Bei Lizenzzahlungen an ausländische Lizenzgeber wird eine 22%ige Quellensteuer erhoben. Nach den britischen Doppelbesteuerungsabkommen kann die Quellensteuer in der Regel auf 15% bis 0% reduziert werden.

Auch auf EU-Lizenzzahlungen wird keine Quellensteuer erhoben wenn die Voraussetzungen der Zins-/Lizenzrichtlinie erfüllt sind.

e) Besteuerung von Veräußerungsgewinnen der Holding

Grundsätzlich sind Veräußerungsgewinne regulär steuerpflichtig.

Gewinne aus der Veräußerung von in- und ausländischen Beteiligungen[740] durch eine Kapitalgesellschaften sowie durch inländische Betriebsstätten ausländischer Kapitalgesellschaften sind jedoch bei Erfüllung bestimmter Voraussetzungen **steuerbefreit**.

Voraussetzungen für die Steuerbefreiungen:[741]

- Ausübung einer gewerblichen Tätigkeit durch die Untergesellschaft (trading company). Als gewerbliche Tätigkeiten gelten das Unterhalten einen Gewerbetriebs, die Vorbereitung einer eigenen gewerblichen Tätigkeit sowie der Erwerb einer wesentlichen Beteiligung an einer anderen Gesellschaft, sofern die Zielgesellschaft eine eigene gewerbliche Tätigkeit ausübt oder eine Holdinggesellschaft einer aktiv tätigen Unternehmensgruppe ist und nicht demselben Konzern angehört. Eine Gesellschaft, die die genann-

[740] Zu den begünstigten Sachverhalten zählen auch Gewinne aus der Liquidation und Kapitalherabsetzung.

ten Voraussetzungen erfüllt, aber in erheblichem Umfang Tätigkeiten ausübt, die nicht als „trading activities" eingestuft werden können, gilt jedoch als nicht gewerblich tätig. Schädliche passive Tätigkeiten sind anzunehmen, wenn diese 20% der Gesellschaftsaktivitäten übersteigen.[742]

- Weiterhin muss sich die Gesellschaft, deren Anteile veräußert werden sollen, sowohl mindestens zwölf Monate vor als auch unmittelbar nach der Veräußerung als gewerblich tätig qualifiziert haben.
- Auch die Mutterkapitalgesellschaft muss eine „trading company" sein.[743]
- Unmittelbare oder mittelbare Beteiligung von 10% am Nominalkapital und ein der Kapitalbeteiligung entsprechendes Gewinnbezugsrecht. Diese Beteiligung muss innerhalb der letzten zwei Jahre während einer Mindestdauer von 12 Monaten vor dem Verkauf bestanden haben.

Es gibt jedoch eine Reihe von Missbrauchsbestimmungen, die die Anwendung der Befreiung einschränken. So wird die Veräußerungsgewinnbefreiung nicht gewährt, wenn der Veräußerer die zu veräußernde Gesellschaft kontrolliert oder die beiden Gesellschaften unter gemeinsamer Beherrschung stehen, der gesamte oder fast gesamte Veräußerungsgewinn aus in Großbritannien oder im Ausland nicht besteuerten offenen und stillen Rücklagen besteht und diese steuerfreien Rücklagen durch eine gezielte Gestaltung in einen steuerbefreiten Veräußerungsgewinn transformiert werden sollen.[744]

f) Abzug von Veräußerungsverlusten und Teilwertabschreibungen

Liegen die Voraussetzungen für die Steuerbefreiung von Veräußerungsgewinnen vor können Veräußerungsverluste nicht steuerlich geltend gemacht werden. Werden die Anteile an einer Tochtergesellschaft nach und nach verkauft, ist eine Verlustberücksichtigung nur möglich, wenn die Beteiligung in einem Zeitraum von mehr als zwölf Monaten weniger als 10% betragen hat.[745]

---

741 Vgl. *Kessler/Dorfmueller*, IStR 2003, S. 229 f.

742 Vgl. *Günkel*, WPg-Sonderheft 2003, S 50.

743 Für die Klassifizierung gelten die gleichen Grundsätze wie auf Ebene der Tochtergesellschaft.

744 Vgl. *Kessler/Dorfmueller*, IStR 2003, S. 230; *Günkel*, WPg-Sonderheft 2003, S 50.

745 Vgl. *Günkel*, WPg-Sonderheft 2003, S 50.

Veräußerungsverluste aus nicht schachtelpriviligierten Anteilen können nur mit Veräußerungsgewinnen des laufenden oder eines folgenden Jahres, nicht aber mit sonstigen Gewinnen verrechnet werden.

Teilwertabschreibungen auf Beteiligungen sind nicht zulässig.[746]

g) Konsolidierte Besteuerung

Eine innerkonzernliche Verlustrechnung ist im britischen Steuerrecht durch den gesetzlich verankerten „group relief" möglich.[747] Dieser setzt eine unmittelbare oder mittelbare Beteiligung von mindestens 75% zwischen inländischer Mutter- und Tochtergesellschaft voraus oder dass sich das Kapital einer Gesellschaft im Besitz eines Konsortiums befindet („consortium relief"). Ein solches Konsortium darf aus höchstens 20 Mitgliedern bestehen, von denen jeder einen Mindestanteil von 5% besitzt und alle zusammen mindestens 75% halten. Der „group bzw. consortium relief" ist für jedes Wirtschaftsjahr zu beantragen.

Innerhalb der sog. „75%-Gruppe" können Verluste nach oben, nach unten oder seitwärts transferiert werden.[748] Gleiches gilt innerhalb eines Konsortiums. Diese Möglichkeit besteht auch bei der Zwischenschaltung ausländischer Gesellschaften, die selbst nicht dem Konsolidierungskreis angehören. So können z. B. Verluste zwischen UK-Schwestergesellschaften mit einer im Ausland ansässigen Muttergesellschaft übertragen werden.[749] Die Verluste ausländischer Tochtergesellschaften können jedoch nicht berücksichtigt werden. Ebenfalls keine Berücksichtigung finden Verluste einer Gesellschaft aus der Zeit vor Inanspruchnahme des „group bzw. consortium reliefs"; diese Verluste können nur auf Ebene der jeweiligen Gesellschaft berücksichtigt werden, sie werden daher als „Ring-Fenced" bezeichnet.

Nach dem EuGH-Urteil vom 13.12.2005 in der Rs. Marks & Spencer, welches eine partielle EU-Widrigkeit des britischen „group relief" sah, ist der Gesetzgeber gezwungen, eine Neuregelung zu finden. Mit dem Finance

---

746 Vgl. *Günkel*, WPg-Sonderheft 2003, S 50.

747 Vgl. Sec. 403 ICTA.

748 Vgl. *Rosenbach*, Holding-Handbuch, 2004, § 16, Rz. 175.

749 Vgl. *Endres*, WPg-Sonderheft 2003, S 39.

(No. 2) Bill 2006 sind entsprechende Vorschriften in den ICTA eingearbeitet worden; demnach soll der Kreis der Konzernmitglieder auf im EWR ansässige (un-)mittelbare Tochtergesellschaften sowie auf Gesellschaften, die zwar nicht im EWR ansässig sind, aber ihre Verluste über eine in diesem Gebiet gewerblich tätige Betriebsstätte erwirtschaftet haben, ausgeweitet werden.

h) Abzug von Beteiligungsaufwendungen / Gesellschafterfremdfinanzierung

Alle mit dem Erwerb und dem Halten der Beteiligungen verbundenen Aufwendungen der Holding sind grundsätzlich steuerlich abzugsfähig, sofern sie einem Drittvergleich standhalten.

Zinszahlungen an Gesellschafter werden jedoch als Dividenden umqualifiziert, soweit das Gesellschafterdarlehen als Eigenkapital eingeordnet wird.[750] Diese Regel wird auf 75%ige Tochtergesellschaften oder jeweils zu 75% von einer gemeinsamen Muttergesellschaft gehaltenen Schwestergesellschaften angewendet.

i) DBA-Netzwerk

Das umfangreiche englische DBA-Netz umfasst 110 Doppelbesteuerungsabkommen.

j) Missbrauchsbestimmungen

Es gibt eine allgemeine Missbrauchsbestimmung, die von den Gerichten entwickelt wurde. Danach werden Gestaltungen für Steuerzwecke nicht anerkannt, wenn:

- es sich um eine zusammengesetzte oder vorbestimmte Serie von Transaktionen handelt, die der Erzielung von betriebswirtschaftlichen Zwecken dienen können oder auch nicht, und
- in die Kette der Transaktionen Schritte eingefügt wurden, die keinen kommerziellen Zweck außer der Vermeidung von Steuerschuld verfolgen.

---

[750] Laut britischer Finanzverwaltung bereits ab einer Schwelle von 1:1 EK/FK-Verhältnis; vgl. *Kessler*, Euro-Holding, 1996, S. 199 f., m.w.N.

In diesen Fällen können die Gerichte für die Steuerfestsetzung die tatsächliche wirtschaftliche Substanz der Transaktion zugrunde legen.

Großbritannien kennt wie die deutsche Hinzurechnungsbesteuerung eine sog. „anti avoidance legislation“ mit dem Ziel, die Reduzierung nationaler Steuereinnahmen durch Einkünfteverlagerung in Steueroasen zu vermeiden („controlled foreign company legislation“).[751] Die Zurechnungsbesteuerung erfasst die gesamten Einkünfte der CFC, jedoch nicht die aus Veräußerungsgewinnen. Die Hinzurechnungsbesteuerung erfolgt, wenn die britische Gesellschaft zu mindestens 25% an der ausländischen Gesellschaft beteiligt ist. Damit kann britischen Gesellschaften der Gewinn einer ausländischen Tochtergesellschaft anteilig zugerechnet werden, auch wenn dieser Gewinn nicht ausgeschüttet wird.

Die **CFC Legislation**[752] erfasst die von britischen Gesellschaften kontrollierten, im Ausland ansässigen Gesellschaften, die einer niedrigen Besteuerung unterliegen.

Kontrolle im Sinne dieser Vorschrift ist grundsätzlich bei einem Anteilsbesitz durch in Großbritannien ansässige Steuerpflichtige von mehr als 50% an der ausländischen Gesellschaft gegeben oder wenn eine britische Gesellschaft mindestens 40% der Anteile der ausländischen Gesellschaft hält und gleichzeitig keiner der anderen Anteilseigner mehr als 55% der Anteile besitzt.

Das Kriterium der niedrigen Besteuerung ist erfüllt, wenn die ausländische Steuerbelastung 75% der entsprechenden britischen Belastung auf dasselbe Einkommen unterschreitet. Bei einer ausländische Besteuerung über 75%, bei der es sich aber um eine sog. „designer tax rate“ handelt, die primär auf eine Vermeidung des Eingreifens der CFC-Gesetzgebung abzielt, gilt die CFC trotzdem als in einem Niedrigsteuerland ansässig.

Weiterhin wird die CFC Legislation nur dann angewendet, wenn gegen außensteuerliche Bestimmungen verstoßen wird, z. B. wenn die Tochtergesellschaft im Ausland nur passive Tätigkeiten entfaltet. Ob dies der Fall ist, wird

---

[751] Vgl. *Krawitz/Büttgen*, IStR 2001, S. 660.

[752] Zu weiteren Einzelheiten der CFC vgl. *Schönfeld*, Hinzurechnungsbesteuerung, 2005, S. 575 ff., m.w.N

an einer Reihe von Punkten geprüft. Außensteuerliche Bestimmungen bleiben unberührt und die CFC Legislation wird nicht angewendet, wenn

- die CFC 90% der Gewinne an britische Anteilseigner ausschüttet,
- sie nachweislich aktiv tätig ist,
- ihr Gewinn unter 50.000 GBP[753] im Jahr liegt,
- mindestens 35% des Kapitals in Streubesitz sind oder an einer Börse gehandelt werden,
- nachgewiesen wird, dass die Umgehung der britischen Steuerpflicht nicht Hauptmotiv der CFC ist.

k) Zusammenfassende Würdigung des Holdingstandortes Großbritannien

Aufgrund des Steueranrechnungssystems für aus dem Ausland empfangene Dividenden ist Großbritannien kein attraktiver Holdingstandort. Zwar können durch die Steuergutschrift Anrechnungsüberhänge bis zu einem ausländischen Steuerniveau von 45% ausgeglichen werden, aber bei Gewinnausschüttungen von ausländischen Tochtergesellschaften kommt es in jedem Fall zu einer Steuerbelastung mit dem britischen Körperschaftsteuersatz von 30%. Finanzierungskosten im Zusammenhang mit dem Erwerb und dem Halten der Beteiligung sind zwar grundsätzlich steuerlich abzugsfähig, jedoch werden Zinszahlungen in der Praxis bereits ab einem „safe haven“ von 1:1 in Dividenden umqualifiziert, wodurch der Spielraum der Gesellschafterfremdfinanzierung stark eingeschränkt wird.

Auch sind die Regelungen zur Veräußerungsgewinnbefreiung in Großbritannien strikter als im Vergleich zu vielen anderen Ländern, da zum einen die Mindestbeteiligungsquote und auch die Mindesthaltedauer höher liegen und sie zum anderen sowohl auf die Aktivität der Tochtergesellschaft als auch auf die Tätigkeit der veräußernden Gesellschaft ausgerichtet sind.[754] Darüber hinaus können keine Teilwertabschreibungen auf Beteiligungen berücksichtigt werden, Veräußerungsverluste aus Beteiligungen sind ab einer Beteiligungs-

---

[753] Gem. EZB-Kurs vom 31.10.2006 ≈ 74.794,32 Euro

[754] Vgl. *Kessler/Dorfmueller*, IStR 2003, S. 231.

quote von 10% ebenfalls steuerlich nicht abzugsfähig und es müssen die Bestimmungen zur Hinzurechnungsbesteuerung beachtet werden.

Es werden zwar weder Substanz- noch Kommunalsteuern und auch keine Zuschläge auf den Körperschaftsteuersatz erhoben, dennoch ist die Steuerbelastung für Unternehmen im internationalen Vergleich zu hoch.

Für Großbritannien als Holdingstandort spricht, dass Dividenden aus inländischen Beteiligungen ohne die Erfüllung einer Mindestbeteiligungsquote oder Mindesthaltedauer von der Steuer befreit sind, auf Dividendenausschüttungen bereits nach nationalem Recht keine Quellensteuer einbehalten wird, Refinanzierungskosten abzugsfähig sind und Großbritannien über ein umfangreiches DBA-Netz verfügt.[755]

Diese Vorteile heben m. E. die erheblichen steuerlichen Nachteile aber nicht auf, so dass nach wie vor die traditionellen Holdingstandorte wie beispielsweise die Schweiz, Niederlande oder Luxemburg vorzuziehen sind.

6. Luxemburg

a) Normalsteuerbelastung

Körperschaftsteuersystem: Das luxemburgische Körperschaftsteuersystem ist ein *klassisches System*, d. h. grundsätzlich volle Besteuerung der Gewinne auf der Ebene der Körperschaft sowie der Dividenden bei den Gesellschaftern. Allerdings sind 50% der Dividendeneinkünfte, sofern sie von inländischen Kapitalgesellschaften stammen, von der einkommensteuerlichen Bemessungsbasis des Gesellschafters ausgenommen. Körperschaften wird eine Entlastung durch die 50%ige oder 100%ige Freistellung der Dividenden gewährt.

Körperschaftsteuertarif: Der allgemeine Körperschaftsteuersatz beträgt 22%. Darauf wird ein besonderer Zuschlag in Höhe von 4% des Steuerbetrages erhoben. Die Effektivbelastung beträgt somit **22,88%.**

---

[755] Vgl. *Kessler/Dorfmueller*, IStR 2003, S. 231.

Behandlung von Verlusten: Verluste können uneingeschränkt vorgetragen werden. Ein Verlustrücktrag ist nicht zulässig.

Kommunalsteuern: Die Gewerbeertragssteuerbelastung liegt zwischen 6% und 10,5% und ist nicht beim körperschaftsteuerlichen Einkommen abzugsfähig.

Substanzsteuern: 0,5% Vermögensteuer auf das Nettovermögen (nicht abzugsfähig).[756]

b) Besteuerung vereinnahmter Beteiligungserträge der Holding

Steuerfreistellung:

Die traditionelle „Holding 1929" – Gesellschaft, deren Zweck ausschließlich auf den Erwerb von Beteiligungen an luxemburgischen oder internationalen Unternehmen sowie auf die Verwaltung und Verwertung dieser Beteiligungen beschränkt ist[757] – ist bis auf die „taxe d' abonnement" (0,2% des Grundkapitals) von der laufenden Besteuerung in Luxemburg befreit. Bei der 1929er-Holding ist allerdings die Inanspruchnahme der Vergünstigungen von Doppelbesteuerungsabkommen oder der Mutter-Tochter-Richtlinie ausgeschlossen. Dividenden- und Zinszahlungen ausländischer Beteiligungsgesellschaften an diese Holding unterliegen daher den ungemilderten Quellensteuersätzen des Ursprungstaates ohne Anrechnungsmöglichkeit. Auch schirmt diese Holdingform in der Regel ihren ausländischen Anteilseigner nicht ab.[758]

Schachtelprivileg: Die „Holding 1990"[759] ist eine in Luxemburg regulär steuerpflichtige Kapitalgesellschaft, für die die DBA und EU-Steuerrichtlinien anwendbar sind. Auch unterliegt die 1990er-Holding keinen Beschränkungen hinsichtlich ihres Tätigkeitsspektrums. Sie kann neben dem Halten und Ver-

---

[756] Von der Vermögensbesteuerung werden aber insbesondere qualifizierte Beteiligungen an anderen Unternehmen ausgenommen und es erfolgt eine Minderung der Vermögensteuer, wenn die Körperschaftsteuer mindestens genauso hoch ist wie die Vermögensteuer des jeweiligen Jahres. Vgl. *Höfer*, IStR 2002, 369.

[757] Vgl. z. B. näher *Günkel*, IDW-Steuerfachtagung, 1994, S. 41-43, m.w.N.; *Rosenbach*, Holding-Handbuch, 2004, § 16, Rz. 118.

[758] Für deutsche Anteilseigner kann wegen des fehlenden DBA-Schutzes über die Vorschriften des AStG (§§ 7-14) eine Hinzurechnung der in Luxemburg thesaurierten Gewinne erfolgen.

[759] Société de participations financiers (abgekürzt „Soparfi") vgl. *Günkel*, IDW-Steuerfachtagung, 1994, S. 44-46.

walten von Beteiligungen auch jede Art gewerblicher oder industrieller Tätigkeit ausüben.[760] Gemäß Art. 166 (1) 1 LIR muss es sich um eine Aktiengesellschaft, Kommanditgesellschaft oder um eine GmbH handeln, die in Luxemburg unbeschränkt steuerpflichtig ist. Gewinnausschüttungen von in- und ausländischen Beteiligungsgesellschaften sind bei ihr voll steuerbefreit. Zu dem begünstigten Einkommen aus einer Beteiligung zählen sowohl Dividenden als auch Liquidationserlöse.

Voraussetzungen für die Steuerbefreiung:

- Unmittelbare oder mittelbare[761] Beteiligung in Höhe von mindestens 10% (oder Anschaffungskosten der Beteiligung mindestens 1,2 Mio. Euro) sowie eine Mindestbeteiligungsdauer[762] von einem Jahr.
- Die ausländische Beteiligungsgesellschaft muss einer „vergleichbaren" Körperschaft-steuer unterliegen, wobei in der Praxis ein Mindestsatz von 15% gefordert wird und die Steuerbemessungsgrundlage muss nach dem gleichen System wie in Luxemburg berechnet werden.[763]
- Das luxemburgische Körperschaftsteuergesetz enthält keine Bestimmung hinsichtlich der wirtschaftlichen Tätigkeit, demnach kann die ausländische Tochtergesellschaft Passiveinkünfte erzielen, ohne dass dies zu einer Einschränkung des Holdingprivilegs führt.[764]

Sind die Voraussetzungen für das Schachtelprivileg nicht erfüllt, sind dennoch 50% der Dividendenerträge von der luxemburgischen Körperschaftsteuer befreit, wenn die Dividenden von einer Körperschaft ausgeschüttet werden, die

- eine voll körperschaftsteuerpflichtige luxemburgische Gesellschaft,
- eine EU-Gesellschaft i. S. d. Mutter-Tochter-Richtlinie oder

[760] Vgl. *Rosenbach*, Holding-Handbuch, 2004, § 16, Rz. 118.

[761] Die Mindestbeteiligung kann auch über die Zwischenschaltung einer oder mehrerer transparenter Einheiten wie Personengesellschaften erfüllt werden.

[762] Die Mindestbeteiligungsdauer kann auch nachträglich aufgrund des Eingehens einer entsprechenden Halteverpflichtung seitens der Muttergesellschaft erfüllt werden.

[763] Bei EU-Gesellschaften i.S.d. Mutter-Tochter-Richtlinie entfällt die Voraussetzung der „vergleichbaren" Steuer.

- in einem DBA-Vertragsstaat ansässig ist und einer der luxemburgischen Steuer vergleichbaren ausländischen Steuer unterworfen ist.

c) Besteuerung der Ausschüttung aus der Holdinggesellschaft

Grundsätzlich unterliegen Dividenden einer nationalen Quellensteuer von 20%.

Dividendenausschüttungen einer 1929er Holding sind von der Quellensteuer befreit.

Dividenden, die an eine ansässige oder nichtansässige Kapitalgesellschaft ausgeschüttet werden, sind aufgrund der Mutter-Tochter-Richtlinie von der Luxemburger Quellensteuer befreit, wenn die empfangende Gesellschaft in einem Mitgliedstaat der EU ansässig ist und die Muttergesellschaft zum Zeitpunkt der Ausschüttung mindestens 10% des Kapitals der Luxemburger Gesellschaft während mindestens 12 Monaten unmittelbar gehalten hat oder sich verpflichtet, die fragliche Beteiligung für mindestens 12 Monate zu halten.

Aufgrund von mit Luxemburg geschlossenen Doppelbesteuerungsabkommen kann die Quellensteuer unter bestimmten Voraussetzungen auf 15% bis 0% reduziert werden.

d) Besteuerung von Zins- und Lizenzzahlungen der Holding

Zinszahlungen: Auf Zinszahlungen wird keine Quellensteuer erhoben, mit Ausnahme von Zinszahlungen für gewinnabhängige (partriarische) Darlehen, die der 20%igen Quellensteuer unterliegen (ggf. Reduzierung nach DBA).

Lizenzzahlungen: Lizenzzahlungen unterliegen ebenfalls keiner Quellensteuer.

e) Besteuerung von Veräußerungsgewinnen der Holding

Gewinne aus der Veräußerung von Beteiligungen einer unbeschränkt steuerpflichtigen Kapitalgesellschaft, die zu mindestens 10% am Kapital einer anderen unbeschränkt steuerpflichtigen Kapitalgesellschaft beteiligt ist (oder deren

---

[764] Vgl. *Halla-Villa Jimenez*, RIW 2003, S. 592.

Anschaffungswert sich auf mindestens 6 Mio. Euro belief), bleiben steuerfrei, vorausgesetzt dass die gesamte Beteiligung ununterbrochen während mindestens 12 Monaten gehalten wurde. Die Befreiung gilt auch, wenn die veräußerte Gesellschaft eine ausländische Kapitalgesellschaft ist, die einer der luxemburgischen Körperschaftsteuer vergleichbaren Steuer unterliegt. Die Beteiligung kann auch von einer in Luxemburg belegenen Betriebsstätte einer EU-Gesellschaft oder einer Gesellschaft aus einem Staat, mit dem Luxemburg ein Doppelbesteuerungsabkommen geschlossen hat, gehalten werden.[765]

Erlöse aus dem Beteiligungsverkauf sind jedoch in den folgenden Fällen zu versteuern:[766]

- Es wurde eine steuerwirksame Teilwertabschreibung vorgenommen.
- Es wurden stille Reserven übertragen.
- Kapitalersetzende Darlehen, die steuerlich das Schicksal der Beteiligung teilen, wurden steuerwirksam abgeschrieben.
- Steuerwirksame Ausgaben wie z. B. Zinsen wurden im Zusammenhang mit der Beteiligung vorgenommen.

f) Abzug von Veräußerungsverlusten und Teilwertabschreibungen

Verluste aus der Veräußerung einer Schachtelbeteiligung sowie Teilwertabschreibungen sind trotz der Steuerbefreiung der Veräußerungsgewinne steuerlich voll abzugsfähig.

Eine früher geltend gemachte Teilwertabschreibung auf die Beteiligung ist demgegenüber durch eine Zuschreibungspflicht nach zu versteuern, wenn der Beteiligungswert wieder steigt. Auch durch eine entsprechende Besteuerung des realisierten Veräußerungsgewinns kommt es zur Nachversteuerung.

Ausschüttungsbedingte Teilwertabschreibungen sind bis zur Höhe der im gleichen Jahr vereinnahmten Dividende steuerlich nicht abzugsfähig.

---

[765] *Günkel*, WPg-Sonderheft 2003, S 51.

[766] Vgl. *Rosenbach*, Holding-Handbuch, § 16, Rz. 120.

g) Konsolidierte Besteuerung

Verbundene Konzerngesellschaften können mit Zustimmung der Steuerverwaltung für eine steuerliche Ergebniszusammenrechnung bei der Muttergesellschaft nach dem Regime der „intégration fiscale“[767] optieren, deren Voraussetzungen der deutschen Organschaft nachgebildet sind. Die Organtochter muss eine unbeschränkt steuerpflichtige luxemburgische Gesellschaft sein; Organträger können eine ebenfalls unbeschränkt steuerpflichtige luxemburgische Gesellschaft oder die luxemburgische Betriebsstätte einer ausländischen Gesellschaft, die einer der luxemburgischen Körperschaftsteuer vergleichbaren Steuer unterliegt, sein. Der Organträger muss ununterbrochen seit Anfang des Wirtschaftsjahres eine mittelbare oder unmittelbare Beteiligung von mindestens 95%[768] am Kapital jeder Organgesellschaft halten. Gleichzeitig müssen die Wirtschaftsjahre von Organträger und Organtochter identisch sein. Die Organschaft muss für mindestens fünf Jahre bestehen.

In Ausnahmefällen reicht auch eine Mindestbeteiligungsquote von 75%. Mit Zustimmung des Finanzministeriums können die Ergebnisse von unbeschränkt steuerpflichtigen Kapitalgesellschaften einheitlich besteuert werden, wenn die Muttergesellschaft zu mindestens 75% am Kapital der Tochtergesellschaft beteiligt ist und mindestens 75% der Minderheitsaktionäre der Organschaft zustimmen. Außerdem muss die Beteiligung der Förderung, der Ausdehnung und Verbesserung der Volkswirtschaft dienen.

Eine wirtschaftliche und organisatorische Eingliederung in die Muttergesellschaft ist nicht erforderlich. Auch müssen nicht alle Tochtergesellschaften, die die Voraussetzungen erfüllen, in die Organschaft einbezogen werden.

Die Besteuerung der Unternehmensgruppe erfolgt auf Antrag durch den Organträger und die Organgesellschaften. Die Antragstellung hat spätestens in dem Wirtschaftsjahr zu erfolgen, in dem die konsolidierte Besteuerung erstmals beginnen soll.

---

[767] Vgl. Art. 164 ff. L.I.R.

[768] Für die Berechnung der mittelbaren Beteiligung von 95% kann diese auch über eine nicht ansässige Kapitalgesellschaft gehalten werden, die einer der Luxemburger Körperschaftsteuer entsprechenden Steuer unterliegt.

Die Regelungen zur Gruppenbesteuerung in Luxemburg erlauben eine Gewinn- und Verlustverrechnung innerhalb der Unternehmensgruppe. Das Einkommen der zum Konzern gehörenden Gesellschaften wird – wie bei der deutschen Organschaft – separat ermittelt und sodann auf Ebene der Muttergesellschaft zusammengefasst. Vororganschaftliche Verluste können ausschließlich bei der Gesellschaft berücksichtigt werden, die ursprünglich diese Verluste erlitten hat. Entstehen während der Zeit der Unternehmensgruppe Verlustvorträge der Gruppe, so werden diese ausschließlich der Muttergesellschaft zugeordnet.

Die Gruppenbesteuerung ist jedoch nur für Ertragssteuerzwecke und nicht auch für Vermögensteuerzwecke zulässig.

Eine grenzüberschreitende Organschaft ist in Luxemburg nicht möglich.

h) Abzug von Beteiligungsaufwendungen / Gesellschafterfremdfinanzierung

Aufwendungen der Holding, die wirtschaftlich unmittelbar mit steuerbefreiten Einnahmen zusammenhängen, dürfen steuerlich nicht abgezogen werden.[769] Umgekehrt sind Beteiligungs- und Finanzierungskosten abzugsfähig, soweit die Aufwendungen die steuerfreien Dividenden übersteigen. Wenn die Holding keine schachtelbefreiten Gewinnausschüttungen vereinnahmt, sind in dem betreffenden Wirtschaftsjahr daher Beteiligungs- und Finanzierungsaufwendungen voll abzugsfähig.

Es kann jedoch eine Nachversteuerung durch Minderung des steuerfreien Teils eines später anfallenden Veräußerungsgewinns erfolgen.

Im Luxemburger Steuerrecht existieren keine speziellen Bestimmungen für die steuerliche Beschränkung der Gesellschafterfremdfinanzierung. Nach Auffassung der luxemburgischen Finanzverwaltung gilt jedoch ein safe haven von 15:85. Wenn das zulässige Fremdkapital überschritten ist, werden diese Vergütungen für Gesellschafterdarlehen wie verdeckte Gewinnausschüttungen behandelt.

---

[769] Gem. Art. 45 Abs. 2 L.I.R., der § 3c EStG nachgebildet ist.

i) DBA-Netzwerk

Das luxemburgische DBA-Netz umfasst 47 Doppelbesteuerungsabkommen.

j) Missbrauchsbestimmungen

Das luxemburgische Holdingsteuerrecht enthält keine „CFC-Rules".

Dennoch kennt das Luxemburger Steuerrecht eine allgemeine Missbrauchsbestimmung, wonach das Finanzamt Gestaltungen, die zwar gesetzesgerecht durchgeführt wurden, aber keinen ersichtlichen wirtschaftlich gerechtfertigten Hintergrund haben, als missbräuchlich qualifizieren und dementsprechende Maßnahmen ergreifen kann. Als missbräuchlich gelten Gestaltungen, die ausschließlich zum Zweck der Steuerumgehung oder -vermeidung veranlasst wurden. Die Steucr wird dann so festgesetzt, als wäre die Transaktion in der geeigneten und zweckmäßigen Form durchgeführt worden.

k) Zusammenfassende Würdigung des Holdingstandortes Luxemburg

Luxemburg gilt als traditioneller Holdingstandort, der auf dem per Gesetz vom 31.7.1929 eingeführten speziellen Steuerregime für Holdinggesellschaften beruht.[770] Er ist ein beliebtes Ziel für die Gründung und Unterhaltung von Holdinggesellschaften als Basisunternehmen ohne besondere Gründungsvoraussetzungen. Das Großherzogtum Luxemburg gilt zwar allgemein nur als ein etwas unter normal besteuerndes Land, begünstigt aber die „1929er Holdinggesellschaften" durch eine völlige Befreiung dieser Gesellschaftsart von den nationalen Steuern auf den Ertrag und das Vermögen, wenn sie reine „Vermögensverwaltung" betreiben und nicht am sonst üblichen, allgemeinen wirtschaftlichen Verkehr des Landes teilnehmen. Damit können dort angesammelte Gewinne einer Holdinggesellschaft ohne irgendwelche landeseigenen Abzüge an die ausländischen Anleger ausgekehrt werden.[771]

Auch regulär steuerpflichtige Kapitalgesellschaften („Soparfi") können Dividenden, Liquidationserlöse und Veräußerungsgewinne aus einer ausländischen Beteiligung bei Erfüllung der entsprechenden Voraussetzungen zu

---

[770] *Rosenbach*, Holding-Handbuch, 2004, § 16, Rz. 118.

[771] Vgl. *Dreßler*, Gewinnverlagerungen, 2000, S. 85.

100% steuerfrei vereinnahmen. Da sowohl Zweigniederlassungen von EU-Gesellschaften als auch von Gesellschaften, die in einem DBA-Staat ansässig sind, die Beteiligungsertragsbefreiung in Anspruch nehmen können und Ausschüttungen an diese Zweigniederlassungen von der Quellensteuer befreit sind, bietet dies eine interessante Möglichkeit zur Vermeidung der Quellensteuer auf Dividendenausschüttungen.[772]

Teilwertabschreibungen und Veräußerungsverluste sind trotz der Steuerbefreiung steuerlich voll abzugsfähig und auch Beteiligungsaufwendungen sind abzugsfähig, soweit sie die steuerfreien Einnahmen übersteigen.

Weitere Vorteile Luxemburgs sind, dass es keine CFC-Regelungen gibt, an die wirtschaftliche Aktivität der beteiligten Gesellschaft keinerlei Anforderungen gestellt wird und die Regelungen zur Gesellschafterfremdfinanzierung relativ großzügig sind.

Nachteile ergeben sich u. a. aus der Erhebung von Substanz- und Gewerbesteuern, der geforderten subject-to-tax Klausel für das Schachtelprivileg und dass Luxemburg nicht über ein so dichtes DBA-Netz wie manche anderen Länder verfügt.

Trotzdem ist Luxemburg nach wie vor einer der attraktivsten und beliebtesten Holdingstandorte, der sich neben den zahlreichen steuerlichen Vorteilen auch durch die hohe rechtliche Stabilität auszeichnet.

7. Niederlande

a) Normalsteuerbelastung

Körperschaftsteuersystem: Das niederländische Körperschaftsteuersystem ist ein *klassisches System*, d. h. grundsätzlich volle Besteuerung auf Ebene der Gesellschaft und des Gesellschafters ohne Anrechnung der Körperschaftsteuer auf die persönliche Einkommensteuer des Gesellschafters. Bei Ausschüttungen an Anteilseigner, die selbst Körperschaften sind, greift aber das Schachtelprivileg und verhindert die wirtschaftliche Doppelbesteuerung. Bei natürlichen Personen mit einer qualifizierten Beteiligung von mindestens 5% an der

---

[772] Vgl. *Halla-Villa Jimenez*, RIW 2003, S. 598.

ausschüttenden Gesellschaft wird als Entlastung ein reduzierter Pauschalsteuersatz von 25% gewährt.

Körperschaftsteuertarif: Der Körperschaftsteuersatz beträgt 30,5%, bei einem Einkommen < 22.689 Euro gilt ein ermäßigter Steuersatz von 27%.[773]

Behandlung von Verlusten: Verluste können drei Jahre rückgetragen und unbegrenzt vorgetragen werden.[774]

Kommunalsteuern: keine

Substanzsteuern: keine

b) Besteuerung vereinnahmter Beteiligungserträge der Holding

Steuerfreistellung (Schachtelprivileg): Empfangene Beteiligungserträge aus in- und ausländischen Gesellschaften sind bei niederländischen Holding-Kapitalgesellschaften in voller Höhe nach dem Schachtelprivileg freigestellt.[775] Zu den begünstigten Beteiligungserträgen gehören offene und verdeckte Gewinnausschüttungen, Liquidationsraten, Kapitalrückzahlungen sowie Erträge aus Genussrechten, partiarischen Darlehen und typischen stillen Beteiligungen. Das Schachtelprivileg gilt auch für Währungsgewinne und -verluste, die aus der Finanzierung von Beteiligungen stammen.

Voraussetzungen:

- Mindestbeteiligung von 5% am Nennkapital der in- oder ausländischen Beteiligungsgesellschaft.[776] Eine Mindestbeteiligungsdauer ist nicht erforderlich.
- Ausländische Beteiligungsgesellschaften müssen in ihrem Ansässigkeitsstaats einer regulären Körperschaftsteuer unterliegen, wobei aber die Höhe der Steuer keine Rolle spielt, so dass grundsätzlich auch Gewinnausschüt-

---

[773] Beschlossen sind weitere Absenkungen des Steuersatzes zum 1.1.2006 auf 30% bzw. 26%.

[774] Wegen einer Antimissbrauchsbestimmung gelten die Übertragungsmöglichkeiten für Verluste aus einer Gesellschaft nicht, wenn sich seit dem Vorjahr die Beteiligungsverhältnisse an einer solchen Gesellschaft zu 30% und mehr geändert haben.

[775] Vgl. Art. 13 Abs. 1 WVB.

[776] Beteiligungen unterhalb der 5%-Grenze sind möglich bei gewichtigen wirtschaftlichen Gründen.

tungen aus Steueroasen-Gesellschaften in den Genuss des Schachtelprivilegs kommen können.

- Die Anteile dürfen nicht einer bloßen Vermögensanlage dienen (Portfolio-Investment), sondern es muss ein echtes unternehmerisches Engagement vorliegen, wobei aber hierfür eine weite Auslegungspraxis besteht.[777]

c) Besteuerung der Ausschüttung aus der Holdinggesellschaft

Von den niederländischen Dividenden werden bei der Ausschüttung des Betrags an den in- oder ausländischen Anteilseigner grundsätzlich 25% Quellensteuer (Kapitalertragssteuer) einbehalten. Eine Ausnahme besteht jedoch für inländische Anteilseigner, bei denen die Voraussetzungen für die Freistellung von Beteiligungserträgen greifen.

Ausländische Anteilseigner, die in einem Staat ansässig sind, mit dem ein niederländisches DBA besteht, haben unter den dort genannten Voraussetzungen Anspruch auf eine (teilweise) Ermäßigung der einzubehaltenden Dividendensteuer bzw. auf die (teilweise) Erstattung des einbehaltenen Betrags. Dabei kommt anstelle der regulären 25% ein reduzierter Quellensteuersatz von 15% bis 0% zur Anwendung.

Dividendenzahlungen an eine EU-Mutter, die mit mindestens 20% für eine Mindestdauer von einem Jahr[778] an der ausschüttenden niederländischen Zwischenholding beteiligt ist, sind in vollem Umfang von der Quellensteuer befreit.[779] Eine 10% Mindestbeteiligung ist ausreichend, wenn der andere EU-Staat seinerseits ein vergleichbares Verfahren auf niederländische Muttergesellschaften bei gleicher Beteiligungshöhe anwendet.[780]

---

[777] Soweit jedoch die Voraussetzungen der Mutter-Tochter-Richtlinie vorliegen, d. h. eine Mindestbeteiligung von 20% an einer EU-ausländischen Tochtergesellschaft, für deren Rechtsform der Anwendungsbereich der Richtlinie eröffnet ist, entfällt diese Einschränkung. Vgl. *Dörr/Küppers*, IWB 2005, Fach 5 (Niederlande), Gruppe 2, S. 419.

[778] Es ist ausreichend, wenn die 1jährige Mindesthaltefrist im nachhinein erfüllt wird.

[779] Vgl. Mutter-Tochter-Richtlinie 90/435/EWG.

[780] Die Reziprozitätsbedingung wird derzeit u. a. von Deutschland (§ 43b Abs. 3 EStG), Luxemburg, Österreich, Spanien und Großbritannien erfüllt.

d) Besteuerung von Zins- und Lizenzzahlungen der Holding

Zinszahlungen: Auf Zinszahlungen an in- und ausländische Gläubiger werden keine Quellensteuern erhoben. Eine Ausnahme besteht jedoch für Zinszahlungen für gewinnabhängige Anleihen (Genussrechte). Diese Zinsen für eigenkapitalähnliche hybride Finanzierungen werden als Dividenden behandelt.

Lizenzgebühren: Lizenzzahlungen an in- und ausländische Zahlungsempfänger unterliegen im niederländischen Steuerrecht keinerlei Quellensteuern.

e) Besteuerung von Veräußungsgewinnen der Holding

Das Schachtelprivileg ist auf Veräußerungsgewinne aus in- und ausländischen Beteiligungen unter den gleichen Voraussetzungen wie bei laufenden Beteiligungserträgen ausgedehnt. D. h. Veräußerungsgewinne sind steuerfrei wenn folgende *Voraussetzungen* erfüllt sind:

- Mindestbeteiligungsquote von 5% am Nennkapital der Tochtergesellschaft. Eine Mindestbeteiligungsdauer wird nicht gefordert.
- Es darf sich nicht um eine passive Vermögensanlage handeln.
- Eine ausländische Tochtergesellschaft muss in ihrem Ansässigkeitsstaat einer Ertragsbesteuerung unterliegen.

f) Abzug von Veräußerungsverlusten und Teilwertabschreibungen

Veräußerungsverluste:

Veräußerungsverluste aus schachtelprivilegierten Beteiligungen sind grundsätzlich bei der niederländischen Holdinggesellschaft steuerlich nicht abzugsfähig.

Liquidationsverluste aus ausländischen Beteiligungen sind jedoch abzugsfähig, sofern die Beteiligung mindestens 25% beträgt.

Teilwertabschreibungen:

Anteile an verlustbringenden in- und ausländischen Untergesellschaften, an denen eine Mindestbeteiligung von 25% besteht und die deswegen unter die Beteiligungsfreistellung fallen, können innerhalb von fünf Jahren (sog. Anlaufphase) seit Beteiligungserwerb auf den niedrigeren Wert abgeschrieben werden. Es besteht jedoch eine Pflicht zur Zuschreibung bis zu den ursprünglichen Anschaffungskosten, wenn das Tochterunternehmen Gewinne erzielt. Spätestens nach dem Ende der Anlaufperiode muss eine Wertaufholung von jährlich 20% erfolgen.

Wird die Beteiligung veräußert, fällt die Beteiligungquote unter 25% des Nominalkapitals, ist die Tochtergesellschaft an einer Fusion beteiligt oder wird Teil eines steuerlichen Konsolidierungskreises hat die Rückgängigmachung jedoch innerhalb eines Wirtschaftsjahres zu erfolgen.[781]

g) Konsolidierte Besteuerung

In den Niederlanden existiert eine nationale Gruppenbesteuerung, die sog. „fiscale eenheid“. Voraussetzung für die Vollkonsolidierung, an der grundsätzlich nur im Inland ansässige Körperschaften bzw. die niederländischen Betriebsstätten[782] ausländischer Körperschaften teilnehmen können, ist eine Mindestbeteiligung von 95% am Nennkapital und den Stimmrechten. Weiter muss das Wirtschaftsjahr der Gruppengesellschaften übereinstimmen und alle müssen denselben steuerlichen Vorschriften unterliegen. Eine Mindestdauer wird nicht gefordert. Zur Bildung einer steuerlichen Einheit muss von allen beteiligten Unternehmen ein Antrag beim Finanzministerium spätestens 3 Monate nach Beginn der fiskalischen Einheit gestellt werden. Bei Einhaltung der Mindestbeteiligungsvoraussetzung besteht ein Wahlrecht, welche Tochtergesellschaften in den Konsolidierungskreis einbezogen werden.

Das niederländische Steuerrecht setzt aufgrund einer originären Konzernsteuerbilanz die Einheitstheorie am konsequentesten um. Das steuerliche Ergebnis wird in der Weise ermittelt, als ob nur der Konzern als rechtlich selbständige Unternehmung existiert. Es erfolgt auf Ebene des Organträgers eine Zurechnung des Einkommens der Organgesellschaft unter Fingierung einer Fusion

---

[781] Vgl. *Günkel*, WPg-Sonderheft 2003, S 51.

[782] Für die Einbeziehung von Betriebsstätten bestehen weitgehende Sonderregelungen. So muss ein Rechtstypenvergleich ergeben, dass die ausländische Gesellschaft, zu der die Betriebstätte gehört, der nach niederländischem Recht vorgeschriebenen Rechtsform entspricht und in einem Land gegründet wurde, mit dem die Niederlande ein eine Antidiskriminierungsbestimmung enthaltendes DBA geschlossen haben; vgl. *Waldens/Foddanu*, PIStB 2004, S. 92 f.

der an der Organschaft beteiligten Gesellschaften.[783] Diese werden steuerlich als ein Unternehmen behandelt und das Gesamtergebnis der an der Organschaft beteiligten Gesellschaften wird lediglich auf Ebene des Organträgers ermittelt. Damit ist eine sofortige Verlustsaldierung zwischen den verbundenen Unternehmen möglich. Auch können beispielsweise die bei einer Holding anfallenden Finanzierungskosten steuerlich dadurch nutzbar gemacht werden, dass die Konsolidierung mit der erworbenen Tochtergesellschaft gewählt wird.[784]

Verluste aus der Zeit vor der Organschaft können nur mit Gewinnen der gleichen Gesellschaft verrechnet werden. Bei Beendigung der Konsolidierung bleiben die Verluste bei der Muttergesellschaft, außer sie werden mit Zustimmung der Finanzverwaltung der entsprechenden Gesellschaft zugeordnet.

Eine **grenzüberschreitende Gruppenbesteuerung** ist in den Niederlanden noch nicht möglich. Mit Wirkung zum 01.01.2007 beabsichtigt die niederländische Regierung jedoch eine signifikante Steuerreform, in der u. a. auch die Möglichkeit einer EU-weiten Gruppenbesteuerung vorgesehen ist. Die EU-Tochtergesellschaft würde als (Auslands-)Betriebsstätte der inländischen Muttergesellschaft angesehen, um eine grenzüberschreitende Gruppenbesteuerung zu ermöglichen.

h) Abzug von Beteiligungsaufwendungen / Gesellschafterfremdfinanzierung

Beteiligungsaufwendungen sind vollständig abziehbar, unabhängig davon ob es sich um Inlands- oder Auslandsbeteiligungen handelt.[785]

Zinsen aus einer übermäßigen Verschuldung gegenüber verbundenen Gesellschaften innerhalb einer Unternehmensgruppe sind steuerlich nicht abzugsfähig. Eine solche übermäßige Verschuldung liegt dann vor, wenn die Fremdkapital/Eigenkapital-Relation von 3:1 überschritten wird und der überschießende Betrag größer ist als 500.000 Euro.

[783] Vgl. *Waldens/Foddanu*, PIStB 2004, S. 95.

[784] Vgl. *Dörr/Küppers*, IWB 2005, Fach 5 (Niederlande), Gruppe 2, S. 419.

[785] Vgl. *Dörr/Küppers*, IWB 2005, Fach 5 (Niederlande), Gruppe 2, S. 419.

Entspricht aber nachweislich in einer Gesellschaft das Verhältnis zwischen Eigen- und Fremdkapital dem der gesamten Unternehmensgruppe, liegt keine übermäßige Verschuldung gegenüber verbundenen Unternehmen vor, so dass die Unterkapitalisierungsbestimmungen nicht angewandt werden.

i) DBA-Netzwerk

Das niederländische DBA-Netz gilt als das modernste. Die Niederlande haben ein dichtes Netzwerk von Doppelbesteuerungsabkommen geschlossen, darunter mit allen westeuropäischen Staaten (unter Ausschluss von Island und Portugal) ferner mit den USA, Japan und Kanada. Das DBA-Netz umfasst 81 Doppelbesteuerungsabkommen.

j) Missbrauchsbestimmungen

Es gibt zwei allgemeine Missbrauchsregeln. Das *gerechte Steuererhebungsverfahren* und der *Missbrauch der Gesetzeslehre*. In der Praxis wird nur der *Missbrauch der Gesetze* gebraucht, da diese Missbrauchsregel als wirkungsvoller angesehen wird. Wenn der Grund für die Gestaltung in der Steuervermeidung liegt und der Steuerzahler mit dieser Gestaltung gegen den Zweck und das Ziel der Steuergesetzgebung verstößt, liegt der Tatbestand des Missbrauchs vor und die Gestaltung wird somit steuerlich nicht anerkannt.

Die Niederlande haben keine spezielle Hinzurechnungsbesteuerung (CFC Legislation), allerdings existieren für Beteiligungen an gewissen ausländischen Gesellschaften Missbrauchsbestimmungen mit ähnlicher Wirkung. So werden Wertveränderungen von ausländischen Beteiligungen mit passiven Einkünften in die steuerliche Bemessungsgrundlage einbezogen, wenn die inländische Holding-Gesellschaft eine mindestens 25%ige Beteiligung am Kapital der ausländischen Gesellschaft besitzt und deren Vermögen zu 90% oder mehr aus direkten oder indirekten Portfolio-Beteiligungen oder passiven Vermögensanlagen besteht.

k) Zusammenfassende Würdigung des Holdingstandortes Niederlande

Holdinggesellschaften sind in den Niederlanden erheblich steuerbegünstigt.[786] Dies ergibt sich aus den günstigen steuerlichen und nichtsteuerlichen Rahmenbedingungen, die für alle Unternehmen von Vorteil sind. Dazu gehören neben der Internationalität (Englisch als Zweitsprache), der sehr guten Infrastruktur, der niedrigen Streikquote und der flexiblen Haltung der Gewerkschaften[787], die Nicht-Erhebung von Gewerbe- und Substanzsteuern, das Fehlen von Steuerzuschlägen auf die Körperschaftsteuer sowie die 3-jährige Verlustrück- und die unbegrenzte Verlustvortragsmöglichkeit.

Darüber hinaus sieht das niederländische Steuerrecht verschiedene Regelungen vor, die sich besonders für Holdinggesellschaften günstig auswirken. So können sowohl Beteiligungserträge als auch Veräußerungsgewinne – ab einer Beteiligungshöhe von 5% und ohne Mindestbeteiligungsdauer – zu 100% steuerfrei vereinnahmt werden, unabhängig davon, ob es sich um in- oder ausländische Beteiligungen handelt. Dadurch ergibt sich beispielsweise ein Vorteil gegenüber Spanien (Freistellung nur von ausländischen Veräußerungsgewinnen), Deutschland (95% Freistellung von Beteiligungserträgen und Veräußerungsgewinnen) oder Frankreich (ermäßigter Steuersatz von 19% auf Veräußerungsgewinne). Zudem können alle mit der Beteiligung entstandenen Kosten geltend gemacht werden.

Ferner werden keine Quellensteuern auf Zinsen und Lizenzgebühren erhoben, wodurch eine Entlastung von Zahlungen innerhalb eines Unternehmensverbundes erzielt wird.

Auch bieten die Niederlande Holdinggesellschaften die Möglichkeit, durch sog. „Rulings“ die Höhe ihrer jährlichen Besteuerungsgrundlage mit der zuständigen örtlichen Finanzbehörde „auszuhandeln“. Beim Ruling handelt es sich um eine Sonderform der verbindlichen Auskunft, bei der für grenzüberschreitende Unternehmenstätigkeiten von nahestehenden Personen (z. B. Mutter-Tochter-Unternehmen) ein angemessener Gewinn – und somit die steuerliche Bemessungsgrundlage – in Bezug auf ausgeübte Funktion, eingesetztes

---

[786] Vgl. auch *Dreßler*, Gewinnverlagerungen, 2000, S. 135 f.

[787] Vgl. *Merten*, Standortverlagerung, 2004, S. 152.

Eigenvermögen und Risiken festgelegt wird. Insbesondere Holdinggesellschaften, Finanzierungs- und Lizenzgesellschaften machen von dieser Regelung Gebrauch. Diese sogenannten „Standard-Rulings" wurden aufgrund von internationaler Kritik durch das „Advanced Tax Ruling" (kurz: ATR)[788] und „Advance Pricing Agreement" (kurz: APA)[789] erneuert. Allerdings decken diese beiden Regelungen den ursprünglichen Begriff des Rulings nahezu ab.[790] Ein Ruling Team gibt dann eine verbindliche Steuerschätzung ab. So weiß das Unternehmen vorab mit welchen Steuerzahlungen es rechnen muss und hat damit eine hohe Planungssicherheit.[791]

Die Niederlande bieten sich beispielsweise auch als Sitz für **Lizenzgesellschaften** an. Dabei vergibt die Hauptgesellschaft die Lizenz an eine niederländische B.V., die Unterlizenzverträge mit den inländischen Gesellschaften schließt, die die Lizenz vermarkten. Durch diese sog. „Antillen-Route" kann die Ertragsteuerbelastung auf unter zwei Prozent gesenkt werden.[792] Diese Regelungen bieten in- und ausländischen Gesellschaften und Anteilseignern große Gestaltungsanreize.

Als negative Kriterien müssen jedoch die eingeschränkte Möglichkeit des steuerlichen Abzugs von Teilwertabschreibungen (nur in der Anlaufphase) und die Nichtabzugsfähigkeit von Veräußerungsverlusten gewertet werden, wodurch die Erschließung neuer Märkte erschwert wird. Das Verhältnis von Eigen- und Fremdkapital von 1:3 bei Gesellschafterfremdfinanzierung sowie die nur nationale Steuerkonsolidierungsmöglichkeit sind für einen so fortschrittlichen Holdingstandort wie die Niederlande auch nicht angemessen. Gleiches gilt für den im europäischen Vergleich relativ hohen Körperschaftsteuersatz von 31,5%.

---

[788] ATR bezieht sich auf Rulings über Anwendung des Schachtelprivilegs für Holdinggesellschaften, Qualifizierung von hybriden Finanzierungsgesellschaften und Rechtsformen sowie der Beurteilung, ob im Ausland ansässige Gesellschaft eine Betriebsstätte in den Niederlanden unterhält; vgl. *Rubbens/Stevens,* Handbuch-Steuerplanung, 2003, S. 1762.

[789] APA-Rulings regeln die Festsetzung einer arm's lenght-Belohnungen oder eine Methode zur Festsetzung einer derartigen Belohnung für grenzüberschreitende Transaktionen zwischen nahestehenden Gesellschaften; vgl. *Rubbens/Stevens,* Handbuch-Steuerplanung, 2003, S. 1762.

[790] Vgl. *Rubbens/Stevens,* Handbuch-Steuerplanung, 2003, S. 1761 ff. mit weiteren Ausführungen zur internationale Kritik am Ruling.

[791] Vgl. *Merten*, Standortverlagerung, 2004, S. 152.

[792] Vgl. *Merten*, Standortverlagerung, 2004, S. 106; auch *Dreßler*, Gewinnverlagerungen, 2000, S. 141.

Allerdings beabsichtigt die niederländische Regierung eine bedeutsame Steuerreform mit Wirkung zum 1.1.2007. Die geplanten Änderungen könnten sich positiv auf die Attraktivität als Holdingstandort auswirken. Neben der Senkung des Körperschaftsteuersatzes sehen Entlastungsvorschläge beispielsweise einen reduzierten Steuersatz für die konzerninterne Darlehensgewährung vor. Geplant ist auch die Möglichkeit einer EU-weiten Gruppenbesteuerung, womit eine grenzüberschreitende Verlustberücksichtigung im Konzern möglich wird. Die Möglichkeit der Teilwertabschreibung auf qualifizierende Tochtergesellschaftsbeteiligungen in den ersten fünf Jahren ihrer Existenz soll jedoch ebenso abgeschafft werden wie die steuermindernde Berücksichtigung von Verlusten bei der Liquidation dieser Beteiligungen. [793]

8. Österreich

a) Normalsteuerbelastung

Körperschaftsteuersystem: Das österreichische Körperschaftsteuersystem ist ein *klassisches System*, d. h. grundsätzlich volle Besteuerung auf Ebene der Gesellschaft und des Gesellschafters ohne Anrechnung der Körperschaftsteuer auf die persönliche Einkommensteuer des Gesellschafters. Die Doppelbesteuerung wird jedoch für natürliche Personen und Portfoliogesellschaften durch eine 25%ige Quellensteuer (Kapitalertragsteuer), die für natürliche Personen Abgeltungscharakter hat und für körperschaftsteuerliche Portfoliogesellschaften anrechnungs- bzw. erstattungsfähig ist, gemildert. Für Körperschaften als Gesellschafter besteht ein Schachtelprivileg.

Körperschaftsteuertarif: Der Körperschaftsteuersatz beträgt 25%.

Behandlung von Verlusten: Verluste können unbegrenzt vorgetragen werden[794]; ein Verlustrücktrag ist nicht möglich.

Kommunalsteuern: Die Kommunalsteuer ist monatlich zu entrichten und beträgt 3% der Arbeitslöhne und Gehälter, die den Arbeitnehmern in inländischen Betriebsstätten gezahlt werden.

Substanzsteuern: keine

---

[793] Vgl. *Dörr/Küppers*, IWB 2005, Fach 5 (Niederlande), Gruppe 2, S. 424.

[794] Die Verlustverrechnung ist jedoch nur mit 75% der Einkünfte möglich. D. h. zumindest $^1/_4$ der Gewinne unterliegt der Besteuerung.

b) Besteuerung vereinnahmter Beteiligungserträge der Holding

Schachtelprivileg: Gewinnausschüttungen in- und ausländischer Beteiligungsgesellschaften sind grundsätzlich bei der Holdinggesellschaft[795] voll steuerbefreit (nationales und internationales Schachtelprivileg)[796]. Zu den begünstigten Beteiligungserträgen gehören offene und verdeckte Gewinnausschüttungen sowie Ausschüttungen auf Genussrechte und Partizipationskapital, nicht aber Kapitalrückzahlungen und Liquidationsraten.

Voraussetzungen:

- Keine Mindestbeteiligungshöhe und -dauer für das inländische Schachtelprivileg.
- Für die Steuerbefreiung ausländischer Beteiligungserträge unmittelbare oder mittelbare Beteiligung von mindestens 10% am Nennkapital der Tochtergesellschaft.
- Die Beteiligung muss seit mindestens 12 Monaten ununterbrochen gehalten worden sein.
- Weitere Voraussetzung der Anwendbarkeit des Schachtelprivilegs ist, dass es sich bei der Holding um eine Körperschaft handelt, die gemäß § 7 Abs. 3 öKStG aufgrund ihrer Rechtsform handelsrechtlich buchführungspflichtig ist. Auch Zweigniederlassungen von EU-Gesellschaften sind i. S. d. Mutter-Tochter-Richtlinie von § 10 Abs. 2 öKStG erfasst, wenn sie aufgrund ihrer Rechtsform handelsrechtlich buchführungspflichtig sind.[797]
- Für die Anwendung des Schachtelprivilegs kommt es nicht auf die Besteuerung der ausländischen Tochtergesellschaft an. Demnach kann die ausländische Tochtergesellschaft in einem Niedrigsteuerland oder in einer

[795] Neben inländischen Körperschaften gilt das (internationale) Schachtelprivileg auch für ausländische Gesellschaften, die mit einer inländischen Kapitalgesellschaft vergleichbar sind und aufgrund der inländischen Geschäftsleitung unbeschränkt körperschaftsteuerpflichtig sind.

[796] Geregelt in § 10 öKStG.

[797] Vgl. *Halla-Villa Jimenez*, RIW 2003, S. 590.

Steueroase ansässig sein, ohne dass es zum Ausschluss des Schachtelprivilegs kommt.

- Die Befreiung des internationalen Schachtelprivilegs kommt jedoch nicht zur Anwendung, wenn Umstände vorliegen, die den Verdacht von Steuerhinterziehung oder Missbrauch begründen. Wenn der Unternehmensschwerpunkt der ausländischen Gesellschaft unmittelbar oder mittelbar darin besteht, Einnahmen aus Zinsen aus der Überlassung beweglicher körperlicher oder unkörperlicher Wirtschaftsgüter und aus der Veräußerung von Beteiligungen zu erzielen und das Einkommen der ausländischen Gesellschaft keiner der österreichischen Körperschaftssteuer vergleichbaren Steuer unterliegt, ist anstelle der Steuerfreistellung eine bloße Anrechnung der ausländischen Körperschaftsteuer vorgesehen. Dies führt dann zu einer Mindestbesteuerung mit 25% österreichischer Körperschaftsteuer.

c) Besteuerung der Ausschüttung aus der Holdinggesellschaft

Gewinnausschüttungen österreichischer Kapitalgesellschaften unterliegen einem Steuerabzug von 25% (Kapitalertragsteuer), der für inländische Anteilseigner Abgeltungswirkung hat, sofern die Dividenden aus österreichischen Quellen stammen. Bei Ausschüttungen an eine österreichische Muttergesellschaft, die zu mindestens 25% unmittelbar beteiligt ist, entfällt der Steuerabzug.

Ist eine ausländische Muttergesellschaft mit Ansässigkeit in einem DBA-Land der Dividendenempfänger, wird die Quellensteuer regelmäßig auf die günstigeren DBA-Sätze von 15% bis 0% reduziert.

Für Weiterausschüttungen einer österreichischen (Zwischen-)Holding an eine Muttergesellschaft in einem EU-Staat kommt es aufgrund der Mutter-Tochter-Richtlinie zur völligen Quellensteuerbefreiung.[798] Voraussetzung ist, dass die EU-Muttergesellschaft unmittelbar mindestens zu 10% beteiligt ist und dass die Beteiligung im Zeitpunkt der Gewinnausschüttung während eines unun-

[798] Vgl. § 94a öEStG.

terbrochenen Zeitraums von mindestens einem Jahr besteht.[799] Die Voraussetzungen für eine österreichische Quellensteuerbefreiung sind aber nicht erfüllt, wenn die EU-Mutter rechtsmissbräuchlich nur zur Vermeidung der Quellensteuer eingeschaltet wird.

d) Besteuerung von Zins- und Lizenzzahlungen der Holding

Zinszahlungen:

Grundsätzlich keine Quellensteuer für Zinszahlungen an in- und ausländische Gläubiger. Eine 25%ige Quellensteuer wird nur auf Zinsen für bestimmte Schuldverschreibungen erhoben. Auf Grund von Doppelbesteuerungsabkommen kann die Quellensteuer auf 15% bis 0% reduziert werden.

Zinszahlungen an EU-Muttergesellschaften sind aufgrund der EU-Zins-/Lizenzrichtlinie von der Quellensteuer befreit, wenn die Muttergesellschaft eine Mindestbeteiligung von 25% über einen unterbrochenen Zeitraum von einem Jahr an der Tochtergesellschaft hält.

Lizenzzahlungen: Auf Lizenzzahlungen an ansässige Gesellschaften wird keine Quellensteuer erhoben.

Für Zahlungen an ausländische Lizenzgeber beträgt die Quellensteuer 20%. Auf Basis der österreichischen Doppelbesteuerungsabkommen wird dieser Satz unter bestimmten Voraussetzungen auf 15% bis 0% reduziert.

Lizenzzahlungen an EU-Muttergesellschaften sind aufgrund der EU-Zins-/Lizenzrichtlinie von der Quellensteuer befreit, wenn die Muttergesellschaft eine Mindestbeteiligung von 25% über einen unterbrochenen Zeitraum von einem Jahr an der Tochtergesellschaft hält.

e) Besteuerung von Veräußerungsgewinnen der Holding

Veräußerungsgewinne aus Beteiligungen an inländischen Kapitalgesellschaften sind regulär steuerpflichtig.

---

[799] Wird die 1jährige Mindesthaltefrist zu einem späteren Zeitpunkt erfüllt, so kommt es zur Steuerrückerstattung bereits gezahlter Kapitalertragsteuern.

Im Gegensatz zu inländischen Beteiligungen sind Veräußerungsgewinne[800] aus ausländischen Beteiligungen steuerfrei, sofern die Voraussetzungen des internationalen Schachtelprivilegs erfüllt sind (vgl. oben 8.b) Besteuerung vereinnahmter Beteiligungserträge). Bei der Berechnung des steuerbefreiten Veräußerungsgewinns werden vorgenommene Teilwertabschreibungen bzw. Zuschreibungen in Rechnung gestellt.[801]

f) Abzug von Veräußerungsverlusten und Teilwertabschreibungen

Nicht ausschüttungsbedingte Teilwertabschreibungen und Veräußerungsverluste aus inländischen Beteiligungen sind steuerlich über sieben Jahre verteilt abzugsfähig. Es besteht jedoch die Möglichkeit, sie mit Veräußerungsgewinnen und Zuschreibungen aus derselben Beteiligung sowie mit aufgedeckten stillen Reserven aus anderen Beteiligungen im selben Wirtschaftsjahr zu verrechnen.

Veräußerungsverluste sowie Teilwertabschreibungen auf ausländische Beteiligungen sind aufgrund des internationalen Schachtelprivilegs steuerneutral. Es besteht jedoch die Möglichkeit, zur Steuerpflicht zu optieren. Das führt zu einer Steuerpflicht der Veräußerungsgewinne, aber dann sind auch Veräußerungsverluste und Teilwertabschreibungen steuerwirksam. Die Steuerfreiheit von Gewinnausschüttungen wird davon nicht betroffen.

Im Rahmen der Gruppenbesteuerung sind Teilwertabschreibungen auf Beteiligungen an Gruppenmitgliedern grundsätzlich ausgeschlossen.

Steuerwirksam sind nur Verluste, die im Zuge der Liquidation oder Insolvenz entstehen. Sie sind jedoch um steuerfreie Gewinnanteile aller Art zu kürzen, die innerhalb der letzten fünf Wirtschaftsjahre vor dem Wirtschaftsjahr der Liquidation oder des Eintritts der Insolvenz angefallen sind.[802]

Wird vom Gruppenträger oder einem Gruppenmitglied eine Beteiligung an einer in Österreich betriebsführenden, unbeschränkt steuerpflichtigen Kapital-

---

[800] Darunter fallen nach Auffassung der Finanzverwaltung auch Liquidationsgewinne und Erträge aus Kapitalherabsetzungen; vgl. *Kessler*, Euro-Holding, 1996, S. 181, m.w.N.

[801] Vgl. *Halla-Villa Jimenez*, RIW 2003, S. 594.

[802] Vgl. *Aigner/Aigner*, IWB 2003, Fach 5 (Österreich), Gruppe 2, S. 590.

gesellschaft erworben, besteht die Möglichkeit zur steuerwirksamen Firmenwertabschreibung. Der Firmenwert kann auf 15 Jahre verteilt steuerlich wirksam abgeschrieben werden, wobei der abschreibungsfähige Firmenwert auf 50% der Anschaffungskosten beschränkt ist.[803] Eine Firmenwertabschreibung im Falle einer Beteiligung an einer ausländischen Tochtergesellschaft ist hingegen nicht möglich.

g) Konsolidierte Besteuerung

Die Gruppenbesteuerung in Österreich bietet entgegen der in Deutschland bestehenden Organschaft die Möglichkeit, Gewinne und Verluste aus unterschiedlichen Ländern miteinander zu verrechnen.[804]

Für die Inanspruchnahme der Gruppenbesteuerung wird zwischen Gruppenmitgliedern und Gruppenträgern unterschieden:

Gruppenmitglieder[805] können neben unbeschränkt steuerpflichtigen Kapitalgesellschaften, Erwerbs- und Wirtschaftsgenossenschaften, Versicherungsvereinen auf Gegenseitigkeit und Kreditinstituten auch nicht unbeschränkt steuerpflichtige ausländische Körperschaften sein, die mit einer inländischen Kapitalgesellschaft oder Erwerbs- oder Wirtschaftsgenossenschaft vergleichbar sind. Voraussetzung ist jedoch, dass sie ausschließlich mit unbeschränkt steuerpflichtigen Gruppenmitgliedern oder dem Gruppenträger finanziell verbunden sind.[806] Es muss eine unmittelbare finanzielle Verbindung bestehen. D. h. nur eine unmittelbar gehaltene Beteiligung an einer ausländischen Körperschaft berechtigt zur Gruppenmitgliedschaft derselben.[807] Die betreffende

---

[803] § 9 Abs. 1 öKStG; vgl. *Hirschler/Schindler*, IStR 2003, S. 511.

[804] Zu weiteren Einzelheiten der Gruppenbesteuerung und Änderungen gegenüber der vor 2005 geltenden Organschaft in Österreich vgl. *Althuber/Mang*, IWB 2004, Fach 5 (Österreich), Gruppe 2, S. 607 ff. und *Göttsche/Stangl*, IWB 2004, Fach 5 (Österreich), Gruppe 2, S. 625 ff.

[805] § 9 Abs. 2 öKStG.

[806] Eine Einschränkung auf ausländische Körperschaften, die in der EU ansässig sind, ist ausdrücklich nicht vorgesehen. So können beispielsweise auch amerikanische Körperschaften in die österreichische Gruppe einbezogen werden, wenn die ausländische Körperschaft mit einer österreichischen Kapitalgesellschaft bzw. Erwerbs- und Wirtschaftsgesellschaft vergleichbar ist. Vgl. *Hirschler/Schindler*, IStR 2004, S. 508.

[807] Tochtergesellschaften einer gruppenzugehörigen ausländischen Tochtergesellschaft sind folglich von der Gruppenbesteuerung ausgeschlossen. Vgl. *Waldens/Foddanu*, PIStB 2004, S. 195.

Körperschaft muss jedoch nicht zu 100% im Eigentum der inländischen Gruppenmitglieder oder des Gruppenträgers stehen.[808]

Gruppenträger[809] können unbeschränkt steuerpflichtige Kapitalgesellschaften, Erwerbs- und Wirtschaftsgenossenschaften, Versicherungsvereine auf Gegenseitigkeit und Kreditinstitute im Sinne des Bankwesengesetzes sein. Auch beschränkt steuerpflichtige EU-Kapitalgesellschaften (i. S. d. Mutter-Tochter-Richtlinie) und den einer österreichischen Kapitalgesellschaft vergleichbare Gesellschaften, die den Ort der Geschäftsleitung in einem Vertragsstaat des Europäischer Wirtschaftsraums haben, können Gruppenträger sein. Sie müssen jedoch mit einer Zweigniederlassung im Firmenbuch eingetragen und die Beteiligungen an den jeweiligen Gruppenmitgliedern müssen der Zweigniederlassung zuzurechnen sein.[810] Daneben besteht die Möglichkeit, über eine Beteiligungsgemeinschaft, die ausschließlich aus den zuvor genannten Steuerpflichtigen besteht, eine Mehrmüttergruppe zu bilden.[811]

Für die Gruppenbesteuerung bedarf es nur noch einer finanziellen Verbindung zwischen den Gruppenmitgliedern und dem jeweiligen Gruppenträger[812], die während des gesamten Wirtschaftsjahres des jeweiligen Gruppenmitglieds bestehen muss.[813]

Als finanziell verbunden gelten Körperschaften[814], wenn der Gruppenträger unmittelbar oder mittelbar zu mehr als 50% am Grund- oder Stammkapital

---

808 Vgl. *Hirschler/Schindler*, IStR 2004, S. 508.

809 § 9 Abs. 3 öKStG.

810 Die Zurechnung der Beteiligung zur Zweigniederlassung bedeutet im DBA-Fall, dass Österreich das Besteuerungsrecht an dieser von der Zweigniederlassung gehaltenen Beteiligung zustehen muss. Vgl. *Hirschler/Schindler*, IStR 2004, S. 509.

811 Eine Beteiligungsgemeinschaft kann eine Personengesellschaft sowie ein Beteiligungssyndikat sein. Zu den weiteren Voraussetzungen vgl. *Hirschler/Schindler*, IStR 2004, S. 509 und Fn. 59.

812 Eine wirtschaftliche oder organisatorische Eingliederung ist nicht mehr erforderlich – ebenso entfällt die Voraussetzung eines formellen Ergebnisabführungsvertrages. Damit kann nun auch eine bloß vermögensverwaltende Holdinggesellschaft Gruppenträger sein, da die schwierige Abgrenzung zwischen geschäftsleitender und vermögensverwaltender Tätigkeit nicht mehr erforderlich ist. Vgl. *Hirschler/Schindler*, IStR 2004, S. 509.

813 Die rückwirkende Begründung der finanziellen Verbindung ist aber, insbesondere in den Fällen einer unter den Anwendungsbereich des öUmgrStG fallenden Umwandlung, möglich. Vgl. *Hirschler/Schindler*, IStR 2004, S. 510.

814 § 9 Abs. 1 öKStG.

des Gruppenmitglieds und den Stimmrechten beteiligt ist.[815] Eine Beteiligungsgemeinschaft muss unmittelbar mit mehr als 50 % am Kapital und den Stimmrechten des Gruppenmitglieds beteiligt sein, wobei in Mitbeteiligter („Hauptgesellschafter") mit mindestens 40 % und zumindest ein Nebengesellschafter mit mindestens 15 % am Gruppenmitglied beteiligt sein muss.

Es besteht keine Verpflichtung zur Gruppenbesteuerung. Das Wahlrecht kann für jede Tochtergesellschaft getrennt ausgeübt werden.[816] Für die Anwendung bedarf es eines von allen Gruppenmitgliedern unterzeichneten Antrags beim zuständigen Finanzamt.

Die Unternehmensgruppe muss für den Zeitraum von mindestens drei Jahren bestehen.[817]

Wesentliche Wirkung der Gruppenbesteuerung ist die Verrechnung der Gewinne und Verluste der einzelnen Gruppenmitglieder. Im Rahmen der Gruppenbesteuerung wird zunächst bei jedem Gruppenmitglied das steuerliche Ergebnis isoliert ermittelt; dieses wird dann stufenweise zum nächstbeteiligten Gruppenmitglied bzw. zum Gruppenträger weitergerechnet. Die Ergebniszurechnung ist nur in Richtung des Gruppenträgers, nicht aber umgekehrt oder zwischen Schwester- oder anderen Gruppengesellschaften möglich. Entsteht insgesamt ein Verlust der Unternehmensgruppe, kann dieser in den folgenden Veranlagungszeiträumen vorgetragen und – unter Beachtung von § 2 Abs. 2b öEStG[818] – mit späteren Gewinnen der Unternehmensgruppe verrechnet werden. Bei unbeschränkt steuerpflichtigen Gruppenträgern ist zu beachten, dass für sie in jedem Veranlagungszeitraum die Mindestkörperschaftsteuer zu entrichten ist.[819]

---

815 Beispielen zum Vorliegen der Voraussetzung der finanziellen Eingliederung vgl. *Waldens/Foddanu*, PIStB 2004, S. 195 ff.

816 Vgl. *Waldens/Foddanu*, PIStB 2004, S. 198.

817 Endet die Gruppenmitgliedschaft einer Gesellschaft vor Ablauf der Mindestdauer, so wird rückwirkend so besteuert, als wäre diese Gesellschaft niemals Gruppenmitglied gewesen. Vgl. *Hirschler/Schindler*, IStR 2004, S. 510 (512).

818 § 2 Abs. 2b öEStG erlaubt den Abzug vortragsfähiger Verluste bis höchstens 75 % des positiven Gesamtbetrags der Einkünfte pro Jahr.

819 Die Mindestkörperschaftsteuer beträgt 5 % des Grund- oder Stammkapitals. Wird in späteren Jahren Körperschaftsteuer auf erwirtschaftete Gewinne fällig, ist die Mindestkörperschaftsteuer hierauf anzurechnen.

Der Gruppenträger hat das vereinigte Ergebnis aller Gruppenmitglieder mit dem eigenen Ergebnis zusammenzurechnen und der Körperschaftsteuer zu unterwerfen, wobei Ergebnisse von inländischen Gruppenmitgliedern unabhängig von der Beteiligungshöhe vollständig zugerechnet werden. Bei Beteiligungsgemeinschaften erfolgt eine Zurechnung von 100 % an die Gemeinschaft. Den Mitbeteiligten der Beteiligungsgemeinschaft ist in einem nächsten Schritt das Ergebnis im Ausmaß ihrer Beteiligung an der Gemeinschaft zuzurechnen.

Die ausländischen Gruppenmitglieder haben ihr Ergebnis nach den österreichischen Gewinnermittlungsvorschriften zu ermitteln. Gewinne des ausländischen Gruppenmitglieds sind mangels eines Besteuerungsrechts Österreichs unbeachtlich. Verluste sind in Höhe aller unmittelbarer Beteiligungen zu berücksichtigen.[820] Somit mindern auch im Ausland erlittene Verluste eines Gruppenmitglieds den in Österreich zu versteuernden Gewinn des Gruppenträgers. Hinsichtlich der in Österreich verrechneten Verluste besteht jedoch eine Nachversteuerungspflicht bei Gewinnerzielung in späteren Jahren.[821]

Vororganschaftliche Verluste können nur mit Gewinnen derselben Gesellschaft ausgeglichen werden. Der Gruppenträger kann jedoch seine Vorgruppenverluste mit dem Gesamtgruppenergebnis verrechnen.

h) Abzug von Beteiligungsaufwendungen / Gesellschafterfremdfinanzierung

Beteiligungsaufwendungen:

Finanzierungskosten sind seit der Steuerreform ausdrücklich als Betriebsausgaben zum Abzug zugelassen.[822] Damit sind Zinsaufwendungen im Zusammenhang mit einem Beteiligungserwerb explizit abzugsfähig, wobei es unerheblich ist, ob die Kapitalgesellschaft deren Anteile erworben wurden einer Unternehmensgruppe angehört oder nicht.

---

[820] Zu weiteren Einzelheiten der steuerlichen Folgen der Gruppenbesteuerung vgl. *Waldens/Foddanu*, PIStB 2004, S. 198 f.

[821] Vgl. *Hirschler/Schindler*, IStR 2004, S. 512.

[822] Bis 2005 waren Finanzierungskosten vom Abzug ausgeschlossen.

Thin capitalization rules:

Es existieren keine speziellen Beschränkungen der Gesellschafterfremdfinanzierung.

Eine Umqualifizierung in eine verdeckte Gewinnausschüttungen findet aufgrund einer Einzelfallentscheidung der Finanzverwaltung statt, wenn die Höhe des Gesellschafterfremdkapitals im Verhältnis zum Eigenkapital überproportional ist.[823]

i) DBA-Netzwerk

Das österreichische DBA-Netz umfasst 68 Doppelbesteuerungsabkommen.

j) Missbrauchsbestimmungen

Österreich hat keine eigenständige CFC-Gesetzgebung.[824]

Zur Vermeidung der Steuerumgehung kennt das österreichische Recht verschiedene in Einzelgesetzen verankerte Missbrauchsbestimmungen. So sieht beispielsweise das öKStG bei der internationalen Beteiligungsertragsbefreiung unter bestimmten Voraussetzungen einen Methodenwechsel zur Anrechnungsmethode vor (vgl. oben 8.b).

Eine weitere Anti-Missbrauchsvorschrift findet sich in § 22 BAO. Nach der Auffassung des Verwaltungsgerichtshofs liegt ein Missbrauch i. S. d. § 22 BAO dann vor, wenn die rechtliche Gestaltung im Hinblick auf den angestrebten wirtschaftlichen Erfolg ungewöhnlich und unangemessen ist, und ihre Erklärung nur in der Absicht der Steuervermeidung stattfindet. Demnach ist im konkreten Fall zu prüfen, ob der gewählte Weg noch sinnvoll erscheint, wenn man sich das steuersparende Ergebnis wegdenkt, oder ob die Gestaltung ohne das Resultat der Steuervermeidung einfach unverständlich wäre.[825] Kann ein Missbrauch nachgewiesen werden, wird die Steuer so festgesetzt, wie sie ohne den Missbrauch zu bemessen gewesen wäre.

---

[823] Vgl. *Stöber*, IStR 2002, S. 265 ff.

[824] Es bestehen aber Überlegungen ein dem deutschen AStG ähnliches Gesetz einzuführen.

[825] Vgl. *Halla-Villa Jimenez*, RIW 2003, S. 597.

k) Zusammenfassende Würdigung des Holdingstandortes Österreich

Durch die Möglichkeit der **grenzüberschreitenden Gruppenbesteuerung** gewinnt Österreich als Standort für Holdinggesellschaften enorm an Bedeutung. Neben der Möglichkeit der Ergebnissaldierung und damit zeitnahen Verwertung von in- und ausländischen Verlusten stellt insbesondere auch die Firmenwertabschreibung einen großen Vorteil dar.[826] Aufgrund der relativ geringen Mindestbeteiligungsquote, der Möglichkeit eine „Beteiligungsgemeinschaft" als Gruppenträger einzubeziehen und der relativ einfachen Verlustverwertung stellt sich das österreichische System im Vergleich zu den anderen Systemen in Frankreich und Dänemark als sehr attraktiv dar. Auch erhöht die Möglichkeit, nach dem Ausscheiden wieder in die Gruppe eintreten zu können ebenso wie die Verrechnung von Vorgruppen- bzw. Außergruppenverlusten des Gruppenträgers mit dem Gruppenergebnis die Planungsmöglichkeiten im Konzern.[827]

Die Gesamtsteuerbelastung in Österreich liegt ohne Berücksichtigung der Kommunalsteuer bei 25%, wohingegen beispielsweise deutsche Kapitalgesellschaften noch zusätzlich mit Gewerbesteuer und Solidaritätszuschlag belastet werden. Damit bewegt sich Österreich bei der Steuerbelastung noch im guten Mittelfeld.

Beteiligungserträge werden zu 100% freigestellt, wobei bei inländischen Dividenden keine Voraussetzungen zu erfüllen sind und bei ausländischen Erträgen nur eine Beteiligungsquote von 10% und eine Mindestbesitzdauer von einem Jahr gefordert wird. Es werden dabei keine speziellen Anforderungen an die Besteuerung und wirtschaftliche Aktivität der ausländischen Tochtergesellschaft (Einschränkungen ergeben sich nur durch § 10 Abs. 3 öKStG) gestellt und auch Privatstiftungen und Zweigniederlassungen von Beteiligungsgesellschaften können von dem internationalen Schachtelprivileg profitieren. Darüber hinaus sind Finanzierungsaufwendungen in vollem Umfang steuerlich abzugsfähig.

Ein weiterer Vorteil ist die fehlende Hinzurechnungsbesteuerung.

---

826 Vgl. *Waldens/Foddanu*, PIStB 2004, S. 200.

827 Vgl. *Hirschler/Schindler*, IStR 2004, S. 512.

Als Nachteil ist sicher zu sehen, dass inländische Veräußerungsgewinne im Gegensatz zu ausländischen Veräußerungsgewinnen nicht steuerfrei vereinnahmt werden können und im Gegenzug Veräußerungsverluste und Teilwertabschreibungen lediglich bei inländischen Beteiligungen steuerlich abzugsfähig sind.

Verluste sind zwar unbeschränkt vortragsfähig, allerdings ist die Beschränkung auf 75% und die damit ausgelöste Mindestbesteuerung als unvorteilhaft zu beurteilen.

Zusammenfassend bietet Österreich jedoch sehr vorteilhafte Holdingkriterien und kann sich durchaus mit traditionellen Holdingstandorten wie Luxemburg, den Niederlanden oder der Schweiz messen.

9. Schweiz

a) Normalsteuerbelastung

Körperschaftsteuersystem: Das schweizerische Bundeskörperschaftsteuersystem ist ein *klassisches System*, d. h. die Gewinnausschüttungen der Kapitalgesellschaften unterliegen der Doppelbesteuerung, weil sie sowohl beim Unternehmen als auch beim Anteilseigner besteuert werden. Die Doppelbelastung wird durch die Anwendung relativ niedriger Steuersätze gemildert. Für körperschaftliche Gesellschaften besteht ein Schachtelprivileg.

Körperschaftsteuertarif: In der Schweiz unterliegen die Gewinne eines Unternehmens sowohl auf Ebene des Bundes als auch auf Ebene der Kantone bzw. auf kommunaler Ebene einer Besteuerung.

Der Ertragssteuersatz auf Bundesebene beträgt nominal 8,5%, unter Berücksichtigung der Abzugsfähigkeit der Steuer effektiv 7,83%.

Auf kantonaler Ebene gelten unterschiedliche Steuersätze. So liegt die Steuerbelastung im Kanton Zug zwischen 6% und 12%, während beispielsweise Neuenburg eine Steuerbelastung von 12% bis 37% aufweist.[828]

---

[828] Vgl. *Günkel*, WPg-Sonderheft 2003, S 45.

Insgesamt ergibt sich eine Effektivbelastung mit Ertragsteuern i. H. v. maximal 14% bis 24%, abhängig von Kanton oder Gemeinde.[829]

Behandlung von Verlusten: Auf Bundesebene können Verluste bis zu sieben Jahre vorgetragen werden. Ein Verlustrücktrag ist nicht möglich.

Kommunalsteuern: Weder Bund noch Kantone erheben Gewerbesteuer.

Substanzsteuern: Auf Bundesebene wird keine Kapitalsteuer erhoben. Nach den kantonalen Steuergesetzen wird jedoch das Reinvermögen juristischer Personen mit einer Vermögenssteuer, der sog. Kapitalsteuer, belegt. Der Steuersatz für Holdinggesellschaften bewegt sich je nach Kanton zwischen 0,2% und 3,5%.

b) Besteuerung vereinnahmter Beteiligungserträge der Holding

Holdingprivileg:

Auf kantonaler Ebene wird bei Vorliegen bestimmter Voraussetzungen ein weitreichendes Holdingprivileg für in- und ausländische Beteiligungen[830] gewährt.

Voraussetzungen:

- Kapitalgesellschaft, deren Zweck hauptsächlich in der dauernden Verwaltung von Beteiligungen besteht und die in der Schweiz keine eigene Geschäftstätigkeit ausübt.[831]
- Beteiligungen oder Erträge aus den Beteiligungen betragen langfristig mindestens $^2/_3$ der gesamten Aktiva oder der Erträge.

Bei Erfüllung dieser Voraussetzungen ist die Holdinggesellschaft auf kantonaler und kommunaler Ebene in vollem Umfang von einer Gewinnbesteuerung befreit und unterliegt nur einer reduzierten Kapitalsteuer (in der Regel 1/10

---

[829] Vgl. *Rosenbach*, Holding-Handbuch, 2004, § 16, Rz. 147.

[830] Das Holdingprivileg umfasst neben Dividenden und Kapitalerträgen auch Zinsen, Lizenzen, Dienstleistungserträge und alle anderen Erträge. Nur Erträge aus schweizerischen Grundstücksgeschäften sind ausgenommen.

[831] Derartige Holdinggesellschaften dürfen keiner Handels- oder sonstigen produktiven Tätigkeit nachgehen. Die Wahrnehmung von Managementaufgaben ist somit zulässig; vgl. *Ludwig*, PIStB 2004, S. 156.

der normalen Kapitalsteuer).[832] Diese beträgt beispielsweise im Kanton Zürich 0,3%.[833]

Schachtelprivileg/Beteiligungsabzug:

Das Holdingprivileg findet bei der Besteuerung auf Bundesebene keine Anwendung. Auf Bundesebene erfolgt ggf. eine Quasi-Freistellung durch den sog. Beteiligungsabzug, der auch auf kantonaler Ebene gewährt wird, wenn die Voraussetzungen für das Holdingprivileg nicht erfüllt werden.

Voraussetzung für den Beteiligungsabzug ist eine Beteiligung i. H. v. mindestens 20% am Grundkapital der ausschüttenden Gesellschaft oder der Verkehrswert der Beteiligung muss mindestens 2 Mio. CHF[834] betragen.[835] Eine Mindestbeteiligungsdauer wird nicht vorausgesetzt.

Für den Beteiligungsabzug werden die bezogenen Dividenden zunächst zum steuerlichen Einkommen hinzugerechnet. Die Körperschaftsteuer auf das Gesamteinkommen wird jedoch um den Prozentsatz ermäßigt, der dem Verhältnis zwischen Nettodividende[836] und Nettogesamteinkommen entspricht.

Bei ausreichend positivem Einkommen wird mit dem Beteiligungsabzug die gleiche Wirkung wie beim Schachtelprivileg erzielt; in Gesamtverlustfällen entfällt jedoch die Berechnung des Beteiligungsabzuges und die Dividendeneinkünfte können nicht steuereffizient vereinnahmt werden.[837]

c) Besteuerung der Ausschüttung aus der Holdinggesellschaft

Dividenden, die eine schweizerische Tochtergesellschaft an ihre Muttergesellschaft ausschüttet unterliegen einer schweizer Quellensteuer (Verrechnungssteuer) von 35%.

---

[832] Vgl. *Ludwig*, PIStB 2004, S. 156.

[833] Vgl. *Günkel*, WPg-Sonderheft 2003, S 49.

[834] Gem. EZB-Kurs vom 30.09.2006 ≈ 1.262.546,50 Euro.

[835] Bei einer Venture Capital Gesellschaft genügt eine Beteiligung von 5% oder ein Verkehrswert von 250.000 CHF (Gem. EZB-Kurs vom 12.09.2005 ≈ 161.885,64 Euro).

[836] Die Nettodividende wird unter Abzug von Finanzierungskosten im Zusammenhang mit der Schachtelbeteiligung und einem Verwaltungskostenabzug von i.d.R. 5% von der Bruttodividende ermittelt.

[837] Vgl. *Rosenbach*, Holding-Handbuch, 2004, § 16, Rz. 149.

In nationalen Sachverhalten ist jedoch die Freistellung möglich, wenn die Muttergesellschaft eine 20%ige Beteiligung am Kapital der ausschüttenden Gesellschaft hält.[838]

Durch mit der Schweiz geschlossene Doppelbesteuerungsabkommen wird die Quellensteuer i. d. R. auf 15% bis 0% reduziert.

Für Ausschüttungen an Gesellschaften in der EU wird eine Befreiung von der Quellensteuer auf Dividenden gewährt, wenn

- die Muttergesellschaft mindestens zwei Jahre lang eine direkte Beteiligung von mindestens 25% am Gesellschaftskapital der Tochtergesellschaft hält
- die eine Gesellschaft in einem Mitgliedstaat der EU und die andere in der Schweiz steuerlich ansässig ist,
- nach den DBA mit Drittstaaten keine der beiden Gesellschaften in diesem Drittstaat steuerlich ansässig ist und
- beide Gesellschaften ohne Befreiung der Körperschaftsteuer unterliegen und beide die Form einer Kapitalgesellschaft haben.[839]

d) Besteuerung von Zins- und Lizenzzahlungen der Holding

Zinszahlungen:

Zinszahlungen unterliegen einer Quellensteuer von 35%. Aufgrund von mit der Schweiz geschlossenen Doppelbesteuerungsabkommen wird die Quellensteuer i. d. R. auf 15% bis 0% reduziert.

Aufgrund des Zinsabkommens mit der EU wird keine Quellensteuer auf Zinszahlungen zwischen verbundenen Unternehmen erhoben. Als verbunden gelten Unternehmen, wenn: a) eine der beiden Gesellschaften während einem ununterbrochenen Zeitraum von mindestens zwei Jahren eine direkte Beteiligung von mindestens 25% in dem Kapital der anderen Gesellschaft hält oder b) eine dritte Gesellschaft, die ihren Sitz innerhalb der EU oder der Schweiz

---

[838] Weitere Einzelheiten zur Entlastung an der Quelle bei *Kolb*, IWB 2005, Fach 5 (Schweiz), Gruppe 2, S. 587 ff.

[839] Vgl. Art. 15 Abs. 1 des Zinsbesteuerungsabkommens mit der EU.

hat, während einer ununterbrochenen Periode von mindestens zwei Jahren eine direkte Beteiligung von mindestens 25% in dem Kapital von jeder der Gesellschaften hält.

Lizenzzahlungen:

Es wird keine Quellensteuer auf Lizenzzahlungen an in- und ausländische Lizenzgeber erhoben.

e) Besteuerung von Veräußerungsgewinnen

Der Beteiligungsabzug auf Ebene der direkten Bundessteuer gilt auch für Gewinne aus der Veräußerung von Schachtelbeteiligungen und Bezugsrechten.[840] Für Zuschreibungsbeträge, die steuerwirksame Abschreibungen rückgängig machen ist er jedoch nicht anzuwenden.

Voraussetzung ist, dass es sich um eine mindestens 20%ige Kapitalbeteiligung handelt die seit mindestens einem Jahr gehalten wird.

Auf kantonaler Ebene gelten die gleichen Regelungen. Es sind jedoch teilweise andere Übergangsfristen zu beachten.

f) Abzug von Veräußerungsverlusten und Teilwertabschreibungen

Veräußerungsverluste und verlustbedingte Teilwertabschreibungen können steuerlich berücksichtigt werden.

g) Konsolidierte Besteuerung

In der Schweiz gibt es weder auf Bundes- noch auf kantonaler Ebene die Möglichkeit eine nationale oder grenzüberschreitende steuerliche Konsolidierung anzuwenden.

---

[840] Die Befreiung gilt für Beteiligungen, die seit dem 1.1.1997 erworben wurden; Veräußerungsgewinne aus früher erworbenen Beteiligungen werden erst ab 2007 steuerbefreit. Für weitere Einzelheiten zu den Übergangsregelungen vgl. *Riedweg*, IStR 1998, S. 589 f.

h) Abzug von Beteiligungsaufwendungen / Gesellschafterfremdfinanzierung

Beteiligungsaufwendungen: Beteiligungsaufwendungen sind nur auf Bundesebene steuerlich abzugsfähig.

Thin capitalization rules: Zinsen auf Darlehen, die wirtschaftlich Eigenkapital darstellen, sind steuerlich nicht abzugsfähig. Die Finanzbehören haben eine Liste veröffentlicht, die den maximalen Fremdfinanzierungsgrad bestimmter Wirtschaftsgüter festlegt. Bei Beteiligungen beträgt dieser z. B. 70%. Zinsen auf verdecktem Eigenkapital werden in dem Umfang in Dividenden umqualifiziert, in dem der Zinsaufwand die Verzinsung der steuerlich zulässigen Darlehen von nahe stehenden Personen zum safe-harbor Satz übersteigt.[841]

i) DBA-Netzwerk

Das relativ umfangreiche schweizerische DBA-Netz umfasst 83 Doppelbesteuerungsabkommen.

j) Missbrauchsbestimmungen

Eine Gestaltung wird für steuerliche Zwecke nicht anerkannt, wenn folgende drei Voraussetzungen vorliegen:

(1) die legale Struktur, die vom Steuerzahler genutzt wird, ist unnormal oder künstlich und hat keinen wirtschaftlichen Hintergrund,

(2) steuerliche Betrachtungen scheinen der einzige Grund für die Gestaltung zu sein und

(3) die Gestaltung resultiert in einer erheblichen Steuerersparnis für den Steuerzahler.

Außerdem gibt es noch eine Bestimmung, die dem Missbrauch von Doppelbesteuerungsabkommen vorbeugen soll. So werden Abkommensvorteile nicht gewährt, wenn die Vorteile direkt oder indirekt einer Gesellschaft zu Gute

---

[841] Vgl. *Rosenbach*, Holding-Handbuch, § 16, Rz. 152.

kommen, die keinen originären Anspruch aufgrund des Doppelbesteuerungsabkommens hätten.

Eine Hinzurechnungsbesteuerung gibt es in der Schweiz nicht.

k) Zusammenfassende Würdigung des Holdingstandortes Schweiz

Die Attraktivität schweizerischer Holdinggesellschaften im Vergleich mit anderen Ländern liegt vor allem darin begründet, dass schweizerische Holdinggesellschaften auf kantonaler Ebene überhaupt keine Ertragsteuern zahlen, auch wenn ein Teil des Ertrages aus Zinsen oder Lizenzen stammt.[842] Verbunden mit dem Beteiligungsabzug auf Bundesebene ist das kantonale Holdingprivileg daher international ein großer Anreiz für die Wahl der Schweiz als Holdingstandort.[843]

Ein weiterer Vorteil ist die sehr niedrige Besteuerung von den übrigen Erträgen der Holdinggesellschaft zum Bundessteuersatz von nur 8,5% verbunden mit der zusätzlichen Zulässigkeit des Abzugs von Finanzierungskosten. Bezüglich der Besteuerung übriger Einkünfte ist die Schweiz damit mit Abstand am attraktivsten.[844] Auch die Abzugsmöglichkeiten für Veräußerungsverluste und Teilwertabschreibungen sprechen für die Schweiz. Von Vorteil ist auch die Stabilität des Steuerrechts und die damit verbundene Planungssicherheit sowie die fehlende Hinzurechnungsbesteuerung.

Von Nachteil ist jedoch die geforderte Mindestbeteiligungshöhe von 20%[845] für den Beteiligungsabzug bei Veräußerungsverlusten und empfangenen Dividenden, der allerdings durch die alternative, vergleichsweise großzügige Verkehrswertregelung wieder ausgeglichen wird.[846] Ferner muss beachtet werden, dass der Beteiligungsabzug bei Verlustsituationen entfällt und damit Dividenden in diesem Fall nicht steuerfrei vereinnahmt werden können.

---

[842] Vgl. *Ludwig*, PIStB 2004, S. 157.

[843] Vgl. *Riedweg*, IStR 1998, S. 591.

[844] Vgl. *Riedweg*, IStR 1998, S. 590 f.

[845] Im Rahmen einer weiteren Unternehmenssteuerreform wird allerdings bereits über eine Absenkung auf 10% diskutiert.

[846] Vgl. *Riedweg*, IStR 1998, S. 591.

Auch sieht die Schweiz keine Möglichkeit zur steuerlichen Konsolidierung vor. Damit können Verluste einer schweizerischen Holding nicht mit operativen Erträgen von Tochtergesellschaften oder umgekehrt verrechnet werden.

Weitere Nachteile ergeben sich aus den DBA-Missbrauchsbestimmungen und der Begrenzung des Verlustvortrags auf sieben Jahre ohne die Möglichkeit eines Verlustrücktrags.

Als letzter Punkt ist noch die Ausschüttungsbelastung mit der schweizerischen Verrechnungssteuer von 35% und auch die Quellensteuer auf Zinsen i. H. v. 35% zu nennen, die im internationalen Vergleich zu hoch liegen. Durch die Umsetzung des Zinsbesteuerungsabkommens mit der EU können jedoch bei Vorliegen der entsprechenden Voraussetzungen Dividenden an Länder in der EU quellensteuerfrei ausgeschüttet werden. Außerdem verfügt die Schweiz über ein dichtes DBA-Netz, das die Quellensteuern auf Zinsen und Dividenden reduziert.

10. Spanien

a) Normalsteuerbelastung

Körperschaftsteuersystem: Das spanische Körperschaftsteuersystem ist ein *Teilanrechnungssystem*. Es ist gekennzeichnet durch eine Mischung aus Anrechnung- und Freistellungsverfahren.[847] In Spanien ansässige natürliche Personen als Gesellschafter einer Kapitalgesellschaft erhalten eine Anrechnungsgutschrift. Ansässige Körperschaften erhalten eine 50%ige oder 100%ige Minderung ihrer eigenen Steuer auf die bezogene Dividende. Für ausländische Dividenden kommen bei Erfüllung bestimmter Voraussetzungen Schachtelbefreiungen in Betracht.

Seit 1995 gelten in Spanien besondere Regelungen für Auslandsbeteiligungsholdings. Die sog. *„Entidad de Tenencia de Valores Etranjeras"* (ETVE), ist eine spanische Kapitalgesellschaft, deren Gesellschaftszweck im Halten von

---

[847] Vgl. *Rosenbach*, Holding-Handbuch, 2004, § 16, Rz. 159.

Kapitalbeteiligungen an nicht in Spanien ansässigen Gesellschaften mit Geschäftstätigkeit im Ausland besteht.[848]

Voraussetzungen der ETVE:[849]

- Ihr Gesellschaftszweck muss das Halten und die Verwaltung von ausländischen Gesellschaftsanteilen sein. Die Erbringung von Dienstleistungen an diese Gesellschaften ist unschädlich.
- Die ETVE-Gesellschafter müssen ausreichend identifiziert bzw. identifizierbar sein. Sollte daher die Rechtsform einer Aktiengesellschaft gewählt werden, so haben die Gesellschaftsanteile der ETVE aus Namensaktien zu bestehen.[850]
- Mitteilung des ETVE-Status an das spanische Finanzamt.
- Ausreichende Substanz muss durch den entsprechenden Einsatz personeller und materieller Mittel belegt sein, z. B. durch Bestellung eines Geschäftsführers oder eines Vorstands im Zuge der Gesellschaftsgründung.

Körperschaftsteuertarif: Der spanische Körperschaftsteuersatz beträgt 35%.

Behandlung von Verlusten: Verluste können bis zu 15 Jahre vorgetragen werden. Ein Verlustrücktrag ist nicht möglich.

Kommunalsteuern: Gewerbesteuer für inländische Einkünfte auf Basis unterschiedlicher Gemeinde-Hebesätze (abziehbar).

Substanzsteuern: keine

b) Besteuerung vereinnahmter Beteiligungserträge der Holding

Nationales Schachtelprivileg: Bei inländischen Beteiligungserträgen kann die gewinnempfangende Kapitalgesellschaft den auf die Dividende entfallenden Körperschaftsteuerbetrag von derselben wieder abziehen, wenn und in-

[848] Für weitere Einzelheiten zur ETVE vgl. *Del Val*, IStR 2002, S. 518 ff.; *Halla-Villa Jimenez*, IWB 2003, Fach 5 (Spanien), Gruppe 2, S. 283 ff.

[849] Art. 129 LIS; vgl. auch *Del Val*, IStR 2002, S. 518; *Rosenbach*, Holding-Handbuch, 2004, § 16, Rz. 159.

[850] Für die Anwendung der internationalen Beteiligungsertragsbefreiung nach Art. 20 bis LIS sind jedoch Inhaberaktien ausreichend; vgl. *Halla-Villa Jimenez*, RIW 2003, S. 590.

soweit er positiv ist. Übersteigt der abziehbare Körperschaftsteuerbetrag die tarifliche Körperschaftsteuer, so kann der Anrechnungsüberhang in den folgenden sieben Jahren vorgetragen und ausgeglichen werden.

Voraussetzungen:

- Sowohl gewinnausschüttende als auch empfangende Gesellschaft sind in Spanien ansässig.
- Unmittelbare oder mittelbare Beteiligung von 5% an der ausschüttenden Gesellschaft.
- Ununterbrochene Mindesthaltedauer von einem Jahr vor oder auch nach dem Tag der Gewinnausschüttung.

Werden die Voraussetzungen nicht erfüllt, dann kann die gewinnempfangende Gesellschaft nur einen Körperschaftsteuerbetrag in Höhe von 50% der auf die Dividende entfallenden Körperschaftsteuer von dem tariflichen Körperschaftsteuerbetrag abziehen. Auch hier ist ein möglicher Anrechnungsüberhang sieben Jahre vortrags- und ausgleichsfähig.

Internationales Schachtelprivileg: Spanische Gesellschaften haben im Rahmen der Vermeidung der internationalen Doppelbesteuerung bei ausländischen Dividenden und Gewinnbeteiligungen die Wahl zwischen Anrechnungs- und Freistellungsmethode, wobei i. d. R. das Wahlrecht zugunsten der Freistellung ausgeübt wird, um ein Heraufschleusen auf das höhere Steuerniveau zu vermeiden.[851]

Freistellungsmethode: Von einer ETVE und auch von anderen Kapitalgesellschaften vereinnahmte Dividendenausschüttungen ausländischer Gesellschaften bleiben steuerfrei, wenn folgende *Voraussetzungen* erfüllt sind:[852]

- Mittelbare oder unmittelbare Beteiligung an der ausländischen Gesellschaft i. H. v. 5%. Die Erfüllung der Mindestbeteiligung kann unabhängig von der prozentualen Höhe bei einem Anschaffungswert der ausländischen

[851] Vgl. *Herzig/Wagner*, IStR 2003, S. 223.

[852] Art. 20 bis 1 LIS.

Beteiligung von mindestens 6 Mio. Euro erfüllt werden.[853] Diese Sonderregelung gilt allerdings nur für die ETVE, nicht für das allgemein für Kapitalgesellschaften geltenden Schachtelprivileg.

- Mindesthaltedauer von einem Jahr zum Zeitpunkt der Ausschüttung. Diese kann jedoch auch nachträglich erfüllt werden.[854]

- Die ausländische Tochtergesellschaft muss während des Veranlagungsjahres, in dem die ausgeschütteten Gewinne erzielt wurden, einer mit der spanischen Körperschaftsteuer identischen oder analogen Steuer unterliegen. Die Erfüllung dieser Voraussetzung wird immer dann als gegeben vermutet, wenn die betreffende Gesellschaft in einem Staat ansässig ist, der mit Spanien ein DBA inklusive einer Klausel über den gegenseitigen Informationstausch unterzeichnet hat.[855] Nach dem spanischen Körperschafsteuergesetz ist eine Steuer dann identisch bzw. analog, wenn sie das Einkommen der ausländischen Gesellschaft besteuert, wobei kein Mindeststeuersatz gefordert wird.[856]

- Mindestens 85% der Einkünfte der ausländischen Gesellschaft müssen aus einer aktiven Tätigkeit stammen. Als wirtschaftlich aktive Einkünfte gelten jene Einkünfte, die nicht in der spanischen CFC-Regelung[857] angeführt sind. Der Kreis möglicher aktiver Tätigkeiten ist sehr weit gefasst, da er auch traditionell passive Einkünfte wie beispielsweise die Vereinnahmung von Lizenzgebühren einschließt.[858] Da für die Beteiligungsertragsbefreiung

---

[853] Diese Sonderregelung führt in der Praxis zur Begünstigung von Investitionen an ausländischen Börsen, da auch Streubesitzbeteiligungen in den Genuss der Steuerbefreiung kommen, die die übliche Mindestbeteiligungshöhe von 5% nicht erreichen. Vgl. *Halla-Villa Jimenez*, RIW 2003, S. 590.

[854] Bei der Berechnung der Einjahresfrist wird auch die Zeitspanne angerechnet, in der die Beteiligung von einer anderen zum Konzern gehörenden Gesellschaft gehalten wurde. Werden über die Mindestbeteiligungshöhe von 5% hinaus noch zusätzliche Anteile erworben, so sind diese an keine Mindesthaltefrist gebunden. Vgl. *Halla-Villa Jimenez*, RIW 2003, S. 591.

[855] Mit Ausnahme der Schweiz enthalten alle von Spanien unterzeichnete DBA die erwähnte Klausel; *Halla-Jimenez*, RIW 2003, S. 592.

[856] Damit eröffnet sich die Möglichkeit auch Länder mit niedrigen Körperschaftsteuersätzen wie beispielsweise Irland in Holdingstrukturen einzubinden. Ist die beteiligte Gesellschaft jedoch in einer Steueroase ansässig, kann die Beteiligungsertragsbefreiung nicht in Anspruch genommen werden. Spanien verfügt diesbezüglich über eine „Black List" aller Länder bzw. Territorien, die nach internen Kriterien als Steueroase betrachtet werden. Vgl. *Halla-Villa Jimenez*, RIW 2003, S. 592.

[857] Art. 121.2 LIS.

[858] Vgl. *Halla-Villa Jimenez*, RIW 2003, S. 591.

auch eine mittelbare Beteiligung die Mindestbeteiligungsquote erfüllen kann, gilt als aktive Tätigkeit der ausländischen Tochtergesellschaft auch die Beteiligung an weiteren ausländischen Gesellschaften unter der Voraussetzung, dass die allgemeinen Bedingungen des Schachtelprivilegs erfüllt sind (5%ige Beteiligung, einjährige Haltefrist, vergleichbare Steuer und aktive Einkünfte der Untergesellschaft).[859]

- Zur Sicherstellung, dass die Einkünfte im Ausland erzielt werden, fordert Art. 20 bis 1 c) a) LIS, dass bei der Ausübung von Großhandel, Dienstleistungen, Finanz- und Versicherungsleistungen eigene personelle und materielle Ressourcen im Ausland bereitgestellt werden.

Werden die Voraussetzungen erfüllt, so sind die Einkünfte aus ausländischen Tochtergesellschaften und Betriebsstätten von der Steuer freigestellt.

Anrechnungsmethode: Die empfangende Gesellschaft kann den niedrigeren der beiden folgenden Anrechnungsbeträge von dem tariflichen Körperschaftsteuerbetrag abziehen. Entweder den effektiv im Ausland gezahlten Steuerbetrag einer mit der spanischen Körperschaftsteuer vergleichbaren Steuer oder den auf die Dividenden oder Gewinnbeteiligungen entfallenden spanischen Körperschaftsteuerbetrag, wenn die Dividenden oder Gewinnbeteiligungen in Spanien erzielt worden wären.

Voraussetzung für die Anrechnung ist eine unmittelbare oder mittelbare Beteiligung am Gesellschaftskapital der Auslandsgesellschaft von insgesamt mindestens 5%, die unterunterbrochen mindestens ein Jahr lang gehalten wird. Die Mindesthaltedauer kann auch nachträglich erfüllt werden. Ein Anrechnungsüberhang kann in den folgenden zehn Jahren vorgetragen und ausgeglichen werden.

---

[859] Besteht jedoch die wirtschaftliche Tätigkeit einer ETVE-Tochtergesellschaft zu mehr als 15% aus der Verwaltung von ausländischen Beteiligungen, deren Anschaffungswert zwar über 6 Mio. Euro liegt, bei denen jedoch die Mindestbeteiligungsquote von 5% nicht erfüllt wird, gelten die Einkünfte der ETVE-Tochtergesellschaft als überwiegend passiver Natur und werden mit dem regulären Körperschaftsteuersatz besteuert. Vgl. *Halla-Villa Jimenez*, RIW 2003, S. 591.

c) Besteuerung der Ausschüttung aus der Holdinggesellschaft

Dividenden an inländische Gesellschaften unterliegen einer Quellensteuer von 15%. Bei Ausschüttungen an eine Muttergesellschaft wird keine Quellensteuer erhoben, wenn sie für den Zeitraum von einem Jahr mit mindestens 5% an der Tochtergesellschaft beteiligt war.

Für Ausschüttungen einer spanischen (Zwischen-)Holding an eine Muttergesellschaft kommt es aufgrund der Mutter-Tochter-Richtlinie ebenso zu einer völligen Quellensteuerbefreiung.[860] Voraussetzung ist, dass die EU-Muttergesellschaft unmittelbar zu mindestens 25% beteiligt ist und dass die Beteiligung im Zeitpunkt der Gewinnausschüttung während eines ununterbrochenen Zeitraums von mindestens einem Jahr besteht. Im Falle der Gegenseitigkeit wird die Mindestbeteiligungsquote auf 10% gesenkt. Die Voraussetzungen für eine spanische Quellensteuerbefreiung sind aber nicht erfüllt, wenn die EU-Mutter rechtsmissbräuchlich und zur Umgehung der Quellensteuer eingeschaltet wird.[861]

Ausschüttungen an eine ausländische Muttergesellschaft, die außerhalb der EU ansässig ist, unterliegen der regulären Quellensteuer i. H. v. 15%, sofern nicht auf Basis der spanischen Doppelbesteuerungsabkommen ein reduzierter Steuersatz von 10% bis 0% gewährt wird.

Weiterausschüttungen einer nach dem spanischen Holdingregime begünstigten Gesellschaft (ETVE) die von steuerfreien Einkünften der ETVE stammen und an ausländische Gesellschafter (natürliche oder juristische Personen) ausgeschüttet werden, sind von der Quellensteuer befreit, unabhängig davon, ob die Mutter-Tochter-Richtlinie zur Anwendung kommt oder der Wohnsitzstaat der betreffenden Gesellschaft ein DBA mit Spanien unterzeichnet hat. Die Steuerbefreiung ist jedoch nicht anwendbar, wenn der Gesellschafter in einem als Steueroase qualifizierten Land bzw. Territorium ansässig ist.[862]

---

[860] Vgl. Art. 46 Abs. 1 LIS.

[861] Vgl. Art. 46 Abs. 1 LIS.

[862] Vgl. *Halla-Villa Jimenez*, RIW 2003, S. 595.

d) Besteuerung von Zins- und Lizenzzahlungen der Holding

Zinszahlungen:

Zinszahlungen unterliegen grundsätzlich einer Quellensteuer von 15%.

Bei Zinszahlungen an ausländische Gläubiger wird die Quellensteuer auf Basis der spanischen Doppelbesteuerungsabkommen i. d. R. auf 12% bis 0% reduziert.

Zinszahlungen an in der EU ansässige Gläubiger sind aufgrund der europäischen Zins-/ Lizenzrichtlinie von der Quellensteuer befreit.

Lizenzzahlungen:

Lizenzzahlungen an inländische Lizenzgeber unterliegen einer Quellensteuer von 15%.

Bei Lizenzzahlungen an ausländische Gesellschaften wird eine Quellensteuer von 25% erhoben. Auf Basis der spanischen Doppelbesteuerungsabkommen wird dieser Satz unter bestimmten Voraussetzungen auf 15% bis 0% reduziert.

Lizenzzahlungen an EU-Muttergesellschaften sind aufgrund der Zins-/Lizenzrichtlinie von der Quellensteuer befreit. Bis Ende 2010 darf Spanien jedoch eine Quellensteuer i. H. v. 10% auf Lizenzen einbehalten, die unter die Richtlinie fallen.

e) Besteuerung von Veräußerungsgewinnen der Holding

Gewinne aus der Veräußerung inländischer Beteiligungen sind grundsätzlich regulär steuerpflichtig. Werden sie jedoch innerhalb von drei Jahren nach der Veräußerung in ähnliche Wirtschaftsgüter reinvestiert, so erhält die Gesellschaft eine Körperschaftsteuergutschrift in Höhe von 20% so dass die effektive Belastung auf 15% reduziert wird. Voraussetzung ist, dass die Muttergesellschaft mindestens ein Jahr vor der Veräußerung zu mindestens 5% am Kapital der veräußerten Anteile beteiligt war.

Die spanische ETVE und andere Holdingkapitalgesellschaften sind im Hinblick auf die Erträge aus der Veräußerung einer ausländischen wesentlichen Beteiligung von der spanischen Körperschaftsteuer befreit, wenn sämtliche, oben dargestellte, Voraussetzungen des Dividendenschachtelprivilegs erfüllt sind.

Es muss also eine Mindestbeteiligung i. H. v. 5% vorliegen oder alternativ – im Fall einer ETVE – die Anschaffungskosten 6 Mio. Euro überschritten haben. Weiterhin gilt die Mindestbeteiligungsdauer von einem Jahr. Die ausländische Tochtergesellschaft muss im Ansässigkeitsstaat einer der spanischen Körperschaftsteuer vergleichbaren Besteuerung unterliegen und einem Aktivitätsvorbehalt genügen.

Sonderregelungen:[863]

- Besitzt die ausländische Tochtergesellschaft direkt oder indirekt überwiegende steuerliche Interessen in Spanien[864], beschränkt sich die Steuerbefreiung auf jenen Teil des Veräußerungsgewinns, der auf die während der Haltedauer generierten und bereits steuerlich vorbelasteten Rücklagen fällt.
- Der Käufer darf nicht in einem Steuerparadies ansässig sein.[865]
- Wird bei der Veräußerung einer ausländischen Beteiligung, die vorher auf den Teilwert abgeschrieben wurde, ein Gewinn erzielt, so ist nur der über den Abschreibungsbetrag hinausgehende Veräußerungsgewinn steuerbefreit.
- Hat eine Gesellschaft, die zur selben Gesellschaftsgruppe wie die ETVE gehört, beim Verkauf einer Beteiligung an die ETVE steuerlich abzugsfähige Veräußerungsverluste erzielt, so hat die ETVE Veräußerungsgewinne aus einem späteren Verkauf der Beteiligung bis zur Höhe der Veräußerungsverluste voll zu versteuern.
- Die Bedingung der Besteuerung mit einer der spanischen Körperschaftsteuer vergleichbaren Steuer muss in sämtlichen Veranlagungsjahren erfüllt sein, in denen die Beteiligung gehalten wurde.

---

[863] Vgl. *Halla-Villa Jimenez*, RIW 2003, S. 594.

[864] D. h. wenn sich mehr als 15% der Gesellschaftsaktiva in Spanien befinden, wobei vom Marktwert der einzelnen Vermögenswerte ausgegangen wird. Vgl. Art. 20 bis 2a LIS.

[865] Vgl. *Del Val*, IStR 2002, S. 519.

f) Abzug von Veräußerungsverlusten und Teilwertabschreibungen

Veräußerungsverluste sind grundsätzlich steuerwirksam. Sie unterliegen bei gruppeninternen Transaktionen aber Einschränkungen.[866]

Ausschüttungsbedingte **Teilwertabschreibungen** werden steuerlich grundsätzlich nicht anerkannt. Dagegen ist eine Teilwertabschreibung aus anderen Gründen zulässig, bei einem späteren Verkauf jedoch rückgängig zu machen.

Wurde die Beteiligungsertragsbefreiung auf Dividendenerträge angewandt, so ist eine spätere Abschreibung bis zur Höhe der befreiten Dividendenerträge nicht abzugsfähig.[867]

g) Konsolidierte Besteuerung

Spanien sieht die Möglichkeit einer nationalen steuerlichen Konsolidierung vor („Régimen de consolidación fiscal").[868]

Besteuerungsgrundlage ist dann das sich aus der konsolidierten Konzerngewinn- und Verlustrechnung ergebende Konzerneinkommen.

Voraussetzung für die steuerliche Konsolidierung ist, dass es sich bei der Obergesellschaft um eine im Inland ansässige Kapitalgesellschaft handelt, die direkt oder indirekt zu mindestens 75% an der abhängigen Organgesellschaft beteiligt ist. Diese Mindestbeteiligung muss während des gesamten Besteuerungszeitraumes bestehen und die Wirtschaftsjahre der beteiligten Gesellschaften müssen identisch sein. Weiterhin darf die Obergesellschaft nicht als transparente, vermögensverwaltende Gesellschaft besteuert werden. Die Tochtergesellschaften müssen in Spanien ansässig sein. Die Obergesellschaft hat kein Wahlrecht hinsichtlich der Festlegung des Konsolidierungskreises. Alle verbundenen Unternehmen, die die Voraussetzungen der Konsolidierung erfüllen, sind einzubeziehen. Die Gruppenbesteuerung erfolgt auf Antrag der Muttergesellschaft beim Finanzamt. Der Antrag muss die notariell beglaubig-

---

[866] Erwirbt die ETVE eine Beteiligung von einer Gesellschaft derselben Gruppe, welche die Beteiligungsertragsbefreiung auf den Veräußerungsgewinn anwenden konnte, so sind gemäß Art. 20 bis Abs. 4 LIS die Veräußerungsverluste aus einem späteren Verkauf durch die ETVE nur insoweit abzugsfähig, als sie den Betrag der Veräußerungsgewinne übersteigen. Vgl. *Halla-Villa Jimenez*, RIW 2003, S. 595.

[867] Art. 20 bis Abs. 4 LIS.

[868] Für Banken und ihre Beteiligungen ist sie verpflichtend.

ten Zustimmungen aller Gesellschaften beinhalten und spätestens am Ende des Wirtschaftsjahres, für das die Gruppenbesteuerung erstmalig in Anspruch genommen werden soll, beim Finanzamt eingegangen sein.

Verluste aus der Zeit vor der Organschaft dürfen nur mit Gewinnen der jeweiligen Einheit verrechnet werden. Bei Beendigung der Organschaft werden organschaftliche, noch nicht verbrauchte Verluste auf die Gruppengesellschaften verteilt.

Die Option zur Organschaftbesteuerung gilt für mindestens drei Jahre, es sei denn, eine der zuvor beschriebenen Organschaftsvoraussetzungen wird nicht mehr erfüllt. Bei Erfüllen der notwendigen Voraussetzungen bleibt das Steuerregime auf unbestimmte Zeit bestehen. Die Beendigung der Gruppenbesteuerung erfolgt auf Widerruf.

h) Abzug von Beteiligungsaufwendungen / Gesellschafterfremdfinanzierung

Beteiligungsaufwendungen: Es gibt kein Abzugsverbot für Betriebsausgaben im Zusammenhang mit den steuerfreien Auslandseinkünften. Zinsen für Kredite, die zum Kauf von ausländischen Beteiligungen aufgenommen wurden, sind damit steuerlich abzugsfähig. Einschränkungen ergeben sich jedoch, wenn der Darlehensgeber in einem Steuerparadies ansässig ist oder es sich um ein verbundenes Unternehmen handelt.

Thin capitalization rules: Die spanische Gesetzgebung[869] sieht einen safehaven von 3:1 vor. Somit werden Fremdkapitalzinsen für Quellensteuerzwecke steuerlich als Dividenden behandelt, wenn die Höhe des Fremdkapitals das Dreifache des Eigenkapitals übersteigt und das Fremdkapital von ausländischen Personen oder Körperschaften stammt, die mit der spanischen Gesellschaft vinkuliert sind.[870]

i) DBA-Netzwerk

Das spanische DBA-Netz umfasst 61 Doppelbesteuerungsabkommen.

---

869 Art. 20 LIS.

870 Vgl. *Halla-Villa Jimenez*, RIW 2003, S. 597.

j) Missbrauchsbestimmungen

Das spanische Gesetz kennt eine „substance-over-form" Regelung.

Als Missbrauchsvorschriften gelten auch die Regelungen über den Ausschluss der Beteiligungsertrags- und Quellensteuerbefreiung (vgl. oben 10.b) Besteuerung vereinnahmter Beteiligungserträge und 10.c) Besteuerung der Ausschüttung).

Liegen Umstände vor, die den Verdacht von Steuerhinterziehung begründen, so ist die Beteiligungsertragsbefreiung nicht anwendbar. Der Missbrauch des beschriebenen Steuersystems wird gemäß Art. 20 bis Abs. 3b LIS dann vermutet, wenn die Tätigkeit der ausländischen Tochtergesellschaft vorher von einer mit der ausländischen Gesellschaft strukturell verbundenen spanischen Gesellschaft ausgeübt wird, die in der Folge die weitere Ausübung der Tätigkeit unterlässt. Die Vermutung kann widerlegt werden, wenn ein vernünftiger wirtschaftlicher Grund vorgebracht werden kann, der die Verlagerung der Tätigkeit ins Ausland rechtfertigt.[871]

Spanien verfügt außerdem über eine **Hinzurechnungsbesteuerung**.[872] Sie soll einerseits Gestaltungen erfassen, die Aufschub- bzw. Abschirmwirkungen ausländischer Kapitalgesellschaften nutzen und andererseits Gestaltungen unterbinden, bei denen in Niedrigsteuerländern ansässige Gesellschaften Leistungen an die in Spanien ansässige Muttergesellschaft erbringen, um die Gewinne im niedrig besteuerten Ausland entstehen zu lassen und somit die spanische Bemessungsgrundlage zu mindern.[873]

Nach dieser Regelung sind die Einkünfte ausländischer Tochtergesellschaften direkt bei der spanischen Holding zu besteuern, wenn die ETVE allein oder zusammen mit vinkulierten Gesellschaften i. S. d. Art. 16 LIS[874] eine zumindest 50%ige Beteiligung an der ausländischen Gesellschaft hält (effektive

---

871 Vgl. *Halla-Villa Jimenez*, RIW 2003, S. 596.

872 Art. 121 LIS. Zu weiteren Einzelheiten vgl. *Schönfeld*, Hinzrechnungsbesteuerung, 2005, S. 611 ff., m.w.N.

873 Vgl. *Herzig/Wagner*, IStR 2003, S. 225.

874 Kapitalgesellschaften sind u. a. dann vinkuliert, wenn sie über eine mittelbare oder unmittelbare Beteiligung i.H.v. mindestens 25% miteinander verbunden sind; vgl. *Herzig/Wagner*, IStR 2003, Fn. 43, m.w.N.

Kontrolle über die Tochtergesellschaft), die Tochtergesellschaft über passives Einkommen[875] verfügt und in einem Niedrigsteuerland ansässig ist. Von einem Niedrigsteuerland ist auszugehen, wenn die Steuerbelastung in diesem Land weniger als 75% der Belastung beträgt, die sich bei einer Veranlagung der Einkünfte zur spanischen Körperschaftsteuer ergeben hätte[876], d. h. wenn die ausländische Steuer weniger als 26,25% beträgt.

Die Hinzurechnungsbesteuerung entfällt, wenn der Anteil der passiven Einkünfte < 15% ist oder es sich um eine Zwischenholding[877] handelt, deren Tochtergesellschaften zu mindestens 85% aktive Einkünfte erzielen.

k) Zusammenfassende Würdigung des Holdingstandortes Spanien

Durch das Holdingregime der ETVE ist Spanien ein sehr attraktiver Holdingstandort geworden. Das liegt vor allem an der Möglichkeit mit dem Einsatz einer ETVE Einkünfte nicht nur steuerfrei zu vereinnahmen sondern auch steuerfrei weiterzuleiten. So bietet sich Spanien beispielsweise zum Routing von Dividenden aus der EU in Länder außerhalb der EU an, da die in einem beliebigen Staat der EU generierten Einkünfte bei Erfüllung der Mutter-Tochter-Richtlinie mit dem Steuerniveau des Quellenstaats belastet verbleiben und auch bei Weiterleitung an einen beliebigen Staat außerhalb der EU keiner weiteren Belastung unterliegen.[878]

Als Vorteil sind sicher auch die großzügigen Regelungen hinsichtlich der Mindestbeteiligungshöhe und Mindesthaltedauer zu sehen und dass auch mittelbare Beteiligungen vom Schachtelprivileg erfasst werden.

Darüber hinaus kann die Abziehbarkeit der Fremdfinanzierungskosten dazu genutzt werden, die Konzernsteuerquote zu senken, da das spanische Körper-

---

[875] Zum passiven Einkommen zählen Einkünfte aus Vermietung und Verpachtung sowie Einkünfte aus Kapitalvermögen, soweit sie nicht im Zusammenhang mit aktiven Einkünften aus unternehmerischer Tätigkeit stehen.

[876] Vgl. *Halla-Villa Jimenez*, RIW 2003, S. 596.

[877] Eine ausländische Zwischenholding ist für Zwecke der Hinzrechnungsbesteuerung dann gegeben, wenn sie über Beteiligungen i.H.v. mindestens 5% des Eigenkapitals nachgeschalteter ausländischer Gesellschaften verfügt und diese mit eigenen Ressourcen gehalten und verwaltet werden; vgl. *Herzig/Wagner*, IStR 2003, S. 226.

[878] Vgl. *Herzig/Wagner*, IStR 2003, S. 227 f.; *Halla-Villa Jimenez*, RIW 2003, S. 598.

schaftsteuergesetz aktive Auslandseinkünfte bei gleichzeitiger Gewährung des Betriebsausgabenabzugs freistellt.[879]

Weitere Vorteile sind die Veräußerungsgewinnbefreiung bei ausländischen Beteiligungen, die Möglichkeit zur steuerlichen Berücksichtigung von Veräußerungsverlusten und Teilwertabschreibungen und die im Vergleich zu Deutschland großzügigeren Regelungen zur Gesellschafterfremdfinanzierung.

Zu beachten ist allerdings, dass Veräußerungsgewinne aus inländischen Beteiligungen nicht steuerbefreit sind.

Nachteilig ist, dass die Voraussetzungen der Steuerbefreiung an sehr enge Voraussetzungen geknüpft sind um missbräuchliche Gestaltungen zu verhindern.[880] So existieren neben einer subject-to-tax-Klausel und dem Aktivitätsvorbehalt auch noch Regelungen zur Hinzurechnungsbesteuerung.

Ferner wird – im Vergleich mit den anderen europäischen Ländern – das übrige Einkommen der Holding mit einem relativ hohen Körperschaftsteuersatz von 35% (zzgl. Gewerbesteuern) belastet.

II. Zusammenfassung

1. Gegenüberstellung der Länder

Ein attraktiver Investitionsstandort zeichnet sich zunächst einmal durch eine vergleichsweise geringe Steuerbelastung aus. Da sich die Eignung als Holdingstandort jedoch an der Verwirklichung der mit der Holdingstruktur verbundenen individuellen steuerlich motivierten Zielsetzungen orientiert, kommen zweifellos auch Nicht-Niedrigsteuerländer als Standort für Zwischenholdinggesellschaften in Frage.[881]

Die Hauptaufgabe von Holdinggesellschaften ist die Vereinnahmung von Beteiligungserträgen sowie deren (Weiter-)Ausschüttung. Daher sind die (fast) vollständige Steuerbefreiung dieser Einnahmen und eine niedrige bzw.

---

[879] Vgl. *Herzig/Wagner*, IStR 2003, S. 227.

[880] Vgl. *Herzig/Wagner*, IStR 2003, S. 228.

[881] Vgl. *Krawitz/Büttgen*, IStR 2001, S. 627.

keine Belastung mit Quellensteuern bei der Weiterausschüttung als Hauptkriterien bei der Standortwahl anzusehen, wobei keine oder nur geringe Bedingungen an das Schachtelprivileg und die Quellensteuerbefreiung den Idealfall darstellen. Zudem sollten die bei der Holding im Zusammenhang mit dem Halten und Verwalten der Beteiligung entstandenen Aufwendungen in vollem Umfang steuerlich abzugsfähig sein. Unter diesen Gesichtspunkten erweisen sich insbesondere Dänemark, die Niederlande, Österreich, Schweiz und Spanien als interessante Holdingstandorte.

Die weiteren steuerlichen Standortanforderungen richten sich nach den individuellen Gestaltungszielen, die mit der Holdinggesellschaft erreicht werden sollen. Folgende Voraussetzungen spielen dabei meistens eine wichtige Rolle:

- Verluste sollten mittels einer steuerlichen Konsolidierung (Gruppenbesteuerung) mit dem Gewinn der Holding bzw. anderer im Konzernverbund befindlicher Unternehmen verrechnet werden können. Vor allem wegen der Möglichkeit zur **grenzüberschreitenden Organschaft** bietet sich Österreich als Standort an, wenn es darum geht auch Verluste von ausländischen Tochtergesellschaften zu berücksichtigen. Im Falle eines dauerhaften Misserfolgs sollten Teilwertabschreibungen sowie Veräußerungs- oder Liquidationsverluste steuermindernd abzugsfähig sein. Diese können beispielsweise in Luxemburg, der Schweiz und in Spanien steuerlich geltend gemacht werden.

- Je nach dem, wie lange die Holding beabsichtigt, die Beteiligung zu halten, sollte ein Augenmerk auf die Bedingungen einer **steuerfreien Veräußerung** geworfen werden. Eine zu 100% steuerfreie Weiterveräußerung der Anteile ist u. a. in Belgien, Dänemark, Großbritannien, Luxemburg, den Niederlande und der Schweiz möglich, wobei Belgien die besten Bedingungen bietet, da weder eine Mindestbeteiligungsquote noch eine Mindestbesitzzeit gefordert wird um die Veräußerungsgewinnbefreiung in Anspruch zu nehmen.

- Abhängig vom derzeitigen und künftigen Finanzbedarf sind die Regelungen zur **Gesellschafterfremdfinanzierung** zu beachten, da die Länder sehr unterschiedliche Grenzen aufweisen und ein niedriger safe haven den Spielraum von konzerninternen Darlehen stark einschränken kann. Am restriktivsten sind dabei die Bestimmungen in Deutschland, Frankreich und Großbritannien wohingegen beispielsweise Belgien und Luxemburg relativ großzügige Regelungen bieten.

- Die Beachtung von bestehenden **Missbrauchsvorschriften** und insbesondere der Hinzurechnungsbesteuerung stellt einen weiteren zentralen Gesichtspunkt dar, da eine Nicht-Anerkennung der Unternehmensstruktur erhebliche finanziellen Nachteile mit sich bringen kann. Als sehr attraktiv stellt sich dabei die Schweiz dar, da sie weder eine subject-to-tax Klausel für die Beteiligungsertragsbefreiung fordert noch eine Hinzurechnungsbesteuerung kennt. Aber auch andere Länder wie beispielsweise Belgien oder Österreich sehen keine Hinzurechnungsbesteuerung vor.

Leider erfüllt kein Land alle Voraussetzungen gleich gut oder schlecht, so dass es den perfekten Holdingstandort nicht gibt. Dieser hängt von den individuellen Vorstellungen und Zielen der Holdinggesellschaft ab, anhand derer die potentiellen Standorte geprüft werden müssen. Dabei sollten immer alle entscheidungsrelevanten Kriterien berücksichtigt werden, da die ausschließlich steuerliche Standortwahl im betriebswirtschaftlichen oder organisatorischen Bereich zu immensen Mehrkosten führen kann, welche die erzielte Steuerersparnis nicht mehr ausgleicht.

Beim Vergleich der Länder[882] zeigt sich, dass die klassischen **Holdingstandorte** wie **Luxemburg**, **Schweiz** und die **Niederlande** nach wie vor äußerst attraktive steuerliche Rahmenbedingungen bieten. Daneben haben verschiedene europäische Staaten im Bereich der Unternehmensbesteuerungen Reformen verabschiedet, die deren Attraktivität als Holdingstandort wesentlich verbessert haben. Besonders zu erwähnen sind dabei **Österreich**, das mit der Einführung der grenzüberschreitenden Organschaft wohl die umfassendste und „einfachste“ Möglichkeit einer grenzüberschreitenden Konsolidierung in Europa eingeführt hat und **Spanien**, welches sich durch das Holdingregime der ETVE geradezu als Standort für eine Euro-Holding von nichteuropäischen Muttergesellschaften empfiehlt.

[882] Für weitere Einzelheiten siehe Übersichtstabelle in Kap. F.IV (Anhang), S. 353.

Auch die **neuen EU-Beitrittsländer**, die nicht nur als Produktionsstandorte und Absatzmärkte interessant sind, sondern auch mit niedrigen Steuersätzen locken, müssen in diesem Zusammenhang erwähnt werden. Allerdings ist zu beachten, dass im neuen Beitrittsgebiet teilweise sehr restriktive Regelungen zur Abziehbarkeit von Betriebsausgaben gelten und Beschränkungen der interperiodischen Verlustverrechnung dazu führen können, dass Anlaufverluste letztlich ungenutzt bleiben. Weiterhin besteht die Gefahr, dass auf Grund des niedrigen Steuerniveaus die Hinzurechnungsbesteuerung für Mütter aus Hochsteuerländern greift. Sollten aber diese Gefahren beachtet und entsprechende Gegenmaßnahmen getroffen werden, bietet die EU-Erweiterung Spielräume zur Absenkung der Konzernsteuerquote international tätiger Unternehmen.[883]

Diese Ausführungen können aber nur ein erster Anhaltspunkt sein, welches Land eine genauere Untersuchung wert ist, denn bereits das Fehlen eines elementaren steuerlichen Standortkriteriums oder beispielsweise eine greifende Hinzurechnungsbesteuerung können im Einzelfall dazu führen, dass sich ein auf den ersten Blick attraktiv erscheinender Standort als Fehlentscheidung entpuppt.

2. Holding-Standortwahl in Abhängigkeit vom Gestaltungsziel

Eine klare Empfehlung für den einen oder anderen Holdingstandort kann bei bloßer länderbezogener Gegenüberstellung der Holdingkriterien nicht ausgesprochen werden, da ein Ländervergleich nur in Abhängigkeit vom Holdingzweck und den konzernspezifischen Zahlungsströmen sinnvoll ist. So können einige der aufgeführten Standortkriterien im Einzelfall ohne Relevanz sein, andere Unterscheidungskriterien die Standortentscheidung dominieren oder bereits das Fehlen eines elementaren Merkmals unter Umständen zum „Knock-Out"-Kriterium für einen Standort werden.[884]

Der letzte Schritt bei der Auswahl eines geeigneten Holdingstandortes sowie der weiteren Planung und Gestaltung der Holdingstruktur ist somit die **Bewertung der Holding-Standortfaktoren** im Ländervergleich. Dabei müssen die

---

[883] Vgl. *Stein/Becker*, PIStB 2004, S. 303 ff.; *Merten*, Standortverlagerung, 2004, S. 109.

steuerrechtlichen und wirtschaftlichen Zielsetzungen beachtet und mit den Vorgaben in den verschiedenen Ländern verglichen werden. Je nach individueller Gewichtung der steuerlichen Zielsetzungen wird sich dann ein Land oder auch mehrere als für diesen Fall zweckmäßigsten Holdingstandort erweisen.

Die folgende Tabelle gibt einen Überblick darüber, welches Land bei welchem spezifischen Gestaltungsziel m. E. am besten geeignet scheint.

[884] Vgl. *Endres*, WPg 2000, S. 97 f.

Gestaltungsziel	Land mit den besten steuerlichen Voraussetzungen zur Umsetzung[885]
• Vermeidung der Doppelbesteuerung ausgeschütteter Gewinne	*Niederlande* Die Niederlande gewähren das Schachtelprivileg und die damit verbundene 100%ige Steuerbefreiung von Dividenden bereits ab einer Beteiligungsquote von 5% und setzen keine Mindestbesitzdauer voraus. Auch Veräußerungsgewinne können bereits ab einer Beteiligung von 5% unabhängig von der Haltedauer steuerfrei vereinnahmt werden. Darüber hinaus verfügen die Niederlande über ein weitreichendes DBA-Netz, das eine weitgehend quellensteuerfreie Weiterausschüttung ermöglicht. Auch die Abzugsmöglichkeit von Beteiligungsaufwendungen spricht für die Wahl der Niederlande als Standort.
• Vermeidung des Heraufschleusens auf das höhere Steuerniveau	*Niederlande* Gleiche Begründung wie oben. Die Niederlande verfügen sowohl über ein weitgehendes Schachtelprivileg für Gewinnausschüttungen als auch über ein günstiges DBA-Netz.
• Reduzierung von Quellensteuern	*Spanien* Empfangene Gewinne können bereits ab einer Beteiligungsquote von 5% und einer Mindesthaltedauer von einem Jahr zu 100% steuerfrei vereinnahmt werden. Durch das Holdingregime der ETVE ist die Weiterausschüttung von Dividenden dann unabhängig vom Vorliegen von Doppelbesteuerungsabkommen oder Geltung der Mutter-Tochter-Richtlinie ohne Quellensteuerbelastung möglich. Damit eignet sich Spanien besonders als Standort für das sog. „directive shopping".
• Konsolidierung von positiven und negativen Ergebnissen	*Österreich* In Österreich ist neben der nationalen auch eine grenzüberschreitende Konsolidierung und damit die Berücksichtigung von im Ausland erzielten Verlusten möglich. Dänemark und Frankreich sehen zwar auch eine grenzüberschreitende Organschaft vor, die Bedingungen sind jedoch sehr restriktiv und teilweise nachteilig zu sehen.
• Sicherstellung der Abzugsfähigkeit von Aufwand	*Spanien* In Spanien sind sowohl Veräußerungsverluste, Teilwertabschreibungen als auch Finanzierungskosten steuerlich abzugsfähig. Darüber hinaus verfügt Spanien über relativ großzügige Regelungen zur Gesellschafterfremdfinanzierung.
• Minimierung der Veräußerungsgewinnbesteuerung	*Belgien* Belgien stellt Veräußerungsgewinne unabhängig von einer

[885] Für weitere Einzelheiten zu den Ländern vgl. oben Kap. D.I. (Länderprofile), S. 219.

	Mindestbeteiligungsquote und Mindestbesitzdauer zu 100% steuerfrei und bietet damit das günstigste Schachtelprivileg für Veräußerungsgewinne. Durch das weitreichende DBA Netz können auch bei der Weiterausschüttung die Quellensteuern in den meisten Fällen vermieden werden.
• Vermeidung von Anrechnungsüberhängen	*Niederlande* Theoretisch kommen alle Länder in Frage, die eine zu 100% steuerfreie Vereinnahmung und Ausschüttung von Dividenden ermöglichen. Die Niederlande eignen sich jedoch besonders als Standort für eine „Mixer-Holding", da nur eine Beteiligungsquote von 5% und keine Mindesthaltedauer für das Schachtelprivileg gefordert wird und die Weiterausschüttung durch das günstige DBA-Netz meist steuerfrei möglich ist.
• Einkunftserzielung in Niedrigsteuerländern	*Schweiz* Die Schweiz eignet sich besonders für das sog. „tax rate shopping" da Zinserträge im günstigsten Fall lediglich einer Besteuerung von 14% unterliegen. Durch die Umsetzung des Zinsbesteuerungsabkommens mit der EU ist bei Erfüllung der entsprechenden Voraussetzungen eine quellensteuerfreie Weiterausschüttung der Erträge in die EU möglich. Darüber hinaus verfügt die Schweiz über ein dichtes DBA-Netz, wodurch die Quellensteuern auch bei Weiterausschüttungen an nicht in der EU ansässige Gesellschaften reduziert bzw. vermieden werden können.

Abb. 53 Länderauswahl nach gewähltem Gestaltungsziel

E. Fazit und Ausblick

Grenzüberschreitend tätige Unternehmen unterliegen einer Vielzahl von Steuerhoheiten, wobei sich die einzelnen Gesetzgebungen mehr durch Unterschiede als durch Gemeinsamkeiten auszeichnen. Diese Unterschiede und insbesondere das starke Steuergefälle zwischen den Ländern eröffnen global tätigen Unternehmen jedoch auch die Möglichkeit, ihre **Konzernsteuerquote** durch das Ausnutzen der unterschiedlichen Steuergesetzgebungen zu senken. Die Zwischenschaltung einer Holdinggesellschaft ermöglicht durch die Einbeziehung von Drittstaaten die Kombination der verschiedenen Steuersysteme und dadurch auch die Realisierung verschiedenster Gestaltungsstrategien. Insbesondere das steueroptimale Dividenden-Routing bietet echte Steuereinsparpotenziale:

Eine inländische Spitze in der Form einer Personengesellschaft kann sich durch die Holdingkapitalgesellschaft das Beteiligungsprivileg des § 8b KStG sowie die Quellensteuervergünstigungen durch die DBA und insbesondere durch die Mutter-Tochter-Richtlinie nutzbar machen. Auch für eine inländische Mutter in der Form einer Kapitalgesellschaft kann eine Holding Sinn machen, denn durch sie lässt sich der Konzernaufbau wesentlich flexibler gestalten, zumal sich der Kaskadeneffekt des § 8b Abs. 5 KStG bei mehreren Ausschüttungsvorgängen durch eine Organschaft vermeiden lässt.

Trotz der Harmonisierung in der EU durch die Mutter-Tochter-Richtlinie und die Zins- und Lizenzgebühren-Richtlinie kann auch die Einschaltung einer EU-Zwischenholding mit EU-Töchtern noch Vorteile bringen, wenn man ein günstigeres Schachtelprivileg ausnutzen möchte oder wenn die Holding die Funktion der Konzernfinanzierung, optimiert durch eine grenzüberschreitende Organschaft, übernehmen soll.

Auch und insbesondere die **Treaty-Shopping Gestaltungen** als speziellen Anwendungsfall des steueroptimalen Dividenden-Routings und als klassisches Konzept einer steuerlich motivierten Holdingeinschaltung ermöglichen Kosteneinsparpotenziale durch die Reduktion von Quellensteuern. Dies gilt in jedem Fall für (deutsche) Muttergesellschaften, die die Freistellungsmethode anwenden, jedoch auch für Mütter, die die Anrechnungsmethode verwenden, falls die anrechnende Spitzeneinheit eine Verlustposition hat oder teilweise

Anrechnungsüberhänge entstehen. Für eine Nicht-EU-Konzernspitze kann durch die Einschaltung einer Euro-Eingangsholding in Spanien über das spezielle Holdingregime der ETVE durch Ausnutzen der EU-Mutter-Tochter-Richtlinie eine Quellensteuerbelastung zur Gänze vermieden werden.

Ferner kann eine inländische oder EU-Mutter durch die Einschaltung einer **Euro-Ausgangsholding** in einem DBA-Staat, der günstigere DBA mit dem Sitzstaat der Drittstaats-Tochter abgeschlossen hat, Quellensteuern einsparen. Besonders die Niederlande mit ihrem umfangreichen DBA-Netz und dem Schachtelprivileg für Beteiligungserträge sind hierfür geeignet.

Für die Anerkennung einer gewählten Konzernstruktur mit ausländischen Zwischenholding-Gesellschaften durch die Finanzverwaltung ist insbesondere die wirtschaftliche **Substanz** der Auslandsholding maßgeblich. Wie allgemein bei grenzüberschreitenden Sachverhalten kann auch hier die Nichtanerkennung durch einen beteiligten Fiskus zu divergierenden Behandlungen und damit zu ggf. verheerenden Doppelbesteuerungen führen. Die gewünschten steuerlichen Wirkungen der Umstrukturierung treten nur ein, wenn die Zwischenholding als selbständiges Steuersubjekt anerkannt wird und deshalb Abschirmwirkung gegenüber der Besteuerung im Staat der Muttergesellschaft genießt. In diesem Zusammenhang ist insbesondere auf mögliche Maßnahmen der Finanzverwaltung gegen Fälle des Treaty-Shoppings hinzuweisen. Für die steuerliche Anerkennung hilfreich ist die Ausstattung der Holding mit eigenem Personal, eigenen, abgegrenzten Büroräumen, eigener visueller Identität (Briefpapier, Telefon etc.) sowie mit klar abgegrenzten Funktionen und eigenen Aktivitäten. Ferner ist zu betonen, dass die Geschäftsleitung tatsächlich am Sitz der Holding und nicht im Staat der Muttergesellschaft ausgeübt wird, um die Steuerpflicht der Holding im Staat der Muttergesellschaft zu vermeiden.[886]

Durch die äußerst unterschiedlichen steuerlichen Zielsetzungen der Einschaltung einer Holdinggesellschaft kann keine allgemeine Empfehlung für einen „optimalen" Holdingstandort ausgesprochen werden. Die Auswahl muss immer entsprechend der individuellen Zielsetzung des Konzerns im Einzelfall

[886] Vgl. *Rosenbach,* Holding-Handbuch, 2004, § 16, Rz. 13.

erfolgen. Anders als bei der Wahl von Produktionsstandorten ist eine Holdinggesellschaft nur wenig von außersteuerlichen Standortfaktoren abhängig; dementsprechend ist eine Vielzahl von Ländern mit zum Teil sehr unterschiedlichen Steuersystemen auf ihre Eignung zu überprüfen. Zusammen mit der oft hohen Änderungsgeschwindigkeit der steuerrechtlichen Bestimmungen und der unterschiedlichen Gewichtung der Kriterien ergibt sich in Abhängigkeit vom jeweiligen Einzelfall ein höchst komplexes Entscheidungsfeld. Für eine Gesellschaft können manche Merkmale völlig unerheblich sein, während dieselben für einen anderen Konzern maßgebend für eine Unternehmensentscheidung sind.

Ist der **steuerfreie Bezug von Dividenden** das steuerliche Hauptziel, sind Luxemburg, Niederlande, Österreich, Schweiz und Spanien attraktive Standorte. Deutschlands Bedingungen sind insoweit zwar durch den Verzicht auf Mindesthaltefristen und Mindestbeteiligungshöhen günstig, jedoch wirkt die 5%-Fiktion des § 8b Abs. 5 KStG im grenzüberschreitenden Vergleich auf den Zielerreichungsgrad negativ. Steht die Vermeidung einer Quellensteuer auf Dividenden an eine Nicht-EU-Muttergesellschaft, zum Beispiel eine U.S.-amerikanische, steuerlich im Vordergrund, so offerieren Dänemark, Großbritannien, Luxemburg und Spanien die besten steuerlichen Rahmenbedingungen. Beteiligungsaufwendungen sind in folgenden Ländern zu 100% abzugsfähig: Belgien, Dänemark, Deutschland, Großbritannien, Niederlande, Österreich und Spanien. Das Abkommensnetz in Deutschland, Großbritannien, Niederlanden und Dänemark ist am umfangreichsten, wobei die Niederlande, Luxemburg und Schweiz als klassische Standorte für Holdinggesellschaften gelten. Es ist offenkundig, dass die Chancen, als Holdingstandort erwählt zu werden, steigen, je mehr positive Punkte ein Land bei den hier aufgezählten Faktoren für sich reklamieren kann. Durch die stetigen Neuregelungen (jährliche Steuerreformen etc.) in den einzelnen Ländern eröffnen sich immer wieder neue Gestaltungsmöglichkeiten und -strategien zur Optimierung der steuerlichen Position des Konzerns.[887]

Dies gilt insbesondere für den **Standort Deutschland**: Deutschland hat seit dem 01.01.2001 ein klassisches Körperschaftsteuersystem mit einem definiti-

---

[887] Vgl. *Kessler,* Holdingstandorte, 2002, S. 105 f.

ven Steuersatz von 25%.[888] Die grundsätzliche Steuerfreistellung inländischer und ausländischer Dividendeneinkünfte von Kapitalgesellschaften[889] erlaubt zusammen mit dem Verzicht auf Quellensteuern innerhalb der EU[890] eine zu 95 % steuerfreie Vereinnahmung und Weiterausschüttung von Beteiligungserträgen durch in Deutschland ansässige Zwischenholdings bei gleichzeitigem unbeschränktem Abzug von Finanzierungskosten bzw. diesbezüglicher Aufwendungen. Auch die Umschichtung des Beteiligungsportfolios von Holdinggesellschaften ist durch die ebenfalls 95%ige Steuerfreiheit von Veräußerungsgewinnen[891] begünstigt, wobei gleichsam sämtliche damit zusammenhängende Aufwendungen zum Abzug zugelassen sind. Aufgrund der Lockerung der Voraussetzungen für die Begründung einer körperschaft- und gewerbesteuerlichen Organschaft[892] können in Zukunft auch reine Finanz-Holdinggesellschaften eine Organträgerschaft übernehmen und so eine sofortige Ergebniskonsolidierung im Beteiligungsportfolio erreichen, sowie die Problematik des § 8b Abs. 5 KStG beseitigen.

Den Verbesserungen der Standortfaktoren für Holdinggesellschaften stehen jedoch Maßnahmen zur Verbreiterung der Bemessungsgrundlage entgegen, die die Vorteilhaftigkeit Deutschlands als Holdingstandort relativieren. Dazu zählen insbesondere die pauschale Hinzurechnung von 5% der steuerfreien Bezüge gem. § 8b Abs. 3, 5 KStG, die Verschärfung des „safe havens" der Gesellschafter-Fremdfinanzierung von Holdinggesellschaften auf nunmehr 1,5:1,[893] das Verbot von Teilwertabschreibungen[894] sowie restriktivere Abschreibungsregeln.

Viele ausländische Investoren scheuen auch das schnelle Änderungstempo der deutschen Steuergesetzgebung und die daraus folgende Rechtsunsicherheit. Ein Beispiel für die ausschließlich an Staatsinteressen ausgerichtete, sprunghafte Gesetzgebung in Deutschland ist die Einführung des sog. Körperschaft-

888 Vgl. zur Rechtsentwicklung auch Kap. C.III.2.a)i), S. 135.
889 § 8b Abs. 1 KStG.
890 § 43b Abs. 2 EStG.
891 § 8b Abs. 2 KStG.
892 § 14 KStG, § 3 Abs. 2 Satz 2 GewStG.
893 § 8a Abs. 4 S. 1 KStG i.V.m. Abs. 1 S.1 Nr. 2.
894 § 8b Abs. 3 KStG.

steuer-Moratoriums in § 37 Abs. 2a KStG, die als willkürlich und vollkommen unsystematisch bezeichnet werden kann.[895] Daneben sehen viele Investoren auch das relativ hohe Steuerniveau für die Holdingmitarbeiter und die Prüfungspraxis durch die Finanzverwaltung als Standortnachteile von Deutschland an.[896] Häufig werden daher Holdinggesellschaften bevorzugt in Länder mit einer längeren Holdingtradition, wie beispielsweise die Niederlande, verlagert.

Bei der Diskussion steuerlicher Holdinglösungen werden m. E. gerade bei **mittelständischen Unternehmen** oft die Kostenüberlegungen unterschätzt, denn es ist generell unsinnig, rechtliche Strukturen wegen rein steuerlicher Motive zu schaffen, die den bestehenden wirtschaftlichen Organisationsformen eines Unternehmens widersprechen. Die Zwischenschaltung einer Holding verursacht in jedem Fall zusätzliche laufende Kosten für Büroräume, Personal und die organisatorische Überwachung durch die Muttergesellschaft usw. Diese Kosten sind in die Entscheidungsfindung über die Holdingstruktur einzubeziehen. Selbst wenn keine nennenswerten Kosten im Zusammenhang mit dem laufenden Betrieb der Holding entstehen, fallen Kosten an für die Holdinggründung (z. B. Notargebühr), die jährliche Erstellung der Abschlüsse und Steuererklärungen und für öffentliche Gebühren im Holding-Sitzland. Die angestrebten Steuerersparnis- bzw. Steuerstundungs-Effekte müssen zumindest die durch die Holdingkonstruktion verursachten Kosten übersteigen, damit ein betriebswirtschaftlicher Vorteil entsteht.

Die Entscheidung für eine Holdingstruktur bedingt regelmäßig auch die Übertragung von Beteiligungen oder Betrieben auf Tochtergesellschaften. Kommt es hierbei zu Gewinnrealisierungen, kann dies zu prohibitiven Steuerbelastungen führen. Der Steuerplaner muss deshalb äußerste Sorgfalt darauf verwenden, dass sowohl der Weg in als auch aus der Holding nicht von einem Zwang zur Aufdeckung stiller Reserven begleitet wird,[897] bzw. durch die Holdingerrichtung gewünschte Steuervorteile nicht durch unerwartete Steuernachteile

---

[895] Vgl. *Djanani/Brähler/Wesel*, StB 2003, S. 284 ff.

[896] Vgl. *Jacobs,* Unternehmensbesteuerung, 2002, S. 843.

[897] Vgl. *Jacobs,* Unternehmensbesteuerung, 2002, S. 867.

wie z. B. dem zusätzlichen Anfall von Drittstaatsteuern überkompensiert werden.

Die Steuerplanung mit Holdinggesellschaften zeigt sich somit als herausfordernde Aufgabe. Bei umsichtiger Gestaltungsplanung kann die Zwischenschaltung einer Holding gezielt ungünstige Steuerwirkungen vermeiden und günstige Steuerwirkungen herbeiführen,[898] sodass es sich bei einer Holdinggesellschaft nicht nur um einen „schillernden“ Begriff[899] handelt, sondern, dass diese zu Recht als Synonym für gestalterische Steuerpolitik und damit auch Steuereinsparung steht. Es sind jedoch auch die gesetzlichen Grenzen, betriebswirtschaftlichen Erfordernisse und drohenden Steuerineffizienzen ins gestalterische Kalkül einzubeziehen. Doch selbst bei sorgfältigster Planung gesellt sich zu diesen Faktoren noch die Ungewissheit über künftige Änderungen der steuerlichen Rahmenbedingungen, sei es im nationalen Recht des In- oder Auslands oder im Hinblick auf die zukünftige Abkommens- oder EU-Politik. Völlige Dispositionssicherheit im Sinne eines Risikoausschlusses lässt sich bei den zu beobachtenden „Rechtssprüngen“ im internationalen Steuerrecht nicht erreichen.[900]

[898] Vgl. *Schänzle*, Steuerorientierte Gestaltung, 2000, S. 50.

[899] Vgl. Kap. B.I.2.a), S. 11.

[900] Vgl. *Rödder*, FR 1988, S. 359 f.

F. Anhang

I. Nominale Steuerbelastung von Kapitalgesellschaften in Europa

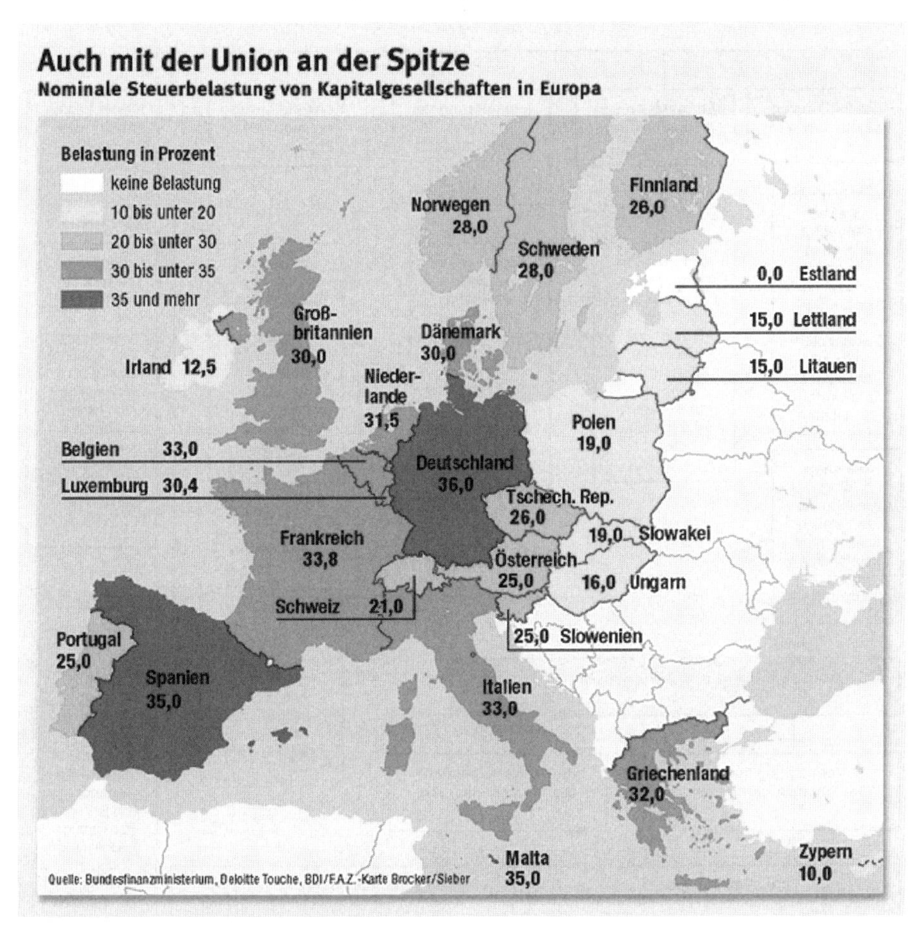

Quelle: http://www.faz.net/

II. Internationale Gestaltungsstrategien

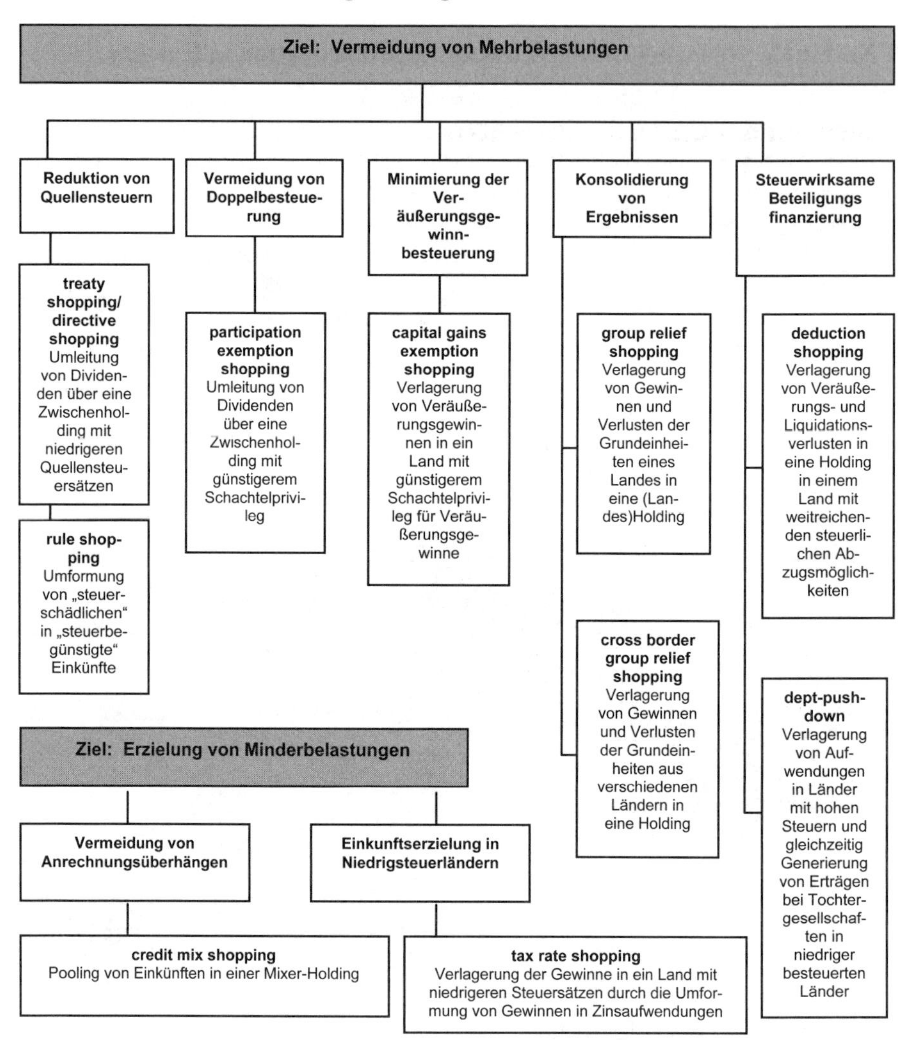

Abb. 54: Internationale Gestaltungsstrategien

III. Steuerliche Standortvoraussetzungen in Abhängigkeit der Gestaltungsziele

Abhängig davon, welches Ziel mit der Einschaltung einer Zwischenholding verfolgt wird, muss der gewählte Standort bestimmte steuerliche Voraussetzungen erfüllen, damit das Gestaltungsziel erreicht werden kann. Um die Entscheidung für einen bestimmten Holdingstandort zu treffen müssen deshalb die relevanten steuerlichen Gestaltungsfaktoren bekannt sein. Die folgende Tabelle gibt einen Überblick über die oben aufgeführten Holdingziele und die damit verbundenen Standortvoraussetzungen.

Gestaltungsziel	**Gestaltungsmittel**	**Steuerliche Standortvoraussetzung**
• *Vermeidung der Doppelbesteuerung ausgeschütteter Gewinne*	participation exemption shopping	- weitgehendes Schachtelprivileg für Gewinnausschüttungen - günstiges/weitreichendes DBA-Netz
• *Vermeidung des Heraufschleusens auf das höhere Steuerniveau*	treaty exemption shopping	- weitgehendes Schachtelprivileg für Gewinnausschüttungen - günstiges/weitreichendes DBA-Netz
	deferral shopping	- weitgehendes Schachtelprivileg für Gewinnausschüttungen - günstiges/weitreichendes DBA-Netz
• *Reduzierung von Quellensteuern*	treaty shopping directive shopping	- Schachtelprivileg für Gewinnausschüttungen - günstiges/weitreichendes DBA-Netz
	rule shopping	- niedrige Besteuerung von Zinserträgen - günstiges DBA-Netz
• *Konsolidierung von positiven und negativen Ergebnissen*	group relief shopping	- nationale Organschaft
	cross-border group relief shopping	- grenzüberschreitende/ internationale Organschaft

• *Sicherstellung der Abzugsfähigkeit von Aufwand*	deduction shopping	- kein Abzugsverbot für Beteiligungsaufwendungen und Teilwertabschreibungen
• *Minimierung der Veräußerungsgewinnbesteuerung*	capital gains exemption shopping	- weitgehendes Schachtelprivileg für Veräußerungsgewinne
• *Vermeidung von Anrechnungsüberhängen*	credit mix shopping	- weitgehendes Schachtelprivileg für Gewinnausschüttungen - günstiges DBA-Netzwerk - Anrechnung auf Ebene der Spitzeneinheit auf Basis des rechnerischen Durchschnittsteuersatzes
• *Einkunftserzielung in Niedrigsteuerländern*	tax rate shopping	- niedrige Besteuerung von Zinserträgen - günstiges DBA-Netz

Abb. 55: Standortvoraussetzungen in Abhängigkeit vom Gestaltungsziel[901]

[901] Tabelle in Anlehnung an *Kessler*, Euro-Holding, 1996, S. 98 ff.; *Kessler*, Handbuch-Steuerplanung, 2003, S. 174 f.

IV. Länderübergreifender Vergleich der wichtigsten steuerlichen Standortkriterien

	Belgien	Dänemark	Deutschland	Frankreich	Großbritannien	Luxemburg	Niederlande	Österreich	Schweiz	Spanien (ETVE)
Steuersätze										
Regelsteuersatz KSt	33%	28%	25%	33,33%	30%	22%	31,5%	25%	8,5% Bund (Befreiung auf Kantons-/Gemeindeebene)	35%
Zusatzsteuer auf KSt	3%	-	5,5%	1,5% (und ggf. 3,3%)	-	4%	-	-	-	-
Kommunalsteuern	nein	nein	ja	ja	nein	ja	nein	ja	nein	ja
Substanzsteuer (außer Grundsteuern)	nein	nein	nein	nein	nein	ja	nein	nein	ja	nein

	Belgien	Dänemark	Deutsch-land	Frankreich	Großbri-tannien	Luxem-burg	Niederlan-de	Österreich	Schweiz	Spanien (ETVE)
Beteiligungsertragsbefreiung										
Methode	Abzugsme-thode	Freistellung	Freistellung	Freistellung	Anrechnung	Freistellung	Freistellung	Freistellung	Freistellung	Freistellung
Inlandsbeteiligungen	95%	100%	95%	95%	100%	100%	100%	100%	100%	100%
Auslandsbeteiligungen					begrenzte direkte und indirekte Anrechnung					
Mindestbeteiligung: - Inlandsgesellschaften - Auslandsgesellschaften	10% oder AK 1,2 Mio. Euro	20%	keine	5%	keine 10%	10% oder AK 1,2 Mio. Euro	5%	keine 10%	20% oder Verkehrs-wert 2 Mio. CHF	5% oder AK 6 Mio. Euro
Mindestbesitzdauer: - Inlandsgesellschaften - Auslandsgesellschaften	1 Jahr	1 Jahr	keine	bei Zeich-nung keine, bei Kauf 2 Jahre	keine	1 Jahr	keine	keine 10%	keine	1 Jahr
Subject to tax clause	ja	nein	nein	nein	ja	ja	ja	ja	nein	ja
Aktivitätsvorbehalt	nein	nein	nein	nein	nein	nein	ja	ja	nein	ja
Hinzurechnungsbesteuerung	nein	ja	ja	ja	ja	nein	nein	nein	nein	ja

	Belgien	Dänemark	Deutschland	Frankreich	Großbritannien	Luxemburg	Niederlande	Österreich	Schweiz	Spanien (ETVE)
Veräußerungsgewinnbefreiung										
Inlandsbeteiligungen	ja	ja	95%	ermäßigter Steuersatz (15% + Zuschläge)	ja	ja	ja	nein	ja	nein
Auslandsbeteiligungen								ja		ja
Mindestbeteiligung	keine	keine	keine	5% oder AK 22,8 Mio. Euro	10%	10% oder AK 6 Mio. Euro	5%	10%	20% oder Verkehrswert 2 Mio. CHF	5% oder AK 6 Mio. Euro
Mindestbesitzdauer	1 Jahr	3 Jahre	keine	2 Jahre	1 Jahr	1 Jahr	1 Jahr	1 Jahr	1 Jahr	1 Jahr
Weiterausschüttung										
Quellensteuer innerhalb der EU	0%, sofern Beteiligung mind. 25%, 1 Jahr (MTRL)	0%, sofern Beteiligung mind. 20%, 1 Jahr (MTRL)	0%, sofern Beteiligung mind. 20%, 1 Jahr (MTRL)	0%, sofern Beteiligung mind. 20%, 2 Jahre (MTRL)	-	0%, sofern Beteiligung mind. 10%, 1 Jahr (MTRL)	0%, sofern Beteiligung mind. 20%, 1 Jahr (MTRL)	0%, sofern Beteiligung mind. 10%, 1 Jahr (MTRL)	0%, sofern Beteiligung 25%, 2 Jahre (Zinsbesteuerungsabkommen der EU)	-
Quellensteuer bei qualifizierter Beteiligung (Nicht-EU)	5% bis 15%	0% bis 20%	0% bis 20%	0% bis 15%	-	5% bis 15%	0% bis 15%	0% bis 15%	0% bis 15%	-

	Belgien	Dänemark	Deutschland	Frankreich	Großbritannien	Luxemburg	Niederlande	Österreich	Schweiz	Spanien (ETVE)
Abzugsfähigkeit von Aufwand										
Finanzierungskosten	ja	ja	ja	nein	ja	soweit > Ertrag	ja	ja	nur auf Bundesebene	ja
debt-equity-ratio	7:1	4:1	1,5:1	1,5:1	keine Regel Praxis 1:1	85:15	3:1	keine Regelung Drittvergleich	7:3 bei Beteiligungen	3:1
Teilwert-AfA - ausschüttungsbedingt	nein	nein	nein	nein	nein	nein	nein	nein	nein	nein
- verlustbedingt				ja (Verrechnung mit Veräußerungsgewinnen)		ja	nur in der Anlaufphase	nur inländische Beteiligungen (über 7 Jahre verteilt)	ja	ja
Veräußerungsverluste abzugsfähig: - Inlandsbeteiligungen - Auslandsbeteiligungen	nein	ja (Haltedauer 3 Jahre)	nein	ja (< 2 Jahre)	nein (außer Beteiligung < 10%)	ja	nein, aber Liquidationsverluste	ja (über 7 Jahre verteilt) nein, aber Liquidationsverluste	ja	ja

	Belgien	Dänemark	Deutschland	Frankreich	Großbritannien	Luxemburg	Niederlande	Österreich	Schweiz	Spanien (ETVE)
Konsolidierung/ Organschaft										
Inland	Nein	ja	ja	ja	ja	ja	ja	ja	nein	ja
Ausland			nein		nein	nein	nein			nein
Verluste										
Verlustvortrag	unbegrenzt	unbegrenzt	unbegrenzt	unbegrenzt	unbegrenzt	unbegrenzt	unbegrenzt	unbegrenzt	7 Jahre	15 Jahre
Verlustrücktrag	nein	nein	1 Jahr	3 Jahre	3 Jahre	nein	3 Jahre	nein	nein	nein
DBA-Netzwerk										
Anzahl	83	74	75	112	110	47	81	68	83	61
Steuerklima										
rechtliche Stabilität	+	++	+	+	+	+++	+++	++	++	++

Abb. 56: Standortfaktorenkatalog[902]

[902] Tabelle in Anlehnung an *Kessler*, Holdinggesellschaften, 2002, S. 74 ff.; *Günkel*, WPg-Sonderheft 2003, S 56.

Literaturverzeichnis

Aigner, Dietmar/Aigner, Hans-Jörgen: Änderungen bei internationalen Schachtelbeteiligungen durch das österreichische Budgetbegleitgesetz 2003, in: IWB 2003, Fach 5 (Österreich), Gruppe 2, S. 587 - 592.

Althuber, Franz / Mang, Martin: Ausgewählte Fragen zur neuen Gruppenbesteuerung in Österreich, in: IWB 2004, Fach 5 (Österreich), Gruppe 2, S. 607 - 620.

Amann, Robert / Göttsche, Max / Stockmann, Frank: Aktuelle Änderungen im deutschen internationalen Steuerrecht, in: RIW 2003, S. 814 - 822.

Arndt, Hans-Wolfgang / Ringel, Elke: Inländische Holdinggesellschaften und § 42 AO, in: BB 1988, S. 2147 - 2153.

Baumgärtel, Martina / Perlet, Helmut [Standortfragen, 1994]: Standortfragen bei der Bildung von Holdinggesellschaften, in: *Maßbaum/Meyer-Scharenberg/Perlet* (Hrsg.): Die deutsche Unternehmensbesteuerung im europäischen Binnenmarkt, Neuwied u. a.: Luchterhand, 1994, S. 691 - 782.

Beck, Karin [Besteuerung von Beteiligungen, 2004]: Die Besteuerung von Beteiligungen an körperschaftsteuerpflichtigen Steuersubjekten im Einkommen- und Körperschaftsteuerrecht, Berlin: Duncker & Humblot, 2004.

Becker, Helmut / Wurm, Felix J. (Editors) [Treaty shopping, 1988]: Treaty Shopping, Deventer/Antwerpen u. a.: Kluwer, 1988.

Becker, Helmut [Erschleichung, 1985]: Erschleichung der Abkommensberechtigung durch Zwischenpersonen, in: *Vogel, Klaus* (Hrsg.): Grundfragen des Internationalen Steuerrechts, Köln: O. Schmidt, 1985, S. 171 - 193.

Bogenschütz, Eugen / Thibo, Frank: Erneute Änderung des § 8b KStG und weiterer Vorschriften betreffend den Eigenhandel von Banken und Finanzdienstleistern – Auswirkungen auf Unternehmen außerhalb der Kreditwirtschaft, in: DB 2001, S. 8 - 11.

Bogenschütz, Eugen [Unternehmenskauf, 2004]: Steuerliche Aspekte des Kaufs und Verkaufs inländischer Unternehmen durch Steuerausländer, in: Unternehmenskauf im Steuerrecht, hrsg. von *Harald Schaumburg,* Stuttgart: Poeschel, 2004.

Breuninger, Gottfried [JbFSt 1992/93]: Holdinggesellschaften, Organisation – Recht – Steuern, in: Jahrbuch der Fachanwälte für Steuerrecht 1992/93, hrsg. vom *DAI e.V.*, Herne/Berlin: NWB, 1993, S. 261 - 386.

Bühner, Rolf: Management-Holding in der Praxis, in: DB 1993, S. 285 - 290.

- Die schlanke Management-Holding, in: ZfO 1993, S. 11 - 19.

Bullinger, Patrick: Änderung der Mutter-Tochter-Richtlinie ab 2005: Erweiterung des Anwendungsbereiches und verbleibende Probleme, in: IStR 2004, S. 406 - 412.

Bünning, Martin / Slabon, Gerhard: Die Erzielung „kurzfristiger Eigenhandelserfolge“ im Sinne des § 8b Abs. 7 S.2 KStG durch Holdinggesellschaften und vermögensverwaltende Kapitalgesellschaften, in: DB 2003, S. 174 - 180.

Carlé, Thomas: Treaty Shopping – Erlangung von steuerlichen Vorteilen durch die Einschaltung (inaktiver) ausländischer Gesellschaften, in: KÖSDI 1999, S. 12056 - 12059.

Cloer, Adrian: Die Holding als vorgeschobene Person, in: PIStB 2005, S. 93 - 97.

Danelsing, Walter [AStG-Kommentar]: AStG-Kommentar, in: Blümich – EStG, KStG, GewStG Kommentar, hrsg. von *Klaus Ebling*, München: F. Vahlen, 85. Ergänzungslieferung, 2005.

Dänzer-Vanotti, Wolfgang: Methodenstreit um die den EG-Richtlinien konforme Auslegung, in: DB 1994, S. 1052 - 1055.

Dautzenberg, Norbert: Präzisierungen zur Mutter-Tochter-Richtlinie durch den EuGH, in: UM 2003, S. 174 - 176.

Del Val, Ignacio: Die Steuervorschriften Spaniens für Auslandsbeteiligungsholdings, in: IStR 2002, S. 518 - 520.

Desens, Marc: Die Besteuerung des Anteilseigners bei grenzüberschreitenden Gewinnausschüttungen – Überblick und Grundprobleme, in: IStR 2003, S. 613 - 621.

Dettmeier, Michael / Dörr, Ingmar: Geplante Änderungen der Unternehmensbesteuerung in den Regierungsentwürfen zum Richtlinien-Umsetzungsgesetz und EG-Amtshilfe-Anpassungsgesetz, in: BB 2004, S. 2382 - 2387.

Deutsches Anwaltsinstitut e.V. (Hrsg.): Jahrbuch der Fachanwälte für Steuerrecht 1994/1995, Herne/Berlin: NWB, 1995.

- Jahrbuch der Fachanwälte für Steuerrecht 1992/1993, Herne/Berlin: NWB, 1993.

Djanani, Christiana / Brähler, Gernot / Wesel, Katharina: Das „Körperschaftsteuer-Moratorium" oder die „Notbremse" des Fiskus, in: StB 2003, S. 284 - 288.

Dörr, Ingmar / Geibel, Stephan / Geißelmeier, Werner / Gemmel, Heiko / Krauß, Rolf G. / Schreiber, Susanne: Die neuen Regelungen zur Gesellschafter-Fremdfinanzierung, in: NWB 2004, Nr. 34, S. 1 - 93.

Dörr, Ingmar / Krauß, Rolf / Schreiber, Susanne: Quellensteuerbefreiung bei Lizenzgebühren auf Grund EG-Richtlinie: Wann handelt der Gesetzgeber?, in: IStR 2004, Heft 14, S. 469 - 475.

Dörr, Ingmar / Küppers, Christoph: Überblick über das Steuerrecht der Niederlande, in: IWB 2005, Fach 5 (Niederlande), Gruppe 2, S. 411 - 424.

Dötsch, Ewald / Pung, Alexandra: Die Neuerungen bei der Körperschaftsteuer und bei der Gewerbesteuer durch das Steuergesetzgebungspaket vom Dezember 2003 – Teil I: Die Änderungen insbes. des § 8a KStG, in: DB 2004, 91 - 100.

- Die Neuerungen bei der Körperschaftsteuer und bei der Gewerbesteuer durch das Steuergesetzgebungspaket vom Dezember 2003 – Teil 2: Die Änderungen insbesondere bei der Verlustnutzung und bei § 8b KStG, in: DB 2004, S. 151 - 154.

- Gesellschafter-Fremdfinanzierung: Das Einführungsschreiben zu § 8a KStG vom 15.7.2004, in: DB 2004, S. 1683 - 1691.

Dreßler, Günter [Gewinnverlagerungen, 2000]: Gewinn- und Vermögensverlagerungen in Niedrigsteuerländer und ihre steuerliche Überprüfung, 3. Auflage, Neuwied/Kriftel/Berlin: Luchterhand, 2000.

Dreyer, Gerhard / Herrmann, Harald: Besteuerung des Eigenhandels nach § 8b Abs. 7 KStG, in: DStR 2002, S. 1837 - 1841.

Ebling, Klaus (Hrsg.): Blümich – EStG, KStG, GewStG, Nebengesetze – Kommentar, München: F. Vahlen, 85. Ergänzungslieferung, 2005.

Ehlert, Harald [Unternehmensbesteuerung, 2004]: Unternehmensbesteuerung bei Auslandsinvestitionen, Frankfurt: F.A.Z.-Institut für Management, 2004.

Eilers, Stefan / Schmidt, Richard: Der Holdingstandort Deutschland nach der Steuerreform, in: FR 2001, S. 8 - 25.

Eilers, Stephan / Schmidt, Richard: Die Steuerbefreiung von Dividenden und Veräußerungsgewinnen nach § 8b KStG Praxis-Kommentierung zum BMF-Schr. v. 28.4.2003 zur Anwendung des § 8 b KStG 2002 und zu Auswirkungen auf die Gewerbesteuer, in: GmbHR 2003, S. 613 - 644.

- Der Holdingstandort Deutschland nach der Steuerreform, in: FR 2001, S. 8 - 25.

Eilers, Stephan [Unternehmenskauf, 2004]: Unternehmensveräußerung durch Kapitalgesellschaften, in: Unternehmenskauf im Steuerrecht, hrsg. von *Harald Schaumburg,* Stuttgart, Poeschel, 2004.

Endres, Dieter / Dorfmüller, Pia: Holdingstrukturen in Europa, in: PIStB 2001, S. 94 - 103.

Endres, Dieter: Möglichkeiten und Grenzen der Steuerplanung mit der neuen Europa-AG, in: PIStB 2004, S. 253 - 255.

- Steuerreformpaket 2004 – Teil II: Beteiligungserträge im Konzern nach „Korb II", in: PIStB 2004, S. 47 - 50.

- Internationaler Vergleich von Konsolidierungs- und Organschaftsvorschriften, in: WPg-Sonderheft 2003, S35 - S40.

- [Steuerplanung, 2003]: Reduktion der Konzernsteuerquote durch internationale Steuerplanung, in: Internationale Steuerplanung – Beiträge zu einer Ringveranstaltung an der Universität Göttingen im Sommersemester 2003, hrsg. von *Andreas Oestreicher,* Herne/Berlin, NWB, 2003.

- Typische Holdingstrukturen anhand von Beispielfällen, WPg-Sonderheft 2003, S56 – S63.

- Der Steuerstandort Deutschland nach dem Steuerentlastungsgesetz für ausländische Unternehmen mit Inlandsaktivitäten, in: WPg 2000, S. 96 - 104.

Erle, Bernd / Sauter, Thomas (Hrsg.): Heidelberger Kommentar zur Gesellschafter-Fremdfinanzierung, Heidelberg: C.F. Müller, 2004.

Everling, Wolfgang: Die Stabsstelle "Beteiligungsverwaltung" in großen Unternehmen, in: ZfO 1979, S. 435 - 443.

Fischer, Lutz (Hrsg.): Internationaler Unternehmenskauf und -zusammenschluss im Steuerrecht, Köln: O. Schmidt, 1992 (Forum der internationalen Besteuerung, Band 1).

Fischer, Lutz/Kleineidam, Hans-Jochen/Warneke, Perygrin [Steuerlehre, 2005]: Internationale Betriebswirtschaftliche Steuerlehre, 5. Auflage, Berlin: E. Schmidt, 2005.

Flick, Hans [FS F. Klein, 1994]: Missbrauchsgesetzgebung contra Steuerumgehung, in: *Kirchhof, Paul* (Hrsg.): Steuerrecht, Verfassungsrecht, Finanzpolitik, Festschrift für Franz Klein, Köln, 1994.

- Unternehmensplanung für den europäischen Binnenmarkt, in: DStR 1989, S. 557 – 561.

Förster, Guido / Lange, Carsten: Steuerliche Aspekte der Gründung einer Europäischen Aktiengesellschaft (SE), in: DB 2002, S. 288 - 294.

Förster, Guido / Ott, Hans [Steuerforum, 2004]: Steuerforum 2004 – Steueränderungen bei Kapitalgesellschaften und Rechtsformwahl, Stuttgart: Boorberg, 2004.

Füger, Rolf [Handbuch-Steuerplanung, 2003]: Probleme und Zweifelsfragen der Missbrauchsvorschriften bei beschränkter Steuerpflicht, in: Handbuch der internationalen Steuerplanung, hrsg. von *Siegfried Grotherr*, Herne/Berlin: NWB, 2003.

Gahleitner, Gerald / Furherr, Gebhard: Die österreichische Gruppenbesteuerung und Einsatzmöglichkeiten zur Senkung der Konzernsteuerquote, in: Der Konzern 2005, S. 129 - 139.

Geiger, Uli: Die Ertragsbesteuerung der Konzernunternehmung in Frankreich im Rahmen der Zusammenveranlagung nach dem beschränkten Einheitskonzept, in: IWB 2003, Fach 5 (Frankreich), Gruppe 2, S. 1335 - 1340.

Göttsche, Max / Stangl Ingo: Steuerliche Verwertung ausländischer Betriebsstättenverluste in Österreich, in: IWB 2004, Fach 5 (Österreich), Gruppe 2, S. 625 - 632.

Grotherr, Siegfried (Hrsg.): Handbuch der internationalen Steuerplanung, 2. Auflage, Herne/Berlin: NWB, 2003.

- [Handbuch-Steuerplanung, 2003]: Grundlagen der internationalen Steuerplanung, in: Handbuch der internationalen Steuerplanung, hrsg. von *Siegfried Grotherr*, Herne/Berlin: NWB, 2003.

- Besteuerungsfragen und -probleme bei der Einschaltung inländischer Holdinggesellschaften im grenzüberschreitenden Konzern, in: BB 1995, S. 1510 - 1517 (Teil I), S. 1561 - 1569 (Teil II).

Günkel, Manfred: Standortwahl für eine europäische Holdinggesellschaft, in: WPg-Sonderheft 2003, S40 - S56.

- [IDW-Steuertagung, 1994]: Standortwahl unter europäischen Staaten: Belgien-Großbritannien-Luxemburg-Niederlande, in: Bericht über die Steuerfachtagung 1993 des IDW, Düsseldorf: IDW-Verlag, 1994, S. 39 - 87.

Haarmann, Wilhelm: Gesellschafts- und Zivilrecht bei Holdingstrukturen, WPg-Sonderheft 2003, S75 - S80.

- Holding und Außensteuerrecht, in: WPg-Sonderheft 2003, S67 - S75.

- (Hrsg.): Finanzierungen, Ausschüttungen und Nutzungsüberlassungen im Internationalen Steuerrecht, Köln: O. Schmidt, 1999.

Haas, Wolfgang [Unternehmenskauf, 2004]: Steuerliche Aspekte des Kaufs und Verkauf ausländischer Unternehmen durch Steuerinländer, in: Unternehmenskauf im Steuerrecht, hrsg. von *Harald Schaumburg,* Stuttgart: Poeschel, 2004.

- Die Gewerbesteuerpflicht von Dividenden aus Streubesitz nach § 8 Nr. 5 GewStG und ihre Auswirkungen auf 100%-Beteiligungen, in: DB 2002, S. 549 - 553.

Haase, Florian F.: Personengesellschaften als Organträger – Zweifelsfragen bei der Auslegung des § 14 Abs. 1 Nr. 2 KStG n. F., in: DB 2004, S. 1580 - 1584.

Hacht, Wolfgang v. [Steuerpolitik, 1998]: Internationale Steuerpolitik, in: *Schoppe, S.* (Hrsg.), Kompendium der Internationalen Betriebswirtschaftslehre, 4. Auflage, München/Wien: Oldenbourg, 1998.

Hakelmacher, Sebastian: Hält die Holding, was von ihr gehalten wird?, in: WPg 1992, S. 122 - 127.

Halla-Villa Jimenez, Natalie J. : Wahl der geeigneten Holdingstruktur – eine rechtsvergleichende Analyse der Holdingstandorte Spanien, Deutschland, Österreich und Luxemburg, in: RIW 2003, S. 589 - 598.

- Die spanische Holdinggesellschaft (ETVE), in: IWB 2003, Fach 5 (Spanien), Gruppe 2, S. 283 - 288.

Häuselmann, Holger / Ludemann, Matthias: Besteuerung von verbundenen Unternehmen: Richtlinien-Umsetzungsgesetz und EG-Amtshilfe-Anpassungsgesetz, in: RIW 2005, S. 123 - 130.

Hebig, Michael [Lexikon, 1994]: Steuerpolitik, betriebliche, in: *Wacker, Wilhelm* (Hrsg.), Lexikon der deutschen und internationalen Besteuerung, 3. Auflage, München: Vahlen, 1994.

Helminen, Marjaana: Dividend equivalent benefits and the concept of profit distribution of the EC Parent-Subsidiary Directive, in: EC Tax Review 2000, S. 161-171.

Henkel, Udo: Die deutsche Zwischenholding nach dem Standortsicherungs gesetz, in: DB 1993, S. 893 - 898.

Hernler, Jörg: ETAS – European Tax Allocation System, ein Lösungsvorschlag für eine einheitliche Ertragsbesteuerung Europäischer Unternehmen, in: DB 2003, S. 60 - 65.

Herzig, Norbert / Wagner, Thomas: Die Besteuerung von Auslandsengagements spanischer Holdinggesellschaften: Erweitertes Holdingprivileg, Hinzurechnungsbesteuerung und Gestaltungsmöglichkeiten, in: IStR 2003, S. 222 - 228.

- Aktuelle Entwicklungen bei § 8b KStG und § 3c EStG, in: DB 2003, S. 1459 - 1468.

- Gestaltung der Konzernsteuerquote – eine neue Herausforderung für die Steuerberatung?, in: WPg-Sonderheft 2003, S80 - S92.

- Steuergestaltung im Binnenmarkt, in: DB 1993, S. 1 - 15.

Hey, Johanna: Perspektiven der Unternehmensbesteuerung in Europa, in: StuW 2004, S. 193 - 211.

Hierstetter, Felix: Nacherhebung von Abzugsteuer und Erstattung nach § 50d Abs. 1 EStG, in: FR 2003, S. 1219 - 1228.

Hintzen, Brigitte: Die Zwischenholding als Strukturelement internationaler Konzerne, in: DStR 1998, S. 1319 - 1324.

Hirschler, Klaus / Schindler, Clemens Philipp: Die österreichische Gruppenbesteuerung als Vorbild für Europa, in: IStR 2004, S. 505 - 512.

Höfer, Birgit: Luxemburger Steueränderungen 2002, in: IStR 2002, S. 368 - 372.

Hoffmann, Wolf-Dieter [Handbuch-Steuerplanung, 2003]: Steueroptimales Ausschüttungsverhalten und Repatriierungsstrategien, in: Handbuch der internationalen Steuerplanung, hrsg. von *Siegfried Grotherr*, Herne/Berlin: NWB, S. 503 - 521.

Hohenlohe, Franz Prinz zu / Heurung, Rainer / Rautenstrauch, Gabriele: Gesellschafts- oder anteilsbezogene Betrachtung von einer Holdingkapitalgesellschaft nachgeordneten Gesellschaften i.S. des § 8a Abs. 4 Satz 2 KStG?, in: BB 2005, S. 801 - 805.

Höppner, Horst-Dieter [Doppelbesteuerungsabkommen, 1999]: Nutzung von Doppelbesteuerungsabkommen, in: Finanzierungen, Ausschüttungen und Nutzungsüberlassungen im Internationalen Steuerrecht, hrsg. von *Wilhelm Haarmann,* Köln: O. Schmidt, 1999.

International Fiscal Bureau of Fiscal Documentation (IBFD) (Hrsg.): European Tax Handbook 2005, Amsterdam: IBFD Publications, 2005.

Jacobs, Otto H. [Steuersysteme, 2005]: Steuersysteme, Steuerbelastungen und Steuerwirkungen, in: Internationale Steuerplanung, hrsg. von *Andreas Oestreicher*, Herne/Berlin: NWB, 2005, S. 21 - 57.

- [Unternehmensbesteuerung, 2002]: Internationale Unternehmensbesteuerung, 5. Auflage, München: C.H. Beck, 2002.

- [Rechtsform, 2002]: Unternehmensbesteuerung und Rechtsform – Handbuch zur Besteuerung deutscher Unternehmen, 3. Auflage, München: C.H. Beck, 2002.

- [Steuerplanung, 2003]: Vergleichende Analyse der Steuerbelastung von Unternehmen in Europa und den USA, in: Internationale Steuerplanung – Beiträge zu einer Ringveranstaltung an der Universität Göttingen im Sommersemester 2003, hrsg. von *Andreas Oestreicher,* Herne/Berlin: NWB, 2003.

- [Unternehmensbesteuerung, 2002]: Internationale Unternehmensbesteuerung, 5. Auflage, München: C.H. Beck, 2002.

Jonas, Bernd [Handbuch-Steuerplanung, 2003]: Die Steuerkonsolidierung als Instrument der internationalen Konzernsteuerplanung, in: Handbuch der internationalen Steuerplanung, hrsg. von *Siegfried Grotherr*, Herne/Berlin: NWB, S. 187 - 192.

- [Holdinggesellschaften, 2002]: Finanzierung von Holdinggesellschaften, in: Holdinggesellschaften im internationalen Steuerrecht, hrsg. von *Harald Schaumburg / Detlev J. Piltz*, Köln: O. Schmidt, 2002, S. 179 - 193.

Kaminski, Bert / Strunk, Günther: Die steuerliche Behandlung von Aufwand im Zusammenhang mit Kapitalgesellschaftsbeteiligungen nach Änderung des § 8b KStG zum 1.1.2004, in: BB 2004, S. 689 - 695.

Kaminski, Bert / Strunk, Günther: Die steuerliche Behandlung von Aufwand im Zusammenhang mit Kapitalgesellschaftsbeteiligungen nach Änderung des § 8b KStG zum 1.1.2004, in: BB 2004, S. 689 - 695.

Keller, Thomas [Holding-Handbuch, 2004]: Die Führung der Holding, in: Holding-Handbuch, hrsg. von *Marcus Lutter*, Köln: O. Schmidt, 2004, S. 121 - 174.

- [Unternehmensführung, 1993]: Unternehmensführung mit Holdingkonzepten, 2. Auflage, Köln: Wirtschaftsverlag Bachem, 1993.

Kellersmann, Dietrich / Treisch, Corinna [Unternehmensbesteuerung, 2002]: Europäische Unternehmensbesteuerung, Wiesbaden: Gabler, 2002.

Kerssenbrock, Otto-Ferdinand: § 8b Abs. 5 KStG nach der "Lankhorst-Hohorst"-Entscheidung des EuGH, in: BB 2003, S. 2148 – 2157.

Kessler, Wolfgang / Dorfmueller, Pia: Holdingstandort Großbritannien – eine attraktive Alternative?, in: IStR 2003, S. 228 - 235.

Kessler, Wolfgang / Kahl, Ilona: Gewerbesteuer auf Nicht-Schachteldividenden - Ausgabe i. S. des § 3c EStG n. F.?, in: DB 2002, S. 1017 - 1020.

Kessler, Wolfgang [Handbuch-Steuerplanung, 2003]: Grundlagen der Steuerplanung mit Holdinggesellschaften, in: Handbuch der internationalen Steuerplanung, hrsg. von *Siegfried Grotherr*, Herne/Berlin: NWB, S. 159 - 185.

- [Holdingstandorte, 2002]: Internationale Holdingstandorte, in: Holdinggesellschaften im internationalen Steuerrecht, hrsg. von *Schaumburg / Piltz,* Köln: O. Schmidt, 2002.

- [Holdinggesellschaften, 2002]: Internationale Holdingstandorte, in: Holdinggesellschaften im internationalen Steuerrecht, hrsg. von *Harald Schaumburg / Detlev J. Piltz*, Köln: O. Schmidt, 2002, S. 67 – 108.

- [Euro-Holding, 1996]: Die Euro-Holding, München: Beck, 1996.

- Holdingstandort Luxemburg, in: IStR 1995, S. 11 - 16.

Kirchhof, Paul: Steuerumgehung und Auslegungsmethoden, in: StuW 1983, S. 173 - 183.

Knobbe-Keuk, Brigitte: Die beiden Unternehmenssteuerrichlinien, in: EuZW 1992, S. 336 - 343.

- The EC tax corporate tax directives, in: Intertax 1992, S. 485 - 494.

Knobbe-Keuk/Klein/Moxter (Hrsg.): Handelsrecht und Steuerrecht, Festschrift für Georg Döllerer, Düsseldorf: IDW-Verlag, 1988.

Köhler, Stefan: Diskussionsforum Unternehmenssteuerreform: Auswirkungen der steuerlichen Änderungen auf deutsche Auslandsinvestitionen, in: DStR 2000, Heft 15, S. 613 - 620.

- Unternehmenssteuerreform 2001: Auswirkungen des Steuersenkungsgesetz auf deutsche Auslandsinvestitionen, in: DStR 2000, S. 1849 - 1857.

Kolb, Andreas: Übergang der Schweiz zum Verfahren der Entlastung an der Quelle bei Dividenden im Mutter-Tochter-Verhältnis, in: IWB 2005, Fach 5 (Schweiz), Gruppe 2, S. 587 - 590.

Kraft, Gerhard: Auslegungs- und Anwendungsprobleme der speziellen Mißbrauchsklausel des § 50d Abs. 1a EStG zur Verhinderung von "Treaty Shopping" bzw. "Directive Shopping", in: IStR 1994, S. 370 - 377.

- [DBA-Mißbrauch, 1991]: Die mißbräuchliche Inanspruchnahme von Doppelbesteuerungsabkommen, Heidelberg: C.F. Müller, 1991 (zugl. Diss. jur. Univ. Mannheim 1990).

Krawitz, Norbert / Büttgen, Dagmar/Hick, Christian: Zwischenholdinggesellschaften inländisch beherrschter internationaler Konzerne unter dem Einfluss der Reformen des Unternehmenssteuerrechts, in: WPg 2002, S. 85 - 103.

- Auswirkungen der Unternehmensteuerreform auf den Holdingstandort Deutschland aus der Sicht eines ausländischen Investors am Beispiel Großbritanniens (Teil 1), in: IStR 2001, S. 626 - 632.

- Auswirkungen der Unternehmensteuerreform auf den Holdingstandort Deutschland aus der Sicht eines ausländischen Investors am Beispiel Großbritanniens (Teil 2), in: IStR 2001, S. 658 - 662.

Kußmaul, Heinz / Zabel, Michael: Auswirkungen der Änderungen der §§ 8b und 15 KStG durch das Gesetz zur Umsetzung der Protokollerklärung der Bundesregierung zur Vermittlungsempfehlung zum Steuervergünstigungsabbaugesetz („Korb II"), in: BB 2004, S. 577 - 580.

Laudan, Dieter [Handbuch-Steuerplanung, 2003]: Wahl der Sitzstaaten von Konzerngesellschaften als steuerliches Entscheidungsproblem, in: Handbuch der internationalen Steuerplanung, hrsg. von *Siegfried Grotherr*, Herne/Berlin: NWB, S. 123 - 137.

Lehner, Moris (Hrsg.): Doppelbesteuerungsabkommen der Bundesrepublik Deutschland auf dem Gebiet der Steuern vom Einkommen und Vermögen, Kommentar auf der Grundlage der Musterabkommen, 4. Auflage, München: C.H. Beck, 2003.

Littich Wolfram u. a. [Holding 1993]: Holding, Wien: Linde Verlag, 1993.

Lohuis, Heiko / Moons, Peter: Neue Auskunfts- und Verrechnungspreisrichtlinien in den Niederlanden, in: IStR 2001, S. 703 - 707.

Lüdicke, Jürgen (Hrsg.): Deutsches Steuerrecht im europäischen Rahmen, Köln: O. Schmidt, 2004.

Ludwig, Hubertus: Die Auflösung ausländisch beherrschter schweizerischer Zwischenholdinggesellschaften, in: PIStB 2004, S. 156 - 162.

Lühn, Andreas: Körperschaftsteuerpflichtige Personengesellschaften in der EU - eine attraktive Alternative zur Kapitalgesellschaft nach der Änderung der Mutter-Tochter-Richtlinie?, in: IWB vom 26.05.2004, Fach 11, Europäische Gemeinschaft, Gruppe 2, S. 635 - 650.

Lutter, Marcus (Hrsg.): Holding-Handbuch, Köln : 0. Schmidt, 2004.

- [Holding-Handbuch, 2004]: Begriff und Erscheinungsformen der Holding, in: Holding-Handbuch, hrsg. von *Marcus Lutter*, Köln: O. Schmidt, 2004, S. 1 - 29.

Mandler, Udo: Grundprobleme internationaler Unternehmensbesteuerung, SteuerStud 2003, S. 91 - 100.

Marquard, Josef / Kläs, Friedhelm: Grenzüberschreitende Kooperation von Unternehmen am Beispiel Deutschlands und Luxemburgs, in: DB 1992, S. 1951 - 1954.

Marsch-Barner, Reinhard [Holding-Handbuch, 2004]: Die Holding-SE, in: Holding-Handbuch, hrsg. von *Marcus Lutter*, Köln: O. Schmidt, 2004, S. 933 - 967.

Maßbaum, Michael / Meyer-Scharenberg, Dirk / Perlet, Helmut (Hrsg.): Die deutsche Unternehmensbesteuerung im europäischen Binnenmarkt, Neuwied u. a.: Luchterhand, 1994.

Menck, Thomas: [AStG-Kommentar]: AStG-Kommentar, in: Blümich – EStG, KStG, GewStG und Nebengesetze – Kommentar, hrsg. von *Klaus Ebling*, München: F. Vahlen, 85. Ergänzungslieferung, 2005.

- [KStG-Kommentar, 2005]: KStG-Kommentar, in: Blümich – EStG, KStG, GewStG und Nebengesetze – Kommentar, hrsg. von *Klaus Ebling*, München: F. Vahlen, 85. Ergänzungslieferung, 2005.

- Unternehmensbesteuerung in Europa – ein Strategie-Papier der EG-Kommission, in: FR 2002, S. 269 - 273.

- Der internationale Wettbewerb der Steuerrechte und der Standort Deutschland, in: IStR 1993, S. 565 - 567.

Mennel, Annemarie / Förster, Jutta (Hrsg.): Steuern in Europa, Amerika und Asien, Herne/Berlin: NWB, 1980/2005 (Loseblattausgabe, Stand 57. Lieferung).

Mensching, Oliver: Holdinggesellschaft als Finanzunternehmen i.S. des § 1 Abs. 3 KWG, in: DB 2002, S. 2347 - 2349.

Merten, Hans-Lothar [Standortverlagerung, 2004]: Standortverlagerung – Durch Brückenschlag ins Ausland und Steuern und Kosten sparen, Wiesbaden: Gabler, 2004.

Mihaly, Zoltan: Strategies for the Use of a Euroholding Company by a U.S. Multinational, in: Tax Planning International Review 1993 (TPIR), S. 9 - 18.

Milatz, Jürgen: Steuerfreiheit von Anteilsveräußerungen durch vermögensverwaltende Beteiligungsgesellschaften, in: BB 2001, S. 1066 - 1073.

Mitsch, Bernd: Holding und Organschaft als Gestaltungsinstrumente in mittelständischen Strukturen Teil I, in: INF 2003, S. 424 - 428 und S. 467 - 473.

Müller, Mathias H.: Industrielle Holdinggesellschaften – Behandlung des Eigenkapitals von Anteilen an Kapitalgesellschaften entsprechend § 8b Abs. 7 KStG, in: BB 2003, S. 1309 - 1314.

Narraina, Laurens / Tas, Maarten / Paquet, Evelyne : Steuerrechtsänderungen und DBA-Entwicklungen in Belgien, in : IWB 2004, Fach 5 (Belgien), Gruppe 2, S. 243 - 258.

Neumann, Steffen [Entwicklung der Steuergesetzgebung, 2005]: Die Entwicklung der Steuergesetzgebung unter dem Einfluss des Binnenmarktes, in: Internationale Steuerplanung, hrsg. von *Andreas Oestreicher*, Herne/Berlin: NWB, 2005, S. 225 - 256.

Oestreicher, Andreas (Hrsg.): Internationale Steuerplanung, Herne/Berlin: NWB, 2005.

Orth, Manfred: Geschäftsleitende Holding-Personengesellschaft als Organträger, in: DB 2005, S. 741 - 743.

- Verlustnutzung bei Organschaft, in: WPg-Sonderheft 2003, S13 - S35.

- Stiftungen und Unternehmenssteuerreform, in: DStR 2001, S. 325 - 337.

Peters, Wulf [Holdinggesellschaften, 1999]: Die Besteuerung von internationalen Holdinggesellschaften unter volkswirtschaftlichen Aspekten – dargestellt unter Bezugnahme auf jüngere deutsche Steuerrechtsänderungen, Friedland: Klaus Bielefeld Verlag, 1999 (zugl. Diss.rer.pol., Univ. Hamburg).

Piltz, Detlev: Doppelbesteuerungsabkommen und Steuerumgehung unter besonderer Berücksichtigung des treaty-shopping, in: BB 1987, Beilage 14.

Prinz, Ulrich / Simon, Stefan: Kuriositäten und Ungereimtheiten des UntStFG: Ungewollte Abschaffung des gewerbesteuerlichen Schachtelprivilegs für Kapitalgesellschaften?, in: DStR 2002, S. 149 - 152.

Prinz, Ulrich, [Unternehmenskauf, 2004]: Steuerorientierte Kaufpreisfinanzierung, in: Unternehmenskauf im Steuerrecht, hrsg. von *Harald Schaumburg,* Stuttgart: Poeschel, 2004.

- [Gesellschafterfremdfinanzierung, 2003]: Grenzüberschreitenden Gesellschafterfremdfinanzierung von inländischen Kapitalgesellschaften, in: Handbuch der internationalen Steuerplanung, hrsg. von *Siegfried Grotherr*, Herne/Berlin: NWB, S. 665 - 703.

- [JbFSt 1994/1995]: Realisierung eines Holdingkonzepts, in: Jahrbuch der Fachanwälte für Steuerrecht 1994/1995, hrsg. vom *DAI e.V.*, Herne/Berlin: NWB, 1995, S. 391 - 401.

- Holdinggesellschaften, in: Jahrbuch der Fachanwälte für Steuerrecht 1992/93, hrsg. vom DAI e. V., Herne/Berlin: NWB 1993, S. 261 ff.

Prokisch, Rainer [DBA-Kommentar, 2003]: in: Doppelbesteuerungsabkommen der Bundesrepublik Deutschland auf dem Gebiet der Steuern vom Einkommen und Vermögen, Kommentar auf der Grundlage der Musterabkommen, 4. Auflage, hrsg. von *Moris Lehner*, München: C.H. Beck, 2003.

Pyszka, Tillmann / Brauer, Michael: Einschränkung der Steuerbefreiung von Dividenden und Veräußerungsgewinnen bei Holdinggesellschaften (§ 8b Abs. 7 KStG), in: BB 2002, S. 1669 - 1674.

Pyszka, Tillmann: Einschränkung der Freistellung von Dividenden und Veräußerungsgewinnen gemäß § 8b Abs. 7 KStG bei Zwischenschaltung von Personengesellschaften, in: BB 2002, S. 2049 - 2051.

Raupach, Arndt: Der international tätige Spartenkonzern, in: IStR 1993, S. 194 - 200.

- [JbFSt 1992/93]: Holdinggesellschaften, Organisation – Recht – Steuern, in: Jahrbuch der Fachanwälte für Steuerrecht 1992/93, hrsg. vom *DAI e.V.*, Herne/Berlin: NWB, 1993, S. 261 - 386.

- [Unternehmensorganisation, 1988]: Einfluss der Unternehmensorganisation auf die Besteuerung, in: Handelsrecht und Steuerrecht, Festschrift für Georg Döllerer, hrsg. von *Knobbe-Keuk/Klein/Moxter*, Düsseldorf: IDW-Verlag, 1988, S. 495 - 513.

Riedweg, Peter: Die Schweizer Holding nach der Reform im internationalen Vergleich, in: IStR 1998, S. 585 - 594.

Rödder, Thomas / Schumacher, Andreas: Das BMF-Schreiben zu § 8b, in: DStR 2003, S. 909 - 916.

- Keine Anwendung des § 3c Abs. 1 EStG bei Organschaft, in: DStR 2002, S. 1163 - 1165.

Rödder, Thomas: Unternehmenspolitische und im Steuerrecht begründete Grenzen der Steuerplanung, in: FR 1988, S. 355 - 360.

Rogall, Matthias: Die Belastung von Dividenden und Veräußerungsgewinnen im Konzern nach den beabsichtigten Neuerungen des § 8b Abs. 3 und 5 KStG, in: DB 2003, S. 2185 - 2188.

Rose, Gerd / Glorius-Rose, Cornelia: Bemerkungen zur aktuellen Missbrauchsrechtssprechung (§ 42 AO) des BFH, in: DB 2003, S. 409 – 413.

Rosenbach, Georg [Holding-Handbuch, 2004]: Steuerliche Parameter für die internationale Standortwahl und ausländische Holdingstandorte, in: Holding-Handbuch, hrsg. von *Marcus Lutter*, Köln: O. Schmidt, 2004, S. 968 - 1045.

- Aktuelle Entwicklungen bei der Holdingbesteuerung in der EU, in: PIStB 2004, S. 169 - 174.

- Organschaft und Holding – Zweifelsfragen zu §§ 8b KStG und 3c EStG, WPg-Sonderheft 2003, S3 - S13.

- Die grenzüberschreitende Verschmelzung der Europäischen Aktiengesellschaft, in: PIStB 2003, S. 323 - 328.

- [Verlustnutzung, 2003]: Planungsmaßnahmen zur steuerlichen Verlustnutzung im Konzern, in: Handbuch der internationalen Steuerplanung, hrsg. von *Siegfried Grotherr*, Herne/Berlin: NWB, S. 293 - 322.

Rubbens, Bart/ Stevens, Ton [Handbuch-Steuerplanung, 2003]: Möglichkeiten und Grenzen des Tax-Rulings in den Niederlanden im Rahmen der internationalen Steuerplanung, in: Handbuch der internationalen Steuerplanung, hrsg. von *Siegfried Grotherr*, Herne/Berlin: NWB, S. 1755 - 1768.

Ruding-Ausschuss (Hrsg.): Die Schlussfolgerungen und Empfehlungen des Ruding-Ausschusses, in: DB 1992, Beilage 5.

Runge, Berndt [Handbuch-Steuerplanung, 2003]: Die DBA-eigenen Abwehrklauseln als Schranke der internationalen Steuerplanung, in: Handbuch der internationalen Steuerplanung, hrsg. von *Siegfried Grotherr*, Herne/Berlin: NWB, S. 1709 - 1723.

Saß, Gerd: Die geänderte steuerliche EU-Fusionsrichtlinie vom 17.2.2005, in: DB 2005, S. 1238 - 1240.

- Neuere Entwicklungen bei Mutter-/Tochter-Beziehungen in der EG, in: DB 1994, S. 1589 - 1596.

Saunders, Roy: Principles of International Tax Planning, in: Tax Planning International Review 1991, S. 22 - 25.

Schänzle, Thomas [Steuerorientierte Gestaltung, 2000]: Steuerorientierte Gestaltung internationaler Konzernstrukturen, Köln: Josef EUL Verlag, 2000 (zugl. Diss.rer.pol., European Business School 2000).

Schaumburg, Harald / Jesse, Lenhard [Holding-Handbuch, 2004a]: Die nationale Holding aus steuerrechtlicher Sicht, in: Holding-Handbuch, hrsg. von *Marcus Lutter*, Köln: O. Schmidt, 2004, S. 637 - 846.

- [Holding-Handbuch, 2004b]: Die internationale Holding aus steuerrechtlicher Sicht, in: Holding-Handbuch, hrsg. von *Marcus Lutter*, Köln: O. Schmidt, 2004, S. 847 - 931.

Schaumburg, Harald / Piltz, Detlev J. (Hrsg.): Veräußerungsgewinne im internationalen Steuerrecht, Köln: O. Schmidt, 2004.

- Holdinggesellschaften im internationalen Steuerrecht, Köln: O. Schmidt, 2002.

Schaumburg, Harald (Hrsg.): Unternehmenskauf im Steuerrecht, 3. Auflage, Stuttgart: Poeschel, 2004.

- [Holdinggesellschaften, 2002]: Steuerliche Gestaltungsziele in- und ausländischer Holdinggesellschaften, in: Holdinggesellschaften im internationalen Steuerrecht, hrsg. von *Harald Schaumburg / Detlev J. Piltz*, Köln: O. Schmidt, 2002, S. 1 - 65.

Scheffler, Eberhard [Holding-Handbuch, 2004]: Vor- und Nachteile der Holding, in: Holding-Handbuch, hrsg. von *Marcus Lutter*, Köln: O. Schmidt, 2004, S. 30 – 42.

- [Konzernmanagement, 2005]: Konzernmanagement – Betriebswirtschaftliche und rechtliche Grundlagen der Konzernführungspraxis, 2. Auflage, München: Vahlen, 2005.

Scheuchzer, Marco [Konzernbesteuerung, 1994]: Konzernbesteuerung in der Europäischen Union, Bielefeld: E. Schmidt, 1994 (zugl. Diss.rer.pol., Univ. Göttingen, 1993).

Schneeloch, Dieter [Steuerpolitik, 2002]: Besteuerung und betriebliche Steuerpolitik, 2. Auflage, München: Vahlen, 2002.

Schön, Wolfgang: Gestaltungsmissbrauch im europäischen Steuerrecht, in: IStR 1996, Beilage 2/96.

Schönfeld, Jens [Hinzurechnungsbesteuerung, 2005]: Hinzurechnungsbesteuerung und Europäisches Gemeinschaftsrecht, Köln: O. Schmidt, 2005.

Schramm, Carsten: Ertragsteuerlicher Vergleich der Holdingstandorte Deutschland und Frankreich bei einem deutsch-französischen Unternehmenszusammenschluss, in: RIW 2002, S. 852 - 864.

Schreiber, Ulrich: Unternehmensbesteuerung im Binnenmarkt. Angleichung der Gewinnermittlung und des Satzes der Körperschaftsteuer?, in: StuW 2004, S. 212 - 226.

- Unternehmensbesteuerung im Europäischen Binnenmarkt, in: StuW 1994, S. 238 - 254.

Schulze, Isolde: Änderungen in der dänischen Konzernbesteuerung, in: IWB 2005, Fach 5 (Dänemark), Gruppe 2, S. 163 - 164.

Schumacher, Andreas [Europäische Aktiengesellschaft, 2005]: Die Europäische Aktiengesellschaft – Perspektiven der grenzüberschreitenden Strukturierung, in: Internationale Steuerplanung, hrsg. von *Andreas Oestreicher*, Herne/Berlin: NWB, 2005, S. 257 - 279.

- [Veräußerung von Anteilen, 2004]: Veräußerung von Anteilen an Kapitalgesellschaften, in: Veräußerungsgewinne im Internationalen Steuerrecht, hrsg. von *Harald Schaumburg / Detlev J. Piltz*, Köln: O. Schmidt, 2004, S. 1 - 28.

Selling, Heinz-Jürgen: Ausländische Holding, Vermögens- und Dienstleistungsgesellschaften im Licht des § 42 AO, in: RIW 1991, S. 235 - 241.

- Die Abschirmwirkung ausländischer Basisgesellschaften gegenüber dem deutschen Fiskus, in: DB 1988, S. 930 - 936.

Semmler, Ernst: Änderungen bei der Körperschaftsteuer – Konsequenzen aus der Umsetzung der Mutter-Tochter-Richtlinie und der Zinsen- und Lizenzgebühren-Richtlinie, in: NWB 2005, S. 185 - 192.

Silber, Andrea: Holdingregelung im Konzernverbund, in: NWB 2005, Nr. 18, S. 1453 - 1454.

Spengel, Christoph / Wiegard, Wolfgang: Deutschland ist ein Hochsteuerland für Unternehmen, in: DB 2005, S. 516 – 520.

Spengel, Christoph: [Konzernsteuerquoten, 2005]: Konzernsteuerquoten im internationalen Vergleich – Bestimmungsfaktoren und Implikationen für die Steuerpolitik, in: Internationale Steuerplanung, hrsg. von *Andreas Oestreicher*, Herne/Berlin: NWB, 2005, S. 89 - 125.

- [Unternehmensbesteuerung in der EU, 2004]: Unternehmensbesteuerung in der EU – quo vadis?, in: Deutsches Steuerrecht im europäischen Rahmen, hrsg. von *Jürgen Lüdicke*, Köln: O. Schmidt, 2004, S. 109 - 155.

- Unternehmensbesteuerung in den Beitrittsstaaten der EU – Steuerliche Aspekte für Investoren, in: IStR 2004, S. 615 - 624.

Spetzler, Wolfgang: Wirkung und Einfluss des Rechts der EG auf das nationale Steuerrecht, in: DB 1993, S. 553 - 558.

Spitz, Helmut [Beratungshinweise, 2001]: Unternehmenssteuerreform 2001: Beratungshinweise zum neuen Dividendenprivileg und Halbeinkünfteverfahren des Steuersenkungsgesetzes, Stuttgart: Deutscher Sparkassen Verlag GmbH, 2001.

Stein, Volker / Becker Jan Dierk: Steuerplanung für deutsche Investoren im EU-Beitrittsgebiet, in: PIStB 2004, S. 303 - 311.

Stein, Volker / Becker, Dierk: Steuerplanung für deutsche Investoren im EU-Beitrittgebiet, in: PIStB 2004, S. 303 - 311.

Stöber, Birgit: Steuerliche Gleichbehandlung von Eigenkapital und Fremdkapital in Österreich, in: IStR 2002, S. 265 - 268.

Stockmann, Frank: Should the Exemption Method Have Priority over the Credit Method in International Tax Law?, in: BIFD 1995, S. 285 - 288.

Storck, Alfred [IDW-Steuerfachtagung, 1994]: Entstehungsgründe für Holdinggesellschaften, in: IDW (Hrsg.), Steuergestaltung bei verbundenen Unternehmen in Europa, Düsseldorf: IDW-Verlag 1994, S. 17 - 38.

Streu, Volker [Handbuch-Steuerplanung, 2003]: Einsatz einer inländischen Zwischenholding in der internationalen Konzernsteuerplanung, in: Handbuch der internationalen Steuerplanung, hrsg. von *Siegfried Grotherr*, Herne/Berlin: NWB, S. 139 - 157.

Theisen, Manuel R. [Konzern, 2000]: Der Konzern, Betriebswirtschaftliche und rechtliche Grundlagen der Konzernunternehmung, 2. Auflage, Stuttgart: Poeschel, 2000.

- [Holding-Handbuch, 2004]: Personalwirtschaft der Holding, in: Holding-Handbuch, hrsg. von *Marcus Lutter*, Köln: O. Schmidt, 2004, S. 437 - 522.

Thiel, Jochen: Der fortschreitende Einfluss des EuGH auf die Ertragsbesteuerung der Unternehmen – Aktuelle Urteile und anhängige Verfahren, in: DB 2004, S. 2603 - 2609.

Tipke, Klaus / Lang, Joachim [Steuerrecht, 2002]: Steuerrecht, 17. Auflage, Köln: O. Schmidt, 2002.

Töben, Thomas: Steuersenkungsgesetz: Steuerbefreiung von Anteilsveräußerungsgewinnen nach § 8b Abs. 2 KStG n. F., in: FR 2000, S. 905 - 917.

Tumpel, Michael: Umsetzung der Mutter/Tochter-Richtlinie in Österreich, in: IStR 1995, S. 113 - 115.

Ulmer, Eugen: Steuervermeidung, Steuerumgehung, Steuerhinterziehung, in: DStZ 1986, S. 292 - 297.

Valenduc, Christian: Tax Havens an Fiscal Degradation in the European Community, in: EC Tax Review 1994, S. 20 - 25.

Vetter, Jochen [Holding-Handbuch, 2004]: Konzernweites Cash Management – Rechtliche Schranken und Risiken, in: Holding-Handbuch, hrsg. von *Marcus Lutter*, Köln: O. Schmidt, 2004, S. 310 - 339.

Vogel, Klaus [DBA-Kommentar, 2003]: in: Doppelbesteuerungsabkommen der Bundesrepublik Deutschland auf dem Gebiet der Steuern vom Einkommen und Vermögen, Kommentar auf der Grundlage der Musterabkommen, 4. Auflage, hrsg. von *Moris Lehner,* München: C.H. Beck, 2003

\- (Hrsg.): Grundfragen des Internationalen Steuerrechts, Köln: O. Schmidt, 1985.

Wacker, Wilhelm (Hrsg.): Lexikon der deutschen und internationalen Besteuerung, 3. Auflage, München: Vahlen, 1994.

\- [Lexikon, 1994a]: Steuerplanung, betriebliche, in: *Wacker, Wilhelm* (Hrsg.), Lexikon der deutschen und internationalen Besteuerung, 3. Auflage, München: Vahlen, 1994, S. 680 - 683.

- [Lexikon, 1994b]: Tax Management, in: *Wacker, Wilhelm* (Hrsg.), Lexikon der deutschen und internationalen Besteuerung, 3. Auflage, München: Vahlen, 1994, S. 718.

- [Lexikon, 1994c]: Transnationale Unternehmung, in: *Wacker, Wilhelm* (Hrsg.), Lexikon der deutschen und internationalen Besteuerung, 3. Auflage, München: Vahlen, 1994, S. 728.

Wackerbarth, Ulrich [Holdinghand-Handbuch, 2004]: Arbeitsrecht in der Holding, in: Holding-Handbuch, hrsg. von *Marcus Lutter*, Köln: O. Schmidt, 2004, S. 340 - 435.

Waldens, Stefan / Foddanu, Frauke M.: Gruppenbesteuerung in Österreich: Gestaltungschancen für internationale Konzerne, in: PIStB 2004, S. 194 - 200.

- Steuerliche Organschaft in den Niederlanden: Neue Chancen für internationale Konzerne!, in: PIStB 2004, S. 91 - 95.

Walter, Wolfgang [Organschaftsbesteuerung, 2003]: Organschaftsbesteuerung aus der Sicht eines ausländischen gewerblichen Unternehmens, in: Handbuch der internationalen Steuerplanung, hrsg. von *Siegfried Grotherr*, Herne/Berlin: NWB, S. 651 - 663.

Wassermeyer, Franz: Seminar D: Missbräuchliche Inanspruchnahme von Doppelbesteuerungsabkommen, in: IStR 2000, S. 505 - 507.

Watermeyer, Heinrich J.: Gewerbesteuer auf Dividenden aus Streubesitzanteilen – Die wichtigsten Fallgestaltungen der umstrittenen Neuregelung, in: GmbH-StB 2002, S. 200 - 204.

Watrin, Christoph / Sievert, Elke / Strohm, Christiane: Reform der Konzernbesteuerung in Deutschland und Europa, in: FR 2004, S. 1 - 12.

Wied, Edgar [EStG-Kommentar, 2005]: EStG-Kommentar, in: Blümich – EStG, KStG, GewStG Kommentar, hrsg. von *Klaus Ebling*, München: F. Vahlen, 85. Ergänzungslieferung, 2005.

Wöhe, Günter [Steuerlehre II/2, 1997]: Betriebswirtschaftliche Steuerlehre, Band II/2, 4. Auflage, München: Vahlen, 1997.

Wörndl, Christof / Kornberger, Matthias: Seminar F: Österreich als Holdingstandort, in: IStR 2004, S. 577 - 580.

Wurm, Felix [Dienstleistungsgesellschaften, 1992]: Die Einschaltung konzernbezogener Dienstleistungsgesellschaften beim Aufbau internationaler deutscher Konzerne, in: Internationaler Unternehmenskauf und –zusammenschluss im Steuerrecht, hrsg. von *Lutz Fischer*, Köln: O. Schmidt, 1992, S. 41-82.

- Treaty Shopping in the 1992 OECD Model Convention, in: intertax 1992, S. 658 - 671.

Zettler, Hilmar [Treaty-shopping, 1999]: Treaty-shopping nach Inkrafttreten des § 50d Abs. 1a EStG – Anwendung der deutschen Abwehrvorschrift und ihre Konsequenzen für die Internationale Steuerplanung mit Zwischengesellschaften, (zugl. Diss.rer.pol., Univ. Hamburg).

Zeyen, Carlos / Marx, Claude: Besteuerung von Holdings, Finanzierungsgesellschaften und Koordinationszentren in Luxemburg, TLE Nr. 13/1993, S. 1 - 4.

Zimmermann, Jörg [Kommentar, 2004]: § 8b KStG – Beteiligung an anderen Körperschaften, in: Heidelberger Kommentar zur Gesellschafter-Fremdfinanzierung, hrsg. von *Erle / Sauter*, Heidelberg: C.F. Müller, 2004.

Stichwortverzeichnis